高等院校统计学精品课教材系列

U0958534

国民经济核算分析

邱东 主编

格致出版社
上海人民出版社

作者简介

邱东，男，教授，博士生导师，国务院政府特殊津贴专家。邱东教授1990年毕业于东北财经大学，获经济学博士学位。曾先后在英国华威大学、德国美茵兹大学、美国哈佛大学从事学习和研究工作，并先后担任东北财经大学计统系主任、东北财经大学校长、中央财经大学党委书记等职务。

邱东教授的主要研究领域为国民经济统计与核算。他主编的《国民经济统计学》、《国民经济核算》等教材被国内多所大学和研究机构列为指定教材；他主讲的“国民经济统计学”课程是国家级精品课程，“国民经济核算”课程是北京市精品课程。

邱东教授目前兼任中国统计学会副会长、中国国民经济核算研究会副会长、中国统计教育学会副会长、全国统计教材编审委员会委员、全国统计科学技术进步奖评选奖励委员会委员以及国内多所大学的兼职教授和博士生导师等职务。

前　言

近年来，随着我国经济的快速发展和市场化程度的不断加深，我国的国民经济核算也得到了快速而全面的发展。可以说，中国的国民经济核算体系已经基本实现与国际接轨，正在为中国政府统计工作的科学发展提供规范而系统的技术指引。

与以往不同，中国的国民经济核算不再只受到统计学者和统计工作者的重视，越来越多的人出于对中国经济运行和发展的关注，迫切地想知道和掌握国民经济核算的知识，以提高其对宏观统计数据的认识水平，提升其分析中国宏观经济运行的能力。这种变化对国民经济核算教材提出了新的要求。一方面，国民经济核算教材必须走出统计学的圈子，接受更多的来自政府、企业和社会公众的读者。对此，国民经济核算教材应进一步去繁就简，让其他专业的读者无需系统的专业训练就可相对容易地掌握国民经济核算的有关知识，满足其基本的学习需要。另一方面，国民经济核算教材要进一步增强应用性和针对性，以服务于不同层次、不同领域的宏观经济分析需要。对此，国民经济核算教材应把理论与实践结合起来，在介绍理论知识的同时，引导读者学会解读国民经济核算信息、并运用国民经济核算知识分析有关经济运行过程。

有鉴于此，本书在原有的《国民经济核算》教材基础上，调整了写作思路和篇章结构，适当增加了国民经济核算应用分析的内容，形成了《国民经济核算分析》的编写框架。本书共分十章。第1章是总论，对国民经济核算的产生和发展以及国民经济核算的应用前景进行了分析，并对本书的思路和结构给予了具体介绍；第2章是账户总览，从总体上介绍了国民经济核算的框架结构；其余的八章分别从理论和应用两方面，以专题的方式介绍了当前国民经济核算的核心内容：生产核算、投入产出核算、收入核算、资金流量核算、资产负债核算、国际收支核算、价格与物量核算、季度与地区经济核算。这些内容自成体系而又环环相扣，读者可以系统学习，也可根据需求情况有选择地阅读。

本书由邱东教授负责框架设计和总纂工作。参与本书编写工作的人员有:邱东教授(第 1 章)、杨仲山教授(第 2 章)、宋旭光教授(第 3 章)、赵建国教授和尚红云博士(第 4 章)、侯瑜副教授(第 5 章)、赵楠博士(第 6 章)、吕光明博士(第 7 章)、王亚菲副教授(第 8 章)、徐强副教授(第 9 章、第 10 章)。

本书可作为经济学、管理学相关专业的教学与培训用书,也可作为统计工作者和经济管理人员的业务参考书。为了帮助读者更好地阅读和学习,本书提供了用 power point 制作的教学课件;专门为本书配套的习题集也将组织出版。

本书在编写过程中借鉴了国内外国民经济核算工作的实践进展,参阅了相关国民经济核算著作、教材和数据资料,在此我们向有关作者和统计工作者表示诚挚谢意。同时,作为一种新的尝试,本书在内容和体系上可能还存有不足,在此恳请各位读者批评指正。让我们共同努力,让更多的人了解、使用、并受益于国民经济核算。

作者

2009 年 5 月

目　录

第1章

总论

信息是理解人类所有活动和企图的基础，国民经济核算体系是我们的核心经济信息。如果没有它们，我们将会处于对经济一无所知的时代。

——迈克尔·博斯金（斯坦福大学经济学教授，胡佛研究院高级研究员）

教学目的 国民经济核算可以提供对一个经济体的全面观察。本章将介绍国民经济核算是什么以及能为我们做什么。同时，我们还要讲述国民经济核算的发展历史、主要功能和学科特点。

教学要点 什么是国民经济核算；国民经济核算的产生和发展；国民经济核算的公共产品属性；国民经济核算的公共产品作用；国民经济核算学的学科定位。

对于大多数非统计学领域的人来说，国民经济核算是一个相当专业化的词汇，专业得足以使人望而却步，甚至望而生畏。其实这在很大程度上是一种误解，如果我们走近它，我们便会强烈地感受到，它的界面实际上十分友好，应用领域极其广阔。

对于从事经济学研究的人员来说，国民经济核算提供了一套标准化的概念及核算框架，是经济指标的权威规范者，从某种程度上说，对经济运行的研究应建立在对国民经济核算的熟练运用上。对于初涉经济领域的人来说,国民经济核算所提供的描述经济流程的功能是一个极好的思路清晰化过程。它的结构和定义,不但能够决定深入学习的路径,而且可以显著影响一个人考虑经济和社会问题的方式。

对于政府经济管理部门来说,国民经济核算是进行经济分析、决策和政策制定的基础,这时,它是一个分析和评估经济运行的宏观经济"数据库",可以为监测经济活动、分析宏观经济、制定政策和进行国际比较提供第一手的数据资讯。

对于工商界来说,国民经济核算的作用也日益突出,尤其是大公司的长期战略规划必须依赖于对未来经济发展的长期预测,这就需要借助国民经济核算的方法和数据。事实上,大公司在利用国民经济核算方面有着强烈的既得利益,如果没有国民经济核算体系,大公司在获取相关数据方面要面临着巨大的财政压力。而随着政府统计体系的完善和数据网络平台的发展,目前,越来越多的中小企业也正在受益于相关的国民经济核算产品。

总之,国民经济核算可以给出全面的统计指标,涉及生产、消费、投资、价格、就业等方方面面,其中增加值、消费率、物价水平、税收水平等也是人们日常生活中关心的主要问题。而国民经济核算所具备的可简化性和概念的一致性,使新闻界和普通公众等非专业人士对其理解也不存在太大的障碍。正如 SNA1993 年版本中所述的那样:"没有哪一个用户或哪一批用户比其他用户享有优先权",即公众、工商界、研究机构、政府机构在运用国民经济核算方面受到了同等程度的关注。

应该指出的是,国民经济核算是进行经济分析最基本的工具之一。在许多领域,如果对国民经济核算认识不深,不能主动地利用国民经济核算的基本知识,则很难做出好的实证分析成果。从这个意义上说,一个优秀的经济学家即使不一定是统计学家,也一定要对国民经济核算有充分的了解。因此,国民经济核算不仅仅是统计学家的事情,我们希望有更多的人学习和研究国民经济核算,这样,统计学家在国民经济核算领域的"寂寞"时代就可以结束了。

第一节　国民经济核算概论

一、什么是国民经济核算

国民经济核算,从字面上理解,它是对国民经济的核算,即以一个国家或地区的经济为研究对象的核算,也可以称为国民核算。

具体说来,国民经济核算是以一定的经济理论为指导,综合应用统计、会计和数学方法,对一国(地区)在一定时期内各类经济主体的经济活动(流量)及其在特定时点的结果(存量)和各重要总量指标及其组成部分进行系统、综合、全面的测定,用以跟踪、描述一国(地区)国民经济的联系和结构的全貌。

英国经济学家、诺贝尔经济学奖获得者希克斯曾把国民经济核算比作“人体解剖学”:人体解剖学以人类机体的结构、器官的配置及相互关系为研究对象,而经济解剖学——国民经济核算则以经济系统的结构及其各部分的相互关系为研究对象。

国民经济核算是从“national accounting”译过来的,它可被直译为国民会计或国民账户。通常,这些账户是环环相扣的,形成了一个体系,我们也把它们称为国民经济核算体系(system of national accounts, SNA)。按照SNA自身的定义,SNA是由一套逻辑严密、协调一致而完整的宏观经济账户、资产负债表和表式组成,它的基础是一套符合国际惯例的概念、定义、分类和核算规则。这些账户以凝缩的方式提供根据经济理论和观念组织的有关经济运行的大量而详尽的信息,它们细致而全面地记录了经济中发生的不同经济机构之间、经济机构的集团之间的相互作用,并基于此向社会各界提供经济信息。具体来说,“它可以提供对一个经济体的全面观察”,它可以回答一个经济过程中——谁,用什么,做什么,为了什么,与何人,交易什么,变化程度如何等问题,这些问题几乎可以涵盖经济过程的所有方面,而回答了这些问题,也基本上可以弄清经济过程的运行状态。

二、国民经济核算的发展演进

国民经济核算体系的形成不是一蹴而就的。它经历了数百年的时间,历经了多个发展阶段,才形成了今天的体系规模。

(一) 从国民收入估算到国民经济核算

现代国民经济核算是在国民收入统计的基础上产生的。而国民经济核算体系产生前的国民收入统计可以分成以民间统计为主和以官方统计为主两大阶段。

1. 民间国民收入统计阶段(1665~1918年)

W.配第(William Patty)是历史上进行国民收入估算的第一人,他在1664年提出应该搞这种估算,并在1665年进行了实际估算,他实质上创立了国民收入的概念,并在估算中使收入等于支出。他的这种“政治算术”,开拓了经济研究的一个崭新领域,使他被誉为统计学的创始人。

G.金(Gregory King)是配第的追随者,他对1688年英国国民收入做出了估计,其特点在于:一是分组比较细,把经济活动主体分成26个社会阶层,统计项目也包括收入、支出和储蓄等;二是金进行了英国与法国、荷兰的国际比较,这在世界上是首创的。

1758年法国重农学派经济学家F.魁奈设计出了著名的《经济表》,魁奈虽然坚持“唯农业是生产”的狭义生产观,但他把国民收入看作部门间的流量,并重视资本存量在扩大国民收入中的作用。《经济表》被认为是投入产出分析、部门间经济流量分析和部门账户的开端。

法国化学家A.L.拉瓦锡在1791年估算法国国民收入时,为了避免重复计算,首次区分了总产品中的中间产品和最终产品。1886~1890年期间,澳大利亚统计学家

T. 柯格兰对澳大利亚每年的国民收入进行了估算，他的工作至少有三个方面是具有开创性的：(1)第一次连续的估计；(2)第一次从生产、分配和使用三方面来表示国民收入；(3)第一次提出了采用生产净值指标的思想，即在计算国民收入时扣除了折旧。

民间国民收入统计阶段共经历了 253 年，在这一时期，研究主要是民间自发的，研究者们只是为了更好地分析现实经济，才在估算方法上有所创新。因此，这一时期还没有形成系统的国民收入统计的概念和方法，估算时间也不连续，影响范围也只包括英、法、德等 8 个国家。

2. 官方国民收入统计阶段(1918～1939 年)

第一次世界大战结束后，政府在经济生活中的作用越来越大，也由于世界各国在发展中遇到了许多新的、重大的经济问题，政府和社会组织需要国民经济总量及其结构方面的信息，因而官方更多地参与和支持了国民收入的统计工作。同时，在这一阶段，尤其是 20 世纪 30 年代经济大萧条后的宏观经济理论新发展也为国民收入统计提供了新的理论支撑和数据需求。这使得国民收入统计得到了快速的发展。

1928 年，国际联盟举办了一次有关经济统计的国际会议，旨在鼓励采用一致的方式编制统计资料，会议决议把国际可比性作为经济统计的一个目标。1939 年，国际联盟首次公布了国民收入的估计资料，在其《世界经济概览》的一张统计表中，列示了 26 个国家 1929～1938 年的整个时期或部分时期的估计结果。

1930 年，瑞典经济学家 E. 林德尔提出了分析国民经济运行的理论模式，在该模式中，他把国民经济划分为企业、居民、政府和国外，并用收支方程式来反映各部门间的收支平衡关系。这个理论模式与现代国民经济核算体系的基本构造已十分接近。

1933 年，挪威经济学家 R. 富利斯奇提出了经济流通体系的设想。

1936 年，俄籍美国经济学家 W. 列昂惕夫以瓦尔拉的一般均衡理论为思想基础，对投入产出核算及其应用进行了开创性研究，编制出了世界上第一张投入产出表。1973 年，列昂惕夫因此获得了诺贝尔经济学奖。

1937 年，英国经济学家 C. 克拉克在他的《国民收入与支出》中，汇集了一系列重要的经济项目：收入、支出、消费者支出、政府收入和支出、资本形成、储蓄、对外贸易等。这些项目间的数字关系，对后来的账户平衡框架建立起到了很大的启动作用。

诺贝尔经济学奖(1971 年)获得者、美国经济学家 S. 库兹涅茨总结了以往的国民收入统计，系统地规范了有关国民收入的定义、概念和计算方法，并提出了按市场价格计算国民收入(即国民生产总值)的思想，而不仅仅是用要素价格来计算国民收入，扩充了经济总量统计的内容，从而使国民生产总值统计得以系统化。

由于官方的推动和上述学者的努力，这一阶段成为国民收入统计的超常发展时期，为现代国民经济核算体系的形成做出了充足的理论准备。同时，由于客观需要的强化和工作条件的改善，本阶段，各国国民收入进行了连续估算，而参与的国家也迅速增加到 40 个。

（二）国民经济核算体系的产生和发展

国民经济核算体系(SNA)是当今世界绝大多数国家实行的核算制度，它的形成和发展经历了四个时期，即孕育期、初创期、成长期、成熟期。

1. SNA 的孕育期(1939～1952 年)

1939 年，英国经济学家 J.E. 米德和 R. 斯通开始为英国财政部从事国民收入估算工作，1941 年在英国预算白皮书上发表了其研究报告——《战时财政资源分析与国民收入和支出估计数字，1938～1940》。这次估算在方法论上有了重大突破：把收入和支出联系起来进行估算；采用了会计的账户形式；对国民生产采用总值和市场价格的概念来计算，在实践上更为可行。

E. V. 克利夫 1941 年在荷兰《经济学家》杂志上发表了两篇有关国民经济核算的文章，并第一次提出了“国民核算”的概念。这一系列工作可以认为是国民收入统计向国民产品和收入核算与 SNA 过渡的开端。

1944 年和 1945 年，来自美国、加拿大、英国和北爱尔兰的代表讨论了经济统计的国际比较问题，其结果是有关国民经济估计的要领方法和表达形式的最早国际协议。

“二战”之后，国民经济核算的研究加速进行。“二战”结束时，在国际联盟统计专家委员会之下成立了有关国民收入的统计分会，该分会由欧洲、北美和澳大利亚等国家直接指导编制国民收入和相关估计的专家组成。英国经济学家斯通所领导的专家小组为国联起草的统计分会报告——“国民收入的计量和社会账户的建立”于 1947 年公布，这可以看作 SNA 的胚胎形式。

1950 年，欧洲经济合作组织公布了《简明国民经济核算体系》，以供会员国估算之用，经过修订，1952 年又公布了《国民经济核算标准化体系》，这都是国民经济核算体系正式形成过程中的中间成果。1950 年，联合国统计署已经能够从 41 个国家的原始资料中为“1938～1948 年的国民收入统计资料”收集国民收入的估计值。

2. SNA 的初创期(1953～1967 年)

1953 年，以联合国统计委员会的名义公布了“国民经济核算体系及其辅助表”，这标志着 SNA 的正式诞生，国际的国民经济核算工作开始脱离了无序状态。

SNA 1953 年文本提出：“本报告的目的在于制定一套标准的国民经济核算体系，以便提供一个具有普遍适用性的报告国民收入和生产统计的框架。”

SNA 1953 年文本的重心在于国民收入与生产核算，它对核算内容的体系化还只是初步的。可以说，国民收入与生产核算是传统国民收入统计到现代国民经济核算的中间过渡形态。在 1960 年和 1964 年，又对 SNA 进行了两次小的修订。这两次修订可以看作是 1968 年核算内容扩充的前期尝试。

1953 年 SNA 问世时，对体系结构有过一个系统的构想。当时打算把投入产出核算、国际收支核算、资金流量核算等纳入体系，但由于理论和实践准备不足，没有能够如愿。当时和以后对资金流量核算、国际收支核算和资产负债核算的研究，客观上成了

SNA 1968 年内容扩充的前期准备。

在 1952 年出版的《美国货币流量的研究》中，美国经济学家 M. A. 考普兰首次提出将资金流量表与国民收入核算结合在一起，以全面反映一国的货币收支情况。考普兰创立的资金流量核算是对传统金融统计的重大变革。

美国经济学家 R. 戈德史密斯在第二次世界大战之后对国民资产负债表和国民财富表的编制进行了系统研究，在美国国情普查局研究的基础上，又取得了突破性进展。1962 年，该项研究成果公开发表。

英国经济学家、1977 年诺贝尔经济学奖获得者 J. E. 米德在他 1951 年出版的名著《国际收支》一书中，首次把国民收入与国际收支联系起来，分析了两者变动的相互影响，这为后来把国际收支核算纳入国民经济核算体系提供了理论支持。

与 1947 年核算报告不同，1953 年核算体系明显考虑到了发展中国家的需要，并特别重视与其他统计国际标准的协调，因而得以逐步推广。从 1958 年开始，各国反馈的核算信息公布在国民经济核算统计年鉴上，第一本年鉴列示了 70 多个国家和地区的核算统计资料。

3. SNA 的成长期(1968～1992 年)

1968 年是经济统计历史上值得特别重视的一年，原因之一便是 SNA 经重大修订后公布于世。经国民经济核算专家们的精心设计和开发，SNA 吸纳了在开创之初还难以包容的部分：投入产出核算、资金流量核算、国际收支核算等，另外，对资产负债核算纳入体系也做了前期准备。由此，SNA 集宏观经济统计之大成，基本完成了核算框架的构建。

1968 年 SNA 设计了一套容量为 20 个账户的体系，账户分为三大类：第一类是国家的合并账户；第二类是生产、消费支出和与资本形成有关的账户；第三类则是和收入与支出、资本筹集有关的账户。此外，还有一套 26 张核算辅助表和补充表，以全面系统地反映国民经济运行状况。

1953 年核算体系建立后，又经历了两次修订，但 1968 年公布的核算体系，是最大的一次修订，从统计方法论看具有革命的性质。

两者相比，1968 年核算体系有以下几个特点：

第一，核算内容范围的扩展。在建立核算体系之初，就曾考虑过对投入产出、资金流量和国际收支等方面的核算，但那时条件还不成熟。经过十多年理论和实践的研讨，1968 年体系正式纳入了投入产出核算、资金流量核算及国际收支核算，同时也对资产负债核算做了试验性的规定，这样，SNA 形成了一个包括五大核算系统的、内容较为完整的新体系，核算内容的范围大大地扩展了。

第二，核算方法的改进。随着核算内容的扩展，SNA 又采用了矩阵式平衡表作为新的核算手段，从而形成了一个以账户式平衡表为基本形式、以矩阵式平衡表为综合形式、以单式平衡表为补充形式的核算形式系列，这种改进适应了核算内容扩充的要求。

第三，核算内容的标准化和深化。分类更为详细，总量指标得到进一步分解，标准得到改进，概念和定义得到修正和明确的解释。

第四，按固定价格来计算总量指标，适应了经济分析的需要。

但总的说来，SNA(1968)文本偏重于体系的精美，对其应用的可行性重视不够。

4. SNA的成熟期(1993年以后)

1993年，联合国等五个国际组织联合修订的SNA得以公布，这次修订标志着SNA的成熟。SNA 1993年文本的特点可概括为四点：更新、澄清、简化和协调。

“更新”并不是对核算体系内容结合的重建，而是适应国际经济发展变化而补充或强调一些新内容。自1968年以来，25年的变化要求核算制度做出相应的变化。通货膨胀的突出、政府作用的转变、服务业的发展、金融业的复杂化、环境与经济交互作用的强化等，促进了核算制度的更新。“简化”是对核算人员工作的简化，通过对核算基础原理的系统说明，使得核算人员能够在不同的情况下或新情况下做出必要的变通处理。“澄清”是核算原则和一些特殊问题的阐明，以减少核算体系的复杂性。“协调”是使SNA与其他国际统计标准更为一致。总之，1993年核算制度的改造主要是使得SNA更加可行，更加容易被接受。

随着时间的推移，世界经济环境又发生了一些变化，为了确保SNA(1993)与经济运行的一致性，联合国统计委员会在1999年3月召开的第30届统计大会上提出并通过了1993年SNA修订计划。在2003年3月召开的联合国统计委员会第34届统计大会上提交了《关于使用更综合的方法对1993年SNA进行修订的建议》。大会讨论并通过了修订原则，即对1993年SNA的修订不能违背现有SNA的基本准则，且与《国际收支手册》、《政府财政统计手册》、《货币与金融统计手册》等手册的修订保持一致；会议通过了包括回购协议、养老金计划、股票期权、呆坏账估计等45个修订问题清单。

根据预定的计划，上述修订工作在2008年3月前完成。可以肯定的是，这一版本的SNA将更加适当新经济体系的要求，更加成熟。

三、我国国民经济核算的建立和发展

我国的国民经济核算经历了一个曲折的发展历程。

我国最早的国民收入估算，是由国民党时期的中央研究院社会研究所巫宝山教授主持进行的，他编制过1933年、1936年和1937年中国的国民所得。在联合国出版的《国民收入统计，1938～1947年》中收入了由巫宝山提供的有关数据。

显然，我国国民经济核算的起点开始于国际上官方国民收入统计阶段。但正当SNA经由孕育期发展到初创期时，新中国的国民经济核算却在物质产品平衡表体系(MPS)的影响下开始了另外一种尝试。

(一) MPS体系及其在中国的实践

曾经有一个与SNA并行存在的国际核算体系——物质产品平衡表体系(material

product balance system, MPS)。MPS由苏联始创,它主要在当时的计划经济国家中使用。

早在1918年,苏联就编制了谷物饲料平衡表。后来,苏联统计局局长P. I. 波波夫领导了物质产品平衡表体系的创立和改进工作。

1950年,在经过多年的理论研究和核算实践基础上,苏联中央统计局统一制定了一系列国民经济平衡表,主要包括:(1)国民经济综合平衡表;(2)国民经济劳动资源平衡表;(3)社会产品生产、消费和积累平衡表;(4)社会产品分配平衡表;(5)财政平衡表;(6)固定资产平衡表。在此基础上形成了以国民经济综合平衡表为中心的包括人、财、物平衡表在内的物质平衡表体系。1957年,这一体系在全苏联统计工作者大会上讨论通过后得到全面执行,并逐步推广到原经互会国家。

在国际上,MPS在1965年开始得到系统阐述,1971年,正式制定了《国民经济平衡表体系的基本原理》,并以联合国统计委员会的名义公布。1984年,经互会统计合作常设委员会又对MPS进行了重大修订,形成了所谓新MPS——《编制国民经济统计平衡表的基本方法原则》。这个文件与原MPS相比,增加了部门联系平衡表、居民收入和消费指标、非物质服务平衡表,并扩展了劳动平衡表,内容上有了较大突破。

新中国成立后,由于当时的国情和计划经济管理需要,我国的国民经济核算走向了MPS。在苏联专家的帮助下,我国开始按照MPS建立国民经济核算体系。国家统计局在全国范围内开展了工农业总产值统计与核算,此后又扩展到建筑业、交通运输业、商业饮食业等部门,形成了"五大物质生产部门"社会总产值核算体系。这一阶段,我国的经济统计基本上是按照MPS的基本原则去实施的,但由于国情复杂和其他因素的影响,我国实际上从来没有完整地实施过MPS。

与同时存在的SNA比较起来,MPS产生于计划经济土壤,是为计划经济管理服务的,在以下两个方面难以适应市场经济的发展:从核算内容上看,MPS核算范围过窄,侧重于反映物质生产、实物流量、生产环节的核算和国内经济活动的核算,对第三产业状况、资金运动状况、分配和使用状况以及国际收支状况反映不力,难以适应现代经济社会中宏观经济管理对核算的要求;从核算方法上看,SNA以账户平衡表为主要核算形式,采用复式记账方式,可以系统地、科学地反映国民经济运行全过程,而MPS以单式平衡表为主要核算形式,采用单式记账方法,核算时往往注重平衡表内的平稳关系,而不大注意平衡表间的平衡关系,没有在方法上形成一个整体结构,这就难以系统反映国民经济运行过程及其各经济活动间的联系。

(二)"十年准备,三大观点"

随着改革开放的深入和经济与社会的发展,继续沿着MPS方向发展的国民经济核算体系已经不能满足国家宏观经济管理的需要。在此情况下,中国在改革开放的初期就开始了国民经济核算的"改革开放"。从1982年至1991年,在我国国民经济核算体系建立的目标模式上,曾经有过三大派观点:一是MPS主体派,持这一派观点的同志认为，MPS与我国统计工作和我国的国情更加接近，更有利于统计数据和历史对比，因而主张以MPS为主体来建立我国的国民经济核算体系。二是SNA主体派，持这一派观点的学者认为：SNA更具有科学性，更能适应现代市场经济条件下宏观经济管理的要求，更有利于中国的改革开放，更符合我国的发展趋势，因而主张以SNA为主体来建立我国的国民经济核算体系。三是"中国特色"派，这一派提出建立既不是MPS，又不是SNA的新体系，而是根据我国的特点建立一个有中国特色的全新体系，实质上是主张搞第三类体系。

基于对中国特色的认识，我们看到，其实持上述三种观点的人，都是主张建立具有中国特色的国民经济核算体系的，无论是MPS主体派，还是SNA主体派，都不是不要中国特色，而是主张以世界两大核算体系之一为主体和基本模式，再结合中国的具体情况来建立中国的核算体系。

在此背景下，国务院成立了专门机构，从1984年开始我国新国民经济核算体系的研究设计工作。在这一机构的领导下，国家统计局会同有关部门在总结我国当时国民经济核算实践经验和理论研究成果的基础上，制定了《中国国民经济核算体系（试行方案）》。该方案采纳了SNA的基本核算原则、内容和方法，但也保留了MPS体系的部分内容，是一个MPS和SNA的混合性体系。1992年8月，该方案被正式推行。

（三）融入SNA之路

作为在SNA1993版本发布之前以及有中国特色的社会主义市场经济体系确立之前推出的核算体系，《中国国民经济核算体系（试行方案）》在公布后就面临着重大的调整任务。

为全面准确地反映我国国民经济运行状况，增强国民经济核算在总体框架、基本原则、计算方法上与国际标准的一致性以及指标的国际可比性，国家统计局于1993年停止了对MPS国民收入指标的核算，并于1994年再度对国民经济核算制度方案进行了重大修订，形成了明确的以SNA为主体的新核算制度方案。2000年以来，国家统计局会同各部门对1992年颁布实施的《中国国民经济核算体系（试行方案）》做了重大修订，形成了《中国国民经济核算体系（2002）》。新体系在结构上更加严谨，充分反映了国民经济活动的内在联系；在内容上更加丰富，涵盖了市场经济条件下国民经济运行的主要环节和主要方面；在方法上更加科学，既考虑到需要，又考虑到可能性。新体系能够更好地适应社会主义市场经济条件下宏观经济管理和对外交流工作的需要。

《中国国民经济核算体系（2002）》由5套基本核算表、1套国民经济账户和2张附属表组成。5套基本核算表包括国内生产总值表、投入产出表、资金流量表、国际收支表和资产负债表；1套国民经济账户包括经济总体账户、国内机构部门账户和国外部门账户；2张附属表即自然资源实物量核算表和人口资源与人力资本实物量核算表。

与《中国国民经济核算体系（试行方案）》比较起来，《中国国民经济核算体系（2002）》彻底去除了MPS的核算内容，不再采用物质生产和非物质生产等分类，去除了各账户与MPS衔接的内容，至此，我国的国民经济核算完全确认了SNA的核算框架。而联合国、世界银行等国际组织也开始全面认可中国提供的宏观经济数据。

2004年全国经济普查之后，国家统计局对国民经济核算体系进行了进一步的细化修订，并开始积极关注国际上对SNA1993的修订进展，并为中国国民经济核算体系进一步发展完善做出了认真的准备。可以说，中国国民经济核算体系全面与SNA接轨是世界经济全球化的需要，也是中国统计改革与发展的必然趋势。

基于这种现实，本书中如无特指，将把国民经济核算或国民经济核算体系简称为SNA。

第二节　作为全球公共产品的国民经济核算

经过多年的发展，我国的国民经济核算选择了SNA作为发展的目标，国民经济核算也已经成为全球范围内的标准核算框架。在回答了SNA是什么，SNA从何处来的问题之后，本节我们将试图从全球公共产品视角下回答国民经济核算有什么用的问题。

一、国民经济核算的公共产品属性

（一）SNA具备公共产品的基本特征

社会产品可以分为公共产品和私人产品两大类。作为公共产品需要具备两大属性，首先是非排他性，即产品本身具有无法阻止任何其他人享用的性质，或者说任何人都可以无偿享用该产品。其次是非竞争性，即当使用该产品的消费者人数增加时，不会影响原来的消费者对该产品的享用，也不必增加社会成本，换言之，新增消费者使用该产品的边际成本为零。完全具备上述两种属性的，就是严格意义上的公共产品。在日常生活中，公共产品的例子很多，具体如路灯、航海用的灯塔等，宏观的如国防、教育等。

显然，国民经济核算具有非排他性和非竞争性。国民经济核算包括两个基本方面，首先它是一种制度安排，一种国际或国家的标准经济统计体系，是统计工作者从事国民经济核算工作的依据；另一方面，国民经济核算又是一种信息，一种宏观经济统计信息。而无论是核算制度，还是核算信息，都具备公共产品所要求的两大属性。

就公共产品的非排他性而言，作为国际组织的官方文件，无论是否支付费用，任何国家都可以从中获益。尽管有的国家为SNA的研制花费了较多的人力和财力，却不能阻止没有为此做出贡献的国家参照SNA来设计自己国家的核算制度。同样，国民经济核算信息公布之后，任何个人和组织都可以无偿地使用。所以国民经济核算不具有"排他性产权"。

就公共产品的非竞争性而言，国民经济核算同样具备非竞争性产品的属性。无论是核算制度还是核算信息，当增加对其的使用时，并不影响其他使用者的使用，且其使用成本也并没什么增加。比如SNA，使用的国家从10个增加到100个，并不会增加整个社会用于SNA的研制成本，而且也不会因为后实行SNA的90个国家加入，而影响前10个国家对SNA的深入应用。

（二）作为全球公共产品的SNA

显然，SNA是一种公共产品。更进一步地，可以把SNA划归全球性公共产品之列。

全球公共产品理论是从公共产品理论发展而来的。我们平时所说的公共产品和经济学教科书中所讲的公共产品理论，一般是从国家或国家的某个地区来讲的。其实，公共产品不仅可以从一个国家或一个国家的某个地区来考察，也可以将范围进一步拓展到一国边界之外。按照受益范围的不同，可以将公共产品分成四个层次：地方公共产品（local public goods）、国家公共产品（national public goods）、区域公共产品（regional public goods）和全球公共产品，其中，区域公共产品与全球公共产品又合称为国际公共产品（international public goods）。一般来说，地方公共产品和国家公共产品的受益范围都局限在一国边界之内，区域公共产品和全球公共产品的受益范围则超出了国家的边界，区域公共产品能使一个区域的许多国家受益，全球公共产品的受益范围则远远超过了其他公共产品，能使世界上不同区域的许多国家甚至全球所有国家受益。

全球公共产品与其他层次的公共产品一样，都具有公共性、非竞争性、非排他性及生产的零边际成本等特征。但全球公共产品的受益范围要远远大于其他层次的公共产品，在供给和融资上更为复杂，“搭便车”现象更为突出，更容易发生短缺，需要国际合作才能提供全球公共产品。全球公共产品与其他层次的公共产品也有一定的联系：一方面，随着全球化进程的加快和国际交往的增加，一些原本属于某个国家或某些国家的公共产品，由于其收益溢出了国界或国家集团的边界而成为全球公共产品，可以称之为全球化的国家公共产品和区域公共产品；另一方面，某些公共产品原本是在全球的层面上提供的，一个国家要想从中受益，必须要将之转化为本国的国家公共产品，而收益的大小不仅取决于该国的政策选择，也取决于其能力的大小及偏好。

可以这样定义全球公共产品：全球公共产品是指那些具有很强跨国界外部性，能使不同地区的许多国家或全球所有国家受益，需要全球合作才能提供的货物、服务、资源、环境、规则和体制等。

SNA作为全球通用的国民经济核算框架，在世界各国得到了广泛的应用，目前全球有150多个国家在使用SNA，从受益范围来讲，SNA属于全球性公共产品。另外，任何国家都可以免费地使用SNA，没有一个国家被排除在受益范围之外；同时，一个国家使用SNA并不影响其他任何一个国家对SNA的使用，因而，SNA在全球范围都具有非排他性和非竞争性。同时具有非排他性与非竞争性，这正是纯公共产品的特征。因此，我们可以得到这样的基本判断：SNA属于全球纯公共产品。

从全球公共产品的视角来观察SNA，首先应弄清SNA具有什么样的特征，才便于我们研究SNA作为全球公共产品的作用及SNA供给和需求的机理。SNA作为全球公共产品,具有以下几个特征。

1. SNA属于手段型全球公共产品

SNA作为国民经济核算领域的国际标准,是世界各国开展国民经济核算工作的依据。但从最终社会需求来讲,无论是对于政府、企业,还是一般公众,最终需要的都不是SNA本身,而是由国民经济核算所提供的宏观经济统计信息。宏观经济统计信息是统计部门的产品,宏观经济统计信息也需要一个生产过程。生产过程当然需要各种投入和基础统计架构的支持。也就是说,各国的统计部门是借助于建立在SNA基础上的各国具体的国民经济核算体系,得到各种宏观经济统计信息的。所以说,得到各种宏观统计信息是目的,而SNA则是实现目的的手段。

2. SNA属于强者供给型全球公共产品

SNA属于全球通用的制度性知识,但各个国家在SNA的供给上所处的地位和所起的作用是不同的。由于各国的国民经济核算水平不同,各个国家国民经济核算的知识存量也并不一样,国民经济核算某一领域的新突破往往是在国民经济核算水平最高的国家实现的,其他国家一般只是进行事后的学习,从别的国家借鉴经验,进而提高本国的国民经济核算水平。国民经济核算水平较低的国家一般对国民经济核算知识存量的增加起不到太大的作用,在大多数情况下,可能连SNA中的一些基本要求都没有达到,更不必说对增加SNA的知识存量贡献什么力量了。在这里,弱者是搭了强者的便车。

我国的国民经济核算水平还比较低,从2003年开始实施的《中国国民经济核算体系(2002)》,虽然已开始与1993年SNA全面接轨,但不能说与1993年SNA完全接轨,在许多方面与1993年SNA还存在差距,与国民经济核算比较发达的国家还存在较大的差距。从总体上看,我国还处于SNA的引进、学习、消化与吸收阶段,属于国民经济核算中的“弱者”,对SNA进一步修订的贡献就很小。而一些国民经济核算历史较长、水平较高的国家,在SNA仍未解决的一些新问题上不断进行研究和试验,并在国民经济核算实践中采用了一些比较先进的做法,提高了本国国民经济核算的质量,同时也为SNA的修订提供了范例。

3. SNA属于网络型全球公共产品

我们可以把电子邮件的使用者看成是一个网络,在这一网络内,每个人之间都可以互发电子邮件。很明显,电子邮件的使用者越多,每个使用者可以从该网络中获得的潜在效用就越大。消费者通过购买特定产品加入某一网络,其所能获得的效用依赖于同一网络中使用同样产品的人数,这种现象就是网络效应(network effect)。从消费的角度看,可以把各个使用SNA的国家看成是SNA的用户或消费者,各个使用SNA的国家就构成了一个网络。各个使用SNA的国家都能从SNA中得到效用,并且效用的大小依赖于使用SNA国家的个数。随着使用SNA国家的增加,各国之间国民经济核算的协调性与一致性就越来越大,可比性就越来越强,各个国家从中得到的效用就越来越大。而在使用SNA的国家中,若其中有一个国家的国民经济核算水平较差,就会影响到全球国民经济核算的整体水平,不利于SNA网络效应的发挥,因此,尽管SNA属于强者供给型公共产品,但全球国民经济核算水平则属于弱者供给型。所以,要提高整个全球的国民经济核算水平,推动全球国民经济核算的一体化,也要注意薄弱环节。

4. SNA属于知识型全球公共产品

诺贝尔经济学奖获得者斯蒂格里茨(Stiglitz)认为,知识属于全球性公共产品。SNA是当前人们对国民经济核算认识的集大成者,是对国民经济核算知识和经验积累的成果,它属于知识型全球公共产品。知识型全球公共产品的特征使得SNA具有显著的规模经济性:生产出第一件产品需要巨大的沉没成本,而第二件产品以后的生产成本则微乎其微。就如同大不列颠百科全书的编撰,初始成本包括100多年的研究工作、大量的信息搜集成本和众多作者的毕生精力,而要将它复制在一套CD上的成本则不超过5美元。SNA的生产也是一样,它的初始成本是非常巨大的,而一旦SNA生产出来之后,SNA的复制和传播成本则是极小的,表现为很强的规模经济效应。用经济学的术语来表述就是,SNA的生产具有很高的初始沉没成本,而边际成本几乎可以忽略不计。

5. SNA不具有消费的强制性

SNA不是法律文本,它只是联合国推荐的国民经济核算标准,SNA作为全球公共产品也不是要求每一个国家都采用SNA,各个国家可以根据本国的情况进行选择。即使一个国家采用了SNA,也不必完全遵从SNA的建议和做法,可以根据本国的实际情况加以修正或有选择地采纳。事实上,1993年SNA也承认需要灵活性。如美国所使用的国民收入与生产账户体系在功能、性质、基本方法和基本概念上与SNA是一致的,但在具体内容构造、分类和概念定义上又有所不同。在这一点上,SNA不同于国际货币基金组织(IMF)的一些国际统计标准。一个国家若想加入这些统计标准,必须达到一定的条件,做出必要的承诺。SNA也不同于微观领域的会计准则。显然,会计准则属于另一种特殊的公共产品,各个企业和部门必须强制地"消费"它。

二、公共产品属性对国民经济核算的内在要求

作为公共产品,尤其是作为全球公共产品的国民经济核算,必须具备协调性、实用性和动态性,以满足社会对其的要求。

(一)国民经济核算的协调性

国民经济核算具有很强的公共产品属性,协调性正是其生命力之所在,作为一种世界性的核算体系,国民经济核算的协调性主要体现在以下三个方面:

第一,对不同国家间宏观经济统计体系的协调。SNA,特别是1993年SNA,可以对世界各国的国民经济核算工作提供几乎全面的指导。专家们设计了一个既可适用于

发达国家，又可适用于发展中国家的核算框架，为了促进国际对比，并鼓励差异悬殊的国家采用 SNA，专家们提供了一种可在不同详尽程度上加以运用的核算结构，并建议了如何使用附属账户来体现一些不同于中心框架的内容。

第二，与微观经济核算的协调。国民经济核算最终是要向社会提供宏观经济统计信息，因而它必须有坚实的微观核算数据基础，从企业会计账表到 SNA 基本账户，进而组成综合经济账户，需要工作流程上的协调。由此，SNA 还是保证从不同资料来源（如产业调查、住房调查、商业统计、增加值退税和其他行政资料）采集的数据在数值上协调一致的核算框架。

第三，与不同专业的经济统计体系间的协调。国民经济核算处于经济统计的中心地位，不同专业经济统计的数据往往是在与国民经济核算数据一起使用时，才会有更强的分析作用。因而保证国民经济核算与专业经济统计的协调，对经济统计本身是至关重要的。1993 年 SNA 就是联合国统计处（UNSTAT）联合欧洲共同体统计局、国际货币基金组织、经济合作和发展组织（OECD）以及世界银行等相关国际组织共同进行修订，使得 SNA 更好地与国际收支统计、政府财政统计、货币银行统计、劳动统计、农业统计、国际标准产业分类等专业经济统计协调，目前这种协调协作仍在深化。

（二）国民经济核算的实用性

国民经济核算本身具有实证性质，国民经济核算信息是对国民经济运行过程和结果的表象描述。国民经济核算实际在政策意义上是中立的，而且对某个经济政策的特殊原理的支持不会多于另一个。作为宏观经济管理的工具和社会需要的公共产品，国民经济核算必须是可用的。它不能像其他智力产品那样，停留于一般的理论论证，不能有那么多的理论设想。如前所述，1968 年 SNA 在核算框架的设计上是力求完美的，但其实用性相对还嫌不足。1993 年国民经济核算专家共同修订的 SNA，做了大量澄清和简化工作，明确阐述了国民经济核算的基本原理，减少了这一综合体系表面上的复杂性，同时也为国民经济核算工作人员在新的情况下做出变通处理提供了方便，这就大大提高了新 SNA 的实用性，是 1993 年 SNA 最成功之处。

（三）国民经济核算的动态性

经济活动本身的发展需要核算制度跟进发展；各国特别是发达国家的统计核算的发展，需要国际核算制度跟进发展；国际上不同的专门统计核算制度的发展，也需要国民经济核算制度跟进发展。由此国民经济核算制度必须持续地进行修订，以保持其对核算对象的敏感性，从而满足公众的要求，因而动态性也成为国民经济核算体系的基本性质。

三、国民经济核算的公共产品作用

国民经济核算的产生和发展来源于政府宏观管理的需要。作为一种手段型全球公共产品，SNA 的最终目的是提供准确、可靠的宏观经济统计信息。在 SNA 的框架下，经济数据可以按照经济分析和政策制定的要求，以一定的程式编制表述出来。有了SNA的指导，各国可以在此基础上设计本国的国民经济核算体系，增强本国的统计能力。通过SNA所提供的宏观经济统计信息，人们能够及时掌握经济运行的全貌和内部结构，降低了信息的不完备性。经济学家和经济分析人员所使用的大部分宏观经济统计信息也来源于SNA，他们的研究工作也是建立在SNA基础之上。有了准确可靠的统计信息，政府才可以制定各种宏观经济政策，才可以对经济进行宏观调控，从而大大降低经济运行的不确定性。

具体说来，国民经济核算的作用可概括为以下四个方面的内容。

（一）用于监测经济活动

国民经济核算数据提供的信息，既涉及不同类型的经济活动，又涉及经济中的不同部门。因此，它可以提供三个不同方面的监测：

（1）监测经济活动中许多主要的经济流量，例如生产、住房消费、政府消费、资本形成、出口、进口、工资、利润、税收、贷款等的动态情况；

（2）提供某些只能在核算框架内界定和计算的但却是非常关键的信息，比如，预算盈余或赤字，各个部门或经济总体收入中用于储蓄或投资的份额，以及贸易差额等；

（3）提供解释和评估诸如工业生产、消费品价格或生产者价格的月度指数等短期指标的变动背景。

国民经济核算体系中的某些主要变量是以季度及年度编制的，可以为监测经济运行提供必要的数据。

（二）为宏观经济分析提供数据支持

国民经济核算也可用于研究经济运行中的一些机理。这样的分析通常采取的形式是利用国民经济核算框架内编制的现价和不变价的时间序列数据，通过计量经济方法，估算不同经济变量之间的函数关系的参数。当然，用于这种研究的宏观经济模型的类型会因研究者的经济思想流派，以及分析目的的不同而不同。但是，国民经济核算所提供的数据，完全可以适应不同经济理论或模型的需要。反过来说，如果没有国民经济核算数据，这些研究是无法进行的。

随着计算机的普及，越来越多的用户可以参与到对宏观经济数据的分析中，这使得国民经济核算的数据使用者逐渐从政府部门、研究机构、大学扩展到企业和社会公众，它们都直接受益于国民经济核算这一全球公共产品。

（三）为制定经济政策和决策提供帮助

在宏观层次上，国民经济核算能够为制定经济政策提供帮助。经济政策有短期和中长期之分。短期经济政策是在评估最近以来的经济行为和目前的经济状况，以及展望或准确预测未来发展趋势的基础上形成的。短期预测一般由上述计量经济模型进行。中长期经济政策必须联系综合的经济战略加以制定，这种战略往往要以计划形式定量化。而构成中长期经济计划的大多数内容要用到国民经济核算中的流量数据。可以说，没有国民经济核算数据，要制定中长期计划是不可能的。一个好的能准确反映过去的经济运行状况的宏观经济模型，对于规划和预测可以说是必不可少的。

在微观层次上，国民经济核算可以帮助相关部门或机构进行相应决策。比如，大公司的长期计划必须依赖于未来经济发展预测，这就需要核算数据。当然，对于专业从事宏观经济分析的公司来说，国民经济核算数据更是必不可少的。

(四) 为国际比较提供平台

国民经济核算体系是以一种标准的、国际通行的概念、定义和分类形式向用户报告国民经济核算数据的体系。这样的数据可广泛用于国与国之间在一些主要经济总量上的比较，如国内生产总值或人均国内生产总值。当然，除了经济总量指标上的比较，它也可以用于统计数据的结构比较，如投资、税收和政府支出占国内生产总值的比重等。如果没有国民经济核算提供的国际通行的数据，经济学家、媒体人士、专业分析人员在国际比较研究方面一定会束手无措。

显然，国民经济核算有很多的应用领域，因此，学习国民经济核算首先要弄懂它的基本框架和核算方法，这是我们进行经济分析的基础。同时，我们也要在了解国民经济核算理论的基础上增强利用国民经济核算数据进行统计分析的技能。

第三节　国民经济核算学与国民经济核算分析

2003 年，由东北财经大学申报的中国第一个“国民经济核算学”博士点获准在国务院学位委员会备案，并于当年开始招收博士研究生。这是我国国民经济核算学界的一件大事，标志着我国的国民经济核算学正在逐步发展成为一个独立学科。

一、国民经济核算学的出台背景

(一) 国民经济核算研究范围与领域扩展的牵动

1993 年以来，国际上关于国民经济核算的研究不是告一段落，而是更加广泛和深入，具体表现在：

第一，更多国际组织和专家的加入。1993 年的 SNA 由联合国、国际货币基金组织、欧洲共同体、经济合作与发展组织、世界银行 5 家国际性组织联合颁布。而在此之后，国际劳工组织、欧洲经济委员会、独联体、世界贸易组织、联合国贸易发展会议、国际清算银行、欧洲中央银行等国际性组织也纷纷参加有关核算手册及文本的修订工作。而来自金融统计专家工作组、统计机构间国际服务贸易统计专家工作组、国际经济社会分类专家组等国际级专家组的核算专家也纷纷加入到国民经济核算的研究中来。

第二，向更广的研究范围拓展。从经济到社会，从人口到资源环境，从卫生教育到科技旅游，从货物交易到国际服务贸易，国民经济核算的研究范围日益扩展；一些新问题也逐渐被关注，如：股票购买权的处理、不良贷款的处理、严重通货膨胀条件下利息的处理、非人寿保险的处理、间接计算的金融中介服务的处理、商标品牌等无形资产的处理、软件测算的处理、金融稳定性的衡量、服务价格指数的计算等。

（二）新世纪中国经济与社会发展对核算水平提出了更高的要求

进入新世纪以来，我国经济与社会发展取得了举世瞩目的成就，同时也对国民经济核算资料产生了巨大的需求。

(1) 我国宏观经济管理方式的变革，导致了国家宏观调控方式的变化。作为一个市场经济大国，我国的宏观经济管理越来越依赖于国民经济核算信息。显然，有效应用各种宏观经济问题的调控政策和手段都要基于对国内生产总值的规模与趋势、消费价格的变动趋势、劳动力市场变动程度、国际收支水平等信息的正确判断。

(2) 我国的改革开放，实质是各经济主体的逐步归位过程，随着经济主体地位的回复，决策行为的增多，各经济主体的宏观统计信息需求也逐步增多。比如，居民在收入大大多于日常支出时，便会考虑采用何种形式从事储蓄或投资活动，这就需要了解国民经济的基本走势，证券交易市场中的基本分析就是专门研究国民经济基本面对证券交易影响的；再如国外机构部门来华投资，有一个对地区、部门、方式、时机等诸多方面进行选择的问题，也需要掌握中国国民经济的基本状况。正是改革开放后的新格局，凸显了社会各界对政府统计的需求，也凸显了“为政府”和“政府为”这两种统计观念的区分。

(3) 经济改革的深化，导致产业结构的变化与升级，推进了核算范围继续向其他领域延伸。服务行业的重要性及其在经济结构中的份额从来没有像现在这样受到人们的关注，服务经济正逐步成为国民经济新的增长点。产业结构调整和升级的结果是出现了许多新兴产业，如金融保险业、教育产业、文化产业、体育产业、信息产业等。核算范围的延伸还表现在非生产资产的核算上，在可持续发展战略和以人为本发展思想指导下，自然资源和环境核算成为新的研究内容，它们不再仅仅处于独立的附属账户地位，而是与经济一起，构成了环境与经济综合核算卫星体系。

(4) 市场化程度的日益提高，推进“知情权”意识向所有用户渗透。官方统计资料是标准的公共产品，机会均等地获得统计数据是公众的基本要求。核算资料质量高低的标准不再仅仅是统计口径、范围概念、计算公式等技术方面是否与国际接轨，透明度、及时性、可获得性等也构成了核算水平高低的重要解释变量。

二、国民经济核算学的学科定位

（一）国民经济核算学可被看作是经济学的分支

国民经济核算学与经济学密不可分，主要体现在四个方面：一是国民经济核算学的理论基础是宏观经济学；二是国民经济核算学的研究对象依据的是经济理论框架下的国民经济运行过程；三是国民经济核算与应用经济学的概念框架和分类标准高度一致；

四是从事国民经济核算研究的专家学者大多来自于经济学界，而本章提及的所有获奖的与国民经济核算研究有关的专家被授予的均是“诺贝尔经济学奖”。从这个角度说，国民经济核算学可被看作是经济学的分支。

（二）《国民经济核算学》不同于其他经济学或管理学学科分支

与金融学、产业经济学、会计学等其他经济管理学科分支比较起来，国民经济核算学有着明显不同的学科特点：一方面国民经济核算学属于方法性学科，有着自身的分析框架和理论体系，它的学科体系是完整的、系统的、独立的。国民经济核算学无法与其他经济学、管理学二级学科合二为一；另一方面，国民经济核算学是核算学领域中偏重于宏观层次的一个分支，它与微观层面上的会计核算既有区分又有联系，既然会计学可以是一个独立的学科，那国民经济核算学也可以是一个独立的学科。

（三）国民经济核算学的研究范围

国民经济核算体系的发展与会计学、宏观经济学、计量经济学等学科有重要的关系，它们之间是相互借用、相互促进和发展的关系。一般认为，“国民经济核算学”的研究范围有五条主线：一是国民经济运行过程的核算，包括生产过程、收入分配过程、消费过程、投资过程的核算；二是国民经济运行条件的核算，包括环境核算、自然资源核算、人力资源核算；三是对外交易核算与国际比较，包括对外交易过程核算、国际收支核算、国际比较项目；四是资金流核算，包括资金流量核算、资产负债核算；五是物流核算，包括投入产出核算、国民经济运行条件与过程的实物量核算。

三、从国民经济核算学到国民经济核算分析

（一）正确看待我国国民经济核算研究的发展

从整体上看，我国的国民经济核算研究还处于引进消化阶段，这一阶段的主要任务是系统地将国外统计发达国家的研究和应用成果系统地、跟踪性地介绍到中国来，以减少认识上的偏误。在这个问题上，不要耻于舶来，现在的问题是舶来得远远不够，我们现在缺乏对世界国民经济核算研究的整体把握，还没有参与到研究和工作的主渠道中，也较少有人在国际期刊上发表核算研究的论文或参加本领域的国际会议。

就国民经济统计而言，我国是“有名而少实”，国外则是轻名而重实。只有先期大量地引进、消化和吸收，才能增加与世界同行的对话能力，才能有更多的发言权。在引进与吸收的过程中，研究工作的主要对象是核算工作手册、学术期刊以及国外核算资料的应用分析。就国内对这三方面信息的开发程度而言，它们都有相当大的开发价值。一讲到统计与世界接轨，有的学者就只提到数理方面的内容，而国民经济核算方面的内容则很少被注意被重视，这一状况亟待改变。

（二）正确认识国民经济核算学在教学中的地位

1998 年 8 月，国际收入与财富研究会（international association for research in income and wealth，IARIW）在英国剑桥召开了一个专门会议，议题为“国民经济核算在经济学教学中的作用”，这次会议发现，国民经济核算在大学经济学教学中重要性较小且正在衰退。国民经济核算在宏观经济学中是典型的“能学多少算多少”的内容，许多主题在经济学课程中还没有涉及。国民经济核算在国外教学中作用的衰退，通常可以用对宏观经济学兴趣的降低而微观经济学正经历的兴旺来解释，还有一个背景因素，在基于统计推断的应用经济学领域，人们对大型经济计量模型的兴趣正在减弱，有些人认为国民经济中的相互作用太复杂了，不能通过宏观计量模型技术进行分析。

我国的情况与国外不同，现代国民经济核算体系和大学体系中经济管理教学体系都是在改革开放之后逐渐发展建立起来的，国民经济核算通常还只是在统计学专业教学中出现，还远远没有覆盖到整个经济管理课程体系中。从某种意义上说，国外的国民经济核算教学面临的问题是如何“复兴”的问题，而我们是如何“新建”的问题。

但不管哪种情况，国民经济核算学在高等教育中的发展都十分必要。最近几年，国内外已经开始了振兴国民经济核算学的努力，国内有些高校开设了面向非统计学专业的国民经济核算课程，相关教材建设发展的速度也很快；国际上，一些统计机构和协会已主动采取措施，一些机构和大学也开始开设国民经济核算的专门课程，有些学者还呼吁建立专门的执业经济核算师学位或资格证书，使国民经济核算专门人才能像注册会计师或注册金融分析师那样规范成长。

（三）正确处理国民经济核算学理论与应用的关系

可以把统计学的研究分为三个层次：理论研究、应用方法研究、实证分析。它们分别处于统计研究的上、中、下游。对于国民经济核算学来说，学科的上、中、下游也可大致分成这三个部分。

其中从事理论研究的人处于学科的上游，他们专门从事理论方法库的研究，需要在统计学的象牙塔里辛勤耕耘，为理论的进步自乐不疲；应用方法研究处于学科的中游，是对理论方法如何应用而进行的研究，是客观上为发展方法论所做的工作，应用方法研究往往要结合实证分析研究，但不仅仅于此；实证分析处于学科的下游，往往与方法的进步混在一起，通常应用方法研究中多伴有实证分析，或者起码要有相当的实证分析案例做基础，但社会中更多的只是方法的应用而无方法的改进，那就仅仅是实证分析了。

从需求分布来看，社会中需要进行实证分析的问题远远多于需要进行应用方法研究的问题，而需要进行应用方法研究的问题又远远多于需要进行纯理论研究的问题，这是一个从特殊到一般的过程，需求的偏态分布是显而易见的。与之相应，社会对从事不同研究工作的人的需求也有差异。社会需要从事实证分析的人大大多于从事进行应用方法研究的人，而需要从事应用方法研究的人又会大大多于从事纯统计理论研究的人。

从供给分布来看，一个人可能三种研究工作都做过或者都去做，但总是有其工作重心。实际生活中，实证分析与应用方法研究两者兼做，或应用方法研究与纯理论研究兼做的会多一些，而三者兼做的较少。因为社会所能提供的人才也是不同的。

专门从事实证分析的人，属于 KNOW—HOW 型人才，他们不需要考虑理论方法的论证，而只要知道所用方法的基本思想，掌握应用方法研究者所提供的应用知识就可以了，他们不必从事方法库的建设，而只需采用拿来主义的态度从方法库里选取合适的工具就可以了。对他们而言，如何获取分析所需要的合格数据是更为重要的。专门从事纯理论研究的人，则属于 KNOW—WHY 型的人才，他们处于理论研究的象牙塔内，有学科唯美主义倾向，就学科发展而言，这类人也许不需要有过高的情商，但需要专门的智慧。而从事应用方法研究的人，介于前两种人之间，既要有一定的情商，又要有相当的智商。从实证分析案例的角度进行应用方法研究时，需要研究者具备较强的比较鉴别能力综合归纳和抽象能力；而从理论角度进行应用方法研究时，又要求研究具有较强的推断能力和扩展能力。社会能提供的这类人才不会多于实证分析人才，但可以多于专门从事纯理论研究的人才。

显然，从社会需求和供给分析的角度看，与其他学科领域相同，国民经济核算学的上、中、下游呈明显的倒金字塔结构：实证分析多于应用方法研究，而应用方法研究多于纯理论研究。

从目前的情况看，尽管我国国民经济核算的理论研究仍较为薄弱，但国内对国民经济核算理论研究的必要性已经有了共识，相关的著作和教材也大多集中于理论层面的研究。与此形成鲜明对比的是，在国民经济核算体系的应用与分析方面投入太少，从应用方法研究角度入手的国民经济核算著作和教材仍不多见。正是由于缺少国民经济核算学的应用方法研究，现代国民经济核算理论对相当部分从事实证分析的人士而言，太难太生。本来很好的核算资料，但用得少，或用得不准确，不能发挥应有的作用，也就难以得到社会的广泛认可。

因此，我们认为，当前国民经济核算学界应加强国民经济核算分析或国民经济核算应用的教学与研究力度，使更多的人了解国民经济核算，掌握国民经济核算的应用方法，提高国民经济核算分析能力。

（四）本书的思路与结构

基于前面的判断和认识，我们把本书的书名定为《国民经济核算分析》。意在构建更为友好的阅读界面，从服务于应用方法研究和实证分析的角度为初学者或实际工作者提供一本理论与实践相结合的实用教材。让更多的人有机会走近国民经济核算，并受益于对国民经济核算体系的学习。

为此，我们着力做了以下几方面的工作：

(1) 增强易读性，并不刻意在概念、方法、意义上打转转，而是按照分析的逻辑逐步引入各项必要的、基础性的内容，限于篇幅，我们以实用性为原则对内容进行了筛选，不追求面面俱到，也不会伤筋动骨。

(2) 不在具体账户上着墨太多，降低初学者的“进入门槛”，既使读者能理解基本的核算原理和思路，又不让人有望而却步的感觉。当然，为了方便读者进一步学习和整体把握，我们在本书第2章专门设置了"账户总览"的内容,集中介绍了国民经济核算体系的账户结构,读者可以根据自身的情况和对其他各章的理解情况有所选择地阅读这一部分的内容。

(3) 注重与实践相结合,各章中的数据与资料都力争及时更新,相关观点和核算方法采力争反映国民经济核算实践的新进展。由于我国的国民经济核算正在发展完善的过程中,本书所讨论的问题可能会存在我国与国际的不同做法,遇到这种情况时,为了与实践结合更紧密,我们将以我国的做法为主进行介绍。

(4) 本书各章都安排了一些应用分析内容,这些内容有助于为我们架设国民经济核算理论与实践之桥,对于一个初学者而言,它实际上是要回答核算知识在应用过程中经常遇到的一些困惑和常见的问题。本书各章后的习题注重应用性和实践性,意在吸引读者真正思考问题,而不是让人有考试的感觉。

在结构上,除第1章、第2章外,本书各章分别介绍了国民经济核算的核心内容:生产核算、投入产出核算、收入核算、资金流量核算、资产负债核算、国际收支核算、价格与物量核算、季度与地区经济核算,等等。这些章节自成体系但又依序环环相扣,共同构成了国民经济核算的基本框架,我们认为,理解和掌握这些内容是进行国民经济核算分析的基础。

如前所述,国民经济核算可以提供"对一个经济体的全面观察",相对于国民经济核算的复杂体系而言,本书所进行的工作可能只是推开了经济观察的一扇窗,并告知大家如何向窗外远眺,我们不敢保证大家一定会看到美丽的风景,但不管怎么说,只要我们愿意走到窗前,我们的视野总会更加开阔。

本章小结

国民经济核算是以一定的经济理论为指导,综合应用统计、会计和数学方法,对一国(地区)在一定时期内各类经济主体的经济活动(流量)及其在特定时点的结果(存量)和各重要总量指标及其组成部分进行系统、综合、全面的测定,用以跟踪、描述一国(地区)国民经济的联系和结构的全貌。

国民经济核算体系的形成不是一蹴而就的。它经历了数百年的时间,历经了多个发展阶段,才形成了今天的体系规模。国民经济核算体系是当今世界绝大多数国家实行的核算制度,它的形成和发展经历了四个时期,即孕育期、初创期、成长期、成熟期。

我国的国民经济核算经历了一个曲折的发展历程。中国国民经济核算的起点开始于国际上官方国民收入统计阶段。但当SNA经由孕育期发展到初创期时,新中国的国民经济核算在MPS体系的影响下开始了另外一种尝试。《中国国民经济核算体系(2002)》彻底去掉了 MPS 的核算内容，至此，中国的国民经济核算回到了 SNA 的核算框架。

SNA 是一种公共产品，可以把 SNA 划归全球性公共产品之列。作为公共产品，尤其是作为全球公共产品的国民经济核算，必须具备协调性、实用性和动态性，以满足社会对其的要求。

国民经济核算的产生和发展来源于政府宏观管理的需要。作为一种手段型全球公共产品，SNA 的最终目的是提供准确、可靠的宏观经济统计信息。具体说来，国民经济核算的作用可概括为以下四个方面的内容：监测经济活动，为宏观经济分析提供数据支持，为制定经济政策和决策提供帮助，为国际比较提供平台。

国民经济核算学不同于其他经济学或管理学学科，它可以被看作是经济学的分支。

我国的国民经济核算研究方兴未艾，我国的国民经济核算教学亟待加强，鉴于国民经济核算学供给和需求的偏态特征，应进一步改善和加强国民经济核算的应用方法和实证分析的研究和教学。

思考与练习

1. 国民经济核算可以提供对一个经济体的全面观察。在开始学习国民经济核算前，你怎样观察中国的宏观经济？经济媒体中经常出现哪些指标？你能说清它们的来龙去脉么？

2. 本章中提到了许多经济学家或统计学家的名字，其中有几位还获得了诺贝尔经济学奖，试着找一找他们的名字，有兴趣的话，可以通过网络找一些他们的资料，看看他们如何推动了国民经济核算的发展。

3. 日常中接触比较多的公共产品都有哪些？它们与 SNA 比较起来有哪些异同点？作为全球公共产品的 SNA 有哪些主要功能？

参考文献

1. J. Steven Landefeld. GDP: One of the Great Inventions of the 20th Century.

Survey of Currennt Business, January 2000

2. Harry H. Postner. Introducing a Certified Economic Accountant(CEA) Degree or Diploma Program: Would Nancy and Richard Ruggles Approve? *Review of Income and Wealth*, Series 50, Number 2, June 2004

3. 联合国等.国民经济核算体系.中国统计出版社,1995

4. 邱东.国民经济统计学.东北财经大学出版社,2001

5. 邱东,蒋萍,杨仲山.国民经济核算.经济科学出版社,2002

6. 邱东,杨仲山等.当代国民经济统计学主流.东北财经大学出版社,2004

7. 邱东,蒋萍等.国民经济统计前沿问题.中国统计出版社,2008

8. 中华人民共和国国家统计局.中国国民经济核算体系 2002.中国统计出版社,2003

9. 高敏雪,李静萍,许健.国民经济核算原理与中国实践.中国人民大学出版社,2006

10. 向蓉美,杨作廪,王青华.国民经济核算及分析.西南财经大学出版社,2005

11. 韩云虹等.国民经济核算与分析.经济科学出版社,2005

12. 邱东.国民经济核算史论.统计研究,1997(4)

13. 邱东,刘颖,肖兴志.论国民经济核算的公共产品属性.统计研究,1998(4)

14. 邱东.从市场实现看应用统计方法研究的桥梁作用.统计研究,2001(4)

15. 邱东.谁是政府统计的最后东家.统计研究,2002(7)

16. 邱东.于创新处见深刻——评"国民经济核算方法论纲".统计研究,2002(11)

17. 邱东.2000～2002 年中国国民经济核算研究点评.统计研究,2003(9)

18. 邱东.国民经济统计方法论研究的中外比较.统计研究,2003(11)

19. 邱东,徐强.全球公共品视角下的 SNA.统计研究,2004(10)

20. 蒋萍.国民经济核算与政府统计改革.统计研究,2002(8)

21. 蒋萍.国民(经济)核算学抽议.统计研究,2003(10)

22. 国民经济核算司 1993 年 SNA 修订问题研究小组.1993 年 SNA 修订问题综述.统计研究,2006(3)

23. 许宪春.中国国民经济核算的回顾与展望.统计研究,2002(7)

24. 许宪春.中国国民经济核算的改革与发展.宏观经济研究,2006(3)

25. 许宪春.中国国民经济核算的新发展和 SNA 修订的挑战.统计与信息论坛,2007(1)

26. 高敏雪.国民经济核算仍然面临变革.统计与信息论坛,2006(6)

27. 赵彦云,伍业锋.GDP:20 世纪最伟大的发明之一.统计研究,2001(7)

28. 徐强.国民经济核算研究的新进展.中国统计,2004(6)

第2章

账户总览

当你能衡量你所谈论的事并且能用数字把它表示出来时，可以说你对它有了一些了解；当你不能衡量它并且不能用数字表示出来时，你对它的了解便是肤浅的而不能令人满意的；你的了解可能是知识的开端，但很难说你已经完全进入了科学的阶段。

——开尔文勋爵(英国著名物理学家、发明家)

教学目的 账户体系是国民经济核算体系(SNA)的中心框架。国民经济核算体系通过一套逻辑严密、协调一致而完整的账户序列，描述了特定经济的全貌，诸如构成经济生活的最基本现象：生产、收入、消费、积累和财富。本章将对国民经济核算体系(SNA)中采用的账户形式进行综合性说明。

教学要点 国民经济核算账户体系由经常账户、积累账户和资产负债表三大部分构成；从核算账户的属性来看，国民经济核算账户体系包括流量账户和存量账户，经常账户和积累账户是流量账户，资产负债表是存量账户；如果将这些账户用T形账户的方式综合起来，就形成了综合经济账户。

2008年3月5日上午9时，十一届全国人大一次会议在人民大会堂开幕，国务院总理温家宝做政府工作报告。温总理在报告中说："第十届全国人民代表大会第一次会议以来的五年，是不平凡的五年……2007 年，国内生产总值达到 24.66 万亿元，比 2002 年增长 65.5%，年均增长 10.6%，从世界第六位上升到第四位……全国财政收入达到 5.13 万亿元，增长 1.71 倍；外汇储备超过 1.52 万亿美元。"①温总理在报告中提到的"国内生产总值"、"财政收入"、"外汇储备"这些概念，我们也经常在媒体、书籍中接触到。这些概念背后的数据是怎么计算出来的？彼此之间是否有一定的联系？这些概念及其数值为什么能够用来表述经济的有关现象？

此外，国际上在统计领域近些年有一件重大的事件，那就是联合国等国际组织对 SNA(1993)的修订。在联合国(UN)、世界银行(WB)、国际货币基金组织(IMF)、经济合作与发展组织(OECD)和欧洲经济共同体委员会以及世界各国(地区)的广泛参与下，新修订的 SNA[即 SNA(2008)]也于 2008 年正式颁布。那么，新修订的 SNA 对我国有什么样的影响？国际上的统计研发活动与这本书的内容又有什么样的关系？

甚至我们还可以更为"微观"地问一下，本书中这一章内容与后续章节的内容有什么样的联系？等等，类似这样的问题会很多。但无论怎样，如果我们带着这样一系列的问题去思考有关经济方面的问题时，在细心阅读本书时，我们必然首先要了解一下有关国民经济核算账户的基本知识。我们所熟知的一些经济总量指标的计算方法是依赖于国民经济账户这个"平台"而产生的，并且，国民经济核算体系(SNA)最基础的方法是以国民经济核算账户的形式给出的。

第一节　国民经济核算账户基础

国民经济是怎样运行的？统计又是怎样通过国民经济核算的方法来进行"监测"的呢？无论经济理论告诉我们有怎样的一幅美丽蓝图，但我们仍然可以"戴着统计的眼镜"去理解这个经济世界。

我们可以这样设想一下国民经济的运行：整个经济体是由各式各样具体的经济活动形成的，各种相互作用的经济活动中，一方面有进行经济活动的主体，另一方面也就是这些经济主体具体所进行的经济活动本身。无论对国民经济运行采用什么样的理论去理解，很显然，经济主体及其所从事的经济活动本身就构成了一个经济体的全部内容。国民经济核算对经济运行的观察，便是采用这样的方法，即国民经济核算体系是依据国民经济客观运行过程建立的。进一步，在国民经济核算中，首先要解决的一个问题是对国民经济运行系统进行描述，这些描述可归纳为以下几个基本问题的回答：(1)经济主体(谁?)；(2)活动目的(为什么?)；(3)活动项目(干什么?)；(4)流量(活动规模?)；(5)存量(资产和负债?)；(6)核算规则(如何记录?)。

---

① 资料来源于人民网：http//：www.people.com.cn。

对国民经济运行过程的系统描述和计算，就形成了国民经济核算独特的体系。这个体系也就主要包括下列构成要素：(1)交易者分类；(2)交易分类；(3)对流量和存量的测度因子；(4)描述和分析工具，通常包括账户平衡表、数学模型等；(5)相应的记录规则；等等。

事实上，国民经济核算体系本身就是由一套逻辑严密、协调一致而完整的账户和表式组成，它们的基础是一套符合国际惯例的概念、定义、分类和核算规则。在此框架里，经济数据可以按照经济分析、决策和政策制定的要求，以一定的方式编制和表述。

一、经济流量与经济存量

经济流量与经济存量，是国民经济核算体系采用的两个基本概念。对一国（或地区）所有经济活动的观察，国民经济核算最后都将其处理为经济流量和经济存量。下面，我们就接触一下国民经济核算中这一对概念。

记录经济流量和存量是一国国民经济核算体系的基本目的，而一国国民经济核算账户的结构安排也是按照流量和存量的逻辑关系来编制的。那么，什么是经济流量和经济存量呢？

国民经济活动中，各个机构单位在从事各种形式的经济活动中，产生了大量的基本经济活动及其结果。从国民经济核算的角度来看，这些经济活动本身就形成了经济流量，而经济活动所产生的结果就形成了经济存量。一国（或地区）国民经济核算体系的基本目的，就是记录该国（或地区）的经济流量和存量的。

按照SNA(1993)的定义，经济流量反映经济价值的产生、转移、交换、转换或消失，它涉及机构单位的资产和负债的物量、构成或价值的变化。反映经济多样化的经济流量，如工资、税收、利息、资本流量等等，具有特定的性质，它们记录了机构单位的资产和负债的变化方式。所有的经济流量都可划分为交易和其他经济流量。

经济存量反映某一时点资产和负债的状况，或者说某一时点持有的资产和负债。SNA(1993)把经济存量记录在资产负债表中。

所以，国民经济核算包括流量核算和存量核算。流量核算是指对一定时期内的经济交易的累计发生额（或者是增减相抵后的净额）进行的核算，存量核算是指对在一定时点上所拥有的资产和财富，以及所承担的债务的历史积累总额进行的核算。从核算内容来看，流量核算是关于经济运行过程的核算，而存量核算则是关于经济运行的各种条件及经济运行结果的核算，两者紧密联系，相辅相成。

对流量和存量进行核算，必须在以下三个方面保持一致性：

(1) 流量核算和存量核算在分类方面要保持一致，包括对于资产项目分类的一致性和对于机构部门分类的一致性。

(2) 流量核算和存量核算在核算的时间方面要保持一致，要分别针对同一核算期的期内、期初和期末资产负债进行核算。

(3) 流量核算和存量核算要采取一致的估价标准。

二、国民经济核算账户结构描述

从账户核算的内容来看，国民经济核算账户体系由经常账户、积累账户和资产负债表三大部分构成；从核算账户的属性来看，国民经济核算账户体系包括流量账户和存量账户，经常账户和积累账户是流量账户，资产负债表是存量账户。国民经济核算账户体系中的每一部分都可以根据实际分析的需要进行进一步细分，从而得到细分的子账户；相应地，细分的子账户也可以根据实际分析的需要进行必要的汇总综合，从而得到较为综合的账户。

图 2.1 列示了一国国民经济总体的主要账户结构。

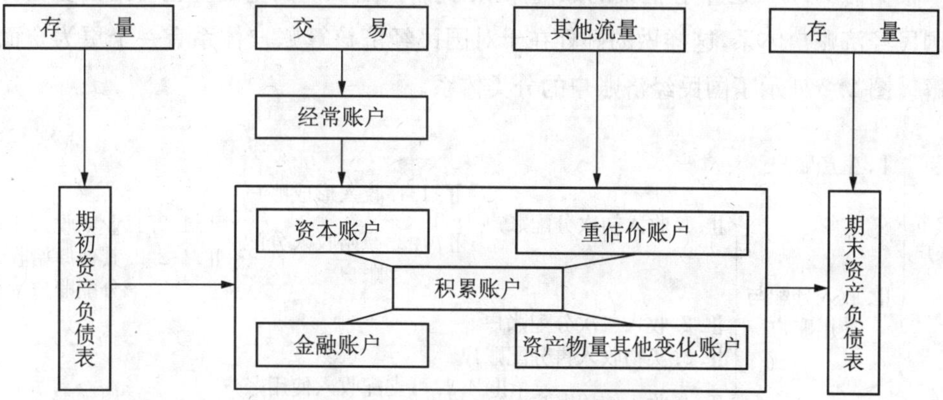

图 2.1　SNA(1993)的账户结构图

图 2.1 表明，资产负债表对存量进行核算，而流量核算通过经常账户和积累账户进行。交易账户由经常账户和积累账户中的资本账户和金融账户组成，而其他流量账户由重估价账户和资产物量其他变化账户构成。期初存量在期初资产负债表中反映，期初存量加上期内的流量变化，就得到了在期末资产负债表中反映的期末存量。

经常账户记录货物和服务的生产，由生产产生的收入，收入在机构单位之间的分配和再分配，以及收入作为消费或储蓄目的的使用。经常账户又分为生产账户、收入分配和使用账户两大块。生产账户记录 SNA 所界定的货物和服务的生产活动。收入分配和使用账户由一套环环相扣的账户组成，它们反映收入：(1)怎样在生产中形成；(2)如何分配给对生产创造的增加值享有权益的机构单位；(3)如何在机构单位之间进行再分配；(4)怎样被住户、政府单位和非营利机构最终使用。

积累账户记录机构单位通过交易或因为其他事件引起的金融、非金融资产和负债的获得和处置。引起这种获得和处置的原因有两个方面：第一，与其他单位进行交易；第二，与生产有关的内部交易记录(存货变化和固定资产消耗)。资本账户记录非金融资产的变化以及对应的净值变化，金融账户记录金融资产的获得和处置。资产其他变化账户又包括两个子账户：一个是资产物量其他变化账户，记录由于交易以外因素引起的机构单位或部门持有的资产和负债的变化额；一个是重估价账户，记录由于价格变化引起的资产和负债价值的变化。

资产负债表主要反映机构单位或部门在核算期期初和期末的资产和负债的存量价值。资产负债表的子账户还包括资产负债变化账户，它概括记录了积累账户的主要内容，即资产和负债的变化，从而连接了期初、期末两个存量表。

需要说明的是，在图 2.1 中未单列国外账户。除非必要的情况下，国外账户的有关内容可以融入整个国民经济总体的相关账户中，并不单独表示；但也可根据实际分析的需要，单独列示有关涉外交易情况的国外账户。图 2.2 和后述各表正是基于这样的考虑而做了不同列示。

根据 SNA(1993)中心框架的账户体系，我们在图 2.1 的基础上也可给出更为详细的国民经济账户体系，这样做的好处在于对国民经济核算账户体系有一个更为全面的了解。图 2.2 列示了国民经济账户的分类体系。

- 经常账户
  - Ⅰ. 生产账户
  - Ⅱ. 收入分配与使用账户
    - Ⅱ. 1. 收入初次分配账户
      - Ⅱ. 1. 1. 收入形成账户
      - Ⅱ. 1. 2. 原始收入分配账户
        - Ⅱ. 1. 2. 1. 业主收入账户
        - Ⅱ. 1. 2. 2. 其他原始收入分配账户
    - Ⅱ. 2. 收入二次分配账户
    - Ⅱ. 3. 实物收入再分配账户
    - Ⅱ. 4. 收入使用账户
      - Ⅱ. 4. 1. 可支配收入使用账户
      - Ⅱ. 4. 2. 调整后可支配收入使用账户
- 积累账户
  - Ⅲ. 1. 资本账户
  - Ⅲ. 2. 金融账户
  - Ⅲ. 3. 资产其他变化账户
    - Ⅲ. 3. 1. 资产物量其他变化账户
    - Ⅲ. 3. 2. 重估价账户
      - Ⅲ. 3. 2. 1. 中性持有收益/损失
      - Ⅲ. 3. 2. 2. 实际持有收益/损失
- 资产负债表
  - Ⅳ. 1. 期初资产负债表
  - Ⅳ. 2. 资产负债变化表
  - Ⅳ. 3. 期末资产负债表

图 2.2　国民经济账户分类体系图

三、国民经济核算账户的特点

学习国民经济核算账户的特点，目的是为了更好地理解国民经济核算账户体系。概括来讲，国民经济核算账户的特点有以下五点。

(1) 国民经济核算采用的是 T 形账户。国民经济核算中使用的账户从形式上看，与会计上使用的账户是一致的。形状类似 T 字形，左右分列。右方为资源(或负债与净值)，左方为使用(或资产)。资源方合计值等于使用方合计值。这是国民经济核算平衡计算的基础。

(2) 国民经济核算账户是以活动序列的形式出现的。从内容上看，国民经济核算账户包括生产账户、收入分配与使用账户、资本账户、金融账户等。这些账户的排列并非随意，而是有序排列的，这种有序排列的方式说明国民经济核算账户是以序列的形式出现的。从经济运行过程来看：生产创造财富、形成了收入，收入通过分配与再分配最终用于居民消费和资本形成与金融交易。该运行过程包括了这样几类具体的活动：生产活动、收入分配活动、收入使用活动、资本形成活动、金融交易活动。可以看出，国民经济的运行过程是由不同的活动构成的，如果将每一种经济活动都用一个账户表示出来的话，则用该账户序列表示的活动序列就反映了国民经济运行的完整过程。国民经济核算账户正是这样一种反映整个国民经济运行过程的活动序列。

(3) 国民经济核算账户序列具有可分性。国民经济核算账户序列在纵向上的可分性由经济活动序列的特点决定，在横向上的可分性由国民经济活动总量的可加性决定。从经济活动序列的角度来看，国民经济核算反映的基本活动指的是一类活动，这类活动可以再进行细分。如可以将收入分配与使用活动细分为初次分配、再分配、实物再分配和收入使用等活动。相对应地可以将收入分配与使用账户分解为收入初次分配账户、收入二次分配账户、实物收入再分配账户和收入使用账户。依此类推，可将国民经济核算账户序列按研究问题的需要不断地分解，使之在更为详细和具体的层面上反映国民经济运行的过程与状态。从国民经济活动总量可加性的角度来看，如果以整个国民经济为总体编制账户，就可以得到国民经济总量账户（国民经济账户）；以不同部门（如机构部门、产业部门）或以不同单位（如机构单位）为总体编制，就可以得到部门账户或机构单位账户。在实际编制过程中，国民经济核算账户主要是从国民经济总体和部门的角度来编制的，即编制的主要是国民经济总量账户（国民经济账户）与机构部门账户（如产业部门账户）。机构部门账户可以看成是国民经济账户的分解结果，国民经济总量账户（国民经济账户）可以看成是对机构部门账户的汇总与综合。

(4) 国民经济账户综合起来可以采用两种方式。一个账户反映的仅是一种活动，为了将国民经济活动过程全部再现出来，必须用到若干个账户。如果将这些账户单独列出来，形成的就是上面所提到的生产账户、收入分配与使用账户等具体的T形账户。为了对国民经济活动过程有一个总体的了解，还可以将这些单个的账户综合到一起。如果将这些账户用T形账户的方式综合起来，就形成了综合经济账户；如果将账户用矩阵平衡表的方式综合起来，就形成了矩阵表。

(5) 国民经济账户记录的变量既可以是流量也可以是存量。国民经济核算账户中所记录的变量，不仅仅是流量，也可以是存量。

第二节 国民经济账户记录规则

为了科学、合理地在国民经济账户中记录有关经济信息（比如我们前面所谈到的经济流量和存量)，国民经济核算体系规定了一套标准的做法，这就是所谓的记录规则。通俗地讲，对记录规则的介绍就是要告诉大家，在国民经济账户中采用什么样的方法、口径、形式来记录各种信息。

一、SNA(1993)关于估价的基本规则

国民经济核算并不是对物量的简单核算，它通常是以货币形式记录所发生的交易与其他流量。而要把简单的物量数据转化为货币数据的形式，就必须了解国民经济核算中的价格问题。

国民经济核算体系有关价格记录方面的规则，最基本的一个原则就是：按照市场价格来记录相关的交易活动及其结果。具体来讲，SNA(1993)关于估价的基本规则如下。

(一) 国民经济核算中估价的首要原则是按市场价格估价

所谓市场价格，是指市场上买卖双方认定的成交价格。它是货物或服务项目的单位价值表现，是通过价值流量和实物流量对比而产生的，是连接不同单位之间交易的中介因素。

国民经济核算原则上对货币交易按现期市场价格计量，也就是说当我们记录的交易是以货币形式出现时，即货物或其他资产、服务、劳动或资本被用来交换现金(通货或可转让存款)时，我们可以直接在账户中记录该交易。

(二) 如果没有现成的市场价格，则要以相近的市场价格为参照进行估价

并不是所有的交易都有现成的市场价格，如非货币交易在交易中就没有形成市场价格。对于这些交易，我们可以间接地估算其价格。

在市场上找一个同样的或类似的交易项目，以该市场价格为参照，再适当考虑其批发与零售市场的差异、地区差异，对我们所要估价的非货币交易进行估价。

(三) 如果不存在可供参照的市场价格，则要模拟市场价格的形成过程对其估价

有些非货币交易不存在可供参照的市场环境，如一些自给性的货币和服务的交易。对于这些交易，我们可以采用成本价估算的方法：以当时生产它们所需的成本额为基础，模拟出其市场价格，如以中间消耗、雇员报酬、固定资本消耗及其他生产税净额的总和来估计其价格。

(四) 如果以上方法都不能用，则以未来收益的贴现值来记录

这种方法在理论上是完全合理的，但由于该方法建立在大量的假定和推理基础上，所以是最粗略的方法。

(五) 对以外币计值的交易的处理

与外汇有关的流量和存量在记入账户时，应用本币计量其价值。进行货币单位转

化时所使用的汇率应是外汇买入价和卖出价的中间值，即中间价。这样做是为了剔除外汇中介服务费用。

另外，按照权责发生制的要求，所使用的汇率中间价应以交易发生时的中间价为准，而不采用外汇正式支付时的中间价。

（六）对市场价格的适当调整

在编制国民经济账户时，工商企业数据是一个重要的数据来源。

考虑到企业出于避税等目的可能会采用一些特殊的估价方法，而这些估价方法对国民经济核算并不合适，所以，即使是根据工商企业报表得来的市场价格，也不能被认为是完全准确的。

二、SNA(1993)关于记录时间的基本规则

这个规则其实是告诉大家，关于某项具体的交易活动或其结果的记录，应该在“什么时候”“采用什么样的记账方式”来进行登录。

SNA(1993)要求以复式记账原则为基础，按照权责发生制对经济活动及其结果进行记录。

（一）复式记账与四式记账

对于一个单位或一个部门来说，国民经济核算如同工商会计一样是以复式记账原则为基础的。也就是说，每一笔交易必须被记录两次，一次是作为资源（或负债的变化），记录在账户的右端；另一次是作为使用（或资产的变化），记录在账户的左端；或者在账户的同一端记录两次，但两次的符号相反。

在复式记账原则下，记录为资源或负债变化的交易总额和记录为使用或资产变化的交易总额一定是相等的，并可以通过这一点检查账户的平衡性。

例如，住户用现金购买了一件消费品。这个交易在住户部门的账户中需要记录两笔，一次是作为最终消费支出记录在账户的使用方（左端），另一次是以负值记录在金融账户的资产变化方（左端）。

复式记账在整个账户体系中的表现得并不十分明显。大家可以结合会计中的复式记账原理来体会一下这种记账方法的科学性，此不赘述。

大部分交易是涉及两个交易者的，所以对同一个交易是由双方同时记账的，而每一方又都要进行复式记账，所以在国民经济核算体系中，每一个交易实际上是被记录了四次，这就是所谓的“四式记账”。

例如，一个政府单位给一个住户单位一笔现金形式的社会福利，则有：在政府账户中该交易被作为使用记录在有关转移类项下，作为资产的负所得记录在货币和存款项下（均为账户左端，但记录为一正一负）；在住户部门账户中，被作为资源记录在转移项下，作为资产获得记录在货币和存款项下（分别记录在账户的两端）。

应该指出的是，即使是四式记账也不足以反映交易者之间的流量关系（即不能回答

该交易从谁到谁的问题），但很显然，四式记账有助于保证账户的平衡与一致。

（二）记录时间

四式记账原则要求每一笔交易必须在同一时点计入交易双方的有关账户，这就要求国民经济核算对各种交易的记录规定一个统一的时点，要么采用权责发生制原则，要么采用收付实现制原则。

权责发生制原则指对经济活动中机构单位之间的交易，按照其债权债务发生的时间，或生产活动中价值转移或新价值形成或取消的时间进行统计。

收付实现制原则指机构单位之间的交易按照实际收到或支付款项的时间进行统计。

国民经济核算遵循的是权责发生制原则，即凡是本期实际发生的权益和债务变化，都作为本期的实际交易加以核算，而不论款项是否在本期收付。遵循权责发生制原则的目的在于，真实地反映本期经济活动的投入产出及资产负债的变化，这一原则适用于社会再生产过程各环节的一切交易。由于交易双方按同一时间进行记录，从而保证生产核算、分配核算、消费核算、投资核算以及对外交易核算之间的内在一致性。

这个原则在理论上是没有问题的，但是实施起来可能会遇到一定的麻烦。比如说，机构单位之间可能没有采用同样的核算规则，退一步说，即使它们都用了权责发生制来记录，也可能因为通讯等方面的问题导致同一交易的记录时间不一致，这种不一致有时甚至是跨期间的，这会影响到国民经济核算的统一性和准确性。对于这种误差，国民经济核算必须通过事后的调整来修正。

三、SNA(1993)关于汇总、合并与取净值的基本规定

（一）汇总

国民经济核算范围内的大量交易、其他流量和资产在SNA(1993)中都安排成数目上容易处理的、分析上有用的不同分组。在SNA(1993)中，这样的分组通过两种或更多种分类相交叉来构成。因为国民经济核算的分类包括若干层次，并且这些层次也都采用代码明确标出，所以，可以区分出相应的汇总层次。同时，SNA(1993)指出，虽然从概念上说，每个总量的价值是有关类别中的所有基本项目的价值之和，但实际上时常使用其他估计方法。首先，关于基本交易、其他流量和资产的信息可能是不完备的，甚至是不存在的。其次，由于定义的差异和范围不同，从不同的原始来源获得的数据通常是不完全一致的，因此，有必要在总量一级进行调整，使它们相互协调。

（二）合并

一般说来，合并是指当多个交易单位合成一个单位时，从使用方和资源方剔除发生在这些单位之间的交易，以及剔除互相之间的金融资产和负债。

对于机构单位而言，正常情况下只记录它与其他机构单位间的交易，但是，当有必要对机构单位内部的某些经济现象进行观察时，国民经济核算也会记录一些内部流量：

如自产自用的经济流量、固定资本消耗等等。此时这些内部流量显然不能被合并。

对经济活动的合并以基层单位为界限，即基层单位内部的经济活动应被合并，而基层单位间的经济活动不能被合并。

原则上对机构单位间的交易是不能被合并的，因为这样做会损失一部分有价值的信息。但在某些情况下，建立机构单位的合并账户是有好处的。例如，将金融机构部门内部的往来项目进行合并，就可以比较清楚地反映金融部门与非金融部门之间的借贷关系和利息收支情况。当然，这是一种不得已的选择，即通过合并来消除机构部门内部交易，从而强调不同部门之间的经济联系。

（三）取净额

取净额与合并在概念上是不同的。对经常交易而言，取净额是指对具有双重性质（既登录于资源方，又登录于使用方）的交易项目，按其资源与使用抵消后的余额进行记录。例如产品税净额，就是一个取净额的交易，它是指产品税扣除产品补贴后的差额。

对于资产与负债的取净额，应该谨慎对待，只有以下两种情况的取净额被允许：

(1) 对资产（负债）内部的各种类型变化取净额，如对负债而言，可以对新债务的发生和旧债务的清偿取净额，形成现有的净负债；

(2) 对与某一金融手段有关的金融资产和负债（金融交易项）取净额，如企业既发行债券又购买债券，则可以计算企业的债券净额。

第三节　国民经济账户序列

尽管国民经济账户序列看起来比较繁杂，但这些知识是国民经济核算体系（SNA）的基础和核心内容。我们下面将详细介绍国民经济账户序列的有关知识。为便于初学者学习，在对国民经济账户序列的介绍中，我们尽量给出有关经济总量指标计算的数例。

国民经济账户是国民经济核算的核心，它们可以提供特定经济的全貌。从层次上看，国民经济账户包括两部分内容，即国民经济总量账户和国民经济机构部门账户。国民经济总量账户是从国民经济运行出发，运用账户描述国民经济产品和服务来源与使用、生产、收入分配和消费使用、积累、资产负债以及对外经济联系。机构部门账户主要是了解机构部门之间的数量关系，以及它们与国民经济总量的联系，目的是达到深入理解国民经济核算结果所反映的国民经济运行过程和内容。

国民经济总量账户与机构部门账户在体系上的设置基本是一致的。为了便于从整体角度来把握经济运行的全貌，以及体现出国民经济统计所特有的宏观分析特性，所以在账户序列体系介绍上，我们以国民经济总量账户为主进行考察。

国民经济总量账户体系，如前所述，除了有经常账户、积累账户和资产负债表外，在此节还单独列示国外账户。

一、经常账户

经常账户包括三部分:货物和服务账户、生产账户、收入分配和收入使用账户。

(一) 货物和服务账户

货物和服务账户的主要作用是对一国一定时期市场中的货物和服务来源和使用做出全面反映。货物和服务账户表式见表 2.1:

表 2.1 账户 0. 货物和服务账户 单位:亿元

资源		使用	
P.1 总产出	3 737	P.2 中间消耗	1 883
P.7 货物和服务的进口	499	P.3 最终消费	1 399
		P.5 资本形成总额	414
		P.6 货物和服务的出口	540
总资源	4 236	总使用	4 236

货物和服务账户因其在 SNA(1993)中有特殊的作用,因此有一个特殊的编号,为 0 账户。SNA(1993)对货物和服务的定义规定如下:货物是对其有某种需求,且能够确定其所有权的有形实体。它有两个特点:(1)货物的生产和交换是完全独立的两种活动。(2)货物的生产可以与其随后的销售或再销售分离,这是货物显著的经济特征,服务则不具有这种特征;服务是不能够确定其所有权的独立存在实体。它有以下特点:(1)它不能脱离生产单独进行交易;(2)当生产完成时,它们必须已经提供给消费者。

货物和服务账户有两个特点,这是与其他账户所不同的:(1)货物和服务账户是总体平衡的,即在总使用和总资源之间存在着平衡关系,而不是就每种类型交易的平衡,因此它没有平衡项;(2)货物和服务账户的收支方向与其他账户相反。其使用列在右方,资源列在左方,而其他账户一般都是使用列在左方,资源列在右方。

以表 2.1 为例,从货物和服务账户可以得到按支出法计算的国内生产总值,即最终消费加上资本形成总额加出口减进口:

支出法国内生产总值 = 1 399 + 414 + 540 − 499 = 1 854(亿元)

货物和服务账户所反映的内容是国民经济多方面运行的结果,因而该账户中的各项指标必然会在生产账户、收入分配和使用账户、积累账户、对外交易账户中进一步得到反映。在表 2.1 中,总产出(3 737)和中间消耗(1 883)与生产账户(表 2.2)相连,最终消费(1 399)与国民可支配收入使用账户(表 2.7)相连,资本形成总额(414)及构成数据与积累账户中的资本交易(表 2.9)相连,进口(499)和出口(540)与对外经常交易账户(表 2.17)相连。

(二) 生产账户

生产账户是对一国一定时期生产成果和价值形成的核算。表式如下:

表 2.2　账户Ⅰ.生产账户　　单位:亿元

使用		资源	
P.2 中间消耗	1 883	P.1 总产出	3 737
B.1g 总增加值	1 854		
K.1 固定资本消耗(一)	222		
B.1n 净增加值	1 632		
合计	3 737	合计	3 737

生产账户测算的目的是计算增加值。生产账户概括地表达了增加值计算的生产法。总产出(3 737)是生产成果,也是生产收入的来源;中间消耗(1 883)是生产的中间使用,也是转移;总增加值(1 854)是生产账户的平衡项,它是总产出(3 737)减去中间消耗(1 883)的剩余项,也就是按生产法计算的国内生产总值,它与按支出法计算得到的数值是一致的。总增加值与固定资本消耗的差额是增加值净额,也就是国内生产净值。国内生产净值也认为是雇员报酬、生产税净额和营业盈余等之和。生产账户通过增加值与收入分配和使用账户相联系。上述经济总量关系用公式表示为:

生产法国内生产总值(1 854) = 总产出(3 737) − 中间消耗(1 883)

国内生产净值(1 632) = 国内生产总值(1 854) − 固定资本消耗(222)

(三) 收入分配和收入使用账户

1. 收入分配账户

收入分配被分解为三个步骤:初次分配、二次分配和实物收入再分配。初次分配是指增加值针对劳动力和资本要素的分配以及对政府的分配,表明总增加值如何分配给劳动力和资本两个要素以及政府,必要时还表示来自国外的流量和流向国外的流量(这部分内容一般在国外账户中反映),测算结果是为了得到原始收入总额(原始总收入)。二次分配包括主要通过现金转移进行的收入再分配,它测算可支配收入。实物收入再分配是对收入的第三次分配,测算结果是为了得到调整后的可支配收入。相应地,收入分配账户包括收入初次分配账户、收入二次分配账户和实物收入再分配账户三部分。其中,收入初次分配账户又包括收入形成账户和原始收入分配账户两部分。

(1) 收入形成账户。

收入形成账户从生产者角度记录直接与生产过程相联系的分配交易。收入形成账户的收入资源方是生产账户的平衡项总增加值,该账户的使用方是生产创造的收入,包括雇员报酬、生产税净额、营业盈余总额或混合总收入,所以它反映了增加值要素的构成。这里,混合总收入是对住户部门而言的,因为其劳动报酬与营业盈余在实际中无法明确区分,所以称之为混合总收入。营业盈余(混合收入)是增加值减去雇员报酬、生产税净额之后的平衡项。

收入形成账户表式见表 2.3:

表 2.3　Ⅱ.1.1.收入形成账户　单位:亿元

使用		资源	
D.1 雇员报酬	762	B.1g 总增加值	1 854
D.2～D.3 生产、进口税减生产、进口补贴	191		
B.2/B.3 营业盈余/混合总收入	459/442		
收入形成使用总额	1 854	收入形成来源总额	1 854

收入形成账户从要素角度反映了国内生产总值的构成,即:

收入法国内生产总值(1 854) = 雇员报酬(762) + 生产税净额(191)
+ 营业盈余总额(459) + 混合总收入(442)

(2) 原始收入分配账户。

原始收入分配账户的表式如表 2.4 所示:

表 2.4　Ⅱ.1.2.原始收入分配账户　单位:亿元

使用		资源	
D.4 财产收入支出	391	B.2/B.3 营业盈余/混合总收入	459/442
B.5 原始收入总余额/国民总收入	1 883	D.1 雇员报酬	766
		D.2～D.3 生产、进口税减生产、进口补贴	191
		D.4 财产收入	416
合计	2 274	合计	2 274

原始收入分配账户展示收入初次分配的剩余部分,它是对一国一定时期国民所分配生产收入的核算。它与收入形成账户所核算的收入都是初次分配收入,只是核算主体不同,其中主要是涉及对外经常交易账户的部分内容。其记录的内容可归纳为两部分:一部分是各部门作为收入接受者从收入形成账户中所获得的生产性收入,另一部分是各部门之间进一步发生的账户收入流量。

在收入形成账户中(表 2.3),雇员报酬(762)记录的是国内生产支付的部分,它包含了支付给国内和国外劳动要素所有者两块,却没有包括国内要素所有者从国外得到的劳动收入。在对外经常交易账户(表 2.18)中记录着国内支付国外雇员要素报酬(2),国内从国外得到雇员要素报酬收入(6)。所以,该期国民所得到的雇员报酬数量为 762－2＋6＝766,记在原始收入分配账户上。由此可见,对外雇员要素收入净额将收入形成账户中雇员报酬支出与原始收入分配账户中的劳动报酬收入之间的核算关系联系起来。

生产、进口税减生产、进口补贴的处理也是如此。对外经常交易账户(表 2.18)中,由于支付给国外和从国外获得的生产、进口税减生产、进口补贴都为(0),所以生产、进口税减生产、进口补贴仍为 191,并记入原始收入分配账户的资源方。

营业盈余或混合总收入从收入形成账户使用方转到原始收入分配账户资源方,数量是完全一致的。

在封闭经济下,财产收入应与财产支出相等,但在开放经济下,两者可能是不等的。两者的差额(416－391＝25)等于对外经常交易账户中对应项目的差额,即支付给国外财产收入减来自国外的财产收入(63－38＝25)。

原始收入总余额是原始收入分配账户平衡项。国内各机构部门的原始收入总和,一般又称为国民总收入(GNI)。这样,国民总收入的计算就有两种不同的方法:第一种,从原始收入分配账户角度来计算。原始收入总余额既然是原始收入分配账户的平衡项,那么必然存在账户左右平衡的关系,则资源方总计减去财产收入支出等于原始收入总余额,有:

国民总收入(1 883)＝2 274－391

也即:

国民总收入(1 883)＝雇员报酬(766)＋生产、进口税减生产、进口补贴(191)＋营业盈余总额(459)＋混合总收入(442)＋财产收入(416)－财产收入支出(391)

第二种,从收入形成账户的联系角度来计算。收入形成账户的增加值总额(1 854)分别扣除来自国外的雇员要素收入净额－4(即 2－6),来自国外生产税净额 0(即 0－0),来自国外的财产收入净额－25(即 38－63),得到国民总收入(1 883)。换算过程为:

1 883＝1 854－(2＋0＋38)＋(6＋0＋63)

(国民总收入)＝(增加值总额)－(付给国外的原始收入)＋(来自国外的原始收入)

即为:

GNI＝GDP＋国外净要素收入

(3) 收入二次分配账户。

收入二次分配账户的表式如下:

表 2.5 Ⅱ.2. 收入二次分配账户 单位:亿元

使用		资源	
D.5 所得、财产等经常税	212	B.5 原始收入总余额/国民总收入	1 883
D.61 社会缴款	322	D.5 所得、财产等经常税	213
D.62 实物社会转移以外的社会福利	332	D.61 社会缴款	322
D.7 其他经常转移收入	269	D.62 实物社会转移以外的社会福利	332
B.6 国民可支配总收入	1 854	D.7 其他经常转移收入	239
合计	2 989	合计	2 989

收入二次分配账户的主要目的是核算出国民可支配总收入，它与原始收入分配账户紧密联系。原始收入总余额(1 883)作为收入二次分配账户的来源，资源方列示了各种再分配收入：所得、财产等经常税(213)，社会缴款(322)，实物社会转移以外的社会福利(332)，其他经常转移收入(239)。同样账户在使用方也列示了各种再分配支出：所得、财产等经常税(212)，社会缴款(322)，实物社会转移以外的社会福利(332)，其他经常转移收入(269)。于是，国民可支配总收入就作为平衡项出现在账户的使用方。其平衡式：

国民可支配总收入(1 854)＝国民总收入(1 883)＋再分配收入总额(213＋322＋332＋239)－再分配支出总额(212＋322＋332＋269)

国民可支配总收入也可以通过与国外经常交易账户对应项目的联系而得到，由于国内再分配收支差额与来自国外经常转移收支净额相等，所以国民可支配总收入可以是国民总收入加上来自国外经常转移收支净额的结果。即：

国民可支配总收入(1 854)＝国民总收入(1 883)＋来自国外转移收入(1＋0＋9)－对国外转移支出(0＋0＋39)

(4) 实物收入分配账户。

实物收入再分配是对收入的第三次分配。核算该账户的目的有四个：第一，更清楚地说明政府的作用；第二，更全面地计算住户收入；第三，便于进行国际比较；第四，更全面地反映子部门之间或其他住户之间的再分配过程。实物收入分配账户的表式见表 2.6：

表 2.6　Ⅱ.3. 实物收入再分配账户　　　　单位：亿元

使用		资源	
D.63 实物社会转移	228	B.6 国民可支配总收入	1 854
B.7 调整后国民可支配总收入	1 854	D.63 实物社会转移	228
合计	2 082	合计	2 082

2. 收入使用账户

收入使用账户显示具有某种最终消费的部门的可支配收入(调整后可支配收入)是如何在最终消费和储蓄之间进行分配的。收入使用账户也可分为国民可支配收入使用账户和调整后国民可支配收入使用账户。

(1) 国民可支配收入使用账户。

国民可支配收入使用账户的表式见表 2.7。

国民可支配收入使用账户资源方是收入再分配账户的平衡项国民可支配收入，使用方是最终消费支出和总储蓄。总储蓄是国民可支配收入使用账户的平衡项，即：

总储蓄(455)＝国民可支配总收入(1 854)－最终消费支出(1 399)

净储蓄(233)＝总储蓄(455)－固定资本消耗(222)

表 2.7　Ⅱ.4.1.国民可支配收入使用账户　　单位:亿元

使用		资源	
P.3 最终消费支出	1 399	B.6 国民可支配总收入	1 854
D.8 对住户养恤基金净权益变化的调整	11	D.8 对住户养恤基金净权益变化的调整	11
B.8 g 总储蓄	455		
K.1 固定资本消耗(一)	222		
B.8n 净储蓄	233		
合计	1 865	合计	1 865

(2) 调整后国民可支配收入使用账户。

调整后国民可支配收入使用账户的表式见表 2.8:

表 2.8　Ⅱ.4.2.调整后国民可支配收入使用账户　　单位:亿元

使用		资源	
P.4 实际最终消费	1 399	B.7 调整后国民可支配总收入	1 854
D.8 对住户养恤基金净权益变化的调整	11	D.8 对住户养恤基金净权益变化的调整	11
B.8g 总储蓄	455		
K.1 固定资本消耗(一)	222		
B.8n 净储蓄	233		
合计	1 865	合计	1 865

二、积累账户

积累账户反映资产、负债、净值方面的所有变化。由于积累账户这种特点,因此它的账户表述形式类似于资产负债表本身。在积累账户中,资产的所有变化,不论是正的还是负的,都记录在左方,负债的所有变化及净值的变化则在右方。积累账户分四个子账户进行核算:资本账户、金融账户、资产物量其他变化账户、重估价账户。

(一) 资本账户

资本账户记录与非金融资产获得有关的交易和涉及财产再分配的资本转移,它是对实物投资及其资金来源的全面核算。具体表式如下:

表 2.9　Ⅲ.1.资本账户　　单位:亿元

资产变化		负债和净值变化	
P.5g 资本形成总额	414	B.8n 净储蓄	233
K.1 固定资本消耗(一)	222	D.9 应收资本转移收入	62
P.5n 资本形成净额	192	D.9 应付资本转移支出(一)	65
B.9 净借出(+)/净借入(一)	38		
资产变化合计	230	净值变化合计①	230

注:① "净值变化合计"一项,在 SNA(1993)中实指"B.10.1 由储蓄和资本转移引起的净值变化"项。它本身不是一个平衡项,对应于资本账户"负债和净值变化"一方的合计值。

资本交易账户中的净储蓄、资本转移收入净额是投资资金来源的重要部分，前者与国民可支配收入使用账户(表 2.7)相连，后者与对外资本账户(表 2.19)中的资本转移收入净额(3)相对应。资本形成总额(414)与货物和服务账户(表 2.1)相连。净借出/净借入是平衡项，账户中净借出(38)表明资金盈余，它直接转入金融交易账户负债方。

在表 2.9 中，资本形成净额为资本形成总额(414)减去固定资本消耗(222)为 192，与净储蓄(233)相比，还有 41 个单位的资金剩余，但该经济又有对外资本转移净额(−3)，二者相抵，最后是净借出为 38。

净借出(+)/净借入(−)(38)＝净储蓄(233)＋资本转移净额(62−65)−资本形成净额(192)

(二) 金融账户

金融账户按金融手段类型记录交易，反映所有发生在各机构单位及国外之间的金融交易所引起的金融资产和负债的变动。负债净额(603)加上净借出/净借入(38)就等于金融资产购买净额(641)。金融账户与对外账户的联系，在本例中，反映在国内投资资金总量所缺部分正好来自对外金融负债筹集。对外金融账户(表 2.20)上对外金融资产净获得(50)，金融负债净额(88)，净借入(−38)，正好与国内净借出(38)相对应。

表 2.10 Ⅲ.2. 金融账户 单位:亿元

资产变化		负债变化	
F. 金融资产净获得	641	B. 9 净借出(+)/净借入(−)	38
F. 1 货币黄金和特别提款权	−1	F. 金融负债净发生	603
F. 2 通货和存款	119	F. 2 通货和存款	132
F. 3 股票以外的证券	138	F. 3 股票以外的证券	123
F. 4 贷款	244	F. 4 贷款	217
F. 5 股票及其他权益	44	F. 5 股票及其他权益	43
F. 6 保险专门准备金	36	F. 6 保险专门准备金	36
F. 7 其他应收账款	61	F. 7 其他应付账款	52
合计	641	合计	641

(三) 资产物量其他变化账户

资产物量其他变化账户记录那些不仅引起资产和负债价值发生变化而且会引起其物量也发生变化的异常事件。

表 2.11 Ⅲ.3.1. 资产物量其他变化账户 单位:亿元

资产变化		负债与净值的变化	
AN. 非金融资产	10	AF. 负债	−2
AF. 金融资产	5	B. 10.2 资产物量其他变化引起的净值变化	17
合计	15	合计	15

这个账户记录由非积累交易引起的资产数量变化，包括地下资源的发现或损耗、战争、自然灾害及核算本身造成的资产数量上的变化。

（四）重估价账户

重估价账户专门记录一定时期内资产负债完全由于价格变化而形成的持有资产（或负债）的收益和损失。

表 2.12 Ⅲ.3.2.重估价账户 单位：亿元

资产变化		负债与净值变化	
AN.非金融资产	280	AF.负债	76
AF.金融资产	84	B.10.3 名义持有收益/损失引起的净值变化	288
合计	364	合计	364

重估价账户表明资产的持有损益，在本例中，

净值持有收益(288)＝非金融资产持有收益(280)＋金融资产持有净收益(84－76)

三、资产负债表

资产负债表主要是对国民经济存量的核算，它一般有期初资产负债、本期资产负债变化和期末资产负债三部分。期初和期末资产负债表把资产列在左方，负债和净值列在右方。净值，即资产与负债之差，是资产负债表的平衡项，它相当于一个单位或一个部门所持有的经济价值存量的现值。就每类资产和负债而言，期初和期末资产负债之间的变化产生于积累。净值变化等于资产变化减去负债变化。表式如下：

表 2.13 Ⅳ.1.期初资产负债表 单位：亿元

资产		负债与净值	
AN.非金融资产	9 922	AF.负债	6 298
AF.金融资产	6 792	B.90 净值	10 416
合计	16 714	合计	16 714

资产负债变化表概述了积累账户的内容，即资产和负债的总变化，以及按主要来源列出的净值变化等。

表 2.14 Ⅳ.2.资产负债变化表 单位：亿元

资产		负债与净值	
AN.非金融资产	482	AF.负债	677
AF.金融资产	730	B.10 净值	535
合计	1 212	合计	1 212

表 2.15　Ⅳ.3. 期末资产负债表　　单位:亿元

资　　产		负债与净值	
AN. 非金融资产	10 404	AF. 负债	6 975
AF. 金融资产	7 522	B.90 净值	10 951
合计	17 926	合计	17 926

对资产负债表可以从以下几个方面来分析：

首先是表内关系，即净值(从整个国民经济角度来看就是国民财富)等于非金融资产存量加上金融资产负债净额(从整个国民经济角度来看就是对国外净债权)。在本例的三个表中：

10 416 = 9 922 + 6 792 − 6 298

535 = 482 + 730 − 677

10 951 = 10 404 + 7 522 − 6 975

其次是从期初到期末的纵向平衡关系。从期初到期末，资产负债表三部分的对应关系是一致的，即期初资产或负债存量加上本期资产或负债变化等于期末资产或负债存量。如期初资产负债表中的非金融资产(9 922)加上资产负债变化表中的非金融资产变化(482)，等于期末资产负债表中非金融资产(10 404)。其他都是如此。

再次是从分量到总量的对应关系。资产负债变化表实际是对积累账户的四个子账户，资本账户、金融账户、资产物量的其他变化账户和重估价账户的汇总。如资产负债变化表中的负债总额(677)是金融账户中负债变化(603)与资产物量其他变化账户负债变化(−2)、重估价账户中负债变化(76)之和。资产负债变化表中的净值(535)是资本交易账户中净值(230)与资产物量其他变化账户中净值(17)以及重估价账户中净值变化(288)之和。资产负债变化表中的非金融资产(482)是资本账户形成净额(192)，加上资产物量其他变化账户中非生产资产变化(10)，加上重估价账户中非金融资产变化(280)的结果。

资产负债变化表与积累账户各个项目的对应关系可以通过下述资产负债变化构成表(表 2.16)揭示：

表 2.16　资产负债变化构成表　　单位:亿元

账户名称	项　目　内　容	资　产		负债和净值	
		非金融资产	金融资产	负债	净值
Ⅲ.1. 资本账户	P.5g 资本形成总额	414			
	K.1 固定资本消耗	−222			
	由储蓄和资本转移引起的净值变化				230

续表

账户名称	项目内容	资产		负债和净值	
		非金融资产	金融资产	负债	净值
Ⅲ.2.金融账户	F.金融资产净获得		641		
	F.金融负债净发生			603	
Ⅲ.3.1.资产物量其他变化账户	资产变化	10	5		
	负债变化			−2	
	B.10.2资产物量其他变化引起的净值变化				17
Ⅲ.3.2.重估价账户	资产变化	280	84		
	负债变化			76	
	B.10.3名义持有收益/损失引起的净值变化				288
Ⅳ.2.资产负债变化表	资产负债总变化	482	730	677	535

四、对外交易账户(国外账户)

对外交易账户包括常住和非常住机构单位之间的交易及有关的资产和负债的存量。由于国外在核算结构中起着类似于一个机构部门的作用,因此国外账户是从国外的角度设立的。它的体系设置与国内账户是一致的,其联系也是涉及各个方面,前面已经讲述。

对外交易账户体系一般包括对外经常交易账户、对外资本交易账户、对外金融交易账户和对外重估价账户,以及反映相应资产负债状况的资产负债表,如国外期初资产负债表、国外资产负债变化表和国外期末资产负债表。对外经常交易账户又可以分为货物和服务对外账户、原始收入和经常转移对外账户。

对外交易账户的基本表式如下:

表2.17 Ⅴ.Ⅰ.货物和服务对外账户 单位:亿元

使用		资源	
P.货物和服务出口	540	P.7货物和服务进口	499
B.11货物和服务对外差额	−41		
合计	499	合计	499

表 2.18 Ⅴ.Ⅱ.原始收入和经常转移对外账户 单位:亿元

使用		资源	
D.1 雇员报酬	6	B.11 货物和服务对外差额	−41
D.2～D.3 生产、进口税减生产、进口补贴	0	D.1 雇员报酬	2
D.4 财产收入	63	D.2～D.3 生产、进口税减生产、进口补贴	0
D.5 所得、财产等经常税	1	D.4 财产收入	38
D.6 社会缴款和社会福利	0	D.5 所得、财产等经常税	0
D.7 其他经常转移	9	D.6 社会缴款和社会福利	0
D.8 对住户养恤基金净权益变化的调整	0	D.7 其他经常转移	39
B.12 对外经常差额	−41	D.8 对住户养恤基金净权益变化的调整	0
合计	38	合计	38

表 2.19 Ⅴ.Ⅲ.1.对外资本账户 单位:亿元

资产变化		负债与净值变化	
B.9 净借出(+)/净借入(−)	−38	B.12 对外经常差额	−41
		D.9 应收资本转移	4
		D.9 应付资本转移	−1
合计	−38	合计	−38

表 2.20 Ⅴ.Ⅲ.2.对外金融账户 单位:亿元

资产变化		负债变化	
F.金融资产净获得	50	B.9 净借出(+)/净借入(−)	−38
F.1 货币黄金和特别提款权	1	F.金融负债净发生	88
F.2 通货和存款	11	F.2 通货和存款	−2
F.3 股票以外的证券	5	F.3 股票以外的证券	20
F.4 贷款	10	F.4 贷款	37
F.5 股票及其他权益	2	F.5 股票及其他权益	3
F.6 保险专门准备金	0	F.6 保险专门准备金	0
F.7 其他应收账款	21	F.7 其他应付账款	30
合计	50	合计	50

表 2.21 Ⅴ.Ⅳ.1.对外期初资产负债表 单位:亿元

资产		负债与净值	
AN.非金融资产	0	AF.负债	297
AF.金融资产	573	B.90 净值	276
合计	573	合计	573

资产负债变化表概述了积累账户的内容,即资产和负债的总变化,以及按主要来源列出的净值变化等。

表 2.22　Ⅴ.Ⅳ.2. 对外资产负债变化表　　单位:亿元

资　　产		负债与净值	
AN. 非金融资产	0	AF. 负债	91
AF. 金融资产	57	B.10 净值	—34
合计	57	合计	57

表 2.23　Ⅴ.Ⅳ.3. 对外期末资产负债表　　单位:亿元

资　　产		负债与净值	
AN. 非金融资产	0	AF. 负债	388
AF. 金融资产	630	B.90 净值	242
合计	630	合计	630

对一国国民经济核算而言,国外经济的绝对量如何并不是其所关心的,但对国外与国内经济联系的核算却是不可缺少的部门。实际上,把对外联系作为一个机构部门去理解各种经济联系相对容易,因为国内持有的金融资产或购买的金融资产,不是来自国内就是来自国外,财产收入也是如此。国外的交易是国民经济总量的构成部分。

五、综合经济账户

将前述经常账户、积累账户、资产负债表和国外账户这些单独列示的国民经济账户序列表综合在一张表里面,我们就可以得到综合经济账户。综合经济账户就是将相对独立的生产账户、收入分配和使用账户、资本账户、金融账户、资产物量其他变化账户、重估价账户、资产负债表等综合在一起形成的账户平衡表。根据综合经济账户反映内容的层次来看,综合经济账户也可进一步分为国民经济总体综合经济账户和按机构部门分组的综合经济账户。

(一) 国民经济总体综合经济账户

以国民经济为统计总体可以编制出国民经济总体综合经济账户。国民经济总体综合经济账户是对本节第一至第四个部分所介绍的国民经济总量账户序列的综合。表 2.24 给出的是一个基于所有经济交易的国民经济总体综合经济账户,在这张表里所包括的交易涵盖了一国所有的经济交易,如国内经济交易和涉外的经济交易。

(二) 按机构部门分组的综合经济账户

国民经济总体是由不同的机构部门组成的,因此,更为详细的综合经济账户可以在国民经济总体综合经济账户的基础上按照机构部门分组的形式给出。实际工作中,国民经济总体综合经济账户是在按机构部门分组的综合经济账户基础上汇总得到的。

表 2.24　国民经济总体综合经济账户　　**单位:亿元**

账户名称	使用(或资产)			交易项目和平衡项	资源(或负债和净值)			账户名称
	货物和服务(来源)	国外	经济总体		经济总体	国外	货物和服务(使用)	
	499			货物和服务进口		499		
		540		货物和服务出口			540	Ⅰ.生产账户/货物和服务账户
Ⅰ.生产账户/货物和服务账户	3 737			产出	3 737			
			1 883	中间消耗			1 883	
			1 854	国内生产总值	1 854			
		−41		货物和服务对外差额		−41		Ⅱ.收入分配和使用账户
		69		对外原始收入		40		
		10		对外经常转移		39		
Ⅱ.收入分配和使用账户			1 399	最终消费支出			1 399	
			455	总储蓄	455			
		−41		对外经常差额		−41		
			414	资本形成总额			414	Ⅲ.1.资本账户
				应收资本转移	62	4		
Ⅲ.1.资本账户				应付资本转移	−65	−1		
		−38	38	净借出(+)/净借入(−)	38	−38		Ⅲ.2.金融账户
Ⅲ.2.金融账户		50	641	金融资产净获得/负债净发生	603	88		

表 2.25 是我们给出的按机构部门分组的综合经济账户。在这张表中,可以看到一国经济活动及其结果更为详细的数据。就表内的内容来看,表 2.25 提供了包括资产负债表在内的经济总体账户的全面内容;就账户内容形式来看,表 2.25 综合了机构部门账户、国外账户、交易账户及资产负债表。因此,从更为严格的意义上来说,表 2.25 才是更为完整的国民经济账户序列。

表 2.25 中,纵列列示的是机构部门、国外、经济总体、货物和服务,横行显示交易和其他流量、资产负债表的资产和负债、平衡项和一些重要的经济总量。按照 SNA(1993)的惯例,使用、资产变化和资产列在表的左方,资源、负债变化、净值和负债列在右方。

表 2.25 按机构部门分组的综合经济账户

单位:亿元

账户名称	使用(或资产)								交易和其他流量、存量及平衡项	资源(或负债和净值)								账户名称
	货物和服务(来源)	国外	经济总体	为住户服务的非营利机构	住户	一般政府	金融公司	非金融公司		非金融公司	金融公司	一般政府	住户	为住户服务的非营利机构	经济总体	国外	货物和服务(使用)	
Ⅰ. 生产账户/货物和服务账户	499								货物和服务进口							499		Ⅰ. 生产账户/货物和服务账户
		540							货物和服务出口								540	
	3 604								产出	1 753	102	440	1 269	40	3 604			
			1 883	9	694	252	29	899	中间消耗								1 883	
	133								产品税减产品补贴						133			
			1 854	31	575	188	73	854	总增加值/国内生产总值	854	73	188	575	31	1 854			Ⅱ. 1. 1. 收入形成账户
			222	3	42	30	10	137	固定资本消耗									
		−41							货物和服务对外差额							−41		
Ⅱ. 1. 1. 收入形成账户		6	762	23	39	140	15	545	雇员报酬				766		766	2		Ⅱ. 1. 2. 原始收入分配账户
		0	191	0	2	2	3	51	生产进口税减生产进口补贴			191			191	0		
			459	8	92	46	55	258	营业盈余总额	258	55	46	92	8	459			
			442		442				混合总收入				442		442			

续 表

账户名称	使用(或资产)							交易和其他流量、存量及平衡项	资源(或负债和净值)								账户名称
	货物和服务(来源)	国外	经济总体	为住户服务的非营利机构	住户	一般政府	金融公司	非金融公司		非金融公司	金融公司	一般政府	住户	为住户服务的非营利机构	经济总体	国外	货物和服务(使用)	
Ⅱ.1.2.原始收入分配账户		63	391	6	41	42	167	135	财产收入	86	141	32	150	7	416	38		Ⅱ.2.收入二次分配账户
			1 883	9	1 409	227	29	209	原始收入总余额/国民总收入	209	29	227	1 409	9	1 883			
Ⅱ.2.收入二次分配账户		10	1 135	3	571	430	84	47	经常转移	24	88	589	368	37	1 106	39		
			1 854	43	1 206	386	33	186	可支配总收入	186	33	386	1 206	43	1 854			Ⅱ.3.实物收入再分配账户
Ⅱ.3.实物收入再分配账户			228	16		212			实物社会转移				228		228			
			1 854	27	1 434	174	33	186	调整后可支配总收入	186	33	174	1 434	27	1 854			Ⅱ.4.收入使用账户
Ⅱ.4.收入使用账户									可支配总收入	186	33	386	1 206	43	1 854			
									实际最终消费								1 399	
			1 399	16	1 015	368			最终消费								1 399	
			11	0		0	11	0	对住户养恤基金净权益变化的调整				11		11	0		
			455	27	202	18	22	186	总储蓄	186	22	18	202	27	455			Ⅲ.1.资本账户
									净储蓄	49	12	−12	160	24	233			
		−41							对外经常差额							−41		

续 表

账户名称	使用(或资产)							交易和其他流量、存量及平衡项	资源(或负债和净值)								账户名称
	货物和服务(来源)	国外	经济总体	为住户服务的非营利机构	住户	一般政府	金融公司	非金融公司		非金融公司	金融公司	一般政府	住户	为住户服务的非营利机构	经济总体	国外	货物和服务(使用)	
			414	20	72	42	9	271	资本形成总额								414	
			−222	−3	−42	−30	−10	−137	固定资本消耗(—)									
		0	0	1	4	2	0	−7	非生产非金融资产的获得减处置									
Ⅲ. 1. 资本账户									应收资本转移	33	0	6	23	0	62	4		
									应付资本转移(—)	−16	−7	−34	−5	−3	−65	−1		
									储蓄和资本转移引起的净值变化	66	5	−40	178	21	230	−38		
		−38	38	4	148	−52	6	−68	净借出(+)/净借入(—)	−68	6	−52	148	4	38	−38		
Ⅲ. 2. 金融账户		50	641	32	181	120	237	71	金融资产净获得/负债净发生	140	232	170	33	28	603	88		Ⅲ. 2. 金融账户

续 表

账户名称	使用（或资产）								交易和其他流量、存量及平衡项	资源（或负债和净值）								账户名称
	货物和服务（来源）	国外	经济总体	为住户服务的非营利机构	住户	一般政府	金融公司	非金融公司		非金融公司	金融公司	一般政府	住户	为住户服务的非营利机构	经济总体	国外	货物和服务（使用）	
Ⅲ.3.1.资产物量其他变化账户		0	15	0	2	1	—2	14	非金融资产、金融资产/负债	—3	2	—1	0	0	—2	0		Ⅲ.3.1.资产物量其他变化账户
									资产物量其他变化引起的净值变化	17	—4	2	2	0	17	0		
Ⅲ.3.2.重估价账户			364	9	96	46	61	152	非金融资产、金融资产/负债	18	51	7	0	0	76	3		Ⅲ.3.2.重估价账户
									名义持有收益/损失引起的净值变化	134	10	38	96	10	288	4		
Ⅳ.1.期初资产负债表		573	16 714	496	4 641	1 987	3 652	5 938	非金融资产、金融资产/负债	1 817	3 384	687	289	121	6 298	297		Ⅳ.1.期初资产负债表
									净值	4 121	268	1 300	4 352	375	10 416	276		
Ⅳ.2.资产负债变化表		57	1 212	58	309	179	295	371	非金融资产、金融资产/负债变化	155	285	176	33	28	677	91		Ⅳ.2.资产负债变化表
									净值变化	216	10	2	276	31	535	—34		
Ⅳ.3.期末资产负债表		630	17 926	554	4 950	2 166	3 947	6 309	非金融资产、金融资产/负债	1 972	3 669	863	322	149	6 975	388		Ⅳ.3.期末资产负债表
									净值	4 337	278	1 302	4 628	406	10 951	242		

本章小结

国民经济核算体系(SNA)由一套逻辑严密、协调一致而完整的账户和表式组成，它们的基础是一套符合国际惯例的概念、定义、分类和核算规则。在此框架里，经济数据可以按照经济分析、决策和政策制定的要求，以一定的方式编制和表述。

国民经济核算包括流量核算和存量核算。流量核算是指对一定时期内的经济交易的累计发生额(或者是增减相抵后的净额)进行的核算，存量核算是指对在一定时点上所拥有的资产和财富，以及所承担的债务的历史积累总额进行的核算。从核算内容来看，流量核算是关于经济运行过程的核算，而存量核算则是关于经济运行的各种条件及经济运行结果的核算，两者紧密联系，相辅相成。

为了科学、合理地在国民经济账户中记录有关经济信息，国民经济核算体系(SNA)规定了一套标准的做法，这就是所谓的记录规则。SNA(1993)要求按照市场价格、复式记账原则、权责发生制对经济活动及其结果进行记录。并对汇总、合并和取净额等数据处理方法做了规定。

从账户核算的内容来看，国民经济核算账户体系由经常账户、积累账户和资产负债表三大部分构成；从核算账户的属性来看，国民经济核算账户体系包括流量账户和存量账户，经常账户和积累账户是流量账户，资产负债表是存量账户。国民经济核算账户体系中的每一部分都可以根据实际分析的需要进行进一步细分，从而得到细分的子账户；相应地，细分的子账户也可以根据实际分析的需要进行必要汇总综合，从而得到较为综合的账户。

经常账户记录货物和服务的生产，由生产产生的收入，随后收入在机构单位之间的分配和再分配，以及收入作为消费或储蓄目的的使用。经常账户又分为生产账户、收入分配和使用账户两大块。生产账户记录SNA所界定的货物和服务的生产活动。收入分配和使用账户由一套环环相扣的账户组成，它们反映收入：(1)怎样在生产中形成；(2)如何分配给对生产创造的增加值享有权益的机构单位；(3)如何在机构单位之间进行再分配；(4)怎样被住户、政府单位和非营利机构最终使用。

积累账户记录机构单位通过交易或因为其他事件引起的金融、非金融资产和负债的获得和处置。引起这种获得和处置的原因有两个方面：第一，与其他单位进行交易；第二，与生产有关的内部交易记录(存货变化和固定资产消耗)。资本账户记录非金融资产的变化以及对应的净值变化，金融账户记录金融资产的获得和处置。资产其他变化账户又包括两个子账户：一个是资产物量其他变化账户，记录由于交易以外因素引起的机构单位或部门持有的资产和负债变化额；一个是重估价账户，记录由于价格变化引起的资产和负债价值的变化。

资产负债表主要反映机构单位或部门在核算期期初和期末的资产和负债的存量价值。资产负债表的子账户还包括资产负债变化账户，它概括记录了积累账户的主要内容，即资产和负债的变化，从而连接了期初、期末两个存量表。

国民经济账户综合起来可以采用两种方式：如果将上述账户用T形账户的方式综合起来，就形成了综合经济账户；如果将账户用矩阵平衡表的方式综合起来，就形成了矩阵表。习惯上，矩阵形式表示的国民经济核算账户又叫做国民经济矩阵。

思考与练习

1. 分析社会经济现象时，在许多情况下可以借助"经济流量和经济存量"这种分析方法。比如，某一水库在年初的储水水位为30米，年末的储水水位为35米，那么整个这一年中水库储水量的变化(水位差5米×相应的水库面积)就应该等于时期内所有径流的变化之和(包括河流新注入水库的水量，再扣除蒸发的以及从水库中流出去的水量)。试想一想，你能列举哪些类似的例子？并试加以分析说明。

2. 国民经济账户是国民经济核算体系(SNA)的核心内容。因此，从知识点的掌握角度，我们应该知道：国民经济核算账户体系由哪几部分组成？国民经济核算账户的特点有哪些？经常账户包括哪几部分？积累账户是如何与资产负债表衔接的？

3. 综合经济账户是依据经常账户、积累账户、资产负债表(包括国外账户)而建立的，因此，综合经济账户综合性较强，对初学者的要求也相对较高。有兴趣的同学不妨动手做一下这个案例：以表2.24或表2.25为例，试从中找出并绘制出单独的生产账户、收入初次分配账户或收入使用账户。

参考文献

1. 联合国等. 国民经济核算体系1993. 中国统计出版社，1995
2. 佟哲晖、邱东. 国民经济统计学. 中国统计出版社，1992
3. 邱东. 谁是政府统计的最后东家. 中国统计出版社，2003

4. 邱东.国民经济统计学.东北财经大学出版社,2000
5. 邱东.新国民经济核算体系(SNA)结构研究.中国统计出版社,1990
6. 邱东,蒋萍,杨仲山.国民经济核算.经济科学出版社,2002
7. 刘长新,蒋萍.国民经济统计学.中国财政经济出版社,1995
8. 蒋萍.社会统计学.中国统计出版社,2001
9. 蒋萍.社会核算方法.经济管理出版社,1992
10. 蒋萍,杨仲山.货币与金融统计学.立信会计出版社,2006
11. 杨仲山.国民经济核算方法论纲.中国统计出版社,2002
12. 袁寿庄,赵彦云,高敏雪.国民经济核算原理.中国人民出版社,1996
13. 郑菊生,卞祖武.国民经济核算体系原理.上海财经大学出版社,2000
14. 钱伯海.国民经济统计学(国民经济核算原理).中国统计出版社,2000
15. 颜日初,徐唐先.国民经济统计学.中国财政经济出版社,1999
16. 杨灿.宏观经济核算论.中国统计出版社,1996
17. 杨廷干等.国民经济核算——理论、方法及应用.经济管理出版社,1998

第3章

生产核算

国内生产总值是20世纪最伟大的发明之一。与太空中的卫星能够描述整个大陆的天气情况非常相似，国内生产总值能够提供经济状况的完整图像，它能够帮助总统、国会和联邦储备委员会判断经济是在萎缩还是在膨胀，是需要刺激还是需要控制，是处于严重衰退还是处于通货膨胀威胁之中。没有像国内生产总值这样的总量指标，政策制定者就会陷入杂乱无章的数字海洋而不知所措。国内生产总值和有关数据就像灯塔一样，帮助政策制定者引导经济向着主要的经济目标发展。

——萨缪尔森（诺贝尔经济学奖获得者）和诺德豪斯（美国耶鲁大学教授）

教学目的 生产核算是整个国民经济核算的基础和开端，是进入经济分析殿堂的必由之路，我们经常听到的"国内生产总值"就是由它而来。本章中，我们将介绍生产核算，让你能在日后谈论和分析宏观经济问题时，从"模糊"进入"科学"的阶段。

教学要点 什么是生产；生产核算的范围；国内生产总值的内涵；国内生产总值的核算方法；国内生产总值的实践应用。

我国2006年的国内生产总值达到人民币22.117万亿元，约合2.70万亿美元，仅次于美国、日本和德国，居世界第四位。与德国 2006 年的国内生产总值 2.30 万亿欧元(约合2.86 万亿美元)仅一步之遥。分析人士指出，我国会比预计更快地取代德国成为仅次于美国、日本的全球第三大国家经济体。

党的十七大报告指出："健全劳动、资本、技术、管理等生产要素按贡献参与分配的制度……创造条件让更多群众拥有财产性收入。"这被认为是马克思主义中国化的一个非常具有历史意义的重大的理论创新，对中国特色社会主义理论与实践的发展具有十分重要而深远的意义。

上述报道中"国内生产总值"、"生产要素"等词汇常常在我们的学习、生活中出现。如果不了解生产核算，它们可能只是一个模糊的概念，但如果我们认真学习生产核算的来龙去脉，我们就会知道它们既清晰、又简洁；我们会理解为什么会有人说在这些概念被发明之前，要对经济的状况做出评价将是困难的；我们会赞同国内生产总值的确是 20 世纪最伟大的发明之一。

第一节　生产核算的基本问题

假设有这样一个"蛋糕"社会，这里的社会成员年复一年地做蛋糕、分蛋糕、吃蛋糕。显然，没有做蛋糕，就没有后来的分蛋糕和吃蛋糕，而蛋糕做得大小，也直接关系到每个社会成员的生活。这里的"做蛋糕"就是生产。显然，生产很重要，没有生产，也就没有后来的收入、消费、投资、储蓄；没有生产，也就没有我们日常的衣、食、住、行。

我们本节就要来探讨"做蛋糕"的问题。对于真实的人类社会而言，"蛋糕"要复杂得多。什么是生产？人类活动中哪些是创造财富的？这个问题并不好回答。人们对传统的耕作、制造等活动被认定为生产活动恐怕没有什么异议。但其他的运输、商业、管理等活动是生产么？更进一步地，我们日常的金融服务、餐饮、美发、KTV 是生产么？再具体一些，教师上课、行政管理、商业演出、通信服务是生产活动么？还有，在家做饭、看电视、上网游戏、打扫房间是生产活动的一部分么？这样的问题就很难回答了。

事实上，人们对什么是生产活动的理解也是不断发展变化的，而对生产的定义也有一个逐步完善的过程。

一、生产观的发展变化

人们最初的生产观是限制性的生产观，它产生于 17 世纪，当时的重农主义者认为，只有农业生产才是生产，只有农业产品才是财富的源泉。到了 18 世纪，以工业和建筑业为主体的第二产业迅猛发展，逐渐超过了第一产业，在国民经济中处于统治地位，在此情况下，限制性生产观有了一定的发展，人们开始把一切从事物质产品制造和增加物质产品价值的活动都视为生产，它包括货物生产及物质性服务生产，但把大多数的服务生产排除在生产范围之外，在这种物质生产的观念中，整个货物与服务中只有物质产品才是生产的结果。到了近代，有的限制性生产观已经把相当一部分的服务包括到生产中去，这种观点认为：服务生产是劳动，但并不是所有的服务均具有生产性，只有营利性的服务生产才是生产，而非营利性服务则不是生产。

限制性生产观在一定的历史条件下是合理的，当时许多著名的经济学家如大卫·李嘉图及卡尔·马克思都支持限制性生产观，他们的劳动价值论是限制性生产观的基础。在当时的生产力水平下，非物质性产品在社会产品中的比例相应小，而生产过程中的技术水平也较低，大多数的生产是独立完成的，生产社会化水平很低。人们很容易区分所谓生产性劳动及非生产性劳动，而无法看到非生产性劳动在生产中的重要作用；另一方面，当时的非物质性服务产品也非常少，以至于不把其计算为社会产品，对经济总量的影响也不十分显著；再有，服务产品的统计，由于没有实物参照，比较抽象，在当时的统计水平下，也较难准确统计。

我国在改革开放以前受限制性生产观影响较大，限制性生产观也使得人们形成了偏重物质生产的价值导向。这可以从一个侧面反映出来，当时的大学里理、工、农等与物质性生产直接相关的专业是热门专业，而经、管、法等现在看来的热门专业却是冷门专业。从大的方面讲，限制性生产观使物质生产得到了充分的重视，而其他行业的发展却不充分，客观上形成了一些经济结构和社会结构方面的问题。限制性生产观在统计工作中有着最为直接的体现。当时的统计体系采用的是“物质产品平衡表体系”(MPS)，该核算体系侧重于反映物质生产、主要反映实物流量，对第三产业、资金流动等核算较为薄弱，比如当时的“国民收入”指标是指全社会物质生产领域的劳动者在一定时期内新创造的价值总量，是新创造的物质财富的总和，从这一概念中可以体会到这一指标有着强烈的限制性生产观特点。显然，在此情况下，很多行业的劳动者并没有被认可为是社会财富的创造者。

20 世纪 80 年代开始，我国开始逐步探索更为全面的国民经济核算方法，国家统计局于 1993 年停止了对 MPS 体系国民收入指标的核算，并且于 1994 年形成了明确地以综合性生产观为基础的国民经济核算体系，并于 1995 年开始组织实施。

综合性的生产观是一种全面的生产观。这种生产观认为，生产既包括物质产品生产，也包括非物质服务生产，即生产成果既包括具有物质形态的货物，也包括不具有物质形态的服务。早在 17 世纪，英国的威廉·配第在《政治算术》中就提出了“收入不仅产生于物质产品的生产，同样也来自服务的生产”的观点，这是一种原始的综合性生产观。现代综合性生产观的形成开始于 20 世纪，人们注意到，伴随着各国生产力高速发展和人民生活水平的提高，人们对服务消费的需求不断扩大，甚至超过了对物质产品消费的需求，而非物质生产部门的活动规模及就业人口比重也不断提高，成为国民经济举足轻重的部门。面对这一现实，大多数国家放弃了限制性生产观，综合性生产观应运而生：生产不再局限于物质产品生产，大部分经济学教科书把生产定义为“创造效用并取得收入的活动”。

实践证明，综合性生产观具有时代合理性，它正确地反映了历史发展的三个方面的趋势:(1)现代生产,从生产环节上看,是由多种货物生产及服务生产紧密结合的产物,随着分工的细化,已经很难区分纯物质性价值与纯服务性价值,而且这种区别也无明显意义。(2)人们对服务消费的支出越来越大,服务业带给人们的福利和收入也越来越多,如果不把服务算作生产,就无从全面反映经济与社会发展的规模。(3)世界经济一体化要求有一个统一的综合性生产观,在这个基础上的国际经济合作才有意义。

2002年由当时的国家统计局、国家发展计划委员会、国家经贸委、财政部、中国人民银行、国家外汇管理局、国家税务总局、国家工商管理总局联合下发了《关于实施〈中国国民经济核算体系(2002)〉的通知》,这标志着我国国民经济核算在总体框架、基本原则和计算方法上与国际全面接轨,而综合性生产观也被全面接受。而2007年召开的党的十七大再一次明确了"健全劳动、资本、技术、管理等生产要素按贡献参与分配的制度"、"创造条件让更多群众拥有财产性收入",这无疑是对综合性生产观的科学总结与强调。

二、生产核算的范围

国民经济核算中采纳了综合性的生产观,在该生产观的指导下,生产核算所认定的生产是指:生产者利用投入生产产出的活动。具体地说,这是一个经济生产的概念:在机构单位控制和负责下,利用劳动、资本、货物和服务的投入生产货物和服务的活动。

其中,货物是对其有某种社会需求且能够确定其所有权的有形实体;服务是指生产者按照消费者的需要进行活动而实现的消费单位状况的变化。与货物相比,服务最大的特点是不可储存性及生产和消费的同时性。具体说来,有如下四类:(1)为确保货物价值的顺利实现,服务的生产者为服务的消费者所提供的对货物的服务。如运输、销售、修理、清洁等;(2)服务的生产者为服务的消费者提供的为满足后者生活需要的服务,如客运、旅宿、医疗卫生等;(3)服务的生产者为服务的消费者提供的为满足后者精神需要的服务,如教育、咨询、娱乐等;(4)服务的生产者为服务的消费者提供的为满足后者生产及商业需要的服务,如科研、地质勘探、保险、金融等。

在确定生产核算的范围时,要注意以下三个问题。

(一) 生产核算排除了非经济生产

如上所述,生产核算的对象既包括物质产品,也包括服务。但这并不等于说凡是能给生产者或消费者带来利益的活动都在生产核算的核算范围内,比如,一场春雨可能对于一个国家的农业生产至关重要,但春雨并不是生产成果。我们强调产品必须是在人类行为的作用下产生的,只有在人类的劳动、负责、控制及管理下形成的生产活动成果,才可被纳入生产核算的范围之内。

例如,公海里鱼类的自然增长不能增加任何一国的生产成果,因为这种鱼类的生长不在某人的劳动、负责、控制及管理下进行;相应地,在养鱼场中的鱼类的生产则被计入生产范围中,这同饲养家畜的过程相类似,是一种经济生产行为。同样地,未经培育的森林、野果的自然生长不能视为经济生产,而经济林木的培育以及用作木材或其他用途而种植的树木，则按种植一年生作物相同的方式处理。同样，降雨和天然水道中的流水不是经济生产过程，不计生产成果，而往水库蓄水和利用管道或运输工具把水从一处运至另一处均构成生产，创造了经济生产成果，处于生产核算的核算范围内。

在实践中，可以有一个替代的处理方法：通过判断某种所有权特征来推断某种活动的经济生产性。比如上述的鱼类生长及树木生长的例子，如果该资产有明确的所有者，则资产数量的变化可以被视为经济生产。根据这一准则，大气或公海因无法确定所有权，故不能增加生产成果。值得说明的是，并不是所有的人类行为支配下的产品都被核算，只有其中的有效成果才被统计，不符合生产和生活要求的产品，如废品、废料虽然也受人类行为的支配，但不是生产的有效成果，因而不能列入生产核算的生产成果中。

（二）生产核算遵循全面客观的标准

在生产核算中，判断一个活动是否在生产活动范围内，通常不以该生产活动是否公开或是否合法为标准，而是以该活动的客观存在性为标准，即，只要这些货物和服务的生产过程是真实存在的，其产出是有实际市场需求的，这种经济流量就在生产核算的统计范围之内，从这个意义上讲，生产核算不应排除非法生产及地下经济成分。

之所以采取这样的原则，主要是为了全面地反映生产及消费活动：从这些生产的购买者来说，其可能除了这一非法购买交易之外，并未参与其他任何非法活动。如果不计入这部分经济总量，就无法解释该购买者的资金去向；从这些生产提供者的角度来说，非法生产及地下经济的收入可能完全合法地使用，同样的，其生产资金也可能来自正常的经济渠道，即非法生产、地下经济与合法公开的经济活动可能是难以明确分割的，如果不记录其产出活动，会导致经济运行某些阶段的真空，在以后的核算中产生显著的误差。

这里所指的非法生产有两种：(1)法律禁止销售、分配或持有的货物和服务的生产；(2)生产活动通常是合法的，但由未经许可的生产者从事，如没有营业执照的行医者。比较常见的非法生产的例子有：麻醉品的制造和销售，走私形式的非法运输和诸如卖淫等色情服务。值得特殊说明的是，由于数据和其他方面的原因，目前我国的生产核算范围尚未包括上述非法生产部分。

地下经济又称隐蔽生产，它是经济意义上的生产性活动，也是完全合法的活动（如果遵守了某些标准和规章），但是出于某种原因，故意将生产活动隐藏起来，不公开进行。这些原因包括：(1)为了避免缴纳所得税、增值税或其他税；(2)为了避免缴纳社会保障缴款；(3)为了避免遵从某些法定标准，如最低工资、最长工时、安全或卫生等方面的标准；(4)为了避免遵守某些行政程序，如填写统计调查表或其他管理表格。

在某些领域，地下经济可能占相应产业总产出很大的比重，是生产核算的一个重要组成部分。比如建筑业或小型企业占主要地位的某些服务行业。

地下经济和非法生产之间可能没有明确的界限。例如，不遵守某些安全、保健或其他标准的生产可视为非法的生产。同样，逃税本身通常是一种犯罪行为。但由于两者都在生产核算的核算范围内，所以没有必要确定地下经济和非法生产之间的精确界限，可以将其作为一个整体来分析。

(三)生产核算不排斥绝大部分的非市场生产

下面是我们列出的几种经济流量,它们的市场化程度依次递减:(1)为能在市场上换回货币而生产产品;(2)实物交换的产品或实物性的收入;(3)非市场产出的供给(不以获利为目的的生产);(4)生产者对产品的自给性消费(如农产品的自产自用);(5)对消费者自我所有的固定资产的使用(如住在自有住宅中的房主享受的住房使用);(6)通常不在市场上进行交换的、在家庭中生产的服务(如家庭主妇的家务劳动)。

如果以严格的市场化标准来衡量,只有第一种经济流量在生产核算的范围内,很显然这不能满足全面反映经济流量的需要。实际上,除了第6种,其他经济流量都在生产的统计范围之内。为了解决核算中的技术问题,可以对不具有完全市场性的经济活动进行一定的市场假设,即虚拟一个市场,在这个"准市场"中经济流量得以流动,其流量应与相应的市场产品相对照。虚拟的方法有两种:一是用在市场上交易的该类产品的价格,来虚拟没有在市场上交易的该类产品的价值;二是用该类生产活动的费用、成本来虚拟其产品的价值。

这么做是因为以纯市场标准来反映生产核算的范围,会受到一国(地区)市场化程度的影响,使经济发展程度不同的经济体的经济总量统计范围不一致;同时若不全面包括这些经济流量,就无法全面解释经济主体接下来的一系列经济行为。

比如,农业生产者收获粮食以后,通常会有一部分用作口粮,在有些地区,这部分比例非常大,如果以纯市场准则去观察农业经济总量,会发现只有农民卖出的粮食被统计,而这只占全部粮食产量的一部分,还有很多被农业人口自产自用了,这不能真实地反映中国农业的真正生产水平。另一方面这些经济量虽然没有通过市场实现,但它们生产所消耗的中间投入来源于市场,它们的使用也减少了通常意义上的市场需求,所以它们必须被生产核算所统计。对这部分产品的处理进行市场虚拟,即假设农民通过市场以市场价格把粮食卖给自己,又通过这一市场再买回同等数量的粮食。这种虚拟的意义是对经济意义同样显著的非市场的生产成果进行必要统计,即通过虚拟处理的方法(如虚拟收入、虚拟租金的估算等)使其具有等同于市场产品的统计意义。

上述"通常不在市场上进行交换的、在家庭中生产的服务(如家庭主妇的家务劳动)"之所以被排除在生产核算的统计范围之外,主要基于这样的考虑:这些活动是与市场相对分离和互不依赖的,它们的市场性最弱,其他市场产品与其缺乏替代性或互补性。不对之进行统计,不会影响其他市场产品;另外一个原因是这些活动几乎无法做出相应的有经济意义的市场估价;从劳动力与就业统计来看,这样的排除也是必要的,即如果把这类行为计入生产核算的统计范围,则就承认了其生产的性质,而这样就不再存在失业现象及失业人口(因为这时家务劳动也是一种工作)。但反过来说,如果这些"在家庭中生产的服务"确是由市场提供的(如由保姆来完成),则这些服务也应被纳入生产核算的范围。

综上,对生产核算的范围可以概括如下:(1)生产者提供或准备提供给其他单位的货物和服务的生产;(2)生产者用于自身最终消费和固定资本形成的所有货物的自给性生产;(3)自有住房提供的住房服务和付酬家庭雇员提供的家庭服务的自给性生产。

也就是说,生产范围包括所有货物的生产,不论是对外提供的货物还是自产自用的货物,而服务的生产,则基本上限于对外提供的部分,自给性服务(除了自有住房服务和付酬家庭雇员提供的家庭或个人服务外)则被排除在生产范围之外。这些被排除在生产范围之外的自给性服务是指住户成员为本住户提供的家庭或个人服务,如清扫房屋、做饭、照顾老人、教育儿童等。

三、生产核算的时空边界

生产核算是分区域、分时期进行的,如何确定这一时空边界是另外一个重要问题。

(一) 生产核算的空间界定

生产核算的基本统计单位可以是基层单位及机构单位,但并不是所有的基层单位及机构单位都在本国生产核算的统计范围之内,只有一国的"常住单位"才被统计。也就是说,统计单位只有具备了常住性,才是国内单位,才能成为生产核算的统计单位。

这里所指的常住单位并非基于国籍或法律标准,而是指在一国经济领土上具有经济利益中心的单位。

一国的经济领土(economic territory)是由一国政府控制或管理的、其公民及货物和资本可在其中自由流动的地理领土组成,包括:

(1) 领土、领空、领海和该国对其享有专利权或对其具有或有权管辖的有关捕鱼权、海底采油权的位于国际水域的大陆架。

(2) 在国外的飞地,如位于其他国家中,经与所在国政府签订正式政治协议,由本国政府拥有或租借的用于外交、军事、科研或其他目的,明确划出的地域:大使馆、领事馆、军事基地、科研站、新闻或移民办事处及援助机构等。在这些飞地中,货物与公民可以自由流动。

(3) 任何免税区,或者在海关监控下由境外企业经营的保税仓库或工厂。

同时,一国的经济领土不包括位于该国地理边界内由国外政府或国际组织使用的飞地。

经济利益中心(center of economic interest)是判断常住性的另外一个关键因素,如果一个单位在一国经济领土内的某个地点——如住宅、生产场所或其他房屋,从事并拟继续从事相当规模的经济活动或交易,无论是无期限的还是较长期限的,都可以说该单位在该国具有一个经济利益中心。

(1) 居民户及个人的经济利益中心:如果一个居民户在一个国家内保留一套或几套住宅,其成员把它看作和用作主要住房,那么该居民户就在该国具有经济利益中心,其成员是常住居民;反之,如果某个成员不再是常住居民,则这个人也不应再是该居民户的成员。

一个常住居民户的成员,即使离开经济领土在外旅行,仍然在国内具有经济利益中心,只要他在有限的时间内返回到原居民户。一个人不再在该国具有经济利益中心是指他在国外生活或工作一年以上(留学及公派人员除外)。

(2) 公司的经济利益中心:如果公司在一国从事相当规模的货物或服务的生产,或在那里拥有土地或建筑物,则可称该公司在该国具有一个经济利益中心。

这样的公司通常在当地注册,有一套完整而独立的反映当地经济活动的账户,支付所在国的所得税,拥有一个相当规模的实际场所,以自己的名义筹集工作所需的资金等等。值得指出的是,一个核算单位只能有一个经济利益中心。

(二) 生产核算的时间界定

生产核算是一个流量核算,一般而言,最常见的年度核算通常以自然年份为起止点。当然,为了更好地服务于宏观管理,季度核算、月度核算也非常必要,此时生产核算的核算期间就小得多了。

在核算过程中,还有一个生产成果在什么时间内被记录的问题。基本的原则是按权责发生制处理,即在经济价值被创造、转换、交换、转移或消失时记录经济流量。这个原则对一个连续的、跨越多个核算期的生产过程非常重要。在这个原则下,产品按其制造时间进行统计,而不论其是否销售出去,是否收到货款。同样,根据这一原则,某一时期生产核算的对象,不仅包括当期完成的产品,还应该包括半成品和在制品中的当期生产完成部分。

第二节 国内生产总值核算的理论与方法

国内生产总值是生产核算的直接结果。在生产核算的基本问题得到明确之后,我们要来探讨国内生产总值的理论与方法。据初步统计,2007 年我国国内生产总值为 246 619 亿元,读完这一节的内容,你就知道这 246 619 亿元是怎么算出来的了。

一、国内生产总值核算的基本问题

(一) 国内生产总值的定义

国内生产总值的英文是 Gross Domestic Product,简写为 GDP。其中的 product 是一个名词,应被解释为"value of goods produced and services provided",它包含了货物及服务两种产品的价值。gross 是与 net 相对应的词汇,是对应于净值来说的;domestic兼有国内及家庭内等多重意义,实际上是对统计空间的一个限定,准确的理解应为系统内,区域内。因此,国内生产总值这一总量指标是对某一特定空间内经济总量的描述,而不是仅仅对国家层次经济总量的称谓,正如我们所知,一省、一市、一县内,都可以有 GDP 统计指标。在 2004 年以前,经常有"辽宁省国内生产总值"、"大连市国内生产总值"等提法,这在一定程度上不太规范。2004 年 1 月,国家统计局发出关于改进和规范地区 GDP 核算的通知,决定将某地 GDP 的中文叫法改为"地区生产总值",比如大连市地区生产总值;特定地区的 GDP 用行政区的名字作定语,如"辽宁省生产总值",

简称为“辽宁省 GDP”，这是一个新的变化。

我们给出国内生产总值的准确定义：国内生产总值是一个国家或地区在一定时期内所生产和提供的最终产品的总价值。

（二）GDP 的增加值内涵

GDP 定义中所指的最终(final)产品是指本期完成生产，被用于最终消费、积累和出口的产品。与它相对应的概念是中间(intermediate)产品，即在一个生产过程中生产出来但又在另一个生产过程中被完全消耗掉或形态被改变的产品。显然，中间产品只是用以获得最终产品的过渡性产品。

GDP 只核算最终产品是为了防止核算上的重复计算。一个简单的例子可以说明这一点。模拟面包的生产过程，农场生产出稻谷，被面粉厂用于生产面粉，然后卖面粉给面包厂生产面包，假设它们是独立的核算单位，整个生产环节不需要其他的投入，上一生产环节的所有产品都被下一生产环节使用。则这一过程可由表 3.1 所示。

表 3.1　面包的生产过程

	农　场	面粉厂	面包厂	合　计
中间投入	0	a	$a+b$	$2a+b$
产　　出	a	$a+b$	$a+b+c$	$3a+2b+c$

显然，这一生产过程只有面包厂的产出是最终产品，而农场和面粉厂的产出都是中间产品。如果不区分中间产品与最终产品，则会形成 $3a+2b+c$ 总计生产成果，明显重复计算了 $2a+b$ 个单位的生产成果。

但随之而来的一个问题是，对于一个产品的最终产品属性的确定是非常困难的，尤其是对那些既可做最终产品，又可做中间产品的产品而言。比如煤，既是工业生产的原料，又可以是居民消费的燃料。

双重属性使最终产品从实物角度分析不可能，因为我们不能根据产品的完成程度来找出最终产品，而只能根据它的去向来确定，这给统计带来了很大困难。因此，对最终产品的分析只能从价值构成的角度来分析，即通过对每一生产环节的“增加值”加总的方法来估计最终产品的总量。

仍以表 3.1 数据为例，如果我们先计算各厂商的增加值（value added，产出减中间投入)，再对其加总，得到表 3.2 中的结果：

表 3.2　面包的生产增加值

	农　场	面粉厂	面包厂	合　计
中间投入	0	a	$a+b$	$2a+b$
产　　出	a	$a+b$	$a+b+c$	$3a+2b+c$
增 加 值	a	b	c	$a+b+c$

我们发现，增加值合计结果 $(a+b+c)$ 与在面包厂形成的最终产品量 $(a+b+c)$ 是相同的，而且这一过程不需要区分中间产品与最终产品，解决了最终产品统计的难题。从这个角度说，国内生产总值又可被称为总增加值。

(三) 国内生产总值与国内生产净值

很自然地有人想当然地认为国内生产总值中的“总”是总额、全部的意思，这并不准确。其实它是一个“毛”的概念。就好像我们买的家电，包装箱上会标明“毛重”和“净重”，这里的“毛”是指附加了某些可剥离部分的总额。

那么国内生产总值“毛”在哪呢，哪些部分应被剥离而未剥离呢？

值得说明的是，国内生产总值这一指标虽然是对最终产品的统计，但这并不是说国内生产总值统计中不存在重复计算问题，因为从经济统计的角度讲，要计算纯粹的增加值，不仅要扣除生产环节中的中间产品，还要扣除生产设备等资产的转移价值(固定资产折旧)。在国内生产总值统计的过程中，没有进一步地扣除固定资本消耗部分，以计算真正的无重复计算的经济总量指标，主要是出于统计可行性的考虑。

在经济统计中，固定资产折旧的性质本身决定了它是很难进行客观地计量的。因为固定资产折旧的计算不仅取决于其有形损耗的程度，还取决于无形损耗、价格变化、财政政策及工商政策等，很难以准确计算，而传统上的会计资料的折旧额由于受到其经济主体主观因素的影响而不能直接应用，比如为税收目的计算的折旧与实际折旧可能相距甚远。

由于固定资产折旧数据的模糊性，所以扣除固定资产折旧后的国内生产净值也是不准确的，相比之下，倒是包含重复计算因素的国内生产总值比较客观一些。因此，通常我们只计算国内生产“总”值，而由于它除了最终产品之外，还包含了一些应剥离而未剥离的固定资产折旧部分，所以才是一个“总”值。与此相对应，扣除固定资产折旧后的国内生产总值被称为国内生产“净”值。

(四) 国内生产总值与国民生产总值

国民生产总值(gross national product，GNP)与国内生产总值只有一字之差，人们往往难以分辨。这确实是个问题。需要强调的是二者的核算主体是相同的，都是一国的常住居民，只不过国内生产总值衡量的是一国常住居民的生产规模，而国民生产总值衡量的是一国常住居民的收入水平。二者的联系在于：尽管收入大多来源于生产成果，但由于一些生产要素的使用是跨国进行的，各国的生产成果(国内生产总值)还要以要素收入的方式在全球范围内进行分配，而这些生产成果分配后才能形成各国原始收入(国民生产总值)。比如海尔集团在美国设厂，该厂就是美国的常住居民，其增加值应被计入美国的国内生产总值；而海尔集团总部因此获取的收入却能形成中国的收入，成为中国国民生产总值的一部分。

所以，尽管国民生产总值叫“生产总值”，但它却不同于国内生产总值，它不是生产指标，是一个收入指标。考虑到名称都叫“生产总值”会带来使用上的混乱问题，联合国统计委员会早在1993年就在其国民经济核算体系官方文本中提出了国民总收入(Gross National Income, GNI)的概念，强调要用这个新名词来取代原有的国民生产总值的概念，使之明确区分于国内生产总值。从2002年开始，我国国家统计局也正式废弃了国民生产总值的叫法，按国际标准把它改称为国民总收入。从这个意义上讲，引起我们思维混淆的国民生产总值指标正在从历史舞台上消失。

二、国内生产总值核算的方法

在这一部分，我们要讨论国内生产总值是如何计算出来的。

(一) 生产法

生产法又被称为增加值法，它是直接根据国内生产总值的定义来设计的。它的基本原理就如表3.2所示，通过汇总各生产环节的增加值(总产出减中间投入)，形成全社会的国内生产总值(总增加值)。

当然对于一个国家而言，其生产过程是非常复杂的，需要计算各产业部门的增加值，并进行加总。表3.3是2005年我国分行业增加值及其构成情况，通过汇总各行业的增加值，就得到了我国2005年的国内生产总值为183 867.9亿元。

表3.3　我国2005年各产业增加值及构成

行　　业	增加值 (亿元)	增加值构成 (%)
总　计	183 867.9	100.0
第一产业	23 070.4	12.5
农林牧渔业	23 070.4	12.5
第二产业	87 364.6	47.5
工业	77 230.8	42.0
采矿业	10 318.2	5.6
制造业	60 118.0	32.7
电力、燃气及水的生产和供应业	6 794.6	3.7
建筑业	10 133.8	5.5
第三产业	73 432.9	40.0
交通运输、仓储和邮政业	10 835.7	5.9
信息传输、计算机服务和软件业	4 768.0	2.6
批发和零售业	13 534.5	7.4
住宿和餐饮业	4 193.4	2.3
金融业	6 307.2	3.4

续表

行　　业	增加值（亿元）	增加值构成（%）
房地产业	8 243.8	4.5
租赁和商务服务业	2 912.4	1.6
科学研究、技术服务和地质勘察业	2 050.6	1.1
水利、环境和公共设施管理业	849.9	0.5
居民服务和其他服务业	3 129.4	1.7
教育	5 656.3	3.1
卫生、社会保障和社会福利业	2 934.5	1.6
文化、体育和娱乐业	1 188.2	0.6
公共管理和社会组织	6 828.8	3.7

资料来源：《中国统计年鉴——2007》，中国统计出版社 2007 年版。表中数据按当年价格计算。

当然，表 3.3 中各产业部门都是由很多从事相同或相似活动的基层单位所组成的。理论上，为表 3.3 提供数据的包括遍布全国的能在某一个地点，从事一种或主要从事一种类型生产活动的生产单位，表 3.3 中的每个行业的数据都是高度综合的结果。

计算增加值的前提是计算各行业的总产出和中间投入。下面，我们就以我国现行国民经济核算体系为例，逐一简单介绍一下各行业总产出和中间投入的计算思路。

这里的总产出指常住单位在一定时期内生产的所有货物和服务的价值，既包括新增价值，也包括转移价值。它反映常住单位生产活动的总规模。我国的总产出核算按生产者价格（这里的生产者价格是指生产者所生产的单位货物和服务向购买者出售时获得的价值，其中包括开给购买者发票上的增值税等可抵扣税，不包括货物离开生产单位后发生的运输费用和商业费用）计算。

农林牧渔业总产出采用产品法计算，即凡有产品产量的农产品均按单位产品价格乘产量的方法计算。

工业总产出采用“工厂法”计算。所谓“工厂法”就是以工业企业作为一个整体，按企业工业生产活动的最终成果计算总产出，同一企业内部产品价值不允许重复计算。

建筑业总产出按两种方法计算：一种是从施工企业和自营建设单位的建筑生产活动角度入手直接计算；另一种是从建筑产品所有方的建筑工程造价角度入手计算。考虑到建筑产品的稳定性和施工单位的流动性特点，目前以后一种方法为主。

交通运输仓储和邮政业总产出等于其营业收入。

批发和零售业总产出等于商业附加费，即商品销售收入净额减去商品销售成本。

住宿和餐饮业的总产出等于其营业收入。

银行业总产出等于金融媒介服务活动的虚拟服务收入加实际服务费收入。其中，虚拟服务收入等于利息收入减去利息支出的差额，但应扣除银行业利用自有资金获得的利息收入，实际服务费收入为手续费收入和其他业务收入。银行业总产出的公式为：

银行业总产出＝虚拟服务费收入＋实际服务费收入
＝各项利息收入－各项利息支出＋手续费收入
＋信托业务收入＋融资租赁业务收入＋外汇业务收入
＋咨询业务收入＋投资分红收入

保险业总产出的计算方法与银行业类似，等于保费收入与理赔支出之差加其他营业收入。具体公式为：

保险服务总产出＝营业收入－赔款支出－退保金及给付－分保费支出
－分保赔款及费用支出－提存未决赔款准备金
－准备金提转差＋投资收益

其中营业收入包括保费收入和其他营业收入。

房地产业总产出包括房地产开发经营业总产出、物业管理总产出、房地产中介服务总产出和居民自有住房服务总产出。房地产开发经营业总产出是经营房屋销售的差价收入和从事房地产租赁活动获得的租金收入；物业管理总产出为管理服务的经营收入；房地产中介服务总产出是从事房地产经纪与代理中介活动取得的收入。居民自有住房服务总产出原则上应等于按市场上同等住房的房租价格计算的虚拟房租，由于我国尚未形成健全的房地产市场，没有合适的房租价格可以参考，目前以按房屋价值和规定的折旧率虚拟计算的固定资产折旧作为总产出。

其他服务业总产出按以下两种情况分别计算，一是营利性单位，即以追求利润为主要目标的服务单位，总产出一般按实现的营业收入总额计算；二是非营利性单位，其经费支出主要来源于国家财政和其他赞助，或虽然有部分营业收入，但无法弥补自身经营活动成本，如公共管理和社会组织等，这类单位的总产出一般按业务活动支出进行计算，即等于经常性业务支出加虚拟折旧，不计算营业盈余。

中间投入指常住单位在一定时期内生产过程中消耗和使用的非固定资产货物和服务的价值。中间投入也称为中间消耗，反映用于生产过程中的转移价值，一般按购买者价格(购买者价格是购买者购买单位货物和服务所支付的价值，包括购买者按指定的时间和地点取得货物所发生的运输和商业费用，购买者价格等于生产者价格加上购买者支付的运输和商业费用，再加上购买者缴纳的不可扣除的税负)计算。计入中间投入的货物和服务必须具备两个条件，一是与总产出的计算范围保持一致；二是本期一次性使用的。

显然，国内生产总值核算的生产法是最为直接的国内生产总值计算方法，它如实地反映了 GDP 这块“蛋糕”做大的过程。

那么，还有没有其他途径算出 GDP 这块蛋糕有多大呢？我们知道，“蛋糕”生产出来是要分配的，如果我们能知道都有谁分到了“蛋糕”以及它们分到的蛋糕有多大，再把各部分数量加总在一起，同样可以推知所生产的“蛋糕”到底有多大，这就引出了国内生产总值核算的收入法。

(二) 收入法

收入法的基本思想是计算生产单位所拥有的生产要素在生产中得到的市场价格收入，这也是以“收入”命名该法的原因。这些生产要素归纳起来有劳动、政府服务、固定资产及企业管理等，在我国现行国民经济核算体系中，它们分别对应于劳动者报酬、生产税净额、固定资产折旧和营业盈余四个部分。它们分别是劳动者的收入、政府的税收收入、固定资产的收入(对固定资本消耗的补偿)及企业(业主)的收入。

事实上，将这四部分收入加总也就可以得到国内生产总值，其基本算式为：

$$国内生产总值 = 劳动者报酬 + 生产税净额 + 固定资产折旧 + 营业盈余$$

显然，收入法国内生产总值等于生产法国内生产总值。

表3.4给出了用生产法计算出的2006年我国部分地区生产总值数据。

表3.4 我国2006年地区生产总值收入法计算数据 单位:亿元

	地区生产总值	劳动者报酬	生产税净额	固定资产折旧	营业盈余
北 京	7 870.28	3 496.57	1 161.55	1 251.09	1 961.07
天 津	4 359.15	1 383.36	775.09	595.09	1 605.61
河 北	11 660.43	4 510.24	1 524.09	1 491.98	4 134.12
山 西	4 752.54	1 716.84	720.21	698.24	1 617.25
内蒙古	4 791.48	1 951.94	550.42	701.28	1 587.84
辽 宁	9 251.15	3 930.66	1 502.03	1 490.67	2 327.79
吉 林	4 275.12	1 849.35	601.28	766.42	1 058.07
黑龙江	6 188.90	2 210.63	795.94	809.93	2 372.40
上 海	10 366.37	3 756.56	1 623.36	1 730.51	3 255.94
江 苏	21 645.08	8 805.23	3 328.41	3 232.53	6 278.91
浙 江	15 742.51	6 345.74	2 284.55	2 191.19	4 921.03
安 徽	6 148.73	2 755.92	874.88	811.63	1 706.30
福 建	7 614.55	3 343.63	1 006.47	1 002.02	2 262.43
江 西	4 670.53	2 099.33	597.38	541.90	1 431.92
山 东	22 077.36	7 599.29	3 118.80	3 271.02	8 088.25
河 南	12 495.97	5 227.84	1 499.87	1 339.45	4 428.81
湖 北	7 581.32	3 143.27	1 095.62	1 172.59	2 169.84
湖 南	7 568.89	3 533.65	993.47	990.76	2 051.01

续 表

	地区生产总值	劳动者报酬	生产税净额	固定资产折旧	营业盈余
广 东	26 204.47	10 139.03	3 715.41	4 146.68	8 203.34
广 西	4 828.51	2 202.71	526.07	522.95	1 576.79
海 南	1 052.85	502.66	121.10	162.54	266.56
重 庆	3 491.57	1 639.05	478.59	436.48	937.45
四 川	8 637.81	3 925.83	1 029.32	1 469.67	2 212.99
贵 州	2 282.00	1 019.87	348.03	346.98	567.12
云 南	4 006.72	1 778.26	854.60	577.08	796.78
西 藏	291.01	153.71	19.57	63.28	54.45
陕 西	4 523.74	1 752.40	694.20	762.31	1 314.83
甘 肃	2 276.70	1 055.14	343.67	385.60	492.29
青 海	641.58	296.48	80.39	121.36	143.35
宁 夏	710.76	339.07	94.98	133.65	143.06
新 疆	3 045.26	1 358.57	367.31	424.96	894.42

资料来源:《中国统计年鉴——2007》,中国统计出版社 2007 年版。表中数据按当年价格计算。

其中,劳动者报酬是指劳动者从事生产活动所应得的全部报酬。包括劳动者应得的工资、奖金和津贴,既有货币形式的,也有实物形式的,还有劳动者所享受的公费医疗和医药卫生费、上下班交通补贴和单位为职工缴纳的社会保险费等。对于个体经济来说,其所有者所获得的劳动报酬和经营利润不易区分,这两部分统一作为劳动者报酬处理。

在计算劳动者报酬时,需要注意作为劳动者报酬的实物性收入与中间消耗的界限。如果生产单位向从事生产活动的劳动者提供的货物或服务,可以满足劳动者在闲暇时间里的需要,并可改善和提高他们的实际生活水平,同时,其他普通消费者也可以在市场上购买到这些货物和服务,那么这部分货物和服务就属于劳动者的实物收入。生产单位为了生产能正常进行,为劳动者购买的货物和提供的服务,如因特殊工作需要提供的服装或鞋,因公出差提供的运输和旅馆服务费用等,属于中间投入。

生产税净额指生产税减生产补贴后的差额。生产税指政府对生产单位从事生产、销售和经营活动以及因从事生产活动使用某些生产要素,如固定资产、土地、劳动力所征收的各种税、附加费和规费,包括销售税金及附加、增值税、管理费中开支的各种税、应缴纳的养路费、排污费和水电费附加、烟酒专卖上缴政府的专项收入等。生产补贴与生产税相反,是政府对生产单位单方面的转移支付,因此视为负生产税处理,包括政策性亏损补贴、价格补贴等。

固定资产折旧指一定时期内为弥补固定资产损耗按照核定的固定资产折旧率提取

的固定资产折旧,或按国民经济核算统一规定的折旧率虚拟计算的固定资产折旧。它反映了固定资产在当期生产中的转移价值。各种类型企业和企业化管理的事业单位的固定资产折旧指实际计提的折旧费;不计提折旧的单位,如政府机关、非企业化管理的事业单位和居民住房的固定资产折旧则是按照统一规定的折旧率和固定资产原值计算的虚拟折旧。原则上,固定资产折旧应按固定资产的重置价值来计算,但是我国目前尚不具备对全社会固定资产进行重估价的基础,所以暂时只能采用上述方法来计算。

营业盈余是企业的营业净利润,相当于常住单位创造的增加值扣除劳动者报酬、生产税净额和固定资产折旧后的余额。

(三) 支出法

除了生产法和收入法,还可以从支出的角度来核算国内生产总值。

支出法国内生产总值是从最终使用的角度反映一个国家或地区一定时期内生产活动最终成果的一种方法。最终使用包括最终消费、资本形成总额及净出口三部分,计算公式为:

$$支出法国内生产总值 = 最终消费 + 资本形成总额 + 净出口$$

最终消费指常住单位为满足物质、文化和精神生活的需要,从本国经济领土和国外购买的货物和服务的支出。它不包括非常住单位在本国经济领土内的消费支出。最终消费分为居民消费和政府消费。

居民消费指常住住户在一定时期内对于货物和服务的全部最终消费支出。居民对于货物的最终消费支出在货物的所有权发生变化时记录,对于服务的最终消费支出在服务提供时记录。居民消费按居民支付的购买者价格计算,货物的购买者价格是购买者取得交货所支付的价格,它包括购买者支付的运输和商业费用。居民消费除了直接以货币形式购买的货物和服务的消费支出外,还包括以其他方式获得的货物和服务的消费支出,即所谓的虚拟消费支出。居民虚拟消费支出包括如下几种类型:单位以实物报酬及实物转移的形式提供给劳动者的货物和服务;住户生产并由本住户消费了的货物和服务,其中的服务仅指住户的自有住房服务和付酬的家庭雇员提供的家庭和个人服务;金融机构提供的金融媒介服务;保险公司提供的保险服务。表3.5给出了我国部分居民消费数据。

表3.5　2004～2006年我国居民消费支出　　单位:亿元

指标＼年份	2004	2005	2006
居民消费支出	63 833.5	71 217.5	80 120.5
农村居民	17 550.6	19 228.2	21 114.9
食品类支出	7 871.3	8 119.5	8 572.0
衣着类支出	916.6	1 038.0	1 183.6

续表

指标 \ 年份	2004	2005	2006
居住类支出	2 839.6	3 363.8	3 834.9
家庭设备、用品及服务类支出	680.6	778.6	891.4
医疗保健类支出	1 010.3	1 195.1	1 379.9
交通和通信类支出	1 469.3	1 711.6	2 033.9
文教娱乐用品及服务类支出	1 888.9	2 064.4	2 149.2
金融服务消费支出	319.2	368.5	437.4
保险服务消费支出	114.8	135.0	165.0
其他商品和服务类支出	440.0	453.7	467.6
城镇居民	46 282.9	51 989.3	59 005.6
食品类支出	15 265.8	16 615.9	18 277.2
衣着类支出	3 741.9	4 400.4	5 092.9
居住类支出	6 749.4	7 765.3	8 812.6
家庭设备、用品及服务类支出	2 247.9	2 471.4	2 834.9
医疗保健类支出	4 139.9	4 788.2	5 233.5
交通和通信类支出	4 586.0	5 456.1	6 470.4
文教娱乐用品及服务类支出	5 650.4	6 058.4	6 850.9
金融服务消费支出	1 530.7	1 744.1	2 016.3
保险服务消费支出	1 041.1	1 214.7	1 484.8
其他商品和服务类支出	1 329.8	1 474.8	1 932.1

资料来源:《中国统计年鉴——2007》,中国统计出版社 2007 年版。表中数据按当年价格计算。

政府消费指政府部门为全社会提供的公共服务的消费支出和免费或以较低的价格向居民住户提供的货物和服务的净支出,前者等于政府服务的产出价值减去政府单位所获得的经营收入的价值,后者等于政府部门免费或以较低价格向居民住户提供的货物和服务的市场价值减去向住户收取的价值。

资本形成总额指常住单位在一定时期内获得减去处置的固定资产和存货的净额,包括固定资本形成总额和存货增加两部分。

固定资本形成总额指生产者在一定时期内获得的固定资产减处置的固定资产的价值总额。固定资产是通过生产活动生产出来的,且其使用年限在一年以上、单位价值在规定标准以上的资产,不包括自然资产。可分为有形固定资本形成总额和无形固定资本形成总额。有形固定资本形成总额包括一定时期内完成的建筑工程、安装工程和设备工器具购置(减处置)价值,以及土地改良、新增役、种、奶、毛、娱乐用牲畜和新增经济林木价值。无形固定资本形成总额包括矿藏的勘探、计算机软件等获得减处置。

存货增加指常住单位在一定时期内存货实物量变动的市场价值，即期末价值减期初价值的差额，再扣除当期由于价格变动而产生的持有收益。存货增加可以是正值，也可以是负值，正值表示存货上升，负值表示存货下降。存货包括生产单位购进的原材料、燃料和储备物资等存货，以及生产单位生产的产成品、在制品和半成品等存货。

货物和服务净出口指货物和服务出口减货物和服务进口的差额。出口包括常住单位向非常住单位出售或无偿转让的各种货物和服务的价值；进口包括常住单位从非常住单位购买或无偿得到的各种货物和服务的价值。由于服务活动的提供与使用同时发生，一般把常住单位从非常住单位得到的服务作为进口，非常住单位从常住单位得到的服务作为出口。货物的出口和进口都按离岸价格计算。

(四) 小结

可以将国内生产总值的生产法、收入法和支出法三种计算方法集中体现在一张表中，从不同的角度反映国内生产总值及其构成。这张表也被称为国内生产总值总表(如表3.6所示)。

表3.6 国内生产总值总表

生产	金额	使用	金额
一、生产法国内生产总值		一、支出法国内生产总值	
(一) 总产出		(一) 最终消费	
(二) 中间投入(一)		居民消费	
二、收入法国内生产总值		农村居民消费	
(一) 劳动者报酬		城镇居民消费	
(二) 生产税净额		政府消费	
生产税		(二) 资本形成总额	
生产补贴(一)		固定资本形成总额	
(三) 固定资产折旧		存货增加	
(四) 营业盈余		(三) 净出口	
		出口	
		进口(一)	
		二、统计误差	

资料来源：《中国国民经济核算体系(2002)》，中国统计出版社2003年，第1版。

表3.6的左端称为生产方，右端称为使用方。

生产方反映生产活动的成果。其主栏由生产法和收入法的指标构成。生产法国内生产总值的构成项目包括总产出和中间投入两项。收入法国内生产总值的构成项目分为劳动者报酬、生产税净额、固定资产折旧和营业盈余四项。

使用方反映最终生产成果的使用。其主栏由支出法的构成指标——最终消费、资本形成总额、净出口构成。其中，最终消费细分为居民消费和政府消费；资本形成总额细分为固定资本形成总额和存货增加；净出口下设出口和进口。另外，受资料来源不充分、推算方法不完善等因素的影响，实际核算结果不可避免地存在误差，因此，为了保证表中使用方与生产方的平衡，在使用方还专门设置了统计误差项。

国内生产总值总表左右两端的平衡关系可以概括为：

生产法国内生产总值＝收入法国内生产总值＝支出法国内生产总值＋统计误差

应该指出的是，在我国国内生产总值的三种计算方法中，生产法和收入法都是对各产业部门的增加值进行核算。为了使每一产业取得一致的增加值数据，根据资料来源状况，在某些产业部门，如农业、工业的增加值，确定以生产法的计算结果为准，在另外的产业部门，如部分服务业增加值，确定以收入法的计算结果为准，因此，我国的生产法国内生产总值等于收入法国内生产总值。但是，支出法国内生产总值与生产法和收入法国内生产总值之间存在统计误差，有的年份支出法国内生产总值大于生产法和收入法国内生产总值，有的年份则相反。我国通常以生产法和收入法国内生产总值数据为准，将上述统计误差控制在一定范围内。各种公开发表的国内生产总值总量和增长速度数据均是生产法和收入法的计算结果。

第三节　国内生产总值核算的实践与应用

在了解了国内生产总值的内涵及核算方法之后，我们再结合我国情况来讨论一下我们在国内生产总值分析中常见的一些问题，对这些问题的了解有助于我们更好地理解和应用国内生产总值数据。

一、我国国内生产总值的计算与数据发布程序

我国年度国内生产总值核算包括如下几个过程：初步估计过程、初步核实过程、最终核实过程。

初步估计过程一般在每年年终和次年年初进行。这时，年度国内生产总值核算所能得到的资料较少，基本上以国家统计局有关专业司提供的主要专业初步统计资料为基础，进行估计和推算。因此，初步估计过程所得到的年度国内生产总值只是一个初步数据，以满足年度宏观经济形势分析和判断的需要，它有待于在获得较充分的资料后进行核实。这也就是称这一过程为初步估计过程的理由。国内生产总值初步估计数据发布在次年年初《中国统计公报》和次年上半年《中国统计摘要》上。

初步核实过程一般在次年的第二季度进行。这时，初步估计过程所依据的主要专业初步资料得到核实，国家统计局其他专业统计资料、国务院有关部门的统计资料和部分会计决算和业务核算资料陆续获得，但是大多数会计决算和业务核算资料，金融保险系统、铁路系统、民航系统、邮电运输系统等会计决算资料和财政决算资料尚不能获得。因此，与初步估计数据相比，初步核实所获得的国内生产总值更准确些，但因仍缺少国

内生产总值核算所需要的许多重要资料，因此相应的数据尚需进一步核实。国内生产总值初步核实数据在次年下半年出版的《中国统计年鉴》和《中国统计提要》上公布。

最终核实过程一般在次年的第四季度进行。这时，国内生产总值核算所需要的和所能搜集到的各种统计资料、会计决算资料和有关业务核算资料基本齐备。与初步核实数据相比，依据这些更全面、更细致的资料计算出来的国内生产总值数据显然更准确些。国内生产总值最终核实数据在隔年(第三年)出版的《中国统计摘要》、《中国统计年鉴》和《中国统计提要》上公布。

从以上操作过程可以看出，我国国内生产总值核算要公布三次数据，其统计精度逐步提高，所以某年的国内生产总值最早的数据可于次年初得到，而最准确的数据可以在第三年得到。如果查到某年的国内生产总值数值有三个不同的数值是很正常的，且应以最后公布的数据为准。

国内生产总值统计实践中还有一个重要问题，即历史数据调整。这种调整只有在某些影响国内生产总值数据总量或结构的特殊情况出现时才进行，这些情况包括：发现或产生新的资料来源、有关分类变化以及核算方法或核算原则发生重大变化等等，比如，2004 年全国第一次经济普查过程中发现了 GDP 核算中服务业被低估的情况，经济普查之后，国家统计局就把 2004 年我国的 GDP 数量做了调整，增加了 23 000 亿元。一般地，对国内生产总值历史数据进行调整很少进行，而且随着统计制度的稳定，这种调整还会进一步减少。

所以，我们在查阅有关国内生产总值数据时，有可能出现某年 GDP 数据有着不同的版本，在此情况下，应以最新的数据为准。

二、我国季度国内生产总值统计方法

国内生产总值这一统计指标是宏观经济分析的核心指标，具有很高的经济重要性，但其时效性却相对不足，为了弥补年度国内生产总值指标的不足，世界上大多数国家都计算和公布季度国内生产总值指标。我国从 1992 年起根据国务院的要求在全国和各省、市、自治区开展了季度国内生产总值的计算。

季度国内生产总值与年度国内生产总值之间既有紧密联系也有不同之处，从国内生产总值的基本核算原则来看，季度与年度国内生产总值有共同之处，但是由于季度核算的核算时间短，所需的基础资料不足，因此，季度国内生产总值的核算方法在某些方面又与年度有所不同。

现价季度国内生产总值统计以生产法及收入法为主，目前暂不考虑支出法，其生产法与收入法的计算公式与年度国内生产总值相同，我们在此介绍另外两种方法。

(一) 增加值率法

增加值率法就是先计算出现价总产出，再根据历史资料及当期有关生产情况确定现价增加值率，然后将二者相乘得出增加值，计算公式如下：

现价增加值 = 现价总产出 × 现价增加值率

(二) 速度推算法

速度推算法就是利用现价总产出的增长速度或相关价值量指标的增长速度代替现价增加的增长速度,然后用上年同期的增加值乘以此增长速度得出现期增加值,计算公式如下:

现价增加值 = 上年同期现价增加值 × 现价总产出增加速度

国外的季度统计历史比较长,在这方面已经积累了一些方法,基本上是以生产法及收入法为主,辅之以多方面的统计调查制度,一般可以在季后 90 天内提供数据。该数据以后还会经过调整。国外一般还提供经过时间序列调整后的消除季节波动的季度国内生产总值数据。

三、不变价国内生产总值核算

本章表 3.3 至表 3.5 都特别注明了"表中数据按当年价格计算",一般说来,国内生产总值在最初核算过程中都是按当年价格计算的。显然,由于价格水平每年都在发生变化,这样计算出的国内生产总值数据就会受到价格水平的影响,在某些通货膨胀严重的年份里,这样的价格影响可能是非常严重的。如果不扣除价格因素的影响,就无法准确反映真实的社会生产情况。因此,在经济分析中,尤其是进行时间序列分析时,不变价国内生产总值核算就非常重要。

不变价国内生产总值核算的目的是剔除按现期市场价格衡量的国内生产总值中的价格变动因素,以反映一定时期内生产活动最终成果的实际变动。

不变价国内生产总值的生产核算是将各产业部门现价增加值换算成不变价增加值,各产业部门不变价增加值加总得出不变价国内生产总值。不变价的生产核算方法基本上有两种,即缩减法和外推法。缩减法又分为双缩法和单缩法,双缩法是分别利用产出价格指数和中间投入价格指数缩减现价总产出和现价中间投入,得出不变价总产出和不变价中间投入,不变价总产出减去不变价中间投入得到不变价增加值。单缩法一般是直接利用总产出价格指数缩减现价增加值,求得不变价增加值。单缩法假定中间投入的价格变化与总产出的价格变化基本上保持相同的幅度。

外推法也分为双外推法和单外推法。双外推法是在基期不变价总产出和中间投入的基础上,分别用总产出物量指数和中间投入物量指数外推出当期不变价总产出和中间投入,当期不变价总产出减不变价中间投入得出当期不变价增加值。单外推法一般是利用总产出物量指数乘以基期不变价增加值,求得当期不变价增加值。这种方法是假定中间投入的物量变化与总产出的物量变化基本上保持相同的幅度。目前我国不变价国内生产总值生产核算,农林牧渔业采用的是双缩法,交通运输、仓储和邮政业采用的是外推法,其他行业采用的都是单缩法。各行业不变价增加值的具体计算方法如下。

农林牧渔业，先采用农产品生产者价格指数和农业生产资料价格指数分别对现价总产出和中间消耗进行缩减，换算出不变价总产出和中间消耗。不变价总产出减不变价中间消耗，得出不变价增加值。

工业采用工业品出厂价格指数对现价增加值直接缩减，得出不变价增加值。

建筑业采用固定资产投资价格指数中的建筑安装工程价格指数对现价增加值直接缩减，得出不变价增加值。

交通运输邮政业和信息传输服务业，以能够反映行业变动趋势的物量指标的增长速度作为不变价增加值的增长速度，用不变价增加值的增长速度乘上期不变价增加值绝对额，得出当期不变价增加值。交通运输业的物量指标是旅客周转量和货物周转量，邮政业和信息传输服务业的物量指标是邮电业务总量。

批发和零售业、住宿和餐饮业，采用商品零售价格指数直接对现价增加值进行缩减，得出不变价增加值。

金融业采用居民消费价格指数与固定资产投资价格指数的加权指数直接对现价增加值进行缩减，得出不变价增加值。

房地产业，对固定资产折旧和净增加值分别缩减，固定资产折旧采用固定资产投资价格指数，净增加值采用房地产价格指数。

以上产业部门以外的各种服务业，均采用居民消费价格指数及其类指数直接对现价增加值进行缩减，得出不变价增加值。

不变价支出法国内生产总值核算就是利用相应的价格指数缩减现价支出法国内生产总值的构成项目，得出不变价的构成项目，不变价构成项目之和等于不变价支出法国内生产总值。具体说，居民消费按照食品、衣着、家庭设备用品及服务、医疗保健、交通和通信、文化教育娱乐用品及服务，用相应的消费品价格指数缩减；住房服务消费支出分房租支出和私人自有住房服务两部分，分别用房屋租赁价格指数和固定资产投资价格指数缩减；金融媒介服务和保险服务的消费支出，用商品零售价格指数和固定资产投资价格指数的加权平均数缩减；享受的集体福利服务消费，用居民消费服务价格指数缩减。政府消费分为固定资产虚拟折旧、货物支出、工资支出、服务支出四部分，分别用固定资产投资价格指数、商品零售价格指数、城市居民消费品价格指数和居民消费服务价格指数缩减。固定资本形成总额用固定资产投资价格指数缩减。存货增加用直接计算法和缩减法计算，即农业部门存货增加中的猪、羊、粮食、家禽和其他家养动物，利用基年的单位价格乘以核算期增加的数量计算不变价；其他存货增加，按照用途划分为生产资料、生活资料和收购的农副产品，分别用生产资料出厂价格指数、生活资料出厂价格指数和农产品生产价格指数缩减。货物和服务净出口，出口都采用货物出口价格指数缩减，进口都采用货物进口价格指数缩减。

关于价格指数核算的有关问题，本书将会在后续的章节中详细论述，本章不再专门讨论。

四、经济增长的衡量

国内生产总值统计数据产生后的一个重要的应用，就在从时间序列的角度观察其变化，进而衡量经济增长的程度，从这个意义上讲，研究经济增长问题，实际上是研究国内生产总值的动态变化。

在经济统计中，经济增长是一个明确的可度量指标，它被定义为本时期的国内生产总值相对于上一个时期的国内生产总值所增加的百分比。这个指标也可以被称为经济增长率，它通常以年度为计量单位。

值得指出的是，经济增长并不等于经济发展，经济增长只反映了国内生产总值总量的动态变化；如果要全面研究经济发展，就还要考虑经济增长的代价、资源配置的效率、社会分配的公正等信息，而这些信息不可能通过一个国内生产总值指标反映出来。

根据经济增长的内涵，我们可以得到经济增长率的计算公式如下：

$$\frac{\Delta GDP}{GDP}=\frac{GDP_t-GDP_{t-1}}{GDP_{t-1}}$$

式中，下标 t 及 $t-1$ 分别表示本期与上一期。

一般来说，为了反映经济总量的实际物量增长，就必须扣除价格因素的影响，所以，度量经济增长率应该用实际经济增长率指标。

我国近期经济增长速度（按不变价 GDP 计算）情况如表 3.7 所示：

表 3.7　我国 2000 年以来经济增长率

年　份	2000	2001	2002	2003	2004	2005	2006	2007
经济增长率	8.4%	8.3%	9.1%	10.0%	10.1%	10.4%	11.1%	11.4%

数据来源：《中国统计年鉴——2007》和《2007 年国民经济和社会发展统计公报》。

从表 3.7 中的资料可以看出，我国国内生产总值已经连续多年保持高速增长，作为世界上人口最多的大国，这个增长速度是十分惊人的。

通常把按现行价格计算的经济增长率称为名义经济增长率，而把按不变价格计算的经济增长率称为实际经济增长率。

为了反映一段时期内的经济增长水平，我们通常要计算经济增长率的平均指标：平均经济增长率。计算平均经济增长率不能用算术平均的方法，正确的计算方法是几何平均，即：

$$平均经济增长率=\sqrt[n]{\frac{Y_n}{Y_0}}-1$$

其中，Y_n，Y_0 分别代表本期及基期的国内生产总值，n 代表计算时期的年份跨度。

据计算，我国 1979 年至 2006 年间 GDP 的平均经济增长率达到了 9.7%，2001 年至 2006 年的平均经济增长率为 10.1%。这是对我国改革开放以来经济发展巨大成就的真实写照。

值得注意的是，采用几何平均法计算平均经济增长率有一个条件，即假定整个计算期内经济增长是均匀的，这一条件在现实中是很难保证的。现实的经济增长多是在周期波动中进行的。如果增长的周期波动是均匀的，当 Y_n，Y_0 所处的经济周期的长度、振幅及阶段的时间分布都基本一致时，平均增长速度是有一定代表性的，但反之，当 Y_n，Y_0 的周期特征相差很大，比如说一个在波峰，一个在波谷，则此时计算的平均增长率与真实值就会有较大差距，要么被夸大，要么被缩小，失去其代表性。在这种情况下，我们需要通过对统计资料的数值进行分析，确定周期的长度，然后按周期长度进行国内生产总值指标的移动平均处理，再用移动平均后的数值应用上面的公式重新进行计算。

经济增长率可以按各种标志划分成若干种类，如上述按价格标志划分为名义经济增长率和实际经济增长率。除此之外，还可以按空间大小标志分为国家经济增长率、地区经济增长率和部门经济增长率；按时间标志可分成月度经济增长率、季度经济增长率、年度经济增长率、中期经济增长率及远期经济增长率。

五、国内生产总值的结构分析

国内生产总值的生产法、收入法、支出法计算过程中有很多变量，这些变量之间的关系以及变量的结构变动可以揭示出很多重要的信息，经常被用于经济分析。

(一) 产业结构

可以通过各产业增加值占总增加值的比重来观察产业结构及各产业的贡献率，从表 3.3 中我们可以看到，2005 年，中国第一、二、三产业的增加值贡献率分别为 12.5%、47.5%和 40%。这说明 2005 年中国第二产业仍是提供增加值最多的产业，而第三产业也得到了一定的发展。

(二) 增加值率

增加值率是指增加值占总产出或中间投入的比重。我们知道增加值是总产出减去中间投入的结果，是新增加的价值，计算增加值率很显然是为了反映生产过程中新追加价值的相对份额。一般来说，增加值率高也就意味着生产附加值高。

(三) 要素收入比例

我们知道，国内生产总值 = 劳动者报酬 + 生产税净额 + 固定资产折旧 + 营业盈余，其中后四项分别代表劳动等生产要素对国内生产总值的贡献情况，我们可以分别计算这四项占国内生产总值的比重，它们也就分别代表了要素收入的比例。比如，按表 3.4 中数据，北京市 2006 年劳动要素收入占地区生产总值的比重为 44.43%。

(四) 最终消费率

最终消费率是最终消费占国内生产总值的比例。按照支出法国内生产总值计算方法，国内生产总值有三个去向：一是用于最终消费，二是用于资本形成，三是用于出口。它们分别代表了消费、积累、国外对GDP的需求，我们所常说的消费、投资、出口对国内生产总值的拉动作用也体现了这个意思。我们可以分别计算三者在GDP中的比重，其中，最终消费率比较常见，它反映的是最终产品中有多大的比重被用于消费，或者消费对GDP的拉动作用有多大。

（五）恩格尔系数

恩格尔系数通常是指食品消费支出占居民消费支出的比重。一般说来，随着社会生产发展和人民生活水平的提高，恩格尔系数呈下降的趋势。根据联合国粮农组织提出的标准，恩格尔系数在59%以上为贫困，50%～59%为温饱，40%～50%为小康，30%～40%为富裕，低于30%为最富裕。根据表3.5中的数据可以看出，近年来，中国城乡居民的恩格尔系数有着较明显的不同。

六、有关国内生产总值应用的进一步讨论

国内生产总值核算可以把国民经济的产出成果概括在一个极为简明的统计数字之中，为衡量经济的状况提供了一个最为综合的衡量尺度，因此，GDP已经成为各国政府和机构十分关注的核心指标。但这并不意味着GDP指标是万能的，应该指出的是，国内生产总值是一个生产核算的总量指标，它衡量的是一个时空范围内的、处于生产范围内的生产成果总量。因此，国内生产总值是一个有特定内涵的学术概念，对它的理解和使用必须在其能涵盖的范围之内。

（一）国内生产总值与福利衡量

显然，诸如本章第一节所述，诸如丝丝春雨、怡人气候、健康环境、天伦之乐、美满生活、愉快假期、社会和谐这样的使人福利增加的事物并不在生产核算范围之内，从这个意义上说，国内生产总值和福利并不等同，不能把追求幸福单纯理解为追求国内生产总值的增加。

当然也不能把国内生产总值的增加认为是福利的增加。试想这样一个场景：在一个寒冷的冬天里，流感盛行，在其他情况不变的情况下，由于寒冷和流行病的发生，燃料、服装和医疗服务的生产会趋于增长，与上一年相比，国内生产总值可能会上升，但很明显，人们的福利水平实际上是下降了。

多年来，在国内生产总值的导向下，我们可能会忽视健康、家庭、关爱、修养，殊不知，这样的做法可能正使幸福与快乐不断地离我们远去。1968年，罗伯特·肯尼迪在竞选美国总统时曾说："GDP并没有考虑到我们孩子的健康、他们的教育质量，或者他们游戏的快乐。它也没有包括我们的诗歌之美或婚姻的稳定，没有包括我们关于公共问题争论的智慧或者我们公务员的廉正……简言之，它衡量一切，但并不包括我们生活中有意义的东西……"这句话可能有些极端，但它明确地提醒我们，国内生产总值不等于福利，经济增长也不等于经济发展。我们既要充分利用国内生产总值数据进行经济

分析，也不能迷信国内生产总值指标，以避免走入滥用国内生产总值指标的误区。

（二）绿色国内生产总值核算

很多研究者指出，国内生产总值不能满足可持续发展测度的需求。对国内生产总值这方面的批评主要体现在：国内生产总值没有充分反映环境与经济间的相互关系，忽视了经济活动对自然资源耗减与环境质量下降的影响。

具体来说，国内生产总值在衡量一时期的经济成果时，并没有把某些自然资源的利用作为经济过程的投入来看待，同时也没有将人类不合理的生产和消费方式所造成的对环境的破坏以及为恢复适宜的环境所做的努力加以适当的考虑。从这个角度说，国内生产总值指标不是"绿色"的或者"有利于环保的"。

对此，有学者提出核算绿色国内生产总值，即包含自然资源与环境核算的国内生产总值指标。核算绿色国内生产总值的基本思路是从国内生产总值指标中进一步扣除生产中使用的非生产经济资产耗减和非生产自然资产退化两项内容。其中非生产经济资产耗减包括因产权不明、没有市场价格等因素无法纳入传统国民经济核算中的各种非人造资源的耗减价值；而非生产自然资产退化较为抽象，它是指由于人类活动导致的空气、水、土地、森林等生态服务资产的损失。

目前条件下，对这些扣减项的核算还很难实现，主要有两方面的原因：一是统计方法还不成熟，目前还没有一个国际社会公认的、成熟的、操作性很强的核算方法；二是我国对资源和环境的存量与流量的统计基本还是空白，有关资源环境价值、污染损失等基础核算信息数据尚难以获取。但作为一个发展方向，对国内生产总值的"绿化"还是十分必要的，目前，我国已经加大力度探索绿色国内生产总值的核算问题，相关的核算实践也已经展开。

本章小结

生产核算非常重要，它是国民经济核算的基础；国内生产总值指标非常有价值，它是经济分析与宏观管理的必备工具。生产是指在机构单位控制和负责下，利用劳动、资本、货物和服务的投入生产货物和服务的活动。生产核算的范围包括生产者提供或准备提供给其他单位的货物和服务的生产、生产者用于自身最终消费和固定资本形成的所有货物的自给性生产、自有住房提供的住房服务和付酬家庭雇员提供的家庭服务的自给性生产。生产核算核算的是常住单位的生产成果，该生产成果被核算的时间按权责发生制处理。

国内生产总值是生产核算的直接结果，它是指一个国家或地区在一定时期内所生产和提供的最终产品的总价值。国内生产总值又被称为总增加值，扣除固定资产折旧后的国内生产总值被称为国内生产净值；国民生产总值应被称为国民总收入。

生产法也被称为增加值法，它通过加总各行业的增加值形成国内生产总值，计算增加值的前提是核算各行业的总产出和中间投入。收入法的基本思想是加总生产要素在生产中得到的市场价格收入，收入法国内生产总值等于劳动者报酬、生产税净额、固定资产折旧和营业盈余四个部分之和。最终消费、资本形成总额与净出口是支出法国内生产总值的核算基础，支出法国内生产总值等于三者之和。

我国年度国内生产总值核算包括如下几个过程：初步估计过程、初步核实过程、最终核实过程。季度国内生产总值核算可以提高国内生产总值核算的时效性。

不变价国内生产总值核算剔除了按现期市场价格衡量的国内生产总值中的价格变动因素，有利于真实反映一定时期内生产活动最终成果的实际变动。

经济增长率是一个明确的可度量指标，它被定义为本时期的国内生产总值相对于上一个时期的国内生产总值所增加的百分比。这个指标也可以被称为经济增长率，它通常以年度为计量单位。

国内生产总值可被广泛应用于产业结构研究、增加值率分析、要素收入比例研究和消费结构分析等研究领域。国内生产总值指标不是万能的，它是一个有特定内涵的学术概念，对它的理解和使用必须在其能涵盖的范围之内。

思考与练习

1. 以下哪些活动被排除在生产核算范围之外？

(1) 果农自己动手酿造红葡萄酒；

(2) 在美国地下餐馆打工；

(3) 全家人自己动手在别墅边建立了小型车库；

(4) 妈妈为孩子准备午餐。

2. 2008 年 1 月 5 日，中国第 24 次南极科考队经过长达 13 天、4 000 多海里的航行，安全到达中国南极长城站，队员开始了基础测绘、科研研究、修建码头等活动。2008 年 2 月 6 日，大家包饺子、演节目，过了一个非常有意义的春节。

上述哪些活动在生产核算的范围内？上述活动会否增加中国 2008 年国内生产总值？

3. 国民总收入(旧称国民生产总值),与国内生产总值在性质上有显著不同,一个为收入指标,一个为生产指标,但它们在数量上十分接近。在发达国家,国民总收入一般要大于国内生产总值,而在发展中国家,其国民总收入往往要小于国民总收入。如,加纳1990年的国内生产总值是其国民总收入的103.7%;瑞士1990年的国内生产总值是国民总收入的95% 。你能解释这是为什么吗?

4. 年终岁尾,同福客栈的佟掌柜让吕秀才算账。吕秀才忙活了一夜,交给佟掌柜一个清单就出去给无双和小六补习文化去了。清单上写着:“打尖住店等总产出共200两银子,李大嘴买菜等中间投入共100两银子,发给芙妹等人的月钱(也叫劳动者报酬,英文叫compensation of employees,秀才注)20两银子,老榆木桌子等固定资产折旧25两银子,交给娄知县的生产税净额15两银子。”佟掌柜、莫小贝和白展堂算了半天,也没算出客栈的增加值和营业盈余是多少,你能帮他们算算吗?

5. 党的十七大报告提出加快转变经济发展方式,强调要坚持扩大国内需求特别是消费需求的方针,促进经济增长由主要依靠投资、出口拉动向依靠消费、投资、出口协调拉动转变。请结合国内生产总值支出法计算思路,谈谈你的体会。

6. 找一本最新的《中国统计年鉴》(也可通过http://www.stats.gov.cn/tjsj/在线查阅),在《国民经济核算》这一部分中查阅有关国内生产总值的总量及结构数据,并结合本章介绍的核算方法加深对这些数据的了解和认识。

7. 一位德国学者和两位美国学者在合著的《四倍跃进》一书中,对GDP这样描写:“乡间小路上,两辆汽车静静驶过,一切平安无事,它们对GDP的贡献几乎为零。但是,其中一个司机由于疏忽,突然将车开向路的另一侧,连同到达的第三辆汽车,造成了一起恶性交通事故。‘好极了’,GDP说。因为,随之而来的是:救护车、医生、护士,意外事故服务中心、汽车修理或买新车、法律诉讼、亲属探视伤者、损失赔偿、保险代理、新闻报道、整理行道树等等,所有这些都被看作是正式的职业行为,都是有偿服务。即使任何参与方都没有因此而提高生活水平,甚至有些还蒙受了巨大损失,但我们的‘财富’——所谓的GDP依然在增加。”他们最后指出:“平心而论,GDP并没有定义成度量财富或福利的指标,而只是用来衡量那些易于度量的经济活动的营业额。”你同意这一说法吗? 为什么?

参考文献

1. 高敏雪,李静萍,许健. 国民经济核算原理与中国实践. 中国人民大学出版

社,2006

2. 国家统计局国民经济核算司. 中国季度国内生产总值计算方法. 中国统计出版社,1997

3. 国家统计局国民经济核算司. 中国年度国内生产总值计算方法. 中国统计出版社,1997

4. 韩云虹等. 国民经济核算与分析. 经济科学出版社,2005

5. 蒋萍. 非法生产与 GDP. 经济科学,2006(6)

6. 蒋萍. 非市场服务生产、非市场服务交易与非市场服务产出. 统计研究,2003(8)

7. 联合国. 国民经济核算体系. 中国统计出版社,1995

8. 钱伯海. 国民经济统计学(国民经济核算原理). 中国统计出版社,2000

9. 邱东,蒋萍,杨仲山. 国民经济核算. 经济科学出版社,2002

10. 邱东,杨仲山等. 当代国民经济统计学主流. 东北财经大学出版社,2004

11. 邱东. 国民经济核算史论. 统计研究,1997(4)

12. 邱东. 国民经济统计学. 东北财经大学出版社,2001

13. 宋旭光,贯小爱. 绿色 GDP:基于核算进展的前景分析. 东北财经大学学报,2007(2)

14. 宋旭光. 也谈 GDP 与 GNP. 读书,2006(8)

15. 苏当劼,夏明. 国民经济核算概论. 中国人民大学出版社,2004

16. 佟哲晖,邱东. 国民经济统计学. 中国统计出版社,1992

17. 王德发,朱建中. 国民经济核算概论. 上海财经大学出版社,2007

18. 向蓉美,杨作廪,王青华. 国民经济核算及分析. 西南财经大学出版社,2005

19. 许宪春. 国内生产总值核算的重要意义和作用. 中国统计,2003(2)

20. 许宪春. 中国国内生产总值核算. 北京大学出版社,2000

21. 颜日初等. 国民经济统计学. 中国财政经济出版社,1999

22. 袁寿庄等. 国民经济核算原理. 中国人民大学出版社,1996

23. 中华人民共和国国家统计局. 中国国民经济核算体系 2002. 中国统计出版社,2003

24. [德]厄恩斯特·冯·魏茨察克,[美]艾默里·B. 洛文斯,[美]L. 亨特·洛文斯. 四倍跃进,中华工商联合出版社,2001

第4章

投入产出核算

由于有了投入产出表，我们在经济学中有了理论和事实之间的桥梁，一座名副其实的桥梁。经济学中的远距离作用一点也不比物理学中的少。在任何一点上，一个事件的影响都是通过把整个体系联结在一起的那种交易链条，而一步一步地送到其他经济部门的。一个有关整个经济的比率表，可以使我们尽量详细地从数量关系方面了解整个经济体系的内部结构。这样就有可能详细地预测受理论问题或眼前的实际问题启发而改革经济体系所产生的后果。

——列昂惕夫(诺贝尔经济学奖获得者)

教学目的 使大家了解投入产出方法的概况，对投入产出表的核算原理和编制方法有一个清楚的认识，初步掌握投入产出表的应用分析方法。

教学要点 投入产出方法的定义；投入产出表的经济意义；投入产出表的基本平衡关系；投入产出方法在制定经济计划和进行预测等方面的应用。

投入产出核算是国民经济核算体系(新 SNA)的五大核算之一，是国民经济核算的延伸与发展，它侧重于中间产品和国民经济各部门技术经济联系的核算，投入产出核算的核心是美国经济学家列昂惕夫(Wassily W. Leontief)所创立的投入产出表(input-output table)。将投入产出核算纳入整个核算体系,使得国民经济核算体系为加强和改进宏观经济管理与调控提供更丰富、详细的数据信息,尤其是投入产出表的编制以及投入产出模型的使用为国民经济核算资料的运用开辟了更广阔的领域。投入产出表已经成为联系经济理论与实际之间的不可或缺的桥梁,其应用极为广泛。

本章将侧重于投入产出表的构造理论及投入产出模型在现实中的应用,为国民经济发展计划的制订、调整,为经济预测,为分析和论证各项经济政策提供一种数量经济方法。

第一节　投入产出核算的基本问题

一、关于投入产出方法

(一)投入产出方法的定义

投入产出方法,又称为投入产出分析(input-output analysis)、产业关联方法、部门联系平衡法,就是以适当的国民经济产业(部门)分类为基础,通过一定的平衡表式、比例系数和结构分析,从数量上研究经济系统内各部门之间的相互联系(投入、产出关系)、相互影响,进而利用经济模型来分析国民经济结构及其变动的内在原因和相互影响的数学分析方法体系。它从宏观角度出发,把国民经济分成若干互相联系的产品部门,并运用线性代数方法,借助计算机来模拟社会生产过程和国民经济结构,综合分析各部门之间的技术经济联系和重要的比例关系。

可见,投入产出方法是一种分析经济体系结构、经济组成部门之间的组合方式和相互影响的数量分析方法。投入产出分析不单独分析一个经济部门,而是将经济部门置于相互联系、相互影响的经济环境中,通过其内在的技术经济联系来分析各部门的运行状态、所处地位、在国民经济中的作用,进而体现国民经济总体运行状况。

(二)投入产出分析的思想

投入产出分析是一般均衡理论的一种简化形式,其创立者列昂惕夫曾说过:“投入产出分析是用新古典学派的一般均衡理论,对各种错综复杂的经济活动之间在数量上的相互依赖关系进行经验研究,是一般均衡理论的具体延伸。”但它却是沿着另一条截然不同的思路发展,那就是:在一定程度上排除了价格调节的作用,主要依靠一种数量(生产技术)调节经济结构的路径,即假定生产者对市场的反应不是通过调整价格,而是通过调整产量来适应需求发生的变化。由于价格调节作用是一般均衡理论的核心调节机制,就这一意义而言,局部均衡分析比投入产出分析更接近于一般均衡论。但从另一个方面看,投入产出分析能够从模型和数量上通过直接消耗系数和间接影响,分析某一个部门(或产品)所发生的变化波及所有部门(或产品)及整个经济体系的过程。这相对于忽略掉其他市场、其他部分影响的局部均衡分析来说,投入产出分析在形式或模型上与一般均衡更加接近，其目的是解决一般均衡模型的实际应用问题。

总之，投入产出分析侧重于通过产量调节来解释问题。它反映了一个经济体系如何通过调整各部门（产品）的产量来达到资源配置最优化，从而衍生出一个国家或地区的产业政策和发展战略，其目的在于解决一般均衡模型的应用问题，显然较适合于宏观经济计划和分析。

二、投入产出核算的部门分类

利用投入产出核算研究国民经济各部门之间的技术经济联系和经济结构，首要的问题是对国民经济活动部门进行分类，即根据一定的原则划分部门。在投入产出核算中划分部门需要考虑两个问题：一是以什么作为部门；二是用什么标准划分部门。

我国现行统计制度中的部门，是按基层独立活动的行政隶属关系划分的。由于生产部门是按生产企业划分的，故称为企业部门。这些企业的生产不是单一的，它们往往生产多种产品，其中以某种产品为主要产品，其余产品为次要产品。这种划分可以适应现行统计制度和行政管理的需要，但不能适应研究部门间技术经济联系的需要。

编制投入产出表，分析国民经济部门因技术经济变动而引起的变化，必须按产品这一标志对国民经济进行分类。它是将性质相同的产品组合成部门，即把部门理解成同类产品的整体。同类产品，无论在哪个企业生产都作为一个部门，这一部门称为“产品部门”或“纯部门”。

产品部门的分类，或称纯部门分类可以有两个标准。一个是按产品的经济用途划分，把用途不同，但消耗结构相同的产品分开，如生产用电和非生产用电，炼焦用煤和动力用煤等。另一个是按产品的消耗结构划分，把用途相同，但消耗结构不同的产品分开，如水力发电和火力发电，天然橡胶和合成橡胶等。由于投入产出分析主要是从产品之间互相消耗的角度说明国民经济内部的生产技术联系的，因此，在不能满足上述两种标准的情况下，应着眼于产品消耗结构的一致性，按照产品工艺技术条件的同类性进行部门分类。在实际操作中，若部门划分得越细，则各部门包括的核算范围就越小，产品的同质性就越能体现出来，所反映的各部门之间的技术经济联系就越符合实际。但是，也应看到，随着产品部门的增加，对统计资料进行搜集、整理和分析的工作量就会大大增加，从而编表的难度也会越来越大。因此，在编制投入产出表时，首先要考虑产品部门的确定问题。也就是说，产品部门的确定，既要考虑研究问题的需要，也要考虑实际工作和现行统计方法制度的可能性，这样，才能使编制的投入产出表规模适当，便于使用。

三、投入产出核算的估价

价值型投入产出表涉及采用什么价格的问题。购买者对一种产品所支付的价格包括：产品的基本价格、产品税、产品补贴、产品被送到购买者手中之前发生的商业和运输费用（包括与商业和运输费用有关的产品税净额）。根据包括这些组成部分的范围不同,理论上投入产出表可采取的价格有三种:购买者价格、生产者价格、基本价格。

购买者价格是购买者在其所要求的时间、地点获得对外货物或服务所支付的金额。它包括商业和运输费用,不包括任何可扣除增值税或类似的可扣除税。生产者价格是产品的生产者出售单位产品从购买者那里获得的金额,它不包括任何可扣除增值税或类似的可扣除税,也不包括商业和运输费用。基本价格是生产者生产单位货物或服务从购买者那里获得的金额,减去生产或销售单位货物或服务的产品税净额。三种价格的关系是:

$$生产者价格 = 购买者价格 - 商业和运输费用$$

$$基本价格 = 生产者价格 - 产品税净额$$

服务的生产者价格往往等于购买者价格,因为服务的生产与使用是不能分离的。对于货物,如果购买者直接向生产者购买,生产者价格也等于购买者价格,只有当货物经过流通环节时,二者才有区别。投入产出中按基本价格估价比较好,因为它是最同质的估价,不受流通环节多少、流通距离远近、税率高低的影响,并且基本价格是生产者生产单位产品实际可得到的金额。但是一般按基本价格估价比较困难,所以常常采用生产者价格。

实际经济中,货物和服务的使用是按购买者价格记录的,即中间消耗是按购买者价格记录的,如果产出是按基本价格或生产者价格记录的,就会导致增加值有两种不同的估价结果:按基本价格记录的总增加值等于按基本价格计录的产出减去按购买者价格记录的中间投入;按生产者价格记录的总增加值等于按生产者价格计录的产出减去按购买者价格记录的中间投入。如果要得到按基本价格的总增加值,产出就要加上应该分摊的增值税和进口税净额。出口和进口总额都按离岸价格估价。离岸价格被认为是用于出口流量的一种特殊的购买者价格,它是由进口商在出口国口岸将所购买货品装上运输载体,并支付了出口税(或收到退税款)以后的价格。离岸价格与到岸价格之差作为服务的进出口。

四、投入产出方法的发展及其在国民经济核算中的作用

(一)投入产出方法的发展

俄裔美国经济学家 W. 列昂惕夫在前人关于经济活动相互依存性研究的基础上,于 1931 年开始研究投入产出方法,是投入产出账户的创始人。他利用国情普查资料编制了美国 1919～1929 年的投入产出表,分析了美国经济结构和经济均衡问题,并于 1936 年发表了投入产出分析的第一篇论文:《美国经济结构中的投入产出关系》,这标志着投入产出方法的诞生,接着他在 1941 年出版了《美国经济的结构,1919～1929》一书,1953 年又出版了《美国经济结构研究》一书。在这些著作中,列昂惕夫建立了投入产出模型,奠定了投入产出模型的方法基础。由于列昂惕夫对投入产出方法的建立和发展做出了重大贡献,他于 1973 年荣获诺贝尔经济学奖。

最初,投入产出方法与国民经济核算是各自独立发展的。1950 年,在荷兰举行的

第一次国际投入产出会议上，有的代表提出将投入产出分析纳入国民经济核算体系的建议，但怎样纳入，当时并未做进一步研究。联合国统计专家在研究制定 1953 年 SNA 时，也已认识到应该开展反映生产过程本身的中间流量的核算，但苦于没有一种合适的核算方法，因此，1953 年的 SNA 中还没有投入产出核算，但又特别注明：待以后条件成熟，研究出适用的方法，应该开展对中间消耗的核算。后来斯通利用英国的资料，为国民经济核算编制了一个投入产出式的矩阵账户，用以核算中间产品流量。到 1968 年，条件成熟了，联合国颁布修订后的 SNA 便吸纳了投入产出核算法，将其用来专门核算反映生产过程本身状况的中间消耗流量，使其在核算的概念、定义、分类、核算准则和惯例上与 SNA 严格一致，并称之为投入产出核算。至此，投入产出核算便成为整个国民经济核算体系的一个有机组成部分。

投入产出核算的产生，使国民经济核算发生了重大的变革。无论是中国现行国民经济核算体系，还是联合国等五个国际组织制定的 1993 年国民经济核算体系，都把投入产出核算纳入到整个核算体系中，作为国内生产总值核算的扩展和延伸，这使国民经济核算体系不仅能够综合描述国民经济发展的概貌，而且还能反映国民经济内部各组成部分之间复杂的相互联系与因果关系，从而可以更全面更深刻地揭示整个社会再生产过程，为改进和加强计划管理与宏观调控提供数量依据，投入产出方法已成为国民经济运行的信息库和数据库。

（二）投入产出方法在国民经济核算中的应用

我国从 20 世纪 60 年代开始研究投入产出核算法，1974 年编制出第一张 61 种产品的实物型投入产出表。到 20 世纪 80 年代，各省市相继编出自己的投入产出表。1988 年又成功地编制出大型“中国 1987 年投入产出表”，并于 20 世纪 90 年代形成制度，即“2”、“7”年份编表，“0”、“5”年份调整和编制延长表，这标志着我国投入产出核算的水平达到了一个新的高度。2002 年，我国进行了第四次全国投入产出调查，充分参考和利用了 2004 年第一次全国经济普查数据资料，编制了 2002 年全国投入产出表。到目前为止，我国已在 1987 年、1992 年、1997 年、2002 年开展了四次投入产出调查和编表工作，投入产出方法无论在基本原理、方法技术，还是在应用领域等各方面都获得了长足的发展，形成了现代经济分析技术的一个重要分支。

投入产出分析在近 20 世纪 70 年的发展历程中，根据应用的需要，将价值型、实物型投入产出基本模型进行了各式各样的扩展，形成了庞大的模型应用体系。在计量单位上，从实物型和价值型的计量单位换算成以其他内容的计量单位，构成新的扩展模型；在研究范围上，将描述的对象按研究的范围不同分别建立地区、地区间、部门、部门间、企业、企业间投入产出模型；在模型功能上，从预测、规划模型扩展到价格制定模型、税收计划模型、人口模型、教育模型、环境污染影响因素的分解模型，能源消耗的 SDA 模型；在模型描述的时期上，从形式简单的静态模型扩展到动态模型，动态投入产出模型，从其发展过程上又进一步扩展为微分方程的动态模型、差分形式的动态模型、动态逆矩阵模型、含增长率的动态模型、不同投资时滞的动态模型、年度间的投入产出模型等;在模型形式上,从线性扩展到非线性;在模型涉及指标上,从只表现经济系统的流量指标,到引入了存量指标;在建模技术上,引入了运筹学的许多优化技术,常见的模型形式有投入产出线性规划模型、投入产出影子价格模型、投入产出CGE模型、投入产出大道定理等。现在,投入产出优化模型正在向多极化综合模型发展,向目标规划模型发展,向动态优化模型发展,向包含不确定性因素的优化模型发展。

此外,在技术创新上,中国学者陈锡康提出的投入占用产出技术,在某种程度上完善了投入分析方法的不足。投入占用产出技术已经成功地运用到粮食产量预测、水资源分析、高校资源配置等有新意的研究中。目前国际文献中所研究的动态投入产出模型基本上都是建立在固定资产的建设与使用之间的时滞基础上。但考虑到不仅固定资产建设与使用之间具有时滞性,熟练劳动力的培养与使用之间,自然资源的勘探、准备和使用之间,科技投入与成果取得之间等都存在时滞,而且人才培养的时滞比实物资本形成的时滞更长也更重要。在此基础上陈锡康提出了新的动态投入占用产出模型,即提出考虑物质资本、人力资本、科学技术、自然资源勘探、环境保护等的建设与使用时滞的新颖的动态投入占用产出模型。

投入产出理论仍在继续向前延伸和发展着,除现有模型之外,还将随着应用的需要逐渐涌现新的方法、技术,现有模型也会随着实践而不断得以更新、改进,直至最终完善。

第二节　投入产出表的编制

一、投入产出表解析

(一)投入产出表的定义

我们知道,生产任何一种产品都要消耗原材料、燃料、动力,都要投入劳动力,上缴税金;而生产出来的产品,或供生产其他产品时使用,或用于消费,或用于固定资本形成,或用于存货增加,或用于出口。以钢材生产为例,在生产过程中,要消耗生铁、焦炭、电、水等,还要支付劳动者报酬,上缴税金等;而钢材生产出来后,又用于矿石、生铁、煤、电、焦炭、水等产品的生产,还用于出口等。投入产出表就是全面而系统地反映国民经济各部门、各产品之间生产和使用关系的一种表格。

投入产出表也称部门联系平衡表或产业关联表,是根据国民经济各部门生产中的投入来源和使用去向纵横交叉组成的一张棋盘式平衡表,用于反映国民经济各部门的投入和产出、投入的来源和产出去向,以及部门和部门之间相互提供、相互消耗产品的错综复杂的技术经济关系。

投入产出表中的投入,是指各部门在生产物品和服务时的各种投入,包括中间投入和最初投入,两者之和就是总投入。中间投入又称中间消耗,指常住单位在生产或提供货物与服务过程中，消耗和使用的所有非固定资产货物和服务的价值，是国民经济各部门在生产经营过程中所耗用的各种原材料、燃料、动力及各种服务的价值。中间投入一般按购买者价格计算。最初投入也称为初始投入或增加值，指常住单位生产过程创造的新增价值和固定资产的转移价值，包括固定资产折旧、劳动者报酬、生产税净额和营业盈余。它可以按生产法计算，也可以按收入法计算。按生产法计算，它等于总产出减去中间投入；按收入法计算，它等于劳动者报酬、生产税净额、固定资产折旧和营业盈余之和。

投入产出表中的产出，是指各部门的产出及其使用去向，包括中间使用和最终使用，两者之和为总产出。总产出是指一定时期内各产品部门生产的所有货物和服务的价值，既包括新增价值，也包括被消耗的货物和服务价值以及固定资产的转移价值。总产出按生产者价格计算，它反映各产品部门生产活动的总规模。中间使用是国民经济各部门所生产的产品被用于中间消耗的部分，最终使用是指被用于最终消费、投资和净出口的部分。

（二）投入产出表的表式

投入产出核算是通过编制投入产出表来进行的。其表式多种多样，可按不同的标准进行划分。按照核算的计量单位不同，可分为实物型投入产出表和价值型投入产出表；按照所反映的地域范围不同，可分为全国投入产出表、地区投入产出表和企业投入产出表；按照核算的时间不同，可分为静态投入产出表和动态投入产出表；按照专门用途不同，可分为人口投入产出表、固定资产投入产出表、能源投入产出表、劳动投入产出表等。在上述所有投入产出表中，使用得最多的还是价值型投入产出表。作为国民经济核算组成部分的投入产出表，通常是以货币为计量单位的静态宏观价值型投入产出表。表 4.1 是一张标有数学符号的投入产出简表。

投入产出表的纵向反映产品投入来源，横向反映产品使用去向。投入产出表就是由上述竖表和横表交叉组成的棋盘式平衡表。这种交叉在投入产出表中间形成横竖两条粗线，将投入产出表分成四个部分，按照左上、右上、左下、右下的排列次序，分别称这四个部分为第Ⅰ、第Ⅱ、第Ⅲ和第Ⅳ象限。

表 4.1　投入产出表的基本表式

投入＼产出		中间产品				最终产品	总产出
		1	2		n		
中间投入	1	x_{11}	x_{12}	…	x_{1n}	y_1	X_1
	2	x_{21}	x_{22}	…	x_{2n}	y_2	X_2
	⋮	⋮	⋮	⋮	⋮	⋮	⋮
	n	x_{n1}	x_{n2}	…	x_{nn}	y_n	X_n
最初投入（增加值）		v_1	v_2	…	v_n		
总投入		X_1	X_2	…	X_n		

投入产出表的第Ⅰ象限(表中左上角的双线框内)是中间产品象限,是由名称相同、数目一致的若干产业(产品)部门纵横交叉形成的棋盘式表格。其主栏是中间投入,宾栏为中间产品,也即中间使用。第Ⅰ象限是投入产出表的核心,主要反映国民经济各产业(产品)部门之间相互依存、相互制约的技术经济联系,该象限是投入产出表的最主要部分。第Ⅰ象限中每个数字都有双重意义:从横向上看,它表明每个部门的产品提供给有关部门作为生产消耗使用的数量,称为中间产品或中间使用;从纵向上看,它表明每个部门在生产过程中消耗各个相关部门的产品数量,称为中间投入或中间消耗。

第Ⅱ象限(表中右上角的线框内),又称最终使用象限,它的主栏与第Ⅰ象限相同。宾栏为最终产品或使用,包括最终消费、固定资产形成、库存增加、净出口(出口减进口)和其他。从横向上看,该象限反映各生产部门的产品作为最终产品的使用去向。从纵向上看,该象限反映各种不同类型的需求(如消费、投资、出口)的规模及结构构成。与第Ⅰ象限不同,第Ⅱ象限不是反映部门间的生产技术联系,而是反映部门的社会经济联系。

第Ⅲ象限(表中左下角的双线框内),又称增加值象限,它的主栏是增加值或最初投入构成,包括雇员报酬、生产及进口税净额、固定资本消耗及营业盈余。其宾栏与第Ⅰ象限相同。该象限主要反映各部门增加值分配或最初投入的构成情况。

第Ⅳ象限(表中右下角的双线框内)一般被认为主要反映再分配关系,又称“再分配象限”,由于资料来源等方面的限制,目前还只能用一个空象限来表示,其具体内容通常不在投入产出表中研究。

把上述四个象限综合起来考察,可以清楚地看出,投入产出表事实上是由两张“大表”构成。即把第Ⅰ、Ⅱ象限连接在一起,形成一个“横表”,反映各部门的产品分配和使用去向;第Ⅰ、Ⅲ象限连接在一起,形成一个“纵表”,反映各部门在生产中的投入和来源,还反映生产过程的价值形成。

二、投入产出表的经济意义

投入产出表的表式清晰、简单,描述了国民经济各个部门产品的来源与去向。基于投入产出表,既可以对各个部门做投入产出核算,还可以开发各种行、列模型,用于分析各部门之间的技术经济关联性与复杂影响。下面以中国 2002 年投入产出表为例(见表 4.2),来解读投入产出表的经济意义。

首先,从行向解读投入产出表的上半部分。行向记录的是 42 个部门产品的中间使用去向与最终使用去向,即行向的第Ⅰ、Ⅱ象限反映的是 42 个产品部门生产的产品一部分作为 42 个产品部门生产过程的中间使用,另一部分作为最终使用,即用于最终消费、固定资本形成、存货增加和净出口,还有一部分作为其他使用项。最终使用总量利用 GDP 核算年报中支出法的有关指标推算而得。以农业产品部门为例,2002 年农业部门共生产了 28 579 亿元的产品,其中有 4 637 亿元的产品供本部门当期生产过程使

表 4.2 我国 2002 年 42 个产品部门投入产出表(产品部门×产品部门)

单位:亿元

投入＼产出		中间使用					最终使用					其他	总产出
		农业	煤炭开采和洗选业	建筑业	…	合计	最终消费	固定资本形成总额	存货增加	净出口	合计		
中间投入	农业	4 637	31	2 286	…	16 339	10 628	773	332	−207	11 526	714	28 579
	煤炭开采和洗选业	89	101	23	…	3 232	215	0	164	129	508	271	4 011
	建筑业	50	9	34	…	1 841	0	27 275	0	25	27 300	−1 009	28 132
	⋮	⋮	⋮	⋮	⋮	⋮	⋮	⋮	⋮	⋮	⋮	⋮	⋮
	合计	11 948	1 731	21 538	…	191 572	71 691	43 632	1 933	4 002	121 258	601	313 431
最初投入	固定资产折旧	765	12	702	…	18 740							
	劳动者报酬	13 316	1 420	3 899	…	58 950							
	生产税净额	545	32	285	…	17 462							
	营业盈余	2 005	816	1 709	…	26 706							
	最初投入合计	16 631	2 280	6 595	…	121 858							
总投入		28 579	4 011	28 133	…	313 430							

资料来源:《2002 年中国投入产出表》,中国统计出版社 2006 年版。

用，有 31 亿元产品销售到煤炭开采和洗选业，有 2 286 亿元产品供建筑业部门使用……农业部门生产的产品供 42 个产品部门生产过程当期使用的共计 16 339 亿元，这部分产值在核算上称为中间使用。除中间使用外，居民部门和政府部门共消费了农业 10 628 亿元产品，有 773 亿元形成了固定资本，存货增加了 332 亿元，净出口为 −207 亿元，总消费、固定资本形成总额、存货增加及净出口额共计 11 526 亿元，形成了对农业部门的最终使用。上述农业部门产品的各种使用加上 714 亿元的其他使用项即为 2002 年农业部门的总产出，28 579 亿元，这是一个主要的行向平衡关系。

其次，从列向解读投入产出表的左半部分。列向记录的是各个产品部门生产过程的投入结构，反映各部门为获得总产出所投入各种产品或生产要素的价值，即列向的第Ⅰ、Ⅲ象限反映的是 42 个产品部门生产过程中所消耗的作为中间投入的 42 个部门产品价值以及 42 个产品部门生产过程中所消耗的生产要素价值，即固定资产折旧、劳动者报酬、生产税净额和营业盈余四项最初投入。固定资产折旧、劳动者报酬、生产税净额和营业盈余合计为增加值，各部门的增加值是反映其在生产过程中创造的新增加价值和固定资产转移价值的重要指标，是各部门生产活动的最终成果。仍以农业为例，2002 年农业部门的总产出为 28 579 亿元，为获得这些成果，消耗了本部门 4 637 亿元的产品、89 亿元的煤炭开采和洗选业产品、50 亿元建筑业产品……中间投入共计 11 948亿元；除中间投入外，生产过程中还要使用劳动力、资本等生产要素，各种要素按其对生产的贡献而获得报酬，即为四项最初投入，合计为 16 630 亿元。中间投入与最初投入之和等于总投入，合计为 172 970 亿元，等于总产出，这是一个主要的列向平衡关系。

综上所述，投入产出表记录的数据可以分为三类。第一类是中间流量数据，反映各部门之间投入产出关系，也是投入产出核算的核心。这些数据具有双重意义，都可以从使用和投入两个方向解读。如表 4.2 中农业行、建筑业列数据为 2 286 亿元，一方面说明建筑业为实现其总产出，共消耗了农业 2 286 亿元的产品，另一方面说明在农业的各种产品使用去向中，有 2 286 亿元由建筑业的生产活动使用。第二类数据是各部门最终使用（又称为最终需求）数据。第三类数据是各部门最初投入数据。后两类数据只有一种含义。所以，根据投入产出表，可以清晰地看出各种产品是如何生产出来的，又用到了何处。

三、投入产出表的基本平衡关系

投入产出表有以下几个基本的重要平衡关系，这些平衡关系是投入产出分析的基础。

首先，从纵向上看，中间投入 ＋ 最初投入 ＝ 总投入，即：

$$\sum_{i=1}^{n} x_{ij} + v_j = X_j \tag{4-1}$$

式(4-1)中，$\sum_{i=1}^{n} x_{ij}$ 表示 j 部门所消耗的各种中间投入总量；v_j 表示 j 部门的最初投入；X_j 表示 j 部门的总投入。

其次，从横向上看，中间产品＋最终产品＝总产出，即：

$$\sum_{j=1}^{n} x_{ij} + y_i = X_i \tag{4-2}$$

式(4-2)中，$\sum_{j=1}^{n} x_{ij}$ 表示 i 部门供中间使用的产品总量；y_i 表示 i 部门供最终使用的产品；X_i 表示 i 部门的总产出。

另外，每个部门的总投入＝该部门的总产出，即 $X_i = X_j (i = j)$；第Ⅱ象限的总量＝第Ⅲ象限的总量，这是投入产出表的总平衡式，即全国最初投入总计等于最终产品总计。即：

$$\sum_{j=1}^{n} v_j = \sum_{i=1}^{n} y_i \tag{4-3}$$

四、间接推导编表法

上述编制投入产出表的方法是一种直接编表法，除此法之外，还有间接推导编表法，又称 U-V 表法，是由英国经济学家理查德·斯通等人于 20 世纪 50 年代首先研究和提出的。在 1968 年联合国公布的国民经济核算体系(SNA)中，正式把产出表(V 表)及投入表(U 表)纳入该体系中，在 SNA(1993)中，它们分别被称为供给表与使用表。我们来简介一下这两张表。

(一) 供给表的基本结构

供给表是一张产品×产业表，其行表示产品，列表示产业，通常产品行的数目与产业列的数目是不相等的，所以该表是长方形的。其简化的表式如下(见表 4.3)：

表 4.3　简化的供给表基本结构

产出 / 产品	总供给	产业部门的产出				总产出
		产业 1	产业 2	…	产业 m	
产品 1	V_1	v_{11}	v_{12}	…	v_{1m}	I_1
产品 2	V_2	v_{21}	v_{22}	…	v_{2m}	I_2
⋮	⋮	⋮	⋮	⋮	⋮	⋮
产品 n	V_n	v_{n1}	v_{n2}	…	v_{nm}	I_n
合计	V	v_1	v_2	…	v_m	I

表 4.3 中，产品总供给等于产业部门的产出总和加上进口额。即 $\sum_{j=1}^{m} v_{ij} + I_i = V_i$ (i 代表产品数，$i = 1, 2, \cdots, n$；j 代表产业数，$j = 1, 2, \cdots, m$)。

通过表 4.3,我们可以观察出社会总产品的来源以及某产业的产出中不同产品的数量。

(二) 使用表的基本表式

相对来说,使用表要复杂一些,基本表式如下(见表 4.4):

表 4.4　简化的使用表基本表式

产出 产品	总使用	产业部门的中间消耗				最终使用			
		产业 1	产业 2	…	产业 m	最终消费	资本形成总额	出口	合计
产品 1	U_1	u_{11}	u_{12}	…	u_{1m}	C_1	G_1	E_1	F_1
产品 2	U_2	u_{21}	u_{22}	…	u_{2m}	C_2	G_2	E_2	F_2
⋮	⋮	⋮	⋮		⋮	⋮	⋮	⋮	⋮
产品 n	U_n	u_{n1}	u_{n2}	…	u_{nm}	C_n	G_n	E_n	F_n
合计	U	u_1	u_2	…	u_m	C	G	E	F
总增加值		A_1	A_2	…	A_m				
雇员报酬		s_1	s_2	…	s_m				
生产税减补贴		t_1	t_2	…	t_m				
营业盈余		o_1	o_2	…	o_m				
固定资本消耗		a_1	a_2	…	a_m				

表 4.4 中,恒成立以下关系式:

$$\sum_{j=1}^{m} u_{ij} + F_i = U_i \tag{4-4}$$

$$F_i = C_i + G_i + E_i \tag{4-5}$$

$$A_j = s_j + t_j + a_j \tag{4-6}$$

其中,i 代表产品数,$i = 1, 2, \cdots, n$; j 代表产业数,$j = 1, 2, \cdots, m$。

从表 4.4 中,我们可以看到某一产品被哪些部门作为中间消耗所使用,以及它最终用于哪些方面的使用。

表 4.4 中总增加值是根据总产出减去中间消耗算出的。即 $A_j = v_j - u_j$,其中的 v_j 可在表 4.3 中查到。

表 4.3 与表 4.4 的引入大大丰富了 SNA 的内容,可以为投入产出分析充分利用现有的国民经济核算数据提供了很好的过渡平台。

具体的方法是把表 4.3 和表 4.4 的数据填到下面的投入产出数据结构表中(见表 4.5)。

在表 4.5 中,U 表示使用矩阵(相当于使用表中的第Ⅰ象限),反映各部门的中间投入;V 表示供给矩阵(相当于供给表中第Ⅰ象限的转置),反映各部门的产出状况;向量

表 4.5　投入产出数据结构表

	产　品	部　门	最终产品	总产出
产　品	V	U	F	q
部　门				g
最初投入		A		
总投入	q^T	g^T		

q 及 g 分别是按纯部门及产业部门分类的总产出，上标 T 表示对向量转置；A 为最初投入(增加值)向量；F 为最终产品向量。

在表 4.5 中，存在一系列的平衡关系，运用这些平衡关系，在一些假定的基础上，就可以推导出产品×产品的投入产出表。

由于只涉及单维的纯部门资料，间接推导法与直接分解法比较起来，有如下优点：(1)收集数据便利、及时；(2)可以与国民经济核算其他数据联系和衔接；(3)可利用一套资料进行编制多类型、多方法的投入产出表。

由编表过程可以看出，不论采用直接分解法还是间接分解法，投入产出表的编制都是一项耗时又耗力的复杂工程。在我国，投入产出表的编表制度规定逢 2、逢 7 年份编制基准年国家投入产出表，逢 0、逢 5 年份编制投入产出延长表，以便在较短时间内编制出一张投入产出表。在编制基准表时采用的是市场调查法，即以现有的国民经济核算系统中的数据为依据，且数据来源于普查或抽样调查等方式取得的调查资料；在编制延长表时，可以采用非市场调查方法，即编表时不必要求每个数据都来自于统计调查资料，从统计资料中获得那些容易取得的数据，难以取得的数据通过数学方法或统计技术或给出一定假设来估算。

为了解决数据更新问题，人们进行了各种方法的探讨和改进，这些方法主要包括专家评估法[有代表性的是德尔菲法(Delphi)]、层次分析法(analytical hierarchy process)、朴素模型法(NAIVE)、双比例尺度法(RAS 法)、时间序列法、平均分析法、综合分析法和平均增加倍率法等。不论是德尔菲法、层次分析法、时间序列法还是朴素模型法，其优点在于简便易行，成本低，可以比较快捷地求出所要数据，但它们的准确性相对于 RAS 法差一些。但在利用 RAS 法时必须满足两个假定：一是直接消耗系数矩阵的修正只受两种因素的影响，即替代关系和制造方法或技术进步的影响；二是每一种因素在各部门中的作用是一致的，这两个假定在编表时很难满足。所以，基于 RAS 方法本身存在缺陷，为进一步提高 RAS 法使用的灵活性、适应性和精确度，对国内外前沿性编表方法进行追踪研究发现，当初始估计矩阵的信息量、约束条件发生变化时，数据更新的过程也必然随着改变。MRAS 法、GRAS 法和 CRAS 法作为 RAS 法的三种改进方法，较好地实现了这一目标。

第三节 投入产出表的应用

投入产出表是一个强有力的分析工具。无论是供给表和使用表，还是对称型投入产出表，都已被用于各种经济分析之中。由于供给和使用表的主要目的是提供一种可以对统计数据进行系统的汇总、组织和核对的框架；对称型投入产出表则主要用于进行预测、制订计划或者其他政治目的，因而这里主要介绍对称型投入产出表的几个重要分析应用领域。

一、在制订经济计划和进行预测方面的应用

投入产出表能够全面揭示国民经济各部门之间的经济技术联系，反映生产、分配、交换和使用的社会再生产过程，在制订计划、论证计划、优化计划和经济预测等方面能够发挥重要作用。由于投入产出分析的基本作用是分析最终需求与产业部门产出水平之间的联系，所以这种计划大多从最终使用角度出发进行编制。

所谓从最终使用角度出发编制计划，是指从最终需求的角度出发，先预测出计划期的各项最终使用(如最终消费、固定资本形成总额、进出口等)的总量和结构，然后再利用投入产出模型计算出国民经济各部门的生产量和发展速度，最后在此基础上做出需要与可能之间平衡的一种国民经济发展计划的方法。具体方法步骤如下：

(一) 确定计划期的最终消费

分别预测计划期个人消费和政府消费的总量及构成。个人消费可先根据因素分析法，分析计划期影响居民个人消费变化的诸因素，并结合计划期的各种情况做出计算。政府消费的总量可根据历史上个人消费与政府消费间的比率做出推算，也可根据计划期科学、文化、教育事业的发展情况做出预测。在此基础上，再采用各种方法来预测居民消费和政府消费的构成。

(二) 确定计划期的固定资本形成总额

计划期固定资本形成总额可根据消费的预测资料，再考虑计划期的消费和积累的比例来计算，也可根据历史资料推算(如回归方法)。

(三) 确定进出口

对于进出口，可根据历史数据进行回归，再依据我国进出口政策和国民经济各部门的发展、生产、国内有关资源供给、存在情况进行调整而得到。

(四) 预测计划期直接消耗系数

随着生产的发展、科技的进步，报告期投入产出表的直接消耗系数一般不能完全适用于计划期，因此需要进行适当的调整，预测出计划期的直接消耗系数。

如果计划期距离报告期较近，产业结构、价格结构变化不大，可以视报告期直接消耗系数为计划期直接消耗系数；如果计划期距报告期较远，特别是在编制中长期计划或

进行长期预测时，则需要调整报告期直接消耗系数，具体所采用的方法较多，例如：RAS 法、改进的 RAS 法、专家咨询法、层次分析法、时间序列法、平均分析法、综合分析法、列调整法。这些方法一般都是互相结合使用的。

（五）利用投入产出模型计算各部门总产出

采用的计算公式为：

$$X^t = (I - A^t)^{-1} Y^t \tag{4-7}$$

式中 X^t 为计划期各部门总产出列向量；A^t 为计划期投入产出表直接消耗系数矩阵；Y^t 为预测的计划期最终使用列向量；I 为单位矩阵。

由上式计算得到的 X^t，还要与各部门实际的生产能力进行平衡。当生产能力不足时，或修改最终使用，或设法挖掘潜力增加生产能力，并在计算机上进行迭加运算，直至得到平衡协调发展的各部门生产计划。

二、在政策模拟方面的应用

由于投入产出模型反映了国民经济各部门、再生产各环节间的内在联系，当把与各种经济政策有关的一些变量，如价格、工资、税收等，作为已知的控制变量时，利用该模型就能模拟各种不同经济政策可能带来的结果，为制定经济政策提供依据。这里主要介绍价格政策的模拟。

（一）投入产出价格模型

根据投入产出表，可以建立起投入产出价格模型：

$$P_j = \sum a_{ij} P_i + d_j + v_j + s_j + m_j + r_j \tag{4-8}$$

式中 P_i、P_j 为第 i 种和第 j 种产品的价格，a_{ij} 为直接消耗系数；$d_j + v_j + s_j + m_j + r_j$ 为单位 j 产品的增加值，式中 d 为固定资产折旧，v 为劳动者收入；s 为税金；m 为利润；r 为其他。

式(4-8)用矩阵可表示为：

$$P = [(I - A)^{-1}]^{\mathrm{T}} (D + V + S + M + R) \tag{4-9}$$

式中 P 为各产品价格形成的列向量；A 为直接消耗系数矩阵；$D+V+S+M+R$ 为各单位产品的增加值形成的列向量，其中 D、V、S、M、R 分别为固定资产折旧向量、劳动者收入向量、税金向量、利润向量和其他向量。

如果假设现行工资、劳动报酬能够反映各类商品生产过程中的劳动力消耗，那么在给定各类商品统一的利税率下达到的一个较合理的价格水平。实际价格则还要根据各类商品的供需平衡状况另行决定。

（二）计算调价的影响

当国家自觉运用价值规律来调节生产、流通和分配时，往往要根据生产中出现的新情况,来及时调整部分商品的价格。但各类商品的价格之间又有着密切的联系,某一类商品(或部门)价格的变动,会使与其有生产联系的商品(或部门)成本发生变化,从而引起其他商品(或部门)价格的变化。这里的影响有直接的,也有间接的。所以在调整某些商品价格时,需要计算由于这些商品提价而对其他商品成本产生的影响,并计算出对一系列商品价格产生的连锁反应。利用投入产出模型就可以做这种计算,只是在计算时要有一定的假设条件,它们是:

(1) 假设商品(部门)价格的变动是由于中间消耗费用变化而引起的,不考虑由工资或利税变化对价格带来的影响,并假设工资和利税都不变。

(2) 假设不考虑在原材料、燃料、动力价格提高后,企业可能采取的各种降低成本的措施。

(3) 假设在价格形成中,不考虑折旧的变化。

(4) 假设不考虑供求对价格的影响。

根据上述四种假设,可以计算一种商品(部门)价格对其他商品(部门)价格的影响。

假设第 n 种产品价格提高 ΔP_n后,第 1,第 2,…,第 $n-1$ 种产品价格提高幅度的计算公式为:

$$\begin{bmatrix}\Delta P_1\\ \Delta P_2\\ \vdots\\ \Delta P_{n-1}\end{bmatrix}=[(I-A_{n-1})^{-1}]^T\begin{bmatrix}a_{n1}\\ a_{n2}\\ \vdots\\ a_{n\cdot n-1}\end{bmatrix}\Delta P_n \tag{4-10}$$

式中,A_{n-1}为投入产出表直接消耗系数矩阵 A 的前 $n-1$ 行、$n-1$ 列形成的子矩阵;$(a_{n1},\ \cdots,\ a_{n\cdot n-1})'$ 为直接消耗系数矩阵 A 的第 n 行的前 $n-1$ 个元素形成的列向量。

利用投入产出模型还可以对工资或劳动者报酬、税收利润、折旧政策进行模拟,具体方法与上述模拟相似,这里不再叙述。

三、经济关联分析

利用投入产出表进行各种经济分析和研究,需要计算投入产出表的各种系数。投入产出表的系数很多,最基本、最常用的有直接消耗系数、完全消耗系数、列昂惕夫逆乘矩阵数和感应度系数等等。借助这些系数,可以从不同角度考察国民经济各部门之间的相互影响和相互依存关系。下面介绍几个测度产业关联度的系数。

(一) 直接消耗系数

国民经济各部门之间复杂的内在联系,首先表现为各部门之间相互耗用产品的数量关系,反映这一数量关系的系数有直接消耗系数和完全消耗系数。直接消耗系数和完全消耗系数是投入产出技术分析的基础。直接消耗系数指某一部门生产单位总产出需要直接消耗的各部门货物和服务的数量，也称为投入系数。它反映该部门与其他部门之间的技术经济联系和直接依赖关系。在此，直接消耗系数矩阵是测度部门之间所有技术经济联系的桥梁。

直接消耗系数是根据投入产出表中分部门的各列数据计算的，即第 j 部门总投入除以该部门直接消耗第 i 部门产品价值求得的，用公式表示为：

$$a_{ij}=\frac{j\text{ 部门对 }i\text{ 部门产品耗用价值}}{j\text{ 部门的总产出或总投入}}=\frac{x_{ij}}{X_j}\quad(i,\ j=1,\ 2,\ \cdots,\ n)\qquad(4\text{-}11)$$

由式(4-11)可知，x_{ij} 表示 j 部门为获得当期总产出而对 i 部门的消耗量，除以 j 部门的总产出 X_j 即为 a_{ij}，a_{ij} 就表示 j 部门单位总产出对 i 部门产品的消耗量，反映了生产过程与直接消耗之间共同消长的线性比例关系。将第Ⅰ象限中每个部门的中间投入除以本部门的总投入，就可得到全部直接消耗系数 a_{ij} 所组成的矩阵，称为直接消耗系数矩阵，通常记为 A。

如 2002 年农业部门的总产出为 28 579 亿元，而农业生产过程中所消耗的建筑业产品为 50 亿元，则农业部门对建筑业部门的直接消耗系数为 50/28 579 = 0.001 75。

根据 2000 年中国六部门投入产出表，我们可以将各部门的 a_{ij} 由大到小排列在表 4.6 中。从直接消耗系数大小看，如工业部门对自身的依赖性最强，直接消耗系数为 0.569，在生产过程中自身的贡献达 71.37%；工业部门在生产过程中对农业的直接消耗系数为 0.058，农业对工业部门生产过程中中间投入的贡献为 8.05%。表 4.6 中行业消耗贡献率一栏表示在某部门对各部门的经济联系总和中，该部门对其中任意部门的依赖程度。可以从百分数的大小清楚地看出部门之间的依存关系及其强度。例如，运输邮电业 83.54%的消耗来自工业和其他部门，而对于工业、其他部门和其自身的消耗达到 91.6%。建筑业 74.16%的消耗来自工业部门，而对工业、商业饮食业、其他部门和运输邮电业的消耗就达到总消耗的 99.39%。工业部门自身的消耗达到总消耗的 79.17%，对农业的消耗达到总消耗的 8.05%，两者之和达到 87.22%。

表 4.6　各部门直接消耗系数及行业消耗贡献率由大到小排列表

	农业			工业	
	直接消耗系数	行业消耗贡献率		直接消耗系数	行业消耗贡献率
工业	0.205	48.56%	工业	0.569	79.17%
农业	0.153	36.19%	农业	0.058	8.05%
其他部门	0.029	6.93%	其他部门	0.041	5.65%
商业饮食业	0.019	4.51%	商业饮食业	0.026	3.60%
运输邮电业	0.014	3.31%	运输邮电业	0.024	3.39%
建筑业	0.002	0.51%	建筑业	0.001	0.14%

续 表

	建 筑 业		运输邮电业		
	直接消耗系数	行业消耗贡献率		直接消耗系数	行业消耗贡献率
工业	0.543	74.16%	工业	0.346	71.37%
农业	0.069	9.49%	农业	0.059	12.17%
其他部门	0.065	8.89%	其他部门	0.039	8.06%
商业饮食业	0.050	6.85%	商业饮食业	0.020	4.09%
运输邮电业	0.004	0.53%	运输邮电业	0.020	4.06%
建筑业	0.001	0.08%	建筑业	0.001	0.25%
	商业饮食业		其他部门		
	直接消耗系数	行业消耗贡献率		直接消耗系数	行业消耗贡献率
工业	0.276	48.78%	工业	0.230	47.40%
农业	0.114	20.13%	农业	0.114	23.55%
其他部门	0.086	15.26%	其他部门	0.066	13.55%
商业饮食业	0.054	9.50%	商业饮食业	0.039	8.14%
运输邮电业	0.031	5.56%	运输邮电业	0.028	5.83%
建筑业	0.004	0.77%	建筑业	0.007	1.52%

(二)完全消耗系数

直接消耗系数揭示了两个相关部门之间的产品投入产出关系,但在现实经济生活中,部门间除了直接消耗产品的关系外,还存在多层次的间接消耗关系,比如,生产汽车要消耗电力及钢材,而用于生产汽车的钢材同样需要消耗电力,这里生产钢材所耗电力对生产汽车而言就是间接消耗。

完全消耗系数是生产某种单位最终产品对另一种产品的完全消耗数量。根据其定义,计算公式如下:

$$b_{ij}=a_{ij}+\sum_{k=1}^{n}a_{ik}a_{kj}+\sum_{s=1}^{n}\sum_{k=1}^{n}a_{is}a_{sk}a_{kj}+\cdots=a_{ij}+\sum_{k=1}^{n}b_{ik}a_{kj} \tag{4-12}$$

其中,$i,\ j=1,\ 2,\ \cdots,\ n$。

式(4-12)中,b_{ij} 表示完全消耗系数。

完全消耗系数的计算原理如下:a_{ij} 表示第 j 部门产品对第 i 部门产品的直接消耗系数,$\sum_{k=1}^{n}a_{ik}a_{kj}$ 表示第 j 部门产品对第 i 部门产品的第一轮间接消耗系数,其中,a_{kj} 表示中间生产过程中,第 j 部门单位产品生产过程对第 k 部门的直接消耗系数,a_{ik} 表示中间生产过程中,第 k 部门单位产品生产对第 i 部门产品的直接消耗系数,两者相乘,可以反映第 j 部门单位产品生产对第 i 部门产品的间接消耗系数,将 k 从 1 到 n 求和,就

反映了第 j 部门产品对第 i 部门产品的第一轮间接消耗系数。以此类推，便可得第 2 轮以至第 n 轮的间接消耗系数，最后加总所有系数，可得完全消耗系数 b_{ij}。

设完全消耗系数的矩阵为 B，则 B 的表述如下：

$$B = A + A^2 + A^3 + \cdots = (I - A)^{-1} - I \tag{4-13}$$

2000 年我国六部门投入产出表完全消耗系数与直接消耗系数的比值如表 4.7 所示。通过对直接消耗系数与完全消耗系数的对比可以看出，大多数完全消耗系数比直接消耗系数大很多，因此部门间经济联系中，间接联系的比重比较高，其中最高的是运输邮电业对农业的消耗，其完全消耗系数是直接消耗系数的 66 倍多，因此间接联系是运输邮电业与农业经济联系的主体。

表 4.7　完全消耗系数与直接消耗系数比值表

	农　业	工　业	建筑业	运输邮电业	商业饮食业	其他部门
农　业	1.53	3.25	32.36	66.06	2.64	10.18
工　业	3.45	2.85	2.96	3.03	3.56	3.73
建筑业	3.02	8.30	15.89	1.33	3.02	1.30
运输邮电业	3.10	3.33	1.87	2.07	2.49	1.66
商业饮食业	3.24	3.13	2.38	3.96	1.76	2.42
其他部门	2.48	4.05	2.72	1.98	1.65	1.56

对于完全消耗系数，我们也可以分部门进行由大到小排序，可以分析部门间完全经济联系的大小和部门间经济依存关系，在此不再逐一分析。

（三）列昂惕夫逆乘矩阵

完全消耗系数 b_{ij} 反映了任何两个部门之间的完全联系，它不仅包括直接消耗系数 a_{ij}，而且包括间接消耗系数 c_{ij}，$b_{ij} = a_{ij} + c_{ij}$，c_{ij} 表示 j 产品所消耗的各种物质资料又进一步对 i 产品的完全消耗。因此，b_{ij} 实质上是生产 j 单位最终产品所完全消耗的 i 种中间产品的数量，所以计算完全消耗系数的关键是计算间接消耗 c_{ij}。j 部门由于消耗了 k 产品而间接消耗了 i 种产品，假设完全消耗系数为 b_{ik}，则 $b_{ik} \times a_{kj}$ 为通过 k 而间接消耗的 i 种产品。因此，j 部门对 i 部门的全部间接消耗为 $\sum_{k=1}^{n} b_{ik} \times a_{kj}$，$j$ 部门对 i 部门的完全消耗系数为：

$$b_{ij} = a_{ij} + \sum_{k=1}^{n} b_{ik} \times a_{kj}$$

以矩阵形式表示为：

$$B = A + AB，即 B(I - A) = A，所以，B = A(I - A)^{-1}$$

从上式可以看出，$(I-A)^{-1}$ 起着乘数放大器的作用，即直接消耗系数可以通过乘数的作用放大为完全消耗系数。列昂惕夫逆乘矩阵$(I-A)^{-1}$是投入产出分析采用的关键技术。如A_v是直接劳动者报酬系数列向量，由$B_v = A_v(I-A)^{-1}$可以计算完全劳动者报酬系数列向量。

通过列昂惕夫逆乘矩阵$(I-A)^{-1}$可以求得各种完全系数矩阵。

（四）最初投入结构系数

最初投入结构系数是国民经济各部门的最初投入各项占该部门最初投入合计的比重。最初投入包括固定资产损耗、劳动者报酬、生产税净额和营业盈余。最初投入结构系数l_{ij}的计算公式为：

$$l_{ij} = \frac{n_{ij}}{N_j} \quad (i=1,2,\cdots,p;\ j=1,2,\cdots,n) \tag{4-14}$$

式中，n_{ij}为第j部门的第i项增加值的数量，N_j为第j部门的增加值合计，p为增加值的项目个数。

$$L_i = (l_{i1},\ l_{i2},\ \cdots,\ l_{in}) \tag{4-15}$$

则L_d、L_v、L_s、L_m分别是固定资产损耗、劳动者报酬、生产税净额和营业盈余的最初投入系数向量。

（五）灵敏度分析

各部门之间的经济活动是相互联系、相互影响的，这种影响或联系可以通过投入产出分析来进行定量研究，也就是说投入产出表还可被用于各种灵敏度分析。这种分析能够揭示当产出模型中的某些变量发生变化时所产生的影响。灵敏度分析常用的两个指标是影响力系数和感应度系数。

1. 影响力系数的计算

影响力系数反映当国民经济某一部门增加一个单位的最终使用时，对国民经济各部门所产生的生产需求波及程度。影响力系数G_j的计算公式为：

$$G_j = \frac{\sum_{i=1}^{n} b_{ij}}{\frac{1}{n}\sum_{i=1}^{n}\sum_{j=1}^{n} b_{ij}} \quad (j=1,2,\cdots,n) \tag{4-16}$$

式中，$\sum_{i=1}^{n} b_{ij}$为完全消耗系数矩阵的第j列之和，$\frac{1}{n}\sum_{i=1}^{n}\sum_{j=1}^{n} b_{ij}$为完全消耗系数矩阵的列和的平均值。

显然，影响力系数是对完全消耗矩阵的列向分析。既然b_{ij}表明第j部门增加一个单位最终使用对第i部门的完全需求量，那么影响力系数分子$\sum_{i=1}^{n} b_{ij}$的经济含义是：第j部门生产一单位最终产品对国民经济各部门的完全需求量，即第j部门对国民经济整体的拉动力，或影响力，或带动能力。当$G_j > 1$时，表示第j部门生产对其他部门所产生的波及影响程度超过社会平均影响力水平(即各部门所产生的波及影响程度的社会平均值);当 $G_j < 1$ 时,表示第 j 部门生产对其他部门所产生的波及影响程度低于社会平均影响力水平。可见,影响力系数越大,第 j 部门对其他部门的拉动作用越大。

2. 感应度系数的计算

感应度系数的计算方法比较多,不同学者从不同角度定义了该系数的计算方法。在介绍感应度系数的计算方法之前,有必要介绍直接分配系数和完全分配系数的计算方法,以便更好地理解感应度系数的计算方法。

将投入产出表的中间流量象限中的每个元素除以所在行的部门总产出,所得系数为直接分配系数(direct allocation coefficient),记为 d_{ij},其含义为 i 部门产品分配给 j 部门使用部分所占比例。

$$\text{为}\ d_{ij} = \frac{i\text{部门提供给}\ j\ \text{部门使用的产品价值}}{i\text{部门的总产出}} = \frac{x_{ij}}{X_i} \quad (i,\ j = 1,\ 2,\ \cdots,\ n) \tag{4-17}$$

式中,x_{ij} 表示第 i 部门提供给第 j 部门中间使用的产品或服务的数量,X_i 为第 i 部门的总产出。

将投入产出表中间流量象限中每个部门的中间投入除以本部门的总产出,就可得到全部直接分配系数 d_{ij} 所组成的矩阵 D,称为直接分配系数矩阵。

以与完全消耗系数类似的定义方式,可以定义与直接分配系数对应的完全分配系数。

直接分配系数仅反映了两个部门或产品之间的直接分配联系,而完全分配系数除表现了两个部门或产品之间的直接分配联系之外,还包括了两种产品以外产品作为中间媒介传递的全部间接的分配关系①。设两个产品之间的完全分配系数为 k_{ij},则有:

$$k_{ij} = d_{ij} + \sum_{r=1}^{n} d_{ir} k_{rj} \quad (i,\ j = 1,\ 2,\ \cdots,\ n) \tag{4-18}$$

这一关系的矩阵形式为:

$$K = D + DK$$

式中,K 表示完全分配系数矩阵,D 为直接分配系数矩阵,进一步有:

$$K = (I - D)^{-1} - I$$

式中,I 为单位矩阵。

感应度系数则反映了当国民经济各部门均增加一个单位最终使用时,某一部门由此而受到的需求感应程度,也就是需要该部门为其他部门的生产而提供的产出量。感应系数 H_i 的计算公式为:

① 刘起运:《投入产出对称数学模型研究》,载《中国投入产出分析应用论文精萃》,中国统计出版社 2004 年版。

$$H_i = \frac{\sum_{j=1}^{n} k_{ij}}{\frac{1}{n}\sum_{i=1}^{n}\sum_{j=1}^{n} k_{ij}} (i = 1, 2, \cdots, n) \tag{4-19}$$

式中，$\sum_{j=1}^{n} k_{ij}$ 为完全分配系数矩阵的第 i 行之和，$\frac{1}{n}\sum_{i=1}^{n}\sum_{j=1}^{n} k_{ij}$ 为完全分配系数矩阵行和的平均值。

当 $H_i > 1$ 时，表示第 i 部门所受到的感应程度高于社会平均感应水平(即各部门感受到的感应程度的平均值)；当 $H_i < 1$ 时，表示第 i 部门所受到的感应程度低于社会平均感应水平。

3. 应用

利用影响力系数和感应度系数可以综合地分析各部门在国民经济中的地位和作用。一般认为，影响力系数较大的若干部门是国民经济发展的“支柱产业”，对整个国民经济发展具有重要的前向牵引作用，影响力系数越大，这种牵引作用越大。而感应度系数较大的若干部门则是国民经济发展的“基础产业”和“瓶颈产业”，对整个国民经济的发展具有后项推动作用，感应度系数越大，这种推动作用越大。但不论是前向联系还是后向联系仅限于中间产品使用范围内的联系。

2002 年我国 42 个产业部门中，影响力系数大于 1 的有 21 个部门，大多集中于第二产业；影响力系数小于 1 的有 21 个部门，大多集中于第三产业和农业部门。影响力系数位于前 5 位的部门都是机械制造部门(见表 4.7)，这些部门技术含量高，且附加值大，属于高技术产业，它们的发展不仅会产生较大的辐射作用，而且也有利于中国工业结构的升级和产业结构的优化。影响力系数排在后 5 位的部门有农业部门、第三产业中的两个部门及第二产业中的两个部门。这些部门对其他部门的前向影响辐射力较小。

同时，2002 年我国 42 个产业部门中，感应度系数大于 1 的有 19 个部门，大多集中于原材料、能源和运输部门等基础产业和传统的加工制造业部门；感应度系数小于 1 的有 23 个部门，大多集中于第三产业、农业部门，也有少数劳动密集型部门。感应度系数位于前 5 位的部门都是些能源和原材料部门(见表 4.8)，在经济快速增长时，这些部门受社会需求的压力最大，往往成为制约国民经济发展的“瓶颈”部门，这些部门对国民经济发展具有较大的推动作用。感应度系数排在后 5 位的部门中有 4 个属于第三产业，这 5 个部门的感应度系数均低于社会平均水平，都属于弱制约性部门，与其他部门的后向关联程度均较弱。

需要说明的是，部门之间的经济联系是多方面的，反映产业部门之间关联度的投入产出系数只是反映部门间产品流量关系的一种“技术经济联系”，而部门之间的财务收支关系、资产负债关系等并不能通过投入产出系数来体现。所以，在我们看来一些重要的部门，可能与其他部门的投入产出系数较小，如在我国2002年各产业的影响力系数和感应度系数表中(见表4.8、表4.9)，金融业与其他部门的影响力系数和感应度系数都较小，但这并不是说金融业不重要，事实上，金融业与其他部门的关联性很强，只是这种关联性要通过其他方式来测度。

表4.8　2002年部分产业部门影响力系数表

部门名称	影响力系数	位次	部门名称	影响力系数	位次
通信设备、计算机及其他电子设备制造业	1.395 393	1	农业	0.784 925	38
仪器仪表及文化办公用机械制造业	1.284 621	2	金融保险业	0.732 590	39
电器机械及器材制造业	1.260 780	3	石油和天然气开采业	0.691 827	40
交通运输设备制造业	1.258 270	4	房地产业	0.656 874	41
金属制造业	1.244 545	5	废品与废料	0.396 178	42

资料来源：中国投入产出学会课题组：《中国目前产业关联度分析——2002年中国投入产出表系列分析报告之一》，载《统计研究》，2006年第11期。

表4.9　2002年部分产业部门感应度系数表

部门名称	感应度系数	位次	部门名称	感应度系数	位次
石油和天然气开采业	2.153 738	1	旅游业	0.471 332	38
金属矿采选业	2.140 346	2	卫生社会保障和社会福利业	0.437 635	39
废品与废料	1.695 624	3	教育事业	0.428 055	40
金属冶炼及压延加工业	1.467 899	4	建筑业	0.412 249	41
石油加工、炼焦及核燃料加工业	1.459 678	5	公共管理和社会组织	0.365 294	42

资料来源：中国投入产出学会课题组：《中国目前产业关联度分析——2002年中国投入产出表系列分析报告之一》，载《统计研究》，2006年第11期。

本章小结

投入产出方法是以适当的国民经济产业(部门)分类为基础，通过一定的平衡表式、比例系数和结构分析，从数量上研究经济系统内各部门之间的相互联系(投入、产出关系)、相互影响,进而利用经济模型来分析国民经济结构及其变动的内在原因和相互影响的数学分析方法体系。它是一种分析经济体系结构、经济组成部门之间的组合方式和相互影响的数量分析方法。

在投入产出核算中划分部门需要考虑两个问题:一是以什么作为部门;二是用什么标准划分部门。编制投入产出表,分析国民经济部门因技术经济变动而引起的变化,必须按产品这一标志对国民经济进行分类。

价值型投入产出表涉及采用什么价格的问题,理论上投入产出表可采取的价格有三种:购买者价格、生产者价格、基本价格。

投入产出表中的投入,是指各部门在生产物品和服务时的各种投入,包括中间投入和最初投入,两者之和就是总投入。

投入产出表中的产出,是指各部门的产出及其使用去向,包括中间使用和最终使用,两者之和为总产出。

投入产出模型反映了国民经济各部门、再生产各环节间的内在联系,当把与各种经济政策有关的一些变量作为已知的控制变量时,利用该模型能够模拟各种不同经济政策可能带来的结果,为制定经济政策提供依据。

思考与练习

1. 试说明投入产出表的结构及其反映的经济内容。
2. 简述投入产出表中的平衡关系式。
3. 试比较直接消耗系数和完全消耗系数的定义及其所反映的经济内容。
4. 设某地国民经济分为A、B、C、D四个部门,并知道部门间的直接消耗系数如下表:

	A	B	C	D
A	0.10	0.10	0.05	0.05
B	0.13	0.30	0.35	0.15
C	0.03	0.01	0.03	0.05
D	0.05	0.05	0.08	0.10

试完成该投入产出表的编制。

5. 假设国民经济分成A、B、C三个部门,下面是根据某年投入产出表计算的直接消耗系数表和完全消耗系数表：

产出 / 投入		中间使用				最终使用	总产出
		A	B	C	D		
中间消耗	A	60					
	B						200
	C					164	
	D						
增加值			648				
总投入							

	直接消耗系数			完全消耗系数		
	A	B	C	A	B	C
A	0.25	0.22	0.17	0.465 8	0.393 5	0.400 2
B	0.10	0.15	0.15	0.224 3	0.244 8	0.292 0
C	0.15	0.03	0.23	0.294 3	0.125 1	0.388 0

假定计划年度情况发生变化，各部门原有的最终使用计划做如下调整。A 部门增加 150 单位，B 部门减少 80 单位，C 部门增加 40 单位，试求各部门计划年度总产出和增加值的变化量。

6. 设某地 2006 年的投入产出表如下：

某地投入产出表(2006)　　　　**单位：亿元**

产出 / 投入		中间部门			最终使用	总产出
		A 部门	B 部门	C 部门		
中间消耗	A 部门	2	1	4	12	19
	B 部门	4	60	10	16	90
	C 部门	1	3	10	24	38
增加值		12	26	14		
总投入		19	90	38		

根据以上资料，计算：

(1) 直接消耗系数矩阵 A 和完全消耗系数矩阵 B；

(2) 2007 年 A、B、C 三个部门总产出分别达到 30 亿元、100 亿元和 150 亿元时，各部门应相互提供和消耗多少中间产品？

(3) 各部门创造多少增加值和使用多少最终产品？

(4) 编制 2007 年投入产出计划表。

参考文献

1. 高敏雪,李静萍,许健. 国民经济核算原理与中国实践. 中国人民大学出版社,2006

2. 钟契夫等. 投入产出分析(修订本). 中国财政经济出版社,1993

3. 杨灿. 国民核算与研究通论. 中国统计出版社,2005

4. 杨廷干,刘小瑜,蔡定萍. 国民经济核算——理论、方法及应用. 经济管理出版社,1998

5. 许宪春,刘起运. 中国 2001 年投入产出理论与实践. 中国统计出版社,2002

6. 国家统计局. 投入产出宏观经济分析. 中国统计出版社,1993

7. 国家统计局. 中国国民经济核算体系. 中国统计出版社,1992

8. 董承章. 投入产出分析. 中国财政经济出版社,2000

9. 郑菊生,卞祖武. 国民经济核算体系原理. 上海财经大学出版社,2000

10. 廖明球. 经济、资源、环境投入产出模型研究. 首都经济贸易大学出版社,2005

11. 苏汝劼,夏明. 国民经济核算概论. 中国人民大学出版社,2004

12. 邱东. 国民经济核算. 经济科学出版社,2002

13. 国家统计局. 中国 2002 年投入产出表编制方法. 中国统计出版社,2005

14. 赵进文,温宇静. 中国经济结构变动的投入产出分析. 财经问题研究,2004(4)

15. 中国投入产出学会课题组. 我国目前产业关联度分析——2002 年中国投入产出表系列分析报告之一. 统计研究,2006(11)

16. 杨灿. 产业关联测度方法及其应用问题研究. 统计研究,2005(9)

17. West,G. & Gamage,A.. Macro Effect of Tourism in Victoria, Australia: A Nonlinear Input-Output Approach. *Journal of Travel Research*, Vol. 40, Auguest 2001

18. Michael L. Lahr & Louis de Mesnard. Biproportional Techniques in Input-Output Analysis: Table Updating and Structural Analysis. *Economic Systems Research*, Vol. 16, No. 2, June 2004

第5章

收入核算

“合理的收入分配制度是社会公平的重要体现”；“初次分配和再分配都要处理好效率和公平的关系，再分配更加注重公平”；“提高居民收入在国民收入分配中的比重，提高劳动报酬在初次分配中的比重”；“逐步提高扶贫标准和最低工资标准，建立企业职工工资正常增长机制和支付保障机制”；“创造条件让更多群众拥有财产性收入”；“扩大转移支付”。

——摘自党的十七大报告

教学目的 通过本章学习，使学生了解收入核算的基本内容和框架，掌握利用核算数据进行收入初次分配、再分配和收入使用核算分析的方法。

教学要点 收入核算的对象和基本框架；收入初次分配分析；收入再分配分析；消费分析

收入是关系到我们每个人生活的大事，是一切支出的来源。收入增长，财富增加，分工深化，收入再增加。反过来，收入停滞或减少，财富缩水，分工“浅化”，收入再减少。党的十七大报告明确提出“创造条件让更多群众拥有财产性收入”，“着力提高低收入者收入水平，逐步扩大中等收入者比重，有效调节过高收入，规范个人收入分配秩序，努力缓解地区之间和部分社会成员收入分配差距扩大的趋势”，等等，充分体现了国家对收入分配问题的重视，也为我国构建合理的收入分配制度提供了努力方向。那么，如何了解我国收入分配和使用现状，如何实现上述种种目标，则是收入核算分析要回答的问题。收入核算是帮助我们理解收入形成、分配和使用的核心经济信息。利用收入核算资料，通过收入核算数据内含的丰富而特有的信息，对收入分配与使用现状和趋势做出判断，揭示收入分配与使用的变化规律，找出存在的问题，进而提出对策建议，指导收入分配和使用走向公平与合理，是国民经济核算体系服务于宏观管理的重要构成部分。

第一节　收入核算的基本问题

一、收入分配的内涵

收入是指生产过程所创造的收入。从总需求角度(支出法)考虑，收入来源于消费、投资、政府支出和净出口；从总供给角度(收入法)考虑，收入分配于消费、储蓄、税收和转移支付。收入分配包括两个流程，即初次分配和再分配。分配的对象是由各部门增加值构成的国内生产总值，重点是国内生产净值。收入分配首先是把增加值的相当部分通过各种方式支付给劳动者、资本所有者和政府等，然后各经济单位再参与在国民经济范围内广泛发生的各种收入转移，如缴纳所得税、捐赠、社会救济等，以及围绕居民部门所发生的实物性转移分配。前一阶段称为收入初次分配，后一阶段称为收入再分配。初次分配和再分配两个阶段的划分只是理论上的，现实中，初次分配和再分配交织在一起，并不能从时间上明确分清谁先谁后。

初次分配和再分配划分的理论依据是：分配应兼顾公平与效率，以提高全社会的福利水平。在收入初次分配阶段主要体现效率原则，根据要素在生产过程中的参与状况、对生产的贡献程度大小来确定其收入水平的高低。因此，在收入初次分配阶段发生的收支流量都与生产活动有关。在收入再分配阶段主要考虑社会公平及社会发展，通过各种经常转移适当缩小在初次分配阶段造成的过大的收入差距。收入差距较大，可以采用力度较大的转移手段；收入差距较小，则可采用力度较小的转移手段。转移的根本目的是为了实现社会的相对公平性，尽量避免出现两极分化的严重局面，以提高全社会整体的福利水平。

二、收入核算的对象

收入核算的对象是收入的分配与使用，具体包括收入分配核算和收入使用核算两个方面。

收入分配核算是以收入初次分配、再分配过程为依据，以生产的最终成果(增加值或国内生产总值)为起始收入总量，反映其在国民经济各部门之间以各种收支形式被分配的全过程,以及最终形成的国民经济各部门对收入的占有关系。

收入使用核算是在收入分配核算的基础上,以收入分配的最终结果——各部门占有的、可自由支配的收入(可支配收入)为起点,进一步对国民经济各部门的最终消费和储蓄情况加以全面的考察。其中心是消费核算,目的是揭示住户、政府和为住户服务的非营利机构是如何将他们的可支配收入使用于最终消费和储蓄的。

三、收入核算的基本框架

(一)收入分配核算的框架

1. 收入初次分配核算——第一层次第一阶段

收入初次分配指按照各生产要素所有者和政府对生产的参与状况和贡献,对生产成果增加值的分配,形成生产性收入。收入初次分配的流量与生产有直接的联系。整个收入初次分配过程所产生的分配流量包括不同的种类:(1)劳动者得到劳动报酬:根据劳动的数量和质量而产生的劳动报酬流量,由各生产部门流出,形成居民部门的收入;(2)资产所有者获取财产收入:根据资金及其他资产使用权的转让而产生的财产收入流量,自资产使用者手中流出,成为资产出让者的财产收入;(3)政府得到生产税净额:政府作为社会管理者自各单位生产价值中征收的生产税,由各单位支付,形成政府部门的初次分配收入。从部门看,收入初次分配的结果是形成各部门的原始收入;从一国整体来看,是形成国民收入。

收入初次分配核算就是核算收入初次分配阶段发生的收入流量,一方面,是对收入的形成进行核算,通过编制收入形成账户反映各项收入的数量及其构成;另一方面,是对原始收入分配的核算,通过编制原始收入分配账户,反映该流量在各单位或部门之间是如何分配的。收入初次分配核算的目的是反映原始收入如何在各机构单位和各机构部门之间分配的。

2. 收入再分配核算——第二层次第二阶段

收入再分配是指在收入初次分配基础上,通过转移收支进一步在部门之间和部门内部所完成的收入分配活动。再分配的形式是各种收支的经常性转移,分配结果形成各部门的可支配收入和调整后可支配收入。收入再分配的对象不再是生产性的,也不是交换性的,而是转移性的收支。原始收入余额是各机构单位再分配的起点。收入再分配核算就是通过账户反映整个收入再分配的过程和结果。

转移,是指一机构单位向另一机构单位提供货物、服务或资产等各种资源,同时又不从后者收取任何货物、服务或资产作为回报的行为。转移具有单方向、非交换性、非契约性的特点。由转移所产生的收支即为转移收支,转移收支依照转移的目的和性质,分为经常转移和资本转移。转移的形式分为现金和实物。

收入再分配核算可以简单地理解为经常转移的核算,用于进一步反映各机构部门之间发生的各种经常转移收支,以及最终形成的可支配收入总量及其分布。核算内容包括现期收入税、社会保障与社会福利、其他经常性转移等再分配收支,以各部门原始收入为基础加减上述再分配收支,形成各部门和整个国民经济的可支配收入与调整后可支配收入,这些内容集中体现在收入再分配账户和实物收入再分配账户。

(二) 收入使用核算的框架

可支配收入,一部分用于购买满足生活需要的消费品和服务,从而形成消费支出;另一部分用于购买满足生产需要的资产,从而形成投资支出。收入使用核算即国内生产总值使用核算(亦即国内支出核算),包括消费核算与投资核算。

收入使用核算是收入分配核算的进一步延伸,其着重点在核算各机构部门如何将可支配收入用于当期消费上。

各部门可支配收入用于最终消费支出后可能还有结余,SNA 把这部分结余收入称为储蓄。

(三) 收入分配与使用核算的基本框架

表 5.1 收入分配与使用核算的基本框架表

	使用方	资源方
收入初次分配	初次分配支出 原始收入余额	增加值 初次分配收入
收入再分配	经常转移支出 可支配收入	原始收入余额 经常转移收入
收入使用	最终消费 储蓄	可支配收入

在上表中,增加值是生产的最终成果,也是收入分配的初始流量。其总量平衡关系式有:

增加值＋初次分配收入－初次分配支出＝原始收入余额

原始收入余额＋经常转移收入－经常转移支出＝可支配收入

可支配收入－最终消费＝储蓄

第二节 收入初次分配核算分析

一、指标解释

(一) 财产收入

财产收入是指向其他机构单位提供资金,或者将有形非生产资产供其支配的回报。财产收入是金融资产或有形非生产资产所有者的应得收入。财产收入的产生是由于有关资产的所有者出让了资产的使用权。但是,并不是所有资产都能为其所有者带来财产收入。只有当金融资产的所有者或者土地及地下资产等有形非生产资产的所有者将这类资产的使用权出让给其他机构单位时，才会产生财产收入。根据所出让的金融资产或有形非生产资产的类型，财产收入分为利息、红利、准公司收入的提取、外国直接投资的再投资收益、属于投保人的财产收入和地租。

（二）原始收入、原始收入余额

原始收入，也即通常所说的要素收入，是指由于机构单位介入生产过程或拥有生产所需的资产而产生的各种收入。具体包括：雇员报酬、营业盈余、财产收入、生产税和进口税。

原始收入余额是指各常住机构单位或机构部门参与原始收入分配的最终结果，它等于机构单位或部门的应收原始收入总价值减去应付原始收入总价值之差。

（三）国民总收入与国民净收入

常住生产单位的生产活动产生的原始收入虽然主要分配给其他常住机构单位，但其中有一部分可能分配给非常住单位；同样地，国外产生的一些原始收入也有可能分配给常住单位。各机构单位或部门的原始收入余额正是它们参与国内和国外原始收入分配的最终结果。所以，把国内各机构部门的原始收入余额相加，将得到一个衡量国内所有常住单位从国内和国外的原始收入分配中所得到的全部收入的总量指标。这就是SNA的国民收入概念。

具体地说，把国内各机构部门的总原始收入余额相加所得到的总量指标，叫做国民总收入；而把国内各机构部门的净原始收入余额相加所得到的总量指标，称为国民净收入。它们之间相差一个固定资本消耗。

国民总收入＝国内生产总值＋来自国外的原始收入－支付国外的原始收入

＝国内生产总值＋来自国外的净原始收入

国民总（或净）收入就是过去所谓的“国民生产总（或净）值”。由于它不是一个增加值概念，而是一个收入概念，所以1993年SNA建议采用“国民总（或净）收入”这一组名称。

二、收入初次分配格局分析

国民收入的分配格局是指收入在不同部门、不同要素以及部门内部进行分配形成的结构。国民收入分配格局可以从如下几方面进行分析。

（一）收入分配主体结构分析

收入分配主体由政府、企业和居民三者构成，其中企业还可以继续细分为金融机构和非金融企业。考察收入分配主体格局可以在收入初次分配层次进行，也可以在收入再分配层次进行，主要着眼于收入分配过程和结果所蕴涵的政府、企业和居民三者之间的经济关系及其变化结果，并结合收入分配流程，寻找不同分配环节对形成分配格局所产生的决定作用。

（二）增加值部门（或产业）结构分析

增加值部门（或产业）结构分析是指三大主体（或产业）内部的分配格局分析，例如企业部门内部各企业之间的收入分配格局，政府部门内部中央与地方、地方之间的收入分配格局，居民部门内部各个居民或家庭之间的收入分配格局，三次产业间增加值的分配格局。通常，人们比较关心居民部门内的收入分配格局。常用公式如下：

各部门增加值所占比重 = 该部门增加值 /GDP × 100%

各机构部门人均增加值 = 该部门创造的增加值 / 该部门从业人数

各次产业增加值所占比重 = 该次产业增加值 /GDP × 100%

（三）要素收入结构分析

收入的要素分配格局是指国民收入在投入生产的各个要素之间的分配比例关系。要素分配格局又称功能分配格局，它对主体分配格局和规模分配格局的形成起着基础性作用。要素收入分配反映了应以要素贡献的大小来确定其报酬或价格水平高低的基本要求，因此对收入分配的要素结构进行分析对于合理分配制度的建立和完善具有重要的参考价值。常用的公式如下：

全社会各要素收入占初次分配收入的比重 = 某一要素收入 /GNI

各机构部门各要素收入占其初次分配收入比重 = 该部门某一要素收入 / 该部门初次分配收入

各机构部门人均劳动报酬 = 该部门劳动报酬 / 该部门从业人数

各机构部门生产税税负 = 该部门生产税 / 该部门增加值

$$\text{各部门财产收入在初次分配总收入中的比重} = \frac{\text{各部门财产收入}}{\text{各部门初次分配总收入}}$$

（四）收入分配流量规模分析

收入初次分配阶段的分配流量是由劳动报酬、生产税净额、营业盈余、财产收入构成，因而可以通过构造劳动报酬分配系数、生产税分配系数、营业盈余分配系数、财产收入分配比例反映各分配项目在收入分配中的作用程度。这些系数以各部门增加值为基数来计算，分析单位增加值对应产生的各收入分配流量的规模。具体如下：

（1）劳动报酬分配系数，是各部门支付的劳动报酬在本部门增加值中所占的比重。

（2）生产税分配系数，是各部门支付的生产税净额在本部门增加值中所占的比重。

（3）营业盈余分配系数，是各部门所得的营业盈余在本部门增加值中所占的比重。

（4）财产收入分配系数，是各部门支付的财产收入占其增加值的比率。财产收入分配系数是一个强度相对指标，而不是结构相对指标，因为一个部门使用财产的支出并不完全来自该部门的增加值。

不同的部门其分配流量系数表现出不同的特征。一般而言，居民部门劳动报酬系数较低，营业盈余分配系数较高；金融部门的财产收入分配系数很高，这与该部门主要从事融资活动有关。政府部门的劳动报酬分配在其增加值中占绝大多数，这与政府部门的职能有关。

三、收入分配差异分析

采用国民经济统计数据，用定量的方法测度不同人、不同地区间的收入差异是收入分配分析的一个重要内容。经常采用的方法有以下几种。

(一) 洛伦茨曲线图

洛伦茨曲线最早由美国经济统计学家洛伦茨(M. Lorenz)为研究财富、土地和工资收入的分配是否公平而提出。即，在一个平面直角坐标系中，纵轴为收入百分比，横轴为人口(或住户)百分比，45 度线为平均分配线，右下角的 90 度线为绝对非平均分配线，洛伦茨曲线处于 45°到 90°之间。根据某国某年的收入分配分组资料，将一定人口(或住户)比重所对应的收入比重在图上描出，就可得到该国这一年的收入分配洛伦茨曲线。

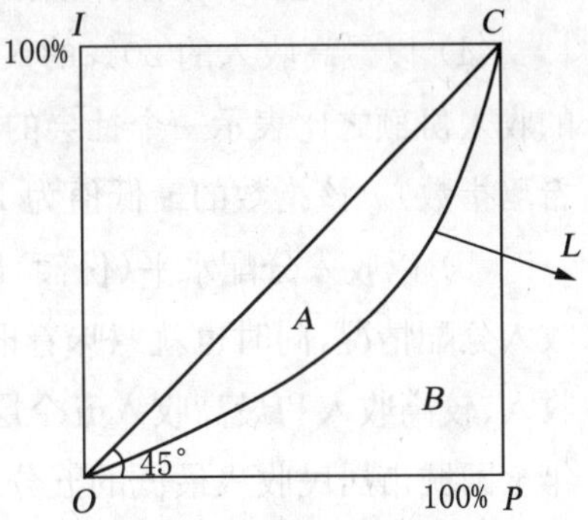

图 5.1 洛伦茨曲线图

如图 5.1，在正方形 $OICP$ 中，45°线 OC 是当参与分配的每一户家庭或每一阶层的人的收入完全相等时才会出现的一条直线，称之为绝对平均线。现实中的收入分配总是具有差异的，实际的收入分配曲线总是在 45°线 OC 以下出现，实际收入分配曲线 L 即洛伦茨曲线。该曲线 L 如果与绝对平均线 OC 的距离越近，说明收入分配越平均，反之则说明收入分配越不平均。

(二) 基尼系数

基尼系数是国际经济学界采用的最流行的指标。从理论上讲，基尼系数计算的就是图 5.1 中 A 与 $A+B$ 的面积之比，即实际洛伦茨曲线与绝对公平线所包围的面积占绝对公平线与绝对不公平线之间的面积的比重。因为实际的洛伦茨曲线总是落在绝对公平线与绝对不公平线之间，因此基尼系数总是介于 0 和 1 之间。基尼系数越大，表示收入分配差距越大，反之则越小。理论上，基尼系数的最低值为 0，表示绝对平均；最高值为 1，表示绝对不平均。基尼系数的计算有很多不同的方法，如“万分法”、“等分法”、“差值法”等。

(三) 人口收入份额度量方法

用一定人口收入份额反映收入差距，在国际上是常用工具之一。主要有以下几类方法。

(1) 库兹涅茨比率。这一比率是以一个综合数值来反映社会各阶层收入差距状况，它把各个阶层的收入比重与人口比重(或家庭比重)的差额的绝对值加总起来。计算公式为：

$$R=\sum|Y_i-P_i| \qquad (i=1,2,3,\cdots,n)$$

式中 R 为库兹涅茨比率，Y_i、P_i 分别表示各阶层的收入份额和人口比重。该指标的优点是计算简便，缺点是给各阶层的权数不等，最富有和最贫穷阶层的权数较大，中间阶层的权数较小。

(2) 以最富有的 20%人口所占有的收入份额表示一个社会的收入分配状况，即通常所说的库兹涅茨指数。该指数的最低值为 0.2，指数越高，则收入差别越大。一个极端的情况是，收入分配绝对平均，则收入最低的 20%的社会成员将可以获得全部收入的 20%，相应地，收入最高的 20%的社会成员也仅仅得到全部收入的 20%。

(3) 以 40%最低层人口所占有的收入份额来表示一个社会的收入分配状况，即通常所说的阿鲁瓦利亚指数。该指数的最高值为 0.4，指数越低，收入差别越大。

(4) 以最高收入的 20%的人所占有的收入份额与最低收入的 20%的人口所占有的收入份额之比表示一个社会的收入分配状况，即通常所说的收入不良指数(或者叫欧希玛指数)。该指数的最低值为 1，指数越高，收入差别越大。

(5) 以收入分配水平(份额)最高和最低的各 20%家户或者人口来测度一个社会的收入分配情况，同时也就意味着把全部家户或者人口分成了最低收入、次低收入、中等收入、较高收入和最高收入五个层次，经济学中将此称为五分法。按此方法计算，2005 年全国城市居民收入最低的五分之一人口仅为收入最高的五分之一人口所拥有收入的 4.6%。在人口众多的国家和地区，五分法分层后，每一个层次的人数依旧偏大，可考虑十分法等更多的等分方法，以使贫富两极的规模相对小些，加大比较力度。

(6) 沃尔夫森“极化指数”。

沃尔夫森(Michael C. Wolfson)1994 年在《美国经济评论》上阐述了其对收入分配和不平等问题的看法。他认为，两极分化不是收入水平在两极之间差距极度拉大，而是总人口中穷人部分和富人部分都在越来越多，中等收入阶层的人数却在减少。他假设中间阶层的人会最终完全消失。也就是说社会最后只剩下“有钱人”和“穷人”这两个“有”(haves)和“一无所有”(have-nots)的部分。

为测度这种现象，他提出了“极化指数”。像基尼系数一样，该指数也处于 0 和 1 之间。当收入完全平等的时候，为 0 分化；当收入极度不平等的时候，即富人占有了全部收入时，极化就发生了。这个时候，1/2 的人拥有的收入为 0，另外 1/2 的人则占有了平均收入的 2 倍。当然，通常的情况是发生在两极之间。“极化指数”公式如下：

$$W = 2(U^* - U_1)/M$$

其中，U^* 指修正了的平均收入[平均收入×(1－基尼系数)]；U_1 指最贫困的 1/2 人口的平均收入；M 为中位收入。

(四) 变异指标

变异指标又叫变动度，是统计学中描述具有相同性质的标志值数列离散程度的重要指标。如果变量数列中各单位标志值之间的差异越大，即标志值的离散程度越大，各标志值与其平均值距离的总和就越大;反之,如果变量数列中各单位标志值之间的差异越小,即标志值的离散程度越小,各标志值与其平均值距离的总和就越小。根据不同的度量方法,变异指标可以分为全距、平均差、方差和标准差,变异系数以及加权的变异系数、离均差变异系数、加权离均差系数等。变异指标可用于测算各区域(或组)间人均收入相对差异的大小。其数值越小,则表示各区域(或组)间人均收入相对差异越小。以下是几种常见的分析方法。

1. 城乡收入差距分析方法

对城乡居民收入差距的分析一般用城镇居民人均生活费收入与农民人均纯收入的比例表示城乡收入差距。同时还可以对城乡居民收入发展速度进行比较,具体包括城乡居民收入比、城乡居民收入发展速度比。如,2005 年全国城镇居民可支配收入为 10 493 元,农民人均纯收入为 3 255 元,两者的收入比为 3.22∶1。

2. 地区居民收入差距分析方法

目前一般用最高收入地区与最低收入地区的平均收入水平进行比较,说明地区之间的居民收入差距,但由于缺乏地区的居民收入总量指标,主要用不同地区的城镇居民人均生活费收入、农村居民人均纯收入、职工平均工资进行比较。实际上反映的是不同地区城镇居民之间、农村居民之间、职工之间的收入差别。如,2000 年我国中部地区与东部地区城镇居民人均可支配收入差距比 1990 年扩大了 5.39 倍,西部地区与东部地区城镇居民家庭人均可支配收入差距比 1990 年扩大了 6.07 倍。常用方法有极值比、极值比发展速度、极值差、相对离差、相对离差发展速度、东中西部收入比例。

极值比 = 收入最高地区的人均收入 / 收入最低地区的人均收入

极值比发展速度 = 报告期极值比 / 基期极值比

极值差 = 收入最高地区人均收入 − 收入最低地区人均收入

相对离差 = 各地区人均收入标准差 / 各地区人均收入平均数

相对离差发展速度 = 报告期相对离差 / 基期相对离差

东中西部收入比例为东中西部平均收入水平的比例。极值比、极值差越大,说明收入差距越大。相对离差发展速度可反映出地区收入差距的动态变化。

3. 行业之间收入差距分析方法

通过计算最高收入与最低收入行业的极值比、极值差、各行业的相对离差、相对离差发展速度等可反映行业之间收入的差距。考虑到资料的方便性,可以对不同行业之间工资收入水平与全国平均工资水平进行对比分析。如,研究显示,2004 年人均工资最高的证券业为 50 529 元,最低的是农、林、牧、渔业当中的林业,为 6 718 元,两者相差 7.52 倍。从 2000 年到 2004 年的 4 年间行业差距扩大了 1.6 倍。

(五) 其他方法

1. 贫困指数

对贫困问题的研究,通常有两种测度方法:一是根据收入水平计算,另一是根据消费水平计算。贫困指数属于前者，它是指收入在某个临界水平(即贫困水平)以下的人口占总人口的比重。贫困指数由诺贝尔经济学奖得主阿马蒂亚·森(Amartya Sen)于1998年提出。其计算公式为：

$$P = H \cdot [I + (1-I) \cdot G]$$

式中，H代表一个社会一定的、预先确定好的贫困线下的人口数；G为基尼系数；I为衡量收入分配的指标，处于0和1之间。G和I均针对处于贫困线以下的贫穷群体计算得出。在发展中国家，人们通常用贫困指数来度量收入的不公平程度。

2. 偏离值法

偏离值法计算公式为：

$$R = \sum | y_i - 1/n |, i = 1, 2, \cdots, n; y_1 + y_2 + \cdots + y_n = 1$$

其中，R为偏离值，n为分组数，即将社会上的人口平均分为n个等级；y_i表示第i组的收入比重。n可取不同的值，n取值越大将社会等级分得越细，R的取值范围越大(如当$n=5$时，$0 \leqslant R \leqslant 1.6$，当$n=10$时，$0 \leqslant R \leqslant 1.8$；当$n=20$时，$0 \leqslant R \leqslant 1.9$)。偏离值法可精确测量收入分配状况，便于进行纵向或横向比较，而且操作简便。

国际上通行做法是将人均收入较高的发达国家社会人口平均分为5个等级($n=5$)；人均收入中下等的国家社会人口平均分为10个等级($n=10$)，每个等级各占总人口的20%或者10%。每个等级在国民收入中所占比重分别用y_1、y_2、y_3、y_4、y_5表示。如果收入分配绝对平均，则每个等级分得0.2(20%)或者0.1(10%)。这里，将0.2或者0.1称作收入分配绝对平均的中心值。在现实生活中，人均收入较高的发达国家的y_1、y_2、y_3、y_4、y_5总是以0.2为中心，人均收入中下等的国家的y_1、y_2、y_3、y_4、y_5总是以0.1为中心，上下变动。在此基础上，把$R = |y_1 - 0.1| + |y_2 - 0.1| + |y_3 - 0.1| + |y_4 - 0.1| + |y_5 - 0.1|$所得的结果称作某一时期(通常为1年)现实收入分配均等程度与收入分配绝对平均的偏离值，简称为收入分配均等程度偏离值。偏离值R介于$[0, 1.8]$之间，偏离值越趋向1.8，收入分配越不均。

3. 倒U拐点

1955年，库兹涅茨基于英、美、德等国历史数据分析提出：随着经济发展，发达国家的收入分配不平等状况经历了首先扩大而后逐渐缩小的趋势。这意味着收入差距和经济发展水平(通常以人均GDP水平表示)之间存在着倒U形曲线关系，被称为“库兹涅茨曲线”。库兹涅茨同时还得出结论：人均国民收入在300～500美元之间，收入分配不均等程度达到最高顶点。其顶点在这一收入分配的“倒U”曲线上，称为“拐点”。由此，“拐点”出现时的人均收入水平(300～500美元)就成为人们判断收入差距的又一种尺度。

第三节　收入再分配核算分析

一、指标解释

SNA 将收入再分配过程人为分成了两个阶段：一是收入的二次分配阶段，二是实物收入再分配阶段(又称为收入的三次分配阶段)。

(一) 收入二次分配阶段指标解释

1. 所得税、财产税等经常税

税是由机构单位向政府单位做出的强制性的无偿现金支付或实物支付。SNA 把所有的税分为三大类：一是生产税和进口税，二是所得税、财产税等经常税，三是资本税。所得税、财产税等经常税是收入再分配阶段各机构单位向政府单位缴纳的各种税，旨在调节国民收入在全社会各阶层、各单位之间的分配比例。

2. 社会缴款和社会福利

社会缴款和社会福利是两种方向相反的经常转移。其目的是为了保证住户或个人的福利不因一些突发事件如疾病、失业、退休等的出现而受到损害。

社会缴款是为获得社会福利而向政府组织的社会保障计划(或各单位建立的基金)所作的实际或虚拟的支付。有两种形式：一是由雇员、自营职业者及其他社会成员直接向社会保障计划(或各单位建立的基金)缴款；二是由雇主代其雇员对社会保障计划(或各单位建立的基金)缴款。

社会福利是住户部门从政府及其他部门获得的经常转移，旨在满足一些突发事件或情况的需要。社会福利有两类，即社会保险福利和社会救济福利。社会保险福利是由政府及其他部门在有组织的社会保障计划下向住户提供的福利，即它以住户在此以前支付社会缴款为前提，如领取的疾病和伤残养恤金、失业津贴、生育津贴、退休养老金等。社会救济福利是在有组织的社会保障计划之外向住户提供的福利，如救济金、助学金、困难补助等，它不受以前是否支付社会缴款的限制。

3. 其他经常转移

其他经常转移包括常住机构单位之间或常住机构单位和非常住机构单位之间发生的除上述转移之外的各种经常性转移。如，非人寿保险费净额(即从非人寿保险费总额中扣除服务费后的余额)与非人寿保险索赔；各级政府之间及同级政府各部门之间的经常转移；本国政府同外国政府及国际组织之间的经常转移(如作为国际组织的成员国定期支付的会费、国际援助等)；对为住户服务的非营利机构的经常转移(如会费、捐赠等)；住户间的经常转移；罚款；以及由抽彩和赌博等引起的转移，都包含在此类转移中。

4. 可支配收入

可支配收入等于机构单位或部门的原始收入余额，加上该单位或部门应收的除实物社会转移之外的各种经常转移,再减去该单位或部门应付的除实物社会转移之外的各种经常转移。从经济意义来看,可支配收入是各单位或部门在不减少其现金、变卖其资产或增加其负债条件下,在核算期内可用于货物和服务消费支出的最大数量。

可支配收入用于最终消费支出后的剩余额,称为储蓄。可支配收入有可支配总收入和可支配净收入之分。二者之差为固定资本消耗。国内各部门的可支配总(净)收入的总和,叫做国民可支配总(净)收入。在收入再分配阶段,常住单位与非常住单位之间可能发生一些经常转移。因此,国民可支配收入与国民收入一般不相等。

国民可支配总收入＝国民总收入＋来自国外的经常转移－支付国外的经常转移

＝国民总收入＋来自国外的经常转移净额

(二)实物收入再分配阶段指标解释

1. 实物社会转移

实物社会转移是指政府部门和为住户服务的非营利机构向住户提供的实物社会福利以及个人非市场货物和服务。

实物社会福利包括政府部门在有组织的社会保障计划下提供的实物社会保险福利,以及由政府部门和为住户服务的非营利机构提供的实物社会救济福利。实物社会保险福利的获得以支付社会缴款为前提,而实物社会救济福利的获得则没有这种限制。

个人非市场货物和服务的转移是指政府部门和为住户服务的非营利机构免费或以经济意义不显著的价格对单个住户或个人提供的货物和服务。其中,最为常见的是教育和保健服务,如居民享受的义务教育,实际是政府部门免费向居民提供了教育服务。由于其受益对象是单个住户或个人,故称为个人服务,以区别于对整个社会或社会的大部分提供的公共服务。

2. 调整后的可支配收入

调整后的可支配收入,是在机构单位或部门的可支配收入基础上,加上该单位或部门应得的实物社会转移,或减去该单位或部门应付的实物社会转移而得到的。

政府部门和为住户服务的非营利机构的调整后的可支配收入低于其可支配收入;住户部门的调整后的可支配收入高于其可支配收入;经济总体的调整后的可支配收入等于其可支配收入。

从经济意义上理解:住户部门调整后的可支配收入相当于在核算期内不通过减少其现金、变卖其资产或增加其负债,就能消费得起的、并能满足住户成员的需要或欲望的最终消费货物和服务的最大数量;政府部门调整后的可支配收入相当于在核算期内不通过减少其现金、变卖其资产或增加其负债,就能够向社会提供的公共服务的最大数量。

二、收入再分配格局分析

(一) 部门再分配收入结构分析

在收入再分配阶段，可以对收入再分配阶段中的收支流量加以细分，以各部门的原始收入为基数计算再分配流量系数。这些系数包括：

(1) 现期所得税再分配系数。它是各部门支付(或收入)的财产税占本部门原始收入的比重。所得税是一种很重要的再分配项目，对政府的宏观调控能力有着重要的影响。

(2) 社会缴款再分配系数。它是各部门支付(或收入)的社会缴款占本部门原始收入的比重。

(3) 社会福利再分配系数。它是各部门支付(或收入)的社会福利占本部门原始收入的比重。

(4) 其他经常转移再分配系数。它是各部门支付(或收入)的其他经常性转移在该部门原始收入中的比重。

(二) 收入再分配的主体格局分析

收入再分配的主体格局分析即分析政府、企业和个人三大主体的再分配收入占各自可支配收入的比重。表示为：

$$\text{各部门再分配收入在可支配总收入中所占比重} = \frac{\text{各部门再分配收入}}{\text{各部门可支配总收入}}$$

改革开放以来，我国政府、企业、居民三者分配关系的总体变化趋势为：20 世纪 80 年代三者比例在年度之间显著波动；进入 90 年代之后，三者比例呈相对稳定；2000 年以来，国民收入分配有向政府倾斜的态势。收入再分配过程中存在的向政府倾斜的现象说明：居民获得的社会补助等转移支付要少于缴纳收入税和社会保险付款的支出，收支相抵，总体上没有通过国民收入的二次分配(主要是通过政府转移支付、社会保障支出等)获得收益，反而成为损失方。

三、财政收支统计分析

财政是政府集中一部分国民收入来满足社会公共需要的收支活动，或者说，是政府从事资源配置和收入分配的收支活动，并通过收支活动调节社会总需求和总供给的平衡，以达到优化配置，收入分配公平，经济稳定和发展。财政收支是国民收入再分配的最主要方式。财政收支统计分析就是运用科学的统计方法，通过定量分析财政的各个环节或方面来检验和预测财政职能的执行情况。

(一) 财政收入总量与结构分析

1. 财政收入总量分析

财政收入总量或规模，是指财政收入的总水平，通常用绝对数额如财政收入总额，或用相对数额如财政收入占国内生产总值的比例来表示。财政收入总量或规模是衡量国家财力和政府在社会经济生活中职能范围的重要指标。财政收入总量分析可从以下几方面入手。

(1) 研究财政收入总量变动的一般趋势。一般来说,世界各国的财政收入总规模是不断增加的。从国际对比来看,无论是绝对量还是相对量,西方发达市场经济国家的财政收入规模较大。另外,也可以计算一国财政收入规模变动的增长速度,通过增长速度的研究寻找财政收入总量变动的一般趋势。

(2) 财政收入与国内生产总值的关系。通过计算财政收入占国内生产总值的比例,可以找到与经济增长相适应的财政收入规模。经济增长过快时,如果财政收入规模不相应扩大,会因为企业实力过厚而导致财政调控乏力;相反,经济下滑,财政收入规模过大,会给企业的继续发展带来困难。从世界范围看,发达国家该比例高于发展中国家,经济较好的发展中国家又高于经济较差的发展中国家。

(3) 中央财政收入占全国财政收入的比重。世界各国财政大部分集中于中央,由中央政府掌握国家的主要财源。分析这一比重,可以反映一国财政的宏观调控能力。近年来,世界各国伴随着经济发展和财政收入规模的扩大,中央财力的集中程度相对提高,财政活动领域或范围逐步增加,财政政策的宏观调控功能呈现出不断强化的趋势,大多数国家中央财政收入占全国财政收入的比例都相对较高。

(4) 财政边际收入率。财政边际收入率是指新增财政收入占新增国内生产总值的百分比。如果财政边际收入率大于上年财政收入占国内生产总值的比例,则表明财政收入有提高的趋势。反之,则表明下降。

2. 财政收入结构分析

财政收入结构主要是指财政收入来源的结构,包括财政收入所有制构成和财政收入的生产部门构成等,对财政收入结构的统计分析根本目的在于探求增加财政收入的合理途径。

(1) 所有制构成。所谓财政收入的所有制构成,指的是财政收入作为一个整体是由不同所有制的经营单位各自上缴的利润、税金和费用等部分构成的。从所有制的角度研究财政收入结构的重要意义,在于说明国民经济的所有制结构对财政收入的有效措施,统计分析的主要方法就是计算结构相对数,寻找各相对数在时间上的变动趋势与增减幅度。

(2) 生产部门构成。财政收入的生产部门结构包括两重含义:一是指传统意义上的国民经济结构,如工业、农业、建筑业、交通运输业及服务业等;二是指传统意义上的产业结构分类,即第一产业、第二产业和第三产业。在经济欠发达国家或阶段,工业与农业是国民收入和财政收入的主要来源,但在经济发达国家或阶段,第三产业成为财政收入的重要来源。在发达国家,第三产业在 GDP 中的比重已达 60%以上,该产业的财政收入也占整个财政收入的 50%以上。

此外,也可以将财政收入分为税收收入与非税收收入,以此来研究一国税收收入的变化。

(二)财政支出总量与结构分析

1. 财政支出规模或速度

一般来说,世界各国的财政支出总规模是在不断增加的。分析财政支出规模或速度可以从总量变化和相对量变化两方面来考察。财政支出的总量,即绝对量,就是财政支出的实际量及其增长速度,通过增长速度的研究,来寻找财政支出总量变动的一般趋势。财政支出的相对量是指财政支出占国内生产总值的比例。表5.2是我国2002～2006年的财政收支总规模,可以看出,2002～2006年,我国财政收入和支出规模均呈增长趋势。

表5.2 2002～2006年我国财政收支规模 单位:亿元

年度	财政收入	财政支出
2002	18 904	22 053
2003	21 715	24 650
2004	26 396	28 487
2005	31 649	33 930
2006	38 731	40 216

2. 财政支出结构

财政支出结构一般指财政支出的用途结构、经济性质结构和国家职能结构。

财政支出按用途可以分为:补偿性支出、积累性支出和消费性支出。我国财政支出按用途分类有:(1)基本建设支出,(2)企业挖潜改造资金,(3)地质勘探费用,(4)科技三项费用,(5)支援农村生产支出,(6)农林水利气象等部门的事业费用,(7)工业交通商业等部门的事业费,(8)文教科学卫生事业费,(9)抚恤和社会福利救济费,(10)国防支出,(11)行政管理费,(12)价格补贴支出。

财政支出按经济性质分类,可分为购买性支出和转移性支出两大类。购买性支出是政府直接以商品和劳务的购买者身份出现在市场上,因而对社会的生产和就业直接产生影响。转移性支出是通过支出过程使政府所有的资金转移到领受者手中,它只是资金使用权的转移,对分配产生直接影响。购买性支出和转移性支出占总支出的比重各个国家有所不同。一般地说,经济发达国家由于政府较少直接参与生产活动,财政收入比较优裕,转移性支出占总支出的比重较大;发展中国家由于政府较多地直接参与生产活动,财政收入相对匮乏,购买性支出占总支出的比重较大。表5.3对发达国家和发展中国家购买性支出与转移性支出所占比重做了对比。

财政支出按国家职能分为经济建设支出、社会文教支出、国防费支出、行政管理费支出及其他支出。经济建设支出,包括基本建设支出、流动资金支出、地质勘探支出、国家物资储备支出、工业交通部门基金支出、商贸部门基金支出等;社会文教支出,包括科

表 5.3 发达与发展中国家购买性支出与转移性支出比重 单位:%

类别	发达国家	发展中国家
购买性支出	45.2	61.5
其中:经常支出	34.9	50.1
资本支出	10.3	11.4
转移性支出	41.0	22.5
其中:公债利息	5.6	5.5
补助金	35.4	17.0
其他	13.8	16.0
合计	100	100

资料来源:陈共:《财政学》,中国人民大学出版社 1999 年版。

学事业费和卫生事业费支出等;行政管理支出,包括公检法支出、武警部队支出等;其他支出,包括债务支出、政策性补贴支出等。

3. 我国财政支出状况

作为一个发展中国家,我国财政支出结构具有发展中国家的一般特征,总体上表现为转移支出所占比例较低(如表 5.3 所示),反映了我国财政在经济发展方面长期面临的支出压力。改革开放以来,随着国民经济的迅速增长,在我国财政支出中,购买性支出所占比重有所下降,而转移性支出所占比重有所上升,反映了政府财政的资源配置能力减弱,收入分配能力增强。这与我国市场经济制度的建立与发展是相一致的。

表 5.4 中国财政支出结构的历史变动情况

年份	财政支出总额(亿元)	各类财政支出占财政支出总额的比重(%)				
		经济建设支出	社会文教支出	国防支出	行政管理支出	其他支出
1950	68.1	25.5	11.1	41.1	19.3	2.9
1960	654.1	70.4	13.2	8.9	4.8	1.0
1970	649.4	60.5	8.0	22.4	4.9	4.2
1980	1 212.7	55.3	16.4	16.0	6.2	3.7
1985	1 844.8	48.5	22.1	10.4	9.3	7.5
1990	3 452.2	44.8	21.4	8.4	12.0	7.9
1992	3 742.2	43.1	25.92	10.1	12.38	8.5
1993	4 642.3	39.52	25.38	9.17	13.66	12.26
1995	6 823.72	41.85	25.73	9.3	14.6	8.47
1997	9 233.55	39.5	26.74	8.8	14.72	10.24
1998	10 798.18	38.71	27.14	8.66	14.82	10.68
2000	15 886.5	36.18	27.6	7.6	17.42	11.19
2001	18 902.58	34.24	27.58	7.6	18.58	11.97

资料来源:根据中经网数据中心数据整理。

表5.4数据概括了我国建国后的财政支出在几十年间的巨大变化，这既反映出财政支出总额的大幅度增长，也表现出财政支出结构的变动。具体分析有以下几个特点：

(1) 经济建设费用一直是我国财政支出的主体。在计划经济时期这一比重通常在50％以上，改革开放以来这一比重有所下降，这与市场经济制度的发展及政府逐渐从一些生产领域退出有直接的关系。

(2) 社会文教支出的比重有了较大的提高，成为仅次于经济建设支出的第二大支出项目。这反映了我国自改革开放以来，国家对科学技术、文化教育事业和社会福利事业的重视程度逐渐加强。

(3) 国防费稳中有降。改革开放以来，我国的国防支出比重虽然有所下降，但随财政支出总量的增长，其绝对额仍然有较大增加，并为我国的国防现代化发挥了重要作用。

(4) 行政管理费的开支在改革以后呈增长趋势，甚至超过了同期国防费用开支，成为我国财政支出的第三大支出。这一现象的产生有其合理的因素，也有行政机构过度膨胀的原因。

因此，从我国财政支出结构考查，我国财政基本上还是一个以经济建设为主的财政。其为社会职能实现的支出虽然有所增加，但是比起为经济建设提供的支出仍然比较小。随着社会主义市场经济制度的建立，政府职能的转变，政府对经济进行调控的方式必须改变，政府应从原来经济的直接管理者和直接参与者变为经济的间接调控者，完成从直接行政管理到间接调控的转变。财政支出结构中的经济建设支出比重应进一步下降，体现公共财政职能需要的其他支出项目将会上升。

(三) 财政收支差额分析

1. 财政平衡的含义和计算口径

财政平衡是指国家预算收支在量上的对比关系。收支对比不外乎三种结果：一是收大于支有结余，二是支大于收有逆差，即赤字，三是收支相抵。从实际经济运行情况看，收支的绝对平衡几乎是不可能的。略有结余和略有赤字都应算作财政平衡。计算财政的结余和赤字通常有以下两种不同的口径。

(1) 赤字或结余 =（经常收入 + 债务收入）-（经常支出 + 债务支出）

(2) 赤字或结余 = 经常收入 - 经常支出

这两种口径的主要差别在于，债务收入是否计入正常收入之中，以及债务的清偿是否计入正常支出之中。我国1992年以前使用的是口径(1)，1992年以后改为口径(2)。对于口径(1)，如果把债务收入列为财政收入，那么财政向银行的透支或借款也是一种债务，也应列为财政收入，既然债务收入列为财政收入，债务的还本付息就要列为支出，按这样的处理，财政收支将永远是平衡的，也没有什么赤字或结余可言。因此说，按第二种口径计算的结余应是衡量财政收支对比的最一般口径。

2. 财政赤字规模分析

研究财政赤字规模，一般采用财政赤字额、赤字/财政支出额以及财政赤字占GDP

的比重等指标。按照国际上通行的标准，判定一国的赤字额是否偏大，一般根据其赤字占 GDP 的比重是否超过 3%，赤字占当年财政支出额的比重是否超过 20%，若超过则财政赤字偏大，反之则适度。另外，赤字占国有资产额的比重也可以衡量赤字规模大小。

(四) 税收规模与结构统计分析

1. 税收规模分析

一般来说，一国税收收入占财政收入的比重较大，因此税收的规模和速度直接决定财政收入的规模和速度。税收规模通常用绝对数额如税收收入总额，或用相对数额税收收入占 GDP 的比例来表示。

(1) 研究税收收入规模变动的一般趋势。一般来说，一个国家的税收收入是同其经济发展水平相适应的。经济发展水平越高，税收收入也就越高。可以计算税收收入的增长速度，研究其增长的波动幅度。如，2003～2006 年我国税收收入(不包括关税和农业税收，未扣减出口退税)分别为 20 466 亿元、25 723 亿元、30 867 亿元和37 636亿元，年均增幅达 22%。

(2) 研究税收收入占 GDP 比例的变化。税收收入占 GDP 的比例反映税收收入和经济水平的关系，即反映税收的负担程度，简称税负，它是税收规模是否合理的重要标志。国际横向比较分析发现，实行集中的计划经济的国家的宏观税负扣除计算口径的不同后仍偏高于市场经济国家。发达国家的宏观税负高于收入较低的国家。党的十六大以来，我国税收收入占 GDP 的比重逐步提高，2002 年为 14.1%，2003 年达到 15.1%，2004 年提高到 16.1%，2005 年为 16.8%，2006 年则达到了 18.0%。

2. 税收结构分析

税收结构亦称为税制结构，是指税收总额中各组成部分的相互关系及数量对比关系。由于经济结构的变动或者说是经济结构变化在税收领域中的反映，税收总额中包括哪些部分及各部分之间的数量对比关系是不断变化的。

税收结构可以从不同角度予以考察。按税收种类考察，可分为流转税、所得税、财产税和行为税。按纳税单位的经济性质考察，可分为国有经济税收、私营经济税收、个体经济税收等等。按税收部门考察，可分为重工业、轻工业、农业、商业、交通运输和其他部门所纳税收。按纳税管理层次和地区考察，可分为中央税和地方税。

在税收结构分析中，最重要的一项内容就是主体税种的选择与研究。所谓主体税种，是指一个国家税收总额中所占比重最大的税种。从世界各国的情况来看，主体税种大体上有两种模式：一是以流转税为主体税种，即按商品流转额和非商品的营业额课税为主；二是以所得税为主体税种，即按单位或个人所得税课税为主。一般来讲，发展中国家多采用流转税为主体税种，而发达国家多采用所得税为主体税种。我国现行税收制度中的流转税主要有消费税、增值税、营业税等。1994 年流转税占税收收入总量的 73.5%，2001 年为 66.74%。流转税是我国税制结构中的主体税种。1994 年我国的所得税占税收总额的比率为17.87%，2001年为23.94%。2003～2006年，流转税收入占税收收入的比重为69.0%，所得税收入占税收收入的比重为24.0%，流转税和所得税仍然是我国税收收入的主要来源。2006年，所得税对税收收入增长的贡献率为28.5%，比2003年提高了19.4个百分点。2007年上半年所得税的贡献率继续提高，达到33.6%。按地区看，2003～2006年，东、中、西部地区税收收入占全国税收收入总额的比重年均分别为70.9%、15.4%和13.7%，其中东部地区收入所占比重比2002年提高0.6个百分点。从增长速度看，东、中、西部税收年均增速分别达到22.1%、21.6%和21.7%，分别比2002年加快9.1、12.6和10.7个百分点。

此外，在税收结构分析中，也可通过计算结构相对数等方法研究以上各种分类的税收结构变化趋势。

(五) 社会保障统计分析

社会保障是以政府为主体，组织、个人和法人共同参与，通过国民收入再分配，在一定时期内对部分社会成员提供的基本生活保障，目的是增进经济和社会发展的稳定性。社会保障的客体是全社会成员。社会保障基金来源于国民收入的再分配。我国社会保障包括社会保险、社会福利、社会救济、社会优抚安置、社区服务和个人储蓄保障六项基本内容。

从资金来源上看，全部社会保障的资金来源主要有两大渠道，一是由国家一般税收安排的社会保障事业费；二是企业和职工个人缴纳的社会保险费。

1. 社会保障统计指标

(1) 反映社会保障规模。

① 享受社会保障的人数占全社会总人数比重。这一指标主要考察社会保障的覆盖面。通过分析，可以从宏观上判断社会保障制度的发展程度。社会保障覆盖面越广，表明社会保障水平越高。

② 享受社会保障的人数占社会劳动者总人数的比重。这一指标用来反映劳动者创造的价值以发放社会保障金形式的流向与变动情况。

③ 全社会保障费用支出占国内生产总值(GDP)的比重。反映国家在社会保障方面投入水平的宏观指标。

④ 国家承担的社会保障费用占国家财政支出的比重。建立该指标的目的是便于国家掌握其承担的社会保障基金的份额，并根据不同情况、不同时期进行调整。

(2) 反映社会保障的覆盖程度。

覆盖程度是判断社会保障功能是否能得到发挥的重要指标。监测覆盖程度的统计指标就是覆盖面。覆盖面的计算口径有多种，一般可分为理论覆盖面和现行政策覆盖面，不同保障项目有不同的计算口径。从理论上看，按口径从大到小排列[①]有：享受医

---

① 引自：宋长青：《社会保障的统计监测》，载《中国统计》，2006年第12期。

疗保险人口占城乡全部人口比重；享受养老保险人口占全部城乡劳动力和离退休人员总数比重；享受失业保险人口占城镇劳动力（即经济活动人口）总数比重；享受工伤保险人口占非农从业人口总数比重；享受生育保险人口占城乡全部育龄妇女人口比重；享受社会优抚、社会救济人口占全部优抚对象和救济对象人数比重；等等。这些指标可分别计算某项保障的覆盖率，也可以计算综合覆盖率，方法是将各项目的分子分母分别相加。这样会出现对一个人重复计算（即参加多项保障）的情况，但不影响全社会综合覆盖率的计算。

(3) 社会保障水平判定①。

社会保障水平的高低直接影响到社会保障功能的发挥。但社会保障水平高低受经济发展水平、国家财政支付能力的制约。判定社会保障各项目水平的主要指标有：

① 养老保险替代率，即劳动者退休后的退休金水平相当于退休前工资水平的百分比。计算公式为：

$$替代率 = 退休时月退休金 / 退休前月工资 \times 100\%$$

也可计算全社会的替代率，公式为：

$$替代率 = 退休人员年平均退休金 / 在岗职工年平均工资 \times 100\%$$

替代率过高过低均有弊端，我国现行政策将替代率控制在70%左右。

② 医疗费用个人负担比例。医疗费用高低因人因病而异，关键看个人负担比例的高低。

③ 工伤保险和生育保险水平。与这两项保险水平有关的是休假时间的长短。如有的国家规定：公务员因公负伤可休假半年甚至一年，妇女产假也可达半年以上。我国不同地区不同人员工伤假和产假期限也略有区别。

④ 最低生活保障水平是按当地最低生活费的高低来确定的。基础数据主要来自当地城乡抽样调查队。优抚和救济标准也依据最低生活标准加一定系数来确定。

(4) 社会保障资金的保证程度。

社会保障具有刚性，不能发生资金短缺问题。因此各项目的资金都必须有一定的积累和储备。而且资金的安全性要高，不能出现流失和挪用，资金的运营一般只能是储蓄、买国债或投资于风险很低的建设项目，不能投资于高风险的项目。资金安全度一般用月资金使用量除以资金储备总量来表示。公式为：

$$资金安全度 = \frac{月资金需求量}{资金储备量}$$

经验认为，资金安全度大于等于3为安全，即储备的资金可以用于三个月的支付。如小于3则认为是不安全；如小于1则是危机。处理危机的措施一般有三项：一是地区

① 引自：宋长青：《社会保障的统计监测》，载《中国统计》，2006年第12期。

间资金调剂；二是项目间资金调剂；三是财政“兜底”，即由财政拨款来弥补保险资金的缺口。

(5) 评价社会保障效益。

城镇与乡村享受社会保障待遇人数的比重之比，即城镇中享受社会保障待遇人数占城镇居民总人数比重与乡村中享受社会保障待遇人数占农村人数的比重之比。这一指标着重反映我国在社会保障制度改革中，城乡之间差异的变化情况。

每万人口刑事案发率，反映一个国家社会稳定程度，社会精神文明程度。

人口脱贫率，用来反映社会保障挖掘人力资源的潜力发挥情况。

小学生入学率，主要用来说明社会保障制度的完善程度。

社会福利企业总数及其安置残疾人总数，主要反映社会保障制度所发挥的作用。

2. 我国财政社会保障支出水平

财政社会保障支出水平，指财政社会保障支出占财政支出总额(含社会保险支出)的比重。考察 1998 年至 2001 年我国财政社会保障支出水平。见表 5.5。可以看出，1998 年，我国财政社会保障支出额为 1 851.7 亿元，占财政总支出比重的15.4%，1999 年，财政社会保障支出额为 3 023 亿元，占财政总支出比重的 19.8%，2000 年，财政社会保障支出额为 3 671.5 亿元，占财政总支出比重的 20.1%，2001 年这一比重为 20.20%。与 1980～1990 年的美国、德国、瑞典、英国、新加坡、智利六国比较(见表 5.6)，美、德、瑞、英四国的财政社会保障支出水平均高于我国 2001 年 20.1%的水平。新加坡的水平远低于我国，是由于该国实行的是中央公积金制的社会保障制度，主要靠个人强制性储蓄，国家财政支出部分很小。智利的社会保障制度与我国类似，但是财政社会保障支出水平也远高于我国。

表 5.5　中国财政社会保障支出水平　　　　单位：亿元，%

支出项目	支出额				占财政支出总额比重			
	1998 年	1999 年	2000 年	2001 年	1998 年	1999 年	2000 年	2001 年
抚恤和社会福利救济费	171.3	179.9	213.0	266.7	1.4	1.2	1.2	1.23
社会保障补助支出	150.0	343.7	595.5	789.9	1.2	2.2	3.3	3.65
行政事业单位离退休经费	269.8	393.9	478.57	569.1	2.2	2.6	2.6	2.63
社会保险支出	1 260.6	2 105.5	2 384.4	2 748.0	10.5	13.8	13.1	12.69
其中：养老保险支出	1 139.5	1 925	2 115	2 321.0	9.4	12.6	11.6	10.72
医疗保险支出	53.3	70.4	124	244.0	0.4	0.5	0.7	1.13
失业保险支出	51.9	91.6	123	157.0	0.4	0.6	0.7	0.73
工伤保险支出	9.0	11.9	14	16.0	0.1	0.1	0.1	0.07
生育保险支出	6.8	6.6	8.4	10.0	0.1	0.04	0.05	0.05
合　计	1 851.7	3 023	3 671.5	4 373.7	15.4	19.8	20.1	20.20

资料来源：国家统计局：《中国统计年鉴》(1999～2002 年)，中国统计出版社。

表 5.6 部分国家财政社会保障支出水平 单位:%

国 家	年 份					
	1980	1982	1984	1986	1988	1990
美 国	34.1	33.5	32.1	28.1	27.6	25.6
德 国	49.2	49.7	49.1	49.0	47.9	46.9
瑞 典	48.5	46.9	42.0	44.7	49.9	51.5
英 国	26.4	29.8	28.8	32.3	31.9	27.5
新加坡	1.34	1.4	0.9	1.6	2.0	2.1
智 利	32.3	41.8	41.8	38.0	29.8	35.4

资料来源:郭庆旺:《公共经济学大辞典》,经济科学出版社 1999 年版。

四、社会核算矩阵(SAM)分析方法

SAM 方法已被广泛用于分析不同国家不同层次不同地域团体的各种不同问题。SAM 分析方法包括 SAM 乘数分析及以 SAM 为基础的可计算一般均衡(CGE)分析。在收入分配领域,SAM 方法的应用有:

(1) 不同政府支出模式和出口商品构成对一国收入分配的影响;

(2) 不同调整战略的部门间影响,以及部门间联系对减少农业贫困的影响;

(3) 不同课税、补贴方案对收入分配的影响;

(4) 在国外或在中心城市工作的工人给其家庭的汇款对接受汇款村落的不同社会经济群体生活水平的影响;

(5) 建于农村周边地区的工厂对就业、收入以及农村现代化趋势的影响;等等。①

这里介绍一种乘数分析方法②。

首先把 SAM 账户分成内生和外生两部分。习惯上,把政府、国外和资本账户看作是外生的,要素、机构和生产活动账户看成是内生的。

设 m 为内生机构,z 为外生机构,则 SAM 可用如下形式表示:

$$\begin{bmatrix} Y_m \\ Y_z \end{bmatrix} = \begin{bmatrix} A_{mm} & A_{mz} \\ A_{zm} & A_{zz} \end{bmatrix} \begin{bmatrix} Y_m \\ Y_z \end{bmatrix} \tag{5-1}$$

A_{ij} 是包含支出比例系数的子矩阵,它等于 SAM 中的交易除以相应的列合计。假定支出系数为常数,则子矩阵 A_{ij} 为常数。内生账户收入(Y_m)用下式计算:

$$Y_m = A_{mm} Y_m + A_{mz} Y_z = (I - A_{mm})^{-1} A_{mz} Y_z = Mx \tag{5-2}$$

其中,I 是单位矩阵,$M = (I - A_{mm})^{-1}$ 是乘数矩阵,$x = A_{mz} Y_z$ 是外生变量向量。乘数

① 引自:侯瑜:《理解变迁的方法:社会核算矩阵及 CGE 模型》,东北财经大学出版社 2005 年版。

② Maria Llop, Antonio Manresa, Income Distribution in A Regional Economy: a SAM Model, *Journal of Policy Modeling*, 26 (2004), 689~702.

矩阵 M 表示外生成分的单位增长对内生账户的全部影响。M 的要素 m_{ij} 量化了由于机构 j 的单位和外生影响导致的机构 i 收入的变化。

通过式(5-2),乘数分析说明了内生账户绝对收入水平是如何因外生影响变化的。Roland-Holst 和 Sancho(1992)根据 SAM 模型提出了一套用于分析分配影响范围的关系式。

为研究每个内生账户收入的相对变化,表达式(5-2)标准化如下:

$$y_m = \frac{Y_m}{e'Y_m} = (e'Mx)^{-1}Mx \tag{5-3}$$

e'代表单位行向量。式(5-3)中,因外生影响变化引起的内生部门收入的相对变化等于:

$$\begin{aligned} \mathrm{d}y_m &= (e'Mx)^{-1}[I-(e'Mx)^{-1}(Mx)e']M\,\mathrm{d}x \\ &= \frac{1}{e'Y_m}\left[I-\frac{Y_m}{e'Y_m}e'\right]M\,\mathrm{d}x = R\,\mathrm{d}x \end{aligned} \tag{5-4}$$

在式(5-4)中,R 代表再分配矩阵,表示收入的外生影响的单位变化导致的内生账户收入的相对或正或负的变化。R 矩阵中的单个因素 r_{ij} 表示由于机构 j 的单位输入导致机构 i 收入相对变化的百分比大小(或正或负)。这种考察分配过程的方式涉及内生机构间的一组双边联系。如果不考虑模型中所选择的内生成分,再分配矩阵的列和为 0,即 $e'R = 0$。这个数学特点意味着内生账户间的分配过程可理解为胜者与输者的博弈。

采用表达式(5-4),识别构成 R 的三个乘法因子:

$$R = (e'Mx)^{-1}[I-(e'Mx)^{-1}(Mx)e']M = bDM \tag{5-5}$$

第一个成分 $b = (e'Mx)^{-1}$ 是内生机构总收入的逆阵,而且是无向量(实量);第二个成分 $D = [I-(e'Mx)^{-1}(Mx)e']$ 有两部分:第一部分(I)是启动乘数过程的最初的外生收入影响,第二部分 $(-(e'Mx)^{-1}(Mx)e')$ 是每个内生账户(负号)的初始相对收入矩阵。M 是标准乘数矩阵。

表达式(5-5)代表乘法形式的矩阵 R,可转换成加法表达式。这个转换会使对收入分配过程的影响的解释更为容易。具体可以用下面的加法形式定义再分配矩阵:

$$R = bDM = b[I-(I-D)+D(M-I)] \tag{5-6}$$

重新表达后的 R 揭示了收入分配过程的基本成分,并显示了所涉及的一系列项。表达式(5-6)中,b 是内生账户总收入的逆阵或标准化因素。括号内,I 表示起动乘数效应和分配过程的最初的外生影响。矩阵 $(I-D)$ 告诉我们内生账户收入的相对状况。

最后,$D(M-I)$ 是对相对收入的净乘数影响,它代表对分配过程的净乘数加法贡献。$D(M-I)$ 包括内生账户间的交叉乘数影响以及对相对收入确定的影响。矩阵中的$(i,\ j)$既可以为正，也可以为负，等于：

$$\left[mn_{ij} - \frac{Y_i}{e'Y_m}e'mn._j\right] = mn_{ij} - y_i e'mn._j$$

mn_{ij}是净乘数矩阵$(M-I)$的成分，$mn._j$是$(M-I)$矩阵第j列要素之和。乘数对收入分配的贡献因而等于它的净乘数减去账户j形成的对其他内生机构的分配。

再分配矩阵R的加法公式说明了账户相对状况的变化方向和大小。具体地，如上所述，当存在外生收入流入时，经济部门间的分配过程是具有不同意义的综合影响的结果。账户(I)受到的首次外生影响对账户相对状况的影响是正的。对相对收入的净乘数影响$(D(M-I))$在收入分配过程内可能为正也可能为负。最后，内生机构的初始相关收入$(I-D)$对相对收入变化的影响是负的。

决定净乘数（即$D(M-I)$）对收入分配的贡献是有意义的，因为它反映了机构由于乘数过程产生的相对状况的变化。

第四节　收入使用核算分析

一、指标解释

（一）最终消费支出与实际最终消费

最终消费是指为满足个人或公众的需要或欲望而对货物和服务的使用。在一定时期内，作为生产成果的货物和服务可以有三种不同的使用方式：一是被投入当期的生产过程而消耗掉，称为中间消耗；二是被积累起来用于下一时期的生产过程，称为资本形成；三是被用作最终消费。

在SNA中，对最终消费的度量有两种标准：一是以承担货物和服务的支出为标准，从支出者的角度核算最终消费，称为最终消费支出；二是以货物和服务的实际获得为标准，从获得者的角度核算最终消费，称为实际最终消费。尽管在多数情况下支出承担者同时也就是获得者，但在某些情况下二者并不是统一的。比如，享受公费医疗的职工是医疗保健服务的获得者，但报销的医疗费却由政府负担。在这里，最终消费的支出承担者与实际获得者之间发生了一笔实物社会转移。推广到一般，某部门最终消费支出与实际最终消费之差，正好等于该部门应收或应付的实物社会转移。

SNA不承认非金融企业和金融机构存在最终消费（即使在一些正由计划经济体制向市场经济体制过渡的国家（如我国）存在着大量的企业经常向雇员提供诸如保健、娱乐、教育等方面的服务的现象）。因为在SNA看来，企业的职能就是提供以市场价格销售的各种货物和服务，实现市场供求的平衡。所以，企业并不是出于吸引雇员的目的而经常向雇员提供这类服务，只能视为政府政策的延伸，视为受国家控制的企业在“代理”某些国家的职能，为特定职工群体提供这种服务。

由于最终消费与非金融企业及金融机构无关，因此只有住户、政府和为住户服务的非营利机构需要核算最终消费，经济总体的最终消费也由这三个部门的最终消费组成。

表5.7 最终消费支出与实际最终消费的关系

		最终消费支出			
		住户	政府	为住户服务的非营利机构	合计
实际最终消费	个人消费	1	2.1	3	Ⅰ
	公共消费	—	2.2	—	Ⅱ
	合计	(1)	(2)	(3)	(1)+(2)+(3)=Ⅰ+Ⅱ

(二) 对住户养恤基金净权益变化的调整

对住户养恤基金净权益变化的调整项等于作为养恤基金(指退休金或养老保险)成员的住户或个人(即投保人)应付给养恤基金的实际缴款总价值，加上由“属于投保人的财产收入”中应付的追加缴款总价值，减去为管理该基金所发生的服务费支出，再减去由养恤基金支付的养恤金总价值。

(三) 储蓄

储蓄是指可支配收入中没有用于最终消费的部分。储蓄作为各部门收入的结余额，不仅有多少之分，而且有正负之分。当储蓄为正数时，表明该部门还有未用的收入，可以用作进一步投资的资金来源；当储蓄为负数时，说明其可支配收入还不够用于消费，一定是变卖了某些金融或非金融资产，或减少了现金余额，或增加了负债，才得以满足当期的消费。

(四) 投资

投资支出是购买用于补偿生产过程中消耗的，以及扩大生产规模所需要的固定资产和流动资产的支出。投资支出主要有以下几项：

(1) 固定资产投资(即固定资产形成)支出。其中包括：补偿固定资产磨损(即折旧)部分的投资支出和增加(追加)固定资产的投资支出。

(2) 增加(追加)流动资产的支出。全部固定资产投资，加上追加流动资产的投资，称为总投资。追加固定资产的投资，加上追加流动资产的投资，称为净投资。

二、消费统计分析

在国民经济核算中，消费分为政府消费和住户消费。政府消费是满足社会公共需要的消费，住户消费则是满足居民当前生活的消费。核算消费时，既包括货物的消费，也包括服务的消费；既包括市场性消费，也包括自给性消费。研究国民消费，有助于制定消费和需求政策，同时也有助于制定一国的产业政策和发展战略。

(一) 消费统计分析的主要内容与方法

消费分析一般包括对消费的影响因素分析、消费水平分析、消费的结构及其变动、消费与经济增长的关系、消费与收入的关系、消费与储蓄的关系等。

对消费水平的分析，主要是分析消费的整体水平，并着重从动态上把握消费水平的变化。可支配收入的使用首先是消费，消费剩余形成储蓄。为反映可支配收入的使用总体结构，可依据国民可支配收入计算消费率和储蓄率。

消费结构是指消费各要素之间的内部比例关系。对消费结构的分析主要是研究各种不同内容、不同形式的消费所占的比重及其相互关系，主要是要了解消费结构变化的长期发展趋势，这对于研究产业结构及其变化，以及调整社会供给结构等，都是必不可少的，同时也可以反映出市场化程度的高低。在消费总量上考察消费结构，主要是计算居民消费与公共消费各自所占比重，以反映消费的主体结构。在居民消费层次上，最主要的是分析消费的目的结构。

对消费结构及变动的分析，可以按不同的标准进行分类。根据我国的统计实践，对消费按用途进行分类统计时，通常把城镇居民消费分为食品、衣着、家庭设备用品、医疗保健、交通通讯、娱乐教育文化服务、居住、杂项商品等。同时也可以按消费的主体分为居民个人消费和政府公共消费，按消费资料的存在形式分为实物性消费与服务消费，按消费的来源分为商品性消费与自给性消费。

(二) 消费需求影响因素分析

消费需求受多种因素综合影响，具体如下：

(1) 居民收入水平。居民的消费需求主要来源于居民货币收入，居民收入与其消费需求呈正向关系。一般而言，当居民收入增加时，若其他条件不变，购买力增加，对消费品和劳务的需求就增加，反之则会减少。

(2) 过去的消费水平。因为消费有一种惯性力量，在理论上有消费黏性一说。也就是说消费者的实际生活水平不能低于基期，同时也会由于过去消费水平的不同而使得在收入提高之后对较高消费水平适应的快慢不同会使消费需求出现差异。

(3) 物价指数。随着市场化进程的深入，实物性消费的比重越来越小，消费需求大部分是通过市场来实现的。市场上商品和劳务价格的高低，直接影响消费需求的大小。消费需求的变化与价格的高低成反比，价格越高，需求减少，反之需求则增加。

(4) 产业结构的合理程度。产业结构和产品结构在很大程度上制约和影响消费需求总量和需求结构。如果生产结构不合理，生产出来的东西难以适销对路，则无法满足需求，就会抑制需求总量。

(5) 居民的消费习惯和消费心理。通常民族与民族之间、国家与国家之间的消费习惯不同，对消费需求的影响也不一样。

(6) 政府的消费政策以及其他经济政策。如利率政策可以影响居民的消费和储蓄，税收的高低影响到商品的价格，进而会影响到消费需求。国家的其他一些政策如教育政策、房改政策等都会影响到居民的预期,进而会影响到消费需求。

(三) 可支配收入使用结构对消费的影响

从根本上说,消费与储蓄就是当期消费与未来消费的关系,保持一定量的储蓄对于满足投资资金扩大再生产需要极为重要。但如果过分强调储蓄,则会影响当期居民消费。分析可支配收入使用结构变动对消费的影响,就是通过核算这两个结构相对指标——消费率和储蓄率来进行的。消费率、储蓄率公式为:

$$消费率 = \frac{最终消费支出}{可支配收入}$$

$$储蓄率 = \frac{储蓄}{可支配收入}$$

不同消费率或消费率变动对最终消费支出总额的影响额的计算公式为:

$$\begin{matrix}消费率变动对最终消费\\支出总额的影响额\end{matrix} =(报告期消费率-基期消费率)\times 报告期可支配收入$$

不同储蓄率或储蓄率变动,对最终消费支出总额的影响额,可从它们之间的互补关系出发,得出下面的计算公式:

$$\begin{matrix}储蓄率变动对最终消费\\支出总额的影响额\end{matrix} =(报告期储蓄率-基期储蓄率)\times 报告期可支配收入$$

储蓄率和消费率的分母,既可用可支配总收入,也可用可支配净收入。但要注意,一是两个指标应用同一口径的分母才有互补关系;二是储蓄率指标的分子也要与分母口径对应匹配,即分母是采用可支配总收入或净收入,那么其分子应该是总储蓄或净储蓄。

消费是反映核算期内满足社会及其成员对于物质和文化生活消费需求实现的指标。因此,收入使用结构指标消费率提高或储蓄率下降,都会在原有可支配收入水平条件下使消费增加,如果两者做相反变动,则会使消费减少。研究消费率时,一般要求消费率的最低限度能保证社会及其成员的最终消费额,在可支配收入增加基础上,居民物质文化生活水平有所提高。消费率的最高限度是可支配收入用于消费之后,能保证最低限度储蓄,满足投资资金的需要。

(四) 消费水平分析

对消费水平的分析,可以从消费的绝对水平和相对水平两个角度来进行。最终消费总额是一个用来测定消费规模的统计指标。从核算角度讲,最终消费总额就是指住户、政府或为住户服务的私人非营利机构承担的个人消费货物或个人服务的全部支出再加上用于公共消费的支出之和。

居民部门是主要的消费主体。考虑到人口数量多少的不同,也可以通过人均消费量来更真实地反映居民实际的消费状况。这样对不同地区、不同国家进行比较才更有意义。

从动态上反映居民生活消费水平的变化幅度,可将本期与上期人均生活消费额相比，即计算生活费指数，公式为：

$$生活费指数=\frac{本期人均生活消费额}{上期人均生活消费额}$$

需要了解的是，由于生活消费额是用现价计算的，因此生活费指数既可以反映人们生活水平的变化，也可以反映生活费价格的变化。生活费指数上涨了，生活水平不一定提高；生活费指数下降了，生活水平也不一定下降。如果要用这一指数来反映人们实际生活水平提高的程度，还要扣除价格因素的影响。

从消费的相对水平来反映，主要是为了与收入水平联系起来，反映消费在总收入中的相对比重，这可以通过计算平均消费倾向来反映消费的相对水平。同时，也可以通过边际消费倾向来动态地反映消费变化的相对水平。简单来说，平均消费倾向是指消费在收入中所占的比重。边际消费倾向是反映消费增量在收入增量中所占的比例。

与平均消费倾向和边际消费倾向有密切关系的两个概念是平均储蓄倾向和边际储蓄倾向。它们的关系是：平均消费倾向＋平均储蓄倾向＝1；边际消费倾向＋边际储蓄倾向＝1。这主要是由消费与储蓄的关系所决定的。

需要区分的另外一个概念是消费的收入弹性分析。消费收入弹性分析的是当居民收入变动百分之一时，消费需求量会变动百分之几。

分析居民平均消费水平，也可以从主要消费品出发，分析平均每人对这些消费品的消费水平。如平均每人一年的粮食、肉类、蛋类、鱼类、奶类、棉布等的消费量。用货币计量平均每人一年的全部消费额或对某类消费品、某类服务的消费额，可以综合反映居民总的消费水平或某类货物、服务的消费水平。

同时，为从不同消费主体研究居民消费水平，居民平均消费水平可以就全体居民总体进行计算，也可以就农民及非农业居民为主体分别进行计算。其计算公式为：

$$全体居民年平均消费水平=\frac{全年居民消费支出}{年平均人口数（或年中人口数）}$$

$$农村居民年平均消费水平=\frac{全年农村居民消费支出}{农村家庭年平均常住人口数}$$

$$城镇居民年平均消费水平=\frac{全年非农业居民消费支出或实际消费}{城镇居民家庭年平均常住人口数}$$

就某种类实物消费量计算时，居民平均消费水平可直接用于不同国家间对比，或不同地区、或不同居民主体如农民与非农民之间对比，也可直接用于同一主体的动态分析。

至于以总消费支出或总实际消费额计算的居民平均消费水平，应用于不同国家对比分析时，则需要用相应的购买力平价指数减缩，然后才可进行对比。

（五）消费结构分析

1. 主要内容

消费结构是指各种不同内容、不同形式的消费在消费整体中所占的比重及其相互关系。具体包括消费的用途结构，消费的主体结构。分析居民消费结构，对于了解消费者行为，研究产业结构及其变化，以及调整社会供给结构等，都是必不可少的。

2. 影响消费结构的因素

影响消费结构的因素主要有：

(1) 收入水平。随着收入水平的提高，消费的对象也在发生变化。当收入水平较低时，首先是满足生存需要，因此对基本物品的需求较大。随着收入水平的提高，人们对发展、享受型的消费需求增大，对服务的需求也在逐渐增大，消费结构因此表现出不同的内容。

(2) 产业结构。生产决定消费，特定的产业结构和产品结构决定特定的消费结构。同时，随着产业结构的变迁，消费结构也在逐步变化。

(3) 消费品的价格结构。经济学中有替代品和互补品的概念，也可以反映出消费结构。如果某种消费品的价格较高，消费者就会转而消费该消费品的替代品。若某种消费品的价格较低，也会带动对其互补品的消费，这样就会影响到消费结构。这里主要取决于价格弹性的大小。

3. 消费的用途结构

消费支出的用途结构主要是分析居民消费支出在吃、穿、住、用、行等方面的支出结构。通过对消费支出用途结构的分析，可以了解居民生活水平是否在提高，了解消费支出结构上的变化趋势，进而可以明确产业结构政策的制定方向。目前我国居民消费支出可以分为以下几方面。

(1) 生活消费品支出。

包括食品、衣着、日用品、文娱用品、书报杂志、医药卫生品、住房、燃料和其他用品。

(2) 文化、生活服务支出。

包括学杂费，医疗费，文娱费，交通、通讯费，其他费用。

对消费支出构成的分析，也有其他的分类。《中国统计年鉴》将消费构成分为8类：食品、衣着、家庭设备用品及服务、医疗保健、交通通信、娱乐文化教育服务、居住、杂项商品与服务。

根据对消费的经验性总结分析，长期内消费结构的演进规律是：吃在消费支出中所占的比重会逐步下降，而穿、用、住、行的消费所占的比重会逐步上升。如果按照生存型消费、享受型消费和发展型消费的划分来看，生存型消费所占的比重会出现下降趋势，而享受型消费和发展型消费所占比重会呈现上升趋势。

也可用货币性消费(商品性消费)与实物性消费(自给性消费)分析农村居民消费。随着农业生产的提高和农村经济的发展，农村居民生活消费水平提高，需要更多地用他们的货币来购买货物和服务来满足生活享用，从而造成货币性消费比实物性消费的比例增大。

对消费支出结构进行分析，可以结合恩格尔系数来进行。根据恩格尔定律，随着家庭收入的增长，食物支出在总消费支出中所占比重是下降的。

4. 消费主体内部结构关系及其变化趋势

消费主体有居民和政府，以及为居民服务的非营利机构。分析各消费主体结构关系及其变化趋势，就是通过计算它们各自实现的消费占全部消费的比重来进行的。观察的重点在于居民个人实际消费和公共实际消费之间的比重关系，同时在居民部门内部反映农村居民和城市居民消费的结构。居民消费水平应保证得到经常的、适当的提高，公共消费则应在满足需要的条件下，合理控制其增长。公共消费，如国家行政机关、国防和人民团体等应节约开支，不能随着经济增长而任意扩大，增加纳税人的负担。

三、投资支出统计分析

投资是经济主体为未来获得经济利益，在当期积累增加的非金融性资产。它是实现扩大社会再生产的物质基础，也是优化生产力配置，协调经济结构、产业结构以及地区结构的关键。因此，利用核算资料，对上述有关内容进行分析，得出有益的结果，作为改善下一期投资是有积极意义的。

投资既然是扩大再生产的物质基础，其规模大小对实现未来时期的经济增长有着重要作用。投资规模大小，首先看它的绝对规模—资本形成总额，其次看它的相对规模—资本形成占最终使用的比重，即资本形成率。投资的绝对规模保持一定水平，是保持国民经济持续增长的一个重要条件，而投资的相对规模保持一定水平，则在于使资本形成率保持一个恰当的比重，使之不影响社会成员生活水平的不断提高。从国际经验看，当一个国家进入工业化加速阶段，会出现投资快速增长和投资率上升的趋势。

从表 5.8 可以看出，1978 年以来，我国的资本形成总额随着国内生产总值的增长而逐年增加，由 1978 年的 1 377.9 亿元，增加到 1997 年的 28 564 亿元（未剔除物价变动因素）。资本形成率，由 1978 年开始一直延续至整个 80 年代均在 35.2%～38%之间，较多的国内生产总值用于人民生活消费，即消费率比重在 61.8%～65.9%之间。这期间，我国经济实力得到一定加强，在满足扩大再生产需要的投资规模后，较多的国内生产总值用于改善人民生活，消费率稍高。90 年代后期的多数年份，随着国内生产总值不断增加，除了总量上不断增加消费之外，投资规模总量和投资的资本形成率也均有明显增加。

另外，按照当年价格计算，2003 年我国最终消费率为 55.4%，资本形成率为 42.9%，其中固定资本形成率为 42.8%；另据商务部数据，2007 年我国最终消费率约 36%，比 2003 年下降了 19.4 个百分点。按照世界银行的统计，目前全球的平均消费率约 77%，固定资本形成率为 23%。2007 年我国的消费率比世界平均水平低 41 个百分点，固定资本形成率比世界平均水平高十几个百分点。

表5.8 1978～1997年我国国内生产总值及其使用 单位:亿元,%

年份	国内生产总值	最终消费	资本形成	净出口	资本形成率	最终消费率
1978	3 605.6	2 239.1	1 377.9	−11.4	38.0	61.8
1980	4 551.3	2 976.1	1 590.0	−14.8	35.2	65.9
1985	8 792.1	5 773.0	3 386.0	−366.9	37.8	64.4
1990	18 319.5	11 365.2	6 444.0	510.3	34.7	61.3
1995	59 404.9	34 529.4	23 877.0	998.5	40.8	59.0
1997	76 077.2	44 768.2	28 564.0	2 745.0	38.2	59.9

资料来源:《中国统计年鉴——1998》,中国统计出版社1998年版,第67页,第69页。

本章小结

收入分配核算以国内生产总值为起始收入总量,反映其在国民经济各部门之间以各种收支形式被分配的全过程,以及最终形成的国民经济各部门对收入的占有关系。

初次分配是指国内生产总值在生产参与者和政府之间进行的直接分配。初次分配由固定资产折旧、劳动者报酬以及社会纯收入(生产税净额和营业盈余)三大部分组成。

收入再分配是指不同的部门、单位和个人在初次分配获得的要素收入基础上通过非交易性的收支转移而形成的分配。再分配形式主要是财政、捐献、救济等各种经常性转移收支。

收入使用核算是在收入分配核算的基础上,以可支配收入为起点,进一步对国民经济各部门的最终消费情况进行全面考察。

国民收入分配格局是指收入在不同部门、不同要素以及部门内部进行分配形成的结构。国民收入分配格局分析包括收入分配主体结构分析、产业结构分析、要素收入结构分析和收入分配流量规模分析等。

收入差异分析方法有洛伦茨曲线图、基尼系数、人口收入份额度量方法、变异指标等。

财政收入总量或规模是衡量国家财力和政府在社会经济生活中职能范围的重要指标。财政收入结构统计分析目的在于探求增加财政收入的合理途径,是财政收入规模分析的深化。

一般来说,经济发达国家的转移性支出占财政总支出的比重较大,发展中国家购买性支出占财政总支出的比重较大。从支出结构考查,我国财政基本上是一个以经济建设为主的财政。

社会核算矩阵(SAM)方法已被广泛用于分析不同国家不同层次不同地域团体的收入分配问题。SAM分析方法包括SAM乘数分析及以SAM为基础的可计算一般均衡(CGE)分析。

消费分析一般包括对消费的影响因素分析、消费水平分析、消费的结构及其变动、消费与经济增长的关系、消费与收入的关系、消费与储蓄的关系等。

影响消费需求的因素有收入水平、过去的消费水平、物价指数、产业结构合理程度、消费习惯和消费心理、经济政策。

保持一定量的储蓄对于满足投资资金扩大再生产需要极为重要。但如果过分强调储蓄,则会影响当期居民消费。

思考与练习

1. 已知某企业增加值180亿元,支付劳动报酬60亿元,支付生产税10亿元,政府生产补贴0.2亿元,上缴政府所得税30亿元,支付财产收入(包括分红、利息等)20亿元,支付医疗、食堂、学校等非物质生产部门5亿元,支援灾区捐款0.1亿元,国库券兑换收入10亿元,利息收入1.3亿元。计算该企业可支配收入。

2. 已知某一时期居民消费率为70%,政府消费率为90%,又知该时期可支配收入非金融企业和金融机构为900亿元,居民为2 500亿元;政府为800亿元。

(1) 计算整个经济的消费率和储蓄率;

(2) 假定可支配收入的部分占有份额有变化,分别为非金融企业和金融机构占30%,政府占20%,居民占50%,则整个经济的消费率将为多少?计算条件和结果的变化说明了什么?

3. 无论在中国还是外国,"劫富济贫"都被认为是一种正义的壮举。在各国的收入再分配政策中,累进的个人所得税是重要工具之一。你认为累进税是"劫富济贫"吗?

4. 对于中国目前的基尼系数,各部门、各研究机构测试出的结果不尽相同,低的为0.43左右,高的超过了0.5。请您根据表中资料判断我国目前的收入分配状态,并给出政策建议。

基尼系数	0	0.2～0.3	0.3～0.4	0.4～0.5	0.5以上
反映状况	居民收入绝对平均	居民收入比较平均	居民收入相对合理	居民收入差距较大	居民收入差距悬殊

参考文献

1. 朱光磊.中国的贫富差距与政府控制.上海三联书店,2002

2. 邱东等.国民经济核算.经济科学出版社,2002

3. 中国经济改革研究基金会,中国经济体制改革研究会联合专家组.收入分配与公共政策.上海远东出版社,2005

4. 赵人伟,基斯·格里芬主编.中国居民收入分配研究.中国社会科学出版社,2007

5. 联合国等编.国家统计局国民经济核算司译.国民经济核算体系.中国统计出版社,1995

6. 高敏雪,李静萍等编著.国民经济核算原理与中国实践.中国人民大学出版社,2006

7. 邱东等.国民经济统计学.东北财经大学出版社,2001

8. 李宝瑜主编.国民经济统计分析.中国统计出版社,2002

9. 侯瑜.理解变迁的方法:社会核算矩阵及CGE模型.东北财经大学出版社,2005

10. Maria Llop, Antonio Manresa. Income Distribution in a Regional Economy: a SAM Model. *Journal of Policy Modeling*, 26 (2004)689～702

11. 宋长青.社会保障的统计监测.中国统计,2006(12)

12. 林宏,陈广汉.居民收入差距测量的方法和指标.统计与预测,2003(6)

第6章

资金流量核算

为了理解上帝的思想，我们必须要学习统计学——因为统计学是上帝意志的测度。

——南丁格尔（英国护士，近代护理学和护士教育创始人）

教学目的 通过本章的学习，掌握资金流量核算的基本原理，了解资金流量表的基本结构和解读方法，能够通过资金流量表分析收入、储蓄、消费和投资之间的关系以及各机构部门资金余缺状况，从而加深对经济运行状况和存在问题的了解和认识。

教学要点 资金流量核算的基本原理；资金流量表的基本结构、交易项目和解读方法；资金流量表的平衡关系；资金流量分析的主要应用领域。

经过前面章节的学习，我们了解了生产领域的核算方法，用第3章提到的"蛋糕"社会来比喻的话，生产核算就是在"做蛋糕"的领域进行统计分析。相比较于烘焙、制作蛋糕，"切蛋糕"的过程似乎更加吸引人们的注意。即，做好的"蛋糕"是如何在社会成员中进行分配的？哪些社会成员分得了较大块的蛋糕？每个成员分得的蛋糕，如果允许交易转化为货币形态，又是如何以资金的形式在各个成员手中流动的？本章所介绍的资金流量核算,就是从资金的角度,解读“做蛋糕”之后“分蛋糕”过程中的分配和流通问题。

请读者考虑下面的问题:我们在生产过程中创造的价值是如何分配的?用于最终消费的收入又是如何形成的?为实现投资而筹集到的资金是从哪里来的?因此,为了全面认识资金在经济中的作用,需要详细了解各个部门的金融联系和这种联系据以产生的金融手段。再比如,从政府的角度看,宏观经济决策者不仅需要知道用什么类型的负债来弥补赤字,而且还需要知道哪些部门提供了这笔资金;金融部门的管理者不仅需要知道获得的金融资产的构成,还需要知道对哪些部门拥有债权。

这些问题需要资金流量核算来提供答案。资金流量核算作为国民经济核算体系的重要组成部分,从资金运动这一角度,系统反映社会资金的来源、运用、结构、余缺情况,是研究货币政策、管理宏观经济的重要分析工具。如果说国内生产总值核算和投入产出核算主要是关于产品实物循环的核算,那么,以资金循环为对象进行核算,对资金循环过程予以系统记录,则是资金流量核算所要完成的任务。资金流量核算所依据的工具是资金流量表。

本章将介绍资金流量核算的基本原理、资金流量表的基本结构和解读方法,以及资金流量分析的基本内容。

第一节 资金流量核算的基本原理

国民经济核算是对国民经济运行过程的核算,而国民经济的运行过程是实物循环和资金循环的统一。实物循环是产品和生产要素供给和使用的循环,通过对实物循环的核算可以反映一定时期内产品市场和要素市场的供求平衡状况;资金循环则包括两个部分:第一部分是实物循环的镜像,即记录伴随产品和要素的实物流动所产生的价值流动;第二部分是涉及金融资产变动的各种金融交易。通过对资金循环的核算,可以深入观察经济系统的运动,尤其是金融系统的运动。

一、资金流量核算的产生、发展与现状

20世纪30年代后期,资本主义世界爆发了空前的经济危机。自由放任的经济政策[①]已无法解决现实经济问题,越来越多的人认识到国家需要通过财政政策和货币政策对宏观经济进行调控。经济学界对于货币或货币政策的广泛关注,推动了对资金流量核算方法的研究。

资金流量核算的研究在美国首先取得突破性进展。1944年,受美国经济研究局的委托,美国康奈尔大学柯普兰教授(A. Copeland)主持了旨在为货币流量提供完整统计描述的研究项目,开始了对资金流量的全面尝试,并于1947年1月在美国经济学年会

① 即认为经济运行不需要政府干预而完全由市场自行调节。

上宣读了论文《通过美国经济跟踪货币流通》，这标志着资金流量核算的诞生。同年，另一位美国经济学家米切尔(W. C. Mitchell)也发表了论文《支付流量、概念和数据的初步调查》，首次提出了资金流量的概念和从整体上考察资金动态的观点。1952年，柯普兰出版了专著《美国货币流量的研究》，详细阐述了货币流量核算的理论和方法，对美国1936～1942年的资金流量进行了估算。随后，美国联邦储备委员会采纳了这种资金流量核算方法，于1955年编制了第一份官方货币流量报告《美国资金流通(1939～1953)》。

20世纪50年代后期，为了把握急速变化的资金流动，许多国家都编制了本国的资金流量表。例如，1954年，日本银行调查统计局以柯普兰的研究为依据，开始进行资金流量核算工作；英国于1959年编制出完整的资金流量表；加拿大银行于1955年开始进行资金流量核算的研究，1959年发表了第一张资金流量表；20世纪60年代中期，南斯拉夫国家银行也建立了资金流量核算制度。

由于资金流量核算作为一种对资金运动的描述手段得到绝大多数国家的认可，联合国在1968年对SNA进行修订时，用资本筹集账户来综合反映资金流量，正式把资金流量核算纳入国民经济核算体系中，推动了资金流量核算的国际化。此后，联合国每年出版的《国民生产和收入核算统计》中也包含了资金流量的统计资料。经济合作与发展组织(OECD)每年出版的《金融统计》则以资金流量核算作为主要内容。20世纪70年代后，资金流量核算在世界许多国家得到推广和应用，在发达国家还出现了一批基于资金流量核算框架而建立的资金流量计量模型，进一步开拓了资金流量核算的应用领域。

我国的资金流量研究始于20世纪80年代初。改革开放以后，随着经济发展，尤其是随着分配格局变化和经济体制改革的深入，我国资金融通方式和数量出现了很大变化，宏观经济管理对掌握资金流量提出了迫切要求。1985年，在国务院国民经济核算领导小组的领导下，成立了由国家计委、财政部、中国人民银行和国家统计局四部门组成的联合研制组，开始研究我国资金流量核算，1989年开始正式研究编制资金流量表。1992年，资金流量核算被正式纳入我国国民经济核算体系方案。为了增强国际可比性，提高国民经济核算体系的协调性和一致性，1997年又对我国资金流量表进行了较大修订，进一步规范了资金流量核算工作，并于当年首次在《中国统计年鉴》上公布了1992年以来的资金流量表。

二、资金流量的对象以及核算范围

资金流量核算以社会资金运动和收入分配流量为核算对象，系统地研究一定时期国民经济各机构部门收入的形成、分配和使用、资金筹集与运用，以及各机构部门间资金的流入和流出情况。简单地说，资金流量核算的对象就是资金的流量与流向以及国民经济各机构部门资金余缺调剂的情况。

(一) 资金流量的概念与结构

资金流量核算中的资金流量概念可以做狭义定义，也可以做广义理解。狭义的资金流量主要是指金融交易流量，也就是以现金、信用、证券等金融资产负债为交易对象所形成的资产流量。广义的资金流量概念，则将其范围从金融流量扩大到所有价值收支流量，是指整个社会资金的循环过程，体现了与实物循环对应的价值循环。

采取广义概念的资金流量，其结构可用图 6.1 描述。

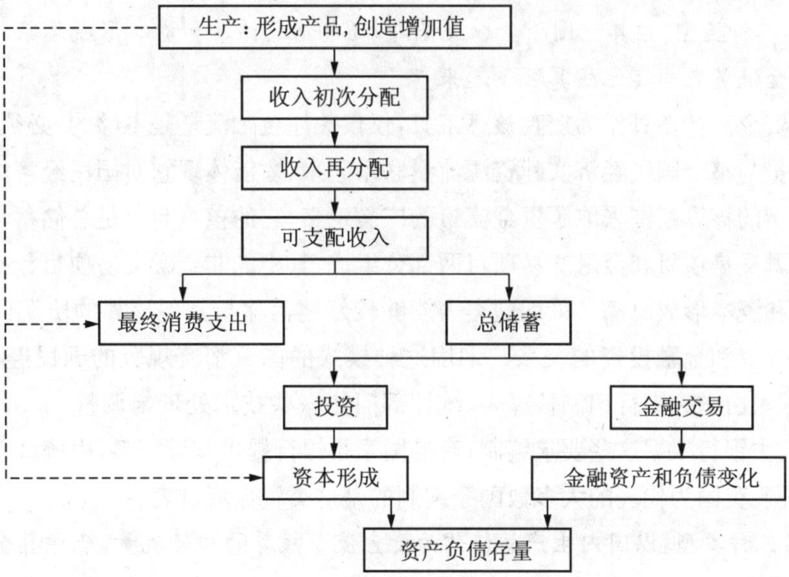

图 6.1　资金流量的结构

图 6.1 中，虚线所示为产品实物流量，实线即为资金流量。国内生产总值核算和投入产出核算的主要对象是货物与服务交易，而资金流量核算的对象则覆盖了收入分配交易和金融交易两个部分。资金流量上连生产活动，下接期末资产负债存量，它以生产活动的产出——增加值（也是国民收入初次分配的来源）为初始变量；国民收入经初次分配后进入再分配，从而形成国民可支配收入；国民可支配收入一部分用于最终消费支出，剩余部分形成储蓄，也即可用于投资的资金。然而，各部门的储蓄与投资往往是不平衡的，储蓄大于投资的部门，其多余的资金进入金融市场成为金融交易的资金来源；储蓄小于投资的部门，其短缺资金则通过金融交易得以筹集以满足投资的需要。经过投资和金融交易，最终带来资本形成和金融资产负债的变化。

（二）资金流量核算的范围

受资金流量不同定义的影响，资金流量核算的范围因各国国民经济核算的完善程度、国民经济核算工作在各经济管理机构中的分工情况、国民经济运行机制和管理方式以及金融市场发育程度的不同而有所不同，大致可分为以下三种类型。

1. 第一种类型：资金流量核算只核算金融交易

这种核算采用资金交易的狭义概念，其交易项目主要由金融交易组成，核算的起点是净金融投资。统计组织及管理系统较为分散的国家大多采用这种模式，资金流量表通常由中央银行独立编制和发表,政府统计部门不再加工整理。例如,西班牙和挪威等国,就仅仅编制单纯反映金融交易的资金流量表,不包括任何非金融交易。该种表具有金融交易项目详细、编表时间短、可按季度编制、实用性强等优点。但由于由银行单独编制,其部门划分一般直接采用金融统计的分类方法,与国民经济核算分类有所差别,故在衔接方面有一定的难度。

2. 第二种类型:核算范围除金融交易外,还包括总储蓄和资本形成总额,在一定程度上把资金流量表同其他核算联系起来

要使资金流量核算作为宏观核算工具,仅仅关注金融流量是不够的,必须将各种金融交易流量与整个国民经济实际资源流量联系起来,才能体现它对国民经济的重要性。第二种类型的核算范围采取了资金流量的广义定义,它的核算起点是总储蓄,其交易项目由非金融交易项目和金融交易项目两部分组成,其中的非金融交易项目包括总储蓄、资本转移和资本形成总额。采用这类表能够较好地消除与其他核算的协调问题,直接提供实物投资和金融投资的关系。采用这种模式的国家都有规范的国民经济核算基础,有的国家由中央银行编制核算表,统计部门作一些技术处理与调整,或由统计部门提出要求,由银行根据这些要求编制;有的国家是银行提供基础资料,由统计部门编制。目前以美国、英国为代表的大多数国家编制的是这类资金流量表。

3. 第三种类型:以国内生产总值作为资金流量核算的初始流量,既核算金融交易,又核算实物交易

该种核算将核算范围进一步拓展到包括收入、分配、再分配与消费及投资形成的整个过程。它不仅包括以现金、信用、证券等金融资产负债为交易对象的金融交易,也包含与货物和服务的生产与使用,以及与收入分配有关的实物交易。其核算起点是增加值,特点是交易环节多,信息量大,与其他核算联系紧密,便于分析应用。

(三) 我国的资金流量核算范围

考虑到我国的经济发展水平、金融市场的发育程度和经济管理的实际需要,我国的资金流量核算选择了第三种类型的核算范围,资金流量核算以整个收入分配和社会资金循环为对象,其核算范围比较宽泛。为了操作方便,也为了与相关分析更好地衔接,我国资金流量核算分为以下两个相互联系但又相互独立的组成部分。

1. 实物交易核算

实物交易核算覆盖从增加值创造到非金融投资的价值收支过程,从功能看,是对国内生产总值核算内容的进一步扩展和深化,在与后者相衔接的基础上,集中提供了收入分配过程、收入使用过程、非金融投资及其资金筹集过程的详细信息。资金流量表的实物交易部分由国家统计局负责编制。

2. 金融交易核算

主要是就国民经济过程中的金融活动进行核算,反映由金融交易形成的资金流量和流向,从宏观上反映与实物循环对应存在的资金循环过程。资金流量表的金融交易

部分由中国人民银行负责编制。

三、资金流量核算的特点

资金流量核算服从国民经济核算的总体原则，其特点主要体现在以下几个方面。

（一）广泛性

它不限于金融活动领域，如货币、存款、贷款及债券等项的变动，而且还反映非金融部门的交易活动，如收入、分配、消费、投资等实物资金流量的变动。

（二）联系性

它不是对金融领域中各种交易项目的简单统计，而是以经济部门为主体，以资金交易为对象，在两者的统一联系中，描述部门间的资金流动。

（三）全面性

因为资金流量核算是描述资金在部门间的流动，所以它具有超越各部门专业统计的特点，是对宏观经济进行全面性的核算。

四、资金流量核算的基本原则

资金流量核算作为国民经济核算体系的一部分，要服从国民经济核算的总体原则，这体现在以下几个方面。

（一）复式记账方法

每一笔交易都会在核算中得到双重反映。对收入分配交易，一个部门的收入会对应另一个部门的支出，在特定交易项目（比如劳动报酬）下，分别记入前者的来源方和后者的使用方；对金融交易，一个部门的金融资产增加（或减少）会对应另一个部门的负债增加（或减少），在特定交易项目（比如存款）下，金融资产增加（或减少）记录在使用方，负债增加（或减少）记录在来源方。

（二）权责发生制原则

"权责发生制"是以法律上的权力或者责任是否已经确立作为核算的标准来确定本期收入和支出的方法。凡是在本期发生应属于本期收入和支出，不论其款项是否收到或支付，一律作为本期收入和支出核算。

（三）部门分类和交易分类原则

资金流量核算的部门划分要考虑资金运动在不同社会再生产环节的特点。一是资金流量以机构部门划分为基础，同时区分国内和国外；二是对于各机构部门内部，还可以根据实际情况再进行细分类。

在资金流量核算中，还要正确区分经常性收支和投资性收支。这是因为对于一些转移性收支是经常性项目还是资本项目，有时不易区分。对于金融交易，以金融工具的流动性作为分类的第一标准，同时也兼顾金融工具的其他特征。

(四)计价原则

资金流量核算的实物交易部分的计价原则与采用市场价格计算的生产账户一致。金融交易部分的计价要区分货币市场交易和资本市场交易。货币市场交易按交易工具的面值计价;资本市场的交易工具主要包括股票和债券,它们分别在相应的市场上进行交易,按获得或转让资产时的价格记录。

第二节 资金流量核算表

一、资金流量核算表的基本结构

资金流量核算以资金流量表为载体,整个框架可以通过资金流量表的结构反映出来。资金流量核算表通常采用一般式矩阵表,也称为标准式矩阵表,它是由列的"机构部门"(也称宾栏)与行的"交易项目"(也称主栏)互相交叉而构成的一种表式。

表中各列为各个机构部门,包括非金融企业、金融机构、政府、住户等国内机构部门以及国外部门。每个机构部门下面又设有"运用"栏和"来源"栏,相当于机构部门账户的借贷两方,左边的"运用"栏记录各种支出或资产获得,右边的"来源"栏记录收入或负债发生。

主栏的交易项目按交易的不同性质分为实物交易和金融交易。这样资金流量表就分为主栏不同、宾栏相同的两张表,即实物交易表和金融交易表。表 6.1 为资金流量表的简要表式,表 6.2 和表 6.3 就是我国目前编制应用的资金流量表——实物交易部分和金融交易部分。

从表的纵向看,可以了解各部门收入、分配、消费、储蓄、投资以及金融资产和金融负债的增减变化;从表的横向看,则可以了解收入在各部门间分配与再分配的情况,以及通过各种金融活动调剂各部门资金余缺的过程。

如前所述,资金流量核算采用复式记账原理,对每笔资金流量都作双重反映。在实物交易方面,任何一笔交易中,一个部门的收入同时也是对应部门的支出,支出记录在运用方,收入记录在来源方;在金融交易方面,一个部门的金融资产的增加同时是对应部门负债的增加或金融资产的减少,金融资产的增加或减少记录在运用方,金融负债的增加或减少记录在来源方。这样就使资金流量核算的收支流量始终保持借贷对应、收支相等的平衡关系,形成账户体系。资金流量核算正是通过这一账户体系把各部门间的收入分配和金融交易连成一体,使社会资金运动的来龙去脉一目了然。

因此,在资金流量表的实物交易部分,运用栏记录了每个机构部门的各项交易支出;来源栏记录了每个机构部门的交易收入。在资金流量表的金融交易部分,运用栏记录了每个机构部门金融资产的变动情况;来源栏记录了每个机构部门金融负债的变动情况。

需要注意的是,在具体记录或应用资金流量表数据时,一定要注意区分一项交易项

表 6.1　资金流量表简表

机构部门 交易项目	非金融企业部门		金融机构部门		政府部门		住户部门		国内合计		国外部门		合　计	
	运用	来源	运用	来源	运用	来源	运用	来源	运用	来源	运用	来源	运用	来源
实物交易部分：														
可支配收入														
储蓄														
投资														
净金融投资（储蓄投资之差）														
金融交易部分：														
净金融投资（储蓄投资之差）														
直接金融工具														
间接金融工具														
国外金融工具														
合　计														

表 6.2　2004 年我国资金流量表(实物交易部分)

单位:亿元

机构部门 / 交易项目	非金融企业部门		金融机构部门		政府部门		住户部门		国内合计		国外部门		合　计	
	运用	来源	运用	来源	运用	来源	运用	来源	运用	来源	运用	来源	运用	来源
1. 净出口												−4 079.1		−4 079.1
2. 增加值		93 347.9		5 393.0		16 371.5		44 765.9		159 878.3				159 878.3
3. 劳动者报酬	34 472.6		1 957.4		10 850.0		27 919.4	75 251.8	75 199.5	75 251.8	166.8	114.4	75 366.2	75 366.2
(1) 工资及工资性收入														
(2) 单位社会保险付款														
4. 生产税净额	20 267.9		779.1		224.9	23 866.3	2 594.4		23 866.3	23 866.3			23 866.3	23 866.3
(1) 生产税														
(2) 生产补贴														
5. 财产收入	7 169.9	4 944.1	6 568.4	6 606.8	1 299.9	602.1	1 672.5	4 214.1	16 710.7	16 367.1	1 532.4	1 876.0	18 243.1	18 243.1
(1) 利息	4 207.1	2 658.9	6 458.0	6 606.8	1 299.9	602.1	1 672.5	3 769.8	13 637.5	13 637.5			13 637.5	13 637.5
(2) 红利	2 962.8	2 246.8	30.2					402.6	2 993.0	2 649.4	1 532.4	1 876.0	4 525.4	4 525.4
(3) 土地租金														
(4) 其他		38.5	80.2					41.7	80.2	80.2			80.2	80.2
6. 初次分配总收入		36 381.6		2 694.9		28 465.0		92 045.6		159 587.1				159 587.1
7. 经常转移	3 001.6	305.6	1 200.2	0.0	6 216.9	10 667.0	7 619.2	8 961.5	21 302.8	23 198.9	2 011.8	115.6	23 314.5	23 314.5
(1) 收入税	2 947.2		195.2			4 878.7	1 736.2		4 878.7	4 878.7			4 878.7	4 878.7
(2) 社会保险缴款						5 780.3	5 780.3		5 780.3	5 780.3			5 780.3	5 780.3

续 表

交易项目＼机构部门	非金融企业部门		金融机构部门		政府部门		住户部门		国内合计		国外部门		合计	
	运用	来源	运用	来源	运用	来源	运用	来源	运用	来源	运用	来源	运用	来源
(3) 社会保险福利					4 627.4			4 627.4	4 627.4	4 627.4			4 627.4	4 627.4
(4) 社会补助	54.4				563.5			617.9	617.9	617.9			617.9	617.9
(5) 其他经常转移		305.6	1 005.0		1 026.1	8.1	102.7	3 716.2	2 133.7	4 029.9	2 011.8	115.6	4 145.5	4 145.5
8. 可支配总收入		33 685.6		1 494.7		32 915.1		93 387.9		161 483.3				161 483.3
9. 最终消费					23 199.4		63 833.5		87 032.9				87 032.9	
(1) 居民消费							63 833.5		63 833.5				63 833.5	
(2) 政府消费					23 199.4				23 199.4				23 199.4	
10. 总储蓄		33 685.6		1 494.7		9 715.7		29 554.4		74 450.4		−5 684.0		68 766.4
11. 资本转移		3 804.1			3 809.9				6 544.7	6 538.9		5.7	6 544.7	6 544.6
(1) 投资性补助		3 804.1			3 804.1							5.7		
(2) 其他					5.8									
12. 资本形成总额	47 269.4		90.0		8 226.0		13 583.0		69 168.4				69 168.4	
(1) 固定资本形成总额	43 638.4		90.0		8 226.0		13 163.3		65 117.7				65 117.7	
(2) 存货增加	3 631.0						419.7		4 050.7				4 050.7	
13. 其他非金融资产获得减处置														
14. 净金融投资	−9 779.7		1 404.6		−2 320.1		15 971.4		5 276.3		−5 678.3		−402.0	

资料来源:《中国统计年鉴(2007)》,中国统计出版社 2007 年版。

表 6.3 2004 年我国资金流量表(金融交易部分)

单位:亿元

交易项目 \ 机构部门	非金融企业部门		金融机构部门		政府部门		住户部门		国内合计		国外部门		合计	
	运用	来源	运用	来源	运用	来源	运用	来源	运用	来源	运用	来源	运用	来源
净金融投资		−9 080.7		1 742.2		−2 429.7		15 450.4		5 682.1		−5 682.1		
资金运用合计	18 863.3		57 162.1		2 186.9		21 252.8		99 465.1		10 846.9		110 312.0	
资金来源合计		27 944.0		55 419.9		4 616.5		5 802.5		93 782.9		16 529.0		110 312.0
通货	155.5		−1.0	1 722.3	34.6		1 434.2		1 623.3	1 722.3	99.0		1 722.3	1 722.3
存款	15 710.6		−1 572.1	33 761.6	2 244.6		15 678.2		32 061.3	33 761.6	128.2	−1 572.1	32 189.4	32 189.4
贷款	−1.9	17 707.6	24 103.2	811.5		118.7		5 802.5	24 101.3	24 440.2	1 138.3	799.4	25 239.6	25 239.6
证券		2 013.7	13 586.1	10 408.3	−122.9	3 174.0	511.1		13 974.3	15 596.0	904.1		14 878.4	15 596.0
保险准备金	132.1			2 463.5		1 184.4	3 515.8		3 648.0	3 648.0			3 648.0	3 648.0
结算资金	−84.7			−110.6			−26.0		−110.6	−110.6			−110.6	−110.6
金融机构往来			569.0	500.7					569.0	500.7			569.0	500.7
准备金			4 353.9	4 723.6					4 353.9	4 723.6			4 353.9	4 723.6
库存现金			76.1	176.4					76.1	176.4		−100.3	76.1	76.1
中央银行贷款			−1 171.3	−1 191.1					−1 171.3	−1 191.1			−1 171.3	−1 191.1
其他(净)	2 767.7			1 942.5	30.6	−3.9	139.4		2 937.8	1 938.6			2 937.8	1 938.6
直接投资	149.4	4 547.0							149.4	4 547.0	4 547.0	149.4	4 696.4	4 696.4
其他对外债权债务	34.4	1 540.6	137.9	211.2		143.3			172.4	1 895.2	1 895.2	172.4	2 067.6	2 067.6
国际储备资产			17 080.3						17 080.3	0.0		17 080.3	17 080.3	17 080.3
国际收支错误与遗漏		2 135.1								2 135.1	2 135.1		2 135.1	2 135.1

资料来源:《中国统计年鉴——2007》,中国统计出版社 2007 年版。

目或金融工具对机构部门的属性，弄清楚它在资金流量表上的正确位置，不要把"运用栏"和"来源栏"的数据张冠李戴。

以资金流量表的金融交易部分为例，虽然运用栏和来源栏记录的金融工具具有相同的分类，但属性不同，金融工具对于运用方的机构部门而言是一种资产，即债权(货币黄金和特别提款权除外)；对于来源方的机构部门而言是一种负债，即债务。比如，上市公司既发行股票，也购买股票，前者是公司的负债，后者则是公司的资产，所以上市公司发行股票的数额应记录在该部门的来源栏，购买股票的数额应记录在运用栏。

此外，有些金融工具有特定的资产方和负债方，因此一个机构部门并不会持有所有种类的金融资产或负债。例如，货币黄金和特别提款权是政府部门的资产，它们只能出现在政府部分的运用栏中，而在其他部门的运用栏不会出现；存款是金融部门的负债，在其他部门的来源栏中也不会出现，等等。在记录和应用时，应注意金融资产或负债对应的部门是否正确。

二、资金流量核算表的交易项目

如前所述，我国资金流量表分为实物交易和金融交易两部分。资金流量表的实物交易部分(参见表 6.2)，记录了所有机构部门关于收入分配和实物交易的资金来源与资金运用情况，以及收入分配与实物交易在各机构部门之间的资金运动情况。例如，住户部门的劳动者报酬是从哪些机构部门的分配中来的，以及各机构部门分配的具体数额。

资金流量表的金融交易部分(参见表 6.3)，则记录了所有机构部门金融资产的净获得和负债的净发生。通过资金流量表的金融交易部分，我们不仅能弄清每一机构部门为筹集金融资源而发生的负债以及该部门获得的金融资产，还能掌握各机构部门之间谁为谁提供资金的问题。比如，非金融企业部门的负债主要是以什么形式(贷款、证券等)获得，以及是从哪些机构部门(金融机构、住户、国外等)获得；金融机构部门通过使用哪些金融手段(通货、存款等)发生净负债，以及各机构部门提供资金的具体数额。

因此，资金流量表的主栏也由两大部分组成，即实物交易项目和金融交易项目。

(一) 实物交易项目

资金流量核算实物交易项目的内容，主要包括收入分配、收入使用和非金融投资三个环节。所谓收入分配，是指将当期生产的价值分配给各经济活动主体的过程，以及在此过程中所形成的各种收支活动；所谓收入使用，是指住户部门和政府部门将收入用于购买货物或服务以实现消费所花费的支出；所谓非金融投资，是指各部门进行非金融资产①的

① 非金融资产(non-financial assets)是经济资产的主要类别之一，是在非金融交易过程中累积起来的资产。根据产生的途径，非金融资产可以细分为生产资产(produced assets)和非生产资产(non-produced assets)。所谓生产资产是指由(国民经济核算所界定的)生产过程所创造的实体，包括固定资产、存货以及贵重物品。所谓非市场资产是指在生产过程以外产生的资产，既包括天然存在的有形资产，如土地、地下矿藏等自然资源，也包括通过法律或社会程序而产生的一些无形资产，例如专利权和商誉等。

交易。资金流量表实物交易项目的具体指标如下。

1. 增加值

增加值指各机构部门的总产出减去中间消耗后的价值。国内各部门增加值之和即为国内生产总值。各机构部门增加值是资金流量核算的初始流量。

2. 劳动者报酬

劳动者报酬指劳动者从事生产活动而获得的各种收入,包括各种来源的货币及实物工资,即以工资、福利以及其他形式从成本、费用或利润中支付给劳动者个人的工资性报酬,以及个体和其他劳动者通过参加生产活动所获得的各种劳动报酬。

3. 生产税净额

生产税净额指生产税扣除生产税补贴后的余额。这里提到的生产税又称间接税,指各单位和城乡个体劳动者从事生产经营活动时向国家缴纳的各种税金,如产品税、增值税、营业税、关税、房产税等。

4. 财产收入

财产收入指某一机构单位使用其他机构单位的金融资产、实物资产以及版权、专利等无形资产而引起的收入支付,具体项目分为利息、红利、租金及其他。利息是指居民、企业、金融机构等部门因存款、贷款和其他债券的发放、购买而发生的利息收入或利息支付。红利指企业股东和股票持有人按股金和股票取得的利润。租金指因土地及无形资产的租借而取得的收入和支付。

5. 初次分配总收入

初次分配是生产活动形成的净成果(即增加值)在参与生产活动的生产要素的所有者及政府之间的分配。生产要素包括劳动力、土地和资本。劳动力所有者因提供劳动而获得劳动报酬;土地所有者因出租土地而获得地租;资本所有者因资本的形态不同而获得不同形式的收入:借贷资本所有者获得利息收入,股权所有者获得红利或未分配利润。政府因直接或间接介入生产过程而获得生产税或支付补贴。初次分配的结果形成各个机构部门初次分配总收入。

各机构部门的初次分配总收入之和等于国民总收入,也即本书前文提及的国民生产总值[①]。这些概念之间的相互关系为:

初次分配总收入 = 增加值 − 支付的劳动者报酬和生产税净额 + 收到的劳动者报酬和生产税净额

+ 收到的财产收入 − 支付的财产收入 (6-1)

结合表 6.2 提供的我国 2004 年资金流量表(实物交易部分),以非金融企业部门为例,可以证实上述公式:

① 第 3 章已经介绍过,国民生产总值尽管名称上带有“生产”字样,但它却不是生产性指标,而是一个收入性指标。通过资金流量表所反映出的国民收入(国民生产总值)等于各机构部门的初次分配总收入之和,再一次体现了这个问题,提请读者注意。

初次分配总收入 = 93 347.9 − 34 472.6 − 20 267.9 + 4 944.1 − 7 169.9 = 36 381.6(亿元)

6. 经常转移

转移是指一个机构向另一个机构提供货物、服务或资产，而同时并没有从该机构获得任何货物、服务或资产作为回报的一种交易。经常转移包括除资本转移以外的所有转移，即指机构部门之间因履行社会义务而发生的现金和实物的无偿转移。其形式有收入税、社会保险付款、社会补助(如抚恤金、困难补助)和其他经常转移。其中收入税也称直接税，是指机构部门支付的除生产税以外的所有税金，包括企业和个人支付的所得税、调节税、奖金税等。

7. 可支配总收入

在初次分配总收入的基础上，通过经常转移的形式进行再分配，结果形成各个机构部门的可支配总收入，也即各机构部门通过分配和再分配而形成的可用于最终消费和总储蓄的收入。国内各机构部门的可支配总收入之和称为国民可支配总收入，存在如下关系：

$$可支配总收入 = 初次分配总收入 + 经常转移收入 - 经常转移支出 \quad (6\text{-}2)$$

结合表 6.2 提供的我国 2004 年资金流量表(实物交易部分)，以非金融企业部门为例：

可支配总收入 = 36 381.6 + 305.6 − 3 001.6 = 33 685.6(亿元)

8. 最终消费

最终消费指各机构部门在一定时期内对于货物和服务的全部最终消费。具体分为居民消费和政府消费。

9. 总储蓄

总储蓄指可支配收入减去最终消费后的余额，它反映各机构部门的资金积累。具体分为净储蓄和固定资产折旧。国内各机构部门的总储蓄之和称为国民总储蓄。

$$总储蓄 = 可支配总收入 - 最终消费 \quad (6\text{-}3)$$

结合表 6.2 提供的我国 2004 年资金流量表(实物交易部分)，以政府部门为例：

总储蓄 = 32 915.1 − 23 199.4 = 9 715.7(亿元)

10. 资本转移

资本转移是指一个部门无偿地向另一个部门支付用于非金融投资的资金，是一种不从对方获取任何对应物作为回报的交易，具体分为实物资本转移和货币资本转移。实物转移是指某一机构部门将其固定资产、其他非金融资产的所有权无偿转移给另一机构部门；货币资本转移是指某一机构部门将货币无偿转移给另一机构部门用于增加固定资产和其他非金融资产。

资本转移的具体类型包括资本税、投资补助和其他资本转移。但在我国，受过去经济体制的影响，资本转移很大程度上是由政府主导的，除了资本税以外，主要表现为投资性的政府财政预算内拨款(指中央或地方财政对机构部门非金融资产投资的拨款支付)以及预算外用于固定资产投资的支出,发生在民间的资本转移较少。

资本转移具有不同于经常转移的两个特征:一是转移的目的是用于投资,而不是用于消费;二是资本转移常常具有规模大、频率低和发生无规律的特点。

11. 资本形成总额

资本形成总额包括固定资产形成总额和存货增加。

固定资产形成总额是指各机构部门一定时期内能够形成固定资产价值的全部投资和费用。具体有城乡居民建造住房投资和生产性投资;企业和行政事业单位的基本建设、更新改造、大修理、其他固定资产投资等。

存货增加是指一定时期内库存物资价值的增加部分,它是入库货物总价值与出库货物总价值的差额。

12. 其他非金融资产获得减处置

其他非金融资产获得减处置包括土地和无形资产购买净额,以购买额减去销售额后的净额记入"资本使用"栏。土地包括流经地面的河流和地下未经勘探的自然资源,但不包括地面的房屋和其他建筑物。无形资产指国家或法律所赋予的生产某种特殊货物或服务、从事某些特殊活动、销售或购买某些货物的特殊权利,主要有版权、专利权和商标权。

13. 净金融投资

净金融投资指各机构部门的储蓄与投资之差,它是实物交易账户的平衡项,反映机构部门或经济总体资金富余或短缺的状况。净金融投资也是金融交易账户的一个重要项目,是金融交易的起点。净金融投资为正值的部门,资金以储蓄存款、购买股票证券等形式流向金融市场,净金融投资为负值的部门则以借贷、发行或出售股票证券等形式从金融市场筹集资金①。

从实物交易角度看,净金融投资是总储蓄加资本转移收入减非金融投资后的余额。非金融投资包括资本形成总额和其他非金融资产获得减处置。其计算公式为:

净金融投资 =(总储蓄 + 资本转移净额)-(资本形成总额 + 其他非金融资产获得减处置) (6-4)

结合表6.2提供的我国2004年资金流量表(实物交易部分),以金融机构部门为例:

净金融投资 = 1 494.7 - 90.0 = 1 404.6(亿元) ②

① 细心的读者可能注意到,表6.2我国资金流量表实物交易部分的"净金融投资"与表6.3金融交易部分的"净金融投资"数额不同,这是由于核算的分工和资料来源不同而导致的统计误差。

② 表6.2和表6.3中各数据均是经过四舍五入处理后的数据,在展示平衡关系时可能会有微小的出入。只要把各数据还原成原始数据计算就能消除这一现象。为了论述上的方便,使平衡关系与表中数据的一一对应,我们直接照录了表中的数据。下同。

从金融交易的角度看，它是金融资产的增加额减金融负债的增加额之后的余额。即：

$$净金融投资 = 金融资产增加 - 金融负债增加 = 资金运用合计 - 资金来源合计 \quad (6\text{-}5)$$

结合表 6.3 提供的我国 2004 年资金流量表(金融交易部分)，以住户部门为例：

净金融投资 = 21 252.8 − 5 802.5 = 15 450.4(亿元)

(二) 金融交易项目

金融交易是指机构单位之间和机构单位与国外之间引起金融资产所有权变化的交易，包括与金融债权的产生和清偿有关的所有交易。按融资方式的不同，金融交易还可分为直接融资和间接融资。直接融资主要有债券和股票，是企业、政府等从金融市场上直接募集资金，金融机构只提供发行销售等服务，不起资金的中间借贷人的作用。间接融资主要是贷款，金融机构扮演了筹集资金和运用资金的中介角色。金融市场通过直接融资和间接融资的方式将分散在各个机构部门的资金进行调剂。

资金流量表的金融交易部分反映金融交易活动所形成的资金流动和流向，是各机构部门的资金余缺通过金融交易活动调剂而实现平衡的过程。资金流量表的金融交易部门的项目主要有通货、存款、贷款、证券、股票、保险准备金、结算资金、金融机构往来、库存现金、准备金、中央银行贷款、直接投资、其他对外债权债务、国际储备资产和国际收支错误与遗漏等。

1. 通货

通货指以现金形式存在于市场流通领域中的货币。它由人民银行累计发行货币减去国家银行库存现金计算得出，包括居民手持现金，企事业单位的库存现金。通货是金融部门的负债，是其他机构单位的资产。

2. 存款

存款指金融机构接受客户存入的货币款项，存款人可随时或按约定时间支取款项的信用业务，主要包括活期存款和定期存款。存款是金融部门的负债，是其他机构单位的资产。

(1) 活期存款是指存款期限不受限制，可以随时从银行存入和提取的存款。包括居民的活期储蓄存款、企业的结算存款、行政事业单位(现归属于政府部门)的经费存款。

(2) 定期存款是指有一定期限的存款，原则上未到期不能提前支取。包括居民的定期储蓄存款、企事业单位的定期存款。

3. 贷款

贷款指金融机构将其所吸收的资金按一定的利率贷放给客户并约期归还的信用业务，主要包括短期贷款和长期贷款。贷款是金融部门的负债、其他机构单位的资产。

(1) 短期贷款，指期限在一年以内的各项贷款，包括企业流动资金贷款、委托贷款和信托贷款中的流动资金贷款和抵押贷款、票据贴现及其他贷款。

(2) 长期贷款,指期限在一年以上的各项贷款,如基本建设贷款、定期专项贷款等为满足各企业事业单位固定资产维修、更新、改造和扩建等需要而提供的贷款。

4. 证券

包括债券和股票,是发行者的负债、认购者的资产。

(1) 债券是指由债券购买者承购的或因销售产品而拥有的、可在金融市场上交易并代表一定债权的书面证明。包括政府债券、金融债券、企业债券、商业票据、支付固定收入但不提供法人企业残余价值分享权的优先股等。其中政府债券是指政府为了筹集资金而发行的有价证券,包括国库券和各种公债。

(2) 股票是指股份公司签发的证明股东投资并按其所持股份享有权益和承担义务的权益性证券。

5. 保险准备金

保险准备金指对人寿保险准备金和养恤基金的净权益、保险费预付款和未结索赔准备金。

6. 结算资金

结算资金指金融机构在转账结算中,由于时空限制,结算凭证传递需要一定时间而产生的汇兑在途资金。结算资金是金融机构部门的负债,结算收款人的资产。

7. 金融机构往来

金融机构往来指各金融机构之间的资金往来,包括同业存放款和同业拆借款。

8. 准备金

准备金指各金融机构在中央银行的存款及缴存中央银行的法定准备金。

9. 库存现金

库存现金指各金融机构法定准备金之外的库存现金。

10. 中央银行贷款

中央银行贷款指中央银行对各金融机构的贷款。

11. 其他(净)

这是指除上述资产以外的其他金融资产净额,为金融机构部门的负债,企业部门的资产。

12. 直接投资

直接投资指外国、港澳台地区在中国和中国在外国、港澳台地区以独资、合资、合作及合作勘探开发方式进行的投资。

13. 国际储备资产

国际储备资产指我国中央银行拥有的可随时动用并有效控制的对外资产,用于弥补或调节国际收支不平衡。包括中央银行的黄金储备、外汇储备、在国际货币基金组织的储备头寸、特别提款权和其他债权等,其数据为国际收支综合差额,包括经常账户、资本账户、平衡账户的差额。国际收支平衡表中储备资产变动，正号表示储备资产增加，负号表示储备资产减少。

14. 国际收支错误与遗漏

国际收支错误与遗漏指在国际收支统计中由于资料不完整，统计时间、统计口径、统计分类、计价标准和汇率折算办法不一致等原因造成的误差与遗漏，它等于国际收支平衡表中的经常账户差额加资本和金融账户差额减储备资产增减额。

三、资金流量核算表的平衡关系

凭借表式结构设计和各种统一的核算原则，资金流量核算表是一个全面平衡的核算表。它不仅包含了与收入分配使用及金融交易有关的各种经济活动，而且把所有参与该活动的交易者都包括在其中，通过行列交叉对应的各个单元可以显示每一个经济交易者所参与的每一类经济交易的数额。表中数据彼此关联、相互制约，存在着以下两种类型的平衡关系。

(一) 资金来源与资金运用的纵向平衡或内部平衡

纵向平衡即各部门内部的平衡关系，指的是各部门“运用方”各交易项目合计等于“来源方”各交易项目合计，由此反映每一个部门内部收入与支出的来源项目和去向项目，从而勾划出该部门收入支出、资金流入流出的来龙去脉。对于任何一个机构部门或整个经济总体，只要有资金来源就必须有其运用；反之，有资金运用也必须有其来源，因而，它们各自的资金来源总额与运用总额应该是总量平衡的。

结合表 6.2 提供的我国 2004 年资金流量表(实物交易部分)，以金融机构部门为例：

运用列项目合计 = 1 957.4 + 779.1 + 6 568.4 + 1 200.2 + 90.0 + 1 404.6 = 11 999.8(亿元)

来源列项目合计 = 5 393 + 6 606.8 = 11 999.8(亿元)

因此，运用列项目合计等于来源列项目合计，从而使得金融机构部门内部的资金流动实现平衡。同时，应该注意到金融机构部门存在 1 404.6 亿元的资金盈余，因此，净金融投资为正数，即存在净借出。

金融交易表中也同样存在纵向平衡关系，从一个部门内部看，其运用方记录合计等于其来源方记录合计，表示在该部门：

负债净增加(资金来源合计) + 净金融投资 = 金融资产净增加(资金运用合计)　　(6-6)

结合表 6.3 提供的我国 2004 年资金流量表(金融交易部分)，以金融机构部门为例：

55 419.9 + 1 742.2 = 57 162.1(亿元) = 资金运用合计

(二) 资金来源和资金运用的横向平衡或外部平衡

横向平衡即各部门之间的平衡关系，这种平衡关系只存在于所有部门(即国民经济总体和国外)的合计水平上:针对每一个交易项目,各部门“来源方”的合计数额等于各部门“运用方”的合计,以此反映社会资金在特定交易流量上的来源和去向。

结合表 6.2 提供的我国 2004 年资金流量表(实物交易部分),以劳动者报酬项目为例:

各部门运用合计＝34 472.6＋1 957.4＋10 850＋27 919.4＋166.8＝75 366.2(亿元)

各部门来源合计 ＝ 75 251.8 ＋ 114.4 ＝ 75 366.2(亿元)

其中,劳动者报酬在住户部门的资金来源项为 75 251.8 亿元,由此说明,企业、政府和住户支付的劳动者报酬主要流向了住户部分。

再看资金流量表的金融交易部分(表 6.3)。对应该表每一个横行的交易项目,其运用栏合计恒等于来源栏合计(也即最右侧合计栏所记录的来源和运用总是相等)。以“存款”为例:

运用栏合计＝15 710.6－1 572.1＋2 244.6＋15 678.2＋128.2＝32 189.4(亿元)

来源栏合计 ＝ 33 761.6 － 1 572.1 ＝ 32 189.4(亿元)

将平衡关系推广至整个经济总体,从国内与国外的资金流动关系来看,如果国内存在资金余额,则必然要借给国外以增加国内金融资产;反之,如果国内存在资金缺口,就必须从国外筹措,这将增加国内的负债。具体表现为:

对国外净金融投资 ＝ 国内金融资产净增加 － 国内负债净增加　　(10-7)

根据表 6.3,2004 年我国国内各机构部门的资金运用合计为 99 465.1 亿元,它是国内金融资产的净增加额;而国内各机构部门的资金来源合计为 93 782.9 亿元,这是国内负债的净增加额;两者之差,体现了面向国外的资金流动,即为对国外净金融投资(5 682.1 亿元),所以有如下平衡关系:

99 465.1 － 93 782.9 ＝ 5 682.1(亿元)

由此可见,资金流量表作为一种严谨的核算形式,它既受制于各部门内部的平衡关系,又受制于各部门之间的平衡关系。表中任何一项数据的变动,都会在纵横两个方向上引起连锁反应。

第三节　资金流量表的分析应用

资金流量表蕴含了丰富的信息,在经济分析中具有重要的分析价值,这样的分析称为资金流量分析。资金流量分析就是利用资金流量表提供的数据,直接地分析收入、储蓄、消费和投资之间的关系,各机构部门资金余缺状况,以及金融市场变化情况和债务变动情况,从而深入研究经济运行状况和存在的问题,为制定和调整财政政策和货币政策提供服务,为宏观经济调控提供依据。这种方法在国际上已得到广泛的应用,在我国的宏观决策和分析中也已发挥了重要作用。

资金流量分析的基本方法包括：一是从资金总量上分析宏观经济各变量间的关系的资金总量分析法；二是从各部门资金的来源和使用以及构成进行分析的资金构成分析法。从资金流量表的结构来看，资金流量表是一个矩阵表，因此资金流量分析既可以从行（交易项目）进行分析，得到部门之间的结构特征，也可以从列（机构部门）进行分析，得到部门内部的交易特征。当然，无论从哪个角度切入，都需要将二者交叉起来进行分析。此外，还可以将历年资金流量表综合起来，进行动态分析。本节依据我国历年资金流量表的真实数据①，介绍资金流量分析的基本内容。

一、分析收入分配关系

通过资金流量表，可以研究收入形成过程及在机构部门之间的分配关系，了解可支配收入使用去向。例如，可以分析在收入分配中国家、企业、居民三者之间的关系，特别是国家财政收入占国民可支配总收入的比重，中央财政收入占财政收入的比重，以观察国家财力集中的程度，深入分析财政政策的作用效果，为改革和完善分配体制，调整国家的税收结构提供依据。

2004 年我国国民总收入（也即各部门初次分配总收入总和）和国民可支配收入的机构部门分布如图 6.2 所示。该图显示，非金融企业部门是增加值的主要创造者，其增加值占国内生产总值的 58.4%，其次是住户部门，占 28%，其他两个部门创造的增加值较少，政府部门占 10.2%，金融机构部门占 3.4%。

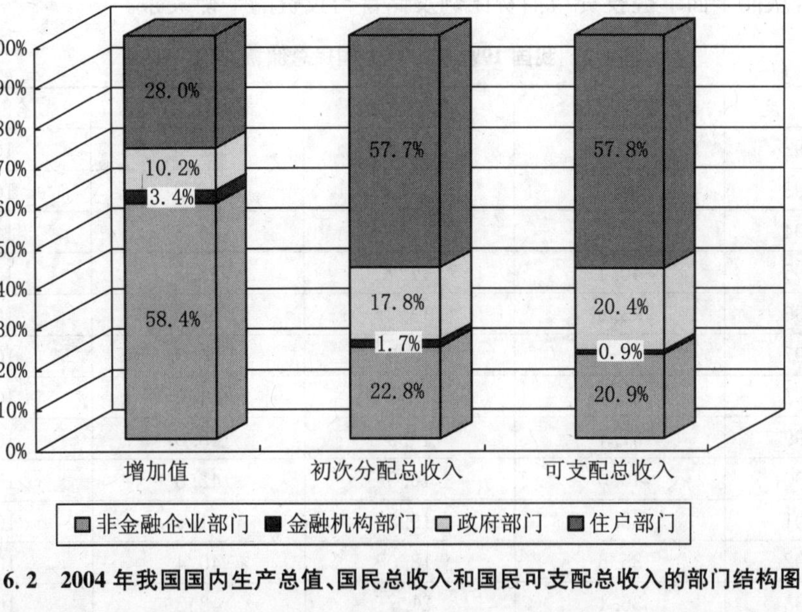

图 6.2　2004 年我国国内生产总值、国民总收入和国民可支配总收入的部门结构图

① 本节所进行的各项资金流量分析，均根据 1999～2007 年各年度《中国统计年鉴》中资金流量表数据计算，不再一一注明数据来源。

经过收入初次分配，与国内生产总值的部门分布相比，国民总收入的部门分布发生了很大变化：(1)非金融企业部门在支付了劳动报酬、生产税净额和财产收入之后，其原始收入(初次分配总收入)在国民总收入中的份额明显低于其增加值在国内生产总值中的份额，仅为22.8%；(2)政府部门由于获得大量的生产税净额，因此其得到的原始收入大于其创造的增加值，份额由10.2%上升至17.8%；(3)住户部门得到大量的劳动者报酬和财产收入，成为最大的原始收入占有部门，在国民总收入中占有57.7%的份额；(4)金融企业部门与非金融企业部门的情况类似，只是规模变化较小，在国民总收入中的份额降至1.7%以下。

经过收入再分配之后，收入的部门分布基本没有发生大的改变：(1)非金融企业和金融企业在支付了所得税之后，在国民可支配收入中的份额进一步下降，分别降至20.9%和0.9%；(2)政府部门在收到各部门缴纳的所得税之后，在国民可支配收入中的份额进一步提高到20.4%；(3)住户部门缴纳所得税与得到的经常转移基本相当，在国民可支配收入中的份额上升至57.8%。

因此，总体来看，国家的再分配政策向住户部门和政府部门倾斜，经过收入再分配过程，全社会2004年创造的价值发生了由企业部门向住户部门和政府部门的大规模流动。

二、分析储蓄与消费行为

可支配总收入用于最终消费后的剩余部分即为总储蓄，它是国内各机构部门非金融投资的主要资金来源。通过资金流量表，一方面可以分析全社会各机构部门可支配收入用于储蓄与本身投资使用的对比关系；另一方面可观察各机构部门投资资金的保证程度，从而全面掌握投资与消费比例及储蓄与投资的平衡关系。

表6.4 我国1992～2004年国民总储蓄的部门构成 单位：%

年 度	企 业	政 府	住 户	合 计
1992	33.1	14.6	52.3	100.0
1993	38.7	15.0	46.3	100.0
1994	37.5	12.2	50.3	100.0
1995	40.1	11.7	48.2	100.0
1996	33.6	13.5	52.9	100.0
1997	35.2	13.9	50.9	100.0
1998	35.8	13.2	51.0	100.0
1999	37.1	14.9	48.0	100.0
2000	40.6	16.5	42.8	100.0
2001	38.9	19.5	41.6	100.0
2002	35.6	18.0	46.4	100.0
2003	36.1	21.7	42.2	100.0
2004	47.3	13.0	39.7	100.0
年均	37.7	15.2	47.1	100.0

表 6.4 综合使用 1992～2004 年间的我国资金流量表[①]，给出了历年中国国民总储蓄的部门构成情况。可以看出，在这一时段内，总储蓄占国民总储蓄的比重，住户部门最高，年均 47.1%；其次是企业部门[②]，年均 37.7%；政府部门最低，年均 15.2%。也即，国民储蓄的近一半来自住户部门，其他来自企业和政府部门。可见住户部门和企业部门在国民总储蓄中起重要作用。住户部门总储蓄所占比重较高的主要原因在于住户部门在收入分配中获得的份额较大。

那么，政府部门、住户部门以及经济总体的可支配收入中没有被当期消费掉的部分，即总储蓄占各自可支配总收入的比重是多少呢？这要通过储蓄率来回答。

储蓄率又称平均储蓄倾向，指总储蓄占可支配总收入的比重，即政府部门储蓄率等于政府部门总储蓄与其可支配总收入之比；住户部门储蓄率等于住户部门总储蓄与其可支配总收入之比；非金融企业部门和金融机构部门的总储蓄与其可支配总收入相等，因此其储蓄率等于 1；经济总体储蓄率，即国民储蓄率，等于国民总储蓄与国民可支配总收入之比。表 6.5 给出了 1992～2004 年我国住户部门、政府部门和经济总体储蓄率。

表 6.5　我国住户部门、政府部门和经济总体储蓄率　　单位：%

年　度	住户储蓄率	政府储蓄率	国民储蓄率
1992	31.1	31.0	40.3
1993	29.9	32.4	41.7
1994	32.6	29.0	42.7
1995	30.0	29.6	41.6
1996	30.8	31.7	40.3
1997	30.5	32.3	40.8
1998	29.9	30.0	40.0
1999	27.6	31.0	38.6
2000	25.5	32.5	38.5
2001	25.4	35.9	38.9
2002	28.6	35.3	40.2
2003	28.9	42.7	42.9
2004	31.6	29.5	46.1
年均	29.4	32.5	41.0

该表显示，1992～2004 年间，住户部门和政府部门储蓄率变动情况不同，但两者的平均水平相差不大，都在 30%左右；国民储蓄率基本保持在 40%以上。这说明政府部门和住户部门的可支配总收入中都有 30%左右被结余下来，国民可支配总收入中有

① 数据来源：《中国统计年鉴》(1998～2007)，下同。

② 即非金融企业部门和金融机构部门的合计。

40%以上被结余下来，可用于非金融投资或金融投资。与国外相比，我国消费率偏低，而储蓄率偏高。①这种情况可能是多方面因素造成的，如中国人传统的勤俭节约的消费习惯、消费信贷滞后、居民对教育和社会保障等预防性储蓄的偏好，等等。

三、分析非金融投资与资金余缺

我国经济总体及各机构部门的资金余缺情况怎样？我们可通过考察我国非金融投资以及资本形成的实际情况来研究这个问题。如前所述，非金融投资是各部门进行非金融资产的交易，它包括"资本形成总额"和"其他非金融资产获得减处置"。当不考虑向国外借入资金时，国内各机构部门总储蓄与资本转移净收入之和，是可用于非金融投资的最大资金量。

受资料来源方面的限制，到目前为止，我国资金流量表中关于"其他非金融资产获得减处置"一项还是空白，所以我们不妨假定全部非金融投资等于资本形成总额。同时，来自国外的资本转移净收入也极为有限②，为简单起见，我们不妨忽略这一项。那么，国民总储蓄就是在不向外举债的情况下我国全部非金融投资的资金来源。在上述假定下，国民总储蓄与资本形成总额之间的差额，就是我国非金融投资的资金余缺。

表 6.6 我国经济总体的资金余缺 单元:亿元

年 度	国民总储蓄	资本形成总额	资金余缺
1992	10 763.4	9 636.0	1 127.4
1993	14 445.9	14 998.0	−552.1
1994	19 989.4	19 260.6	728.8
1995	23 979.7	23 877.0	102.7
1996	27 024.5	26 867.2	157.3
1997	29 988.6	28 457.6	1 531.0
1998	30 915.8	29 545.9	1 369.9
1999	31 265.7	30 701.6	564.1
2000	34 194.4	32 499.8	1 694.6
2001	37 502.7	37 460.8	41.9
2002	42 212.7	42 304.9	−92.2
2003	50 708.1	51 554.7	−846.6
2004	74 450.4	69 168.4	5 282.0

① 一些发达国家的储蓄率多在20%以下，例如2004年澳大利亚、法国、德国、英国、日本、美国的储蓄率分别为6.2%、7%、7.9%、4.8%、5.9%、1.1%。数据来源：www.oecd.org，转引自高敏雪(2007)。

② 表6.2显示，2004年来自国外的资本转移净收入仅为5.7亿元，而其他年份的该指标数值也相当微小，例如2003年和2002年我国资金流量表中该指标为空白，2001年我国资金流量表中该指标为4亿元。

表 6.6 给出了我国经济总体的资金余缺情况，该表显示，除 1993 年、2002 年和 2003 年外，我国历年国民总储蓄均大于资本形成总额(特别是 2004 年，总储蓄盈余已高达 5 282 亿元)。这说明从总体来看，我国在大多数年份，进行非金融投资所需的资金有余，而不是资金不足。

那么，具体到我国每个机构部门，其资金余缺情况又是如何？这需要将各机构部门的总储蓄与资本形成情况结合起来进行分析。表 6.4 已经给出 1992～2004 年我国国民总储蓄的部门构成情况，下面我们给出同期我国资本形成总额的部门构成情况：

表 6.7　我国资本形成总额的部门构成　　单位:%

年　度	企　业	政　府	住　户	合　计
1992	78.8	6.2	15.0	100.0
1993	81.9	6.4	11.7	100.0
1994	80.5	7.0	12.5	100.0
1995	80.5	6.7	12.8	100.0
1996	77.4	6.9	15.7	100.0
1997	76.1	8.2	15.7	100.0
1998	79.2	6.9	13.9	100.0
1999	75.9	9.2	14.9	100.0
2000	75.2	9.7	15.1	100.0
2001	75.4	9.8	14.8	100.0
2002	75.2	10.2	14.6	100.0
2003	71.9	13.1	15.0	100.0
2004	68.5	11.9	19.6	100.0
年均	76.6	8.6	14.7	100.0

表 6.7 显示，各部门资本形成总额占全国资本形成总额的比重，企业部门最大，年平均为 76.6%，住户部门和政府部门较小，年平均仅为 8.6%和 14.7%。比较表 6.4 与表 6.7 可知，住户部门总储蓄几乎占据了国民总储蓄的半壁江山，但它的资本形成总额却只占据全国资本形成总额的将近十分之一；而企业部门总储蓄占国民总储蓄的比重只有 37.7%，它的资本形成总额占全国资本形成总额却接近 80%。由此可见，住户部门是最大的资金盈余部门，而企业部门则是资金不足部门。

四、金融投资分析

(一) 金融投资的总体结构分析

如前所述，在资金流量表的金融交易部分，运用栏记录了每个机构部门金融资产的变动情况，各机构部门的“资金运用合计”项目，即为该机构部门金融资产的净增加额。以2004年为例，我国国内各部门的金融资产净增加为99 465.1亿元。从部门分布来看，图6.3显示金融机构部门是金融资产净增加最大的部门（占全部金融资产净增加的57.5%），这是由金融企业的金融中介地位所决定的。住户部门和非金融企业部门的金融资产净增加规模相当（分别为21.4%和19%），政府部门的金融投资在全社会的比重较低（2.2%）。

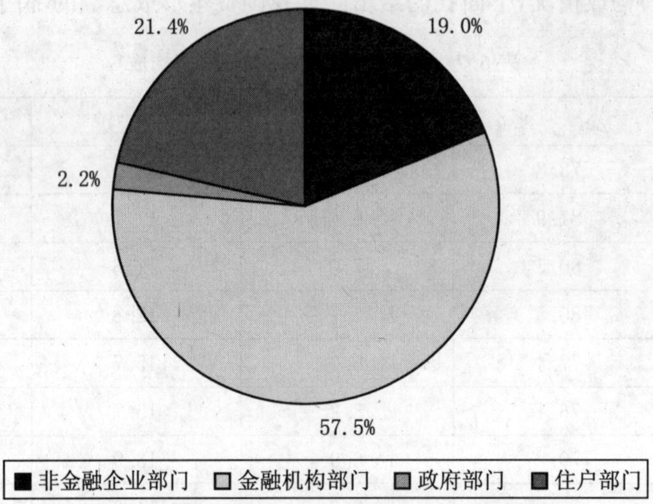

图6.3　2004年我国金融资产净增加的部门分布

（二）非金融企业部门的融资结构

我们已经知道企业部门是资金不足的部门，住户部门是资金盈余的部门，那么资金不足的部门是通过哪些渠道筹措资金的？资金盈余的部门又是怎样对外提供资金的？融资结构分析可以揭示资金筹措的渠道。

企业部门包括非金融企业部门和金融机构部门两个部分，其中金融机构部门起着从资金盈余的部门向资金不足的部门融通资金的媒介作用；而非金融企业部门是最大的资金短缺部门。因此，我们着重分析非金融企业的融资结构。由图6.4知，我国非金

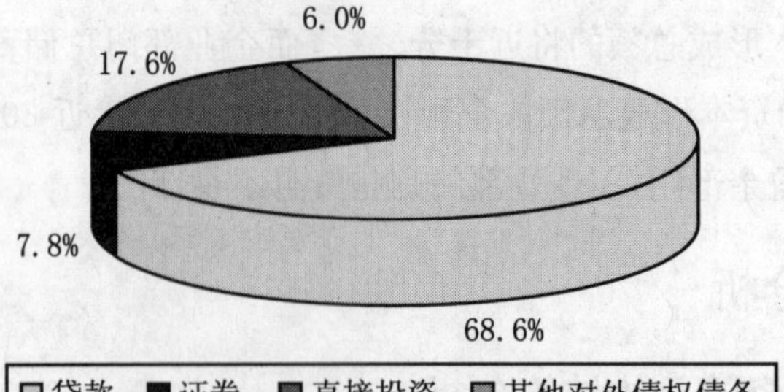

图6.4　2004年非金融企业部门的融资结构

融企业对金融机构的依赖程度很高，对国际资本的依赖程度也很高，直接融资程度却较低。具体而言，非金融企业融资的主要方式是贷款，贷款占融资结构的 68.6%，而证券投资仅占 7.8%，这种融资结构反映出中国企业以间接融资方式为主的特点。此外，从国际市场融资也已经成为中国非金融企业部门融资的重要途径，其中直接投资是重要的融资渠道，占该部门融资总额的 17.6%，占国外融资总额的 3/4。

(三) 投资结构分析

如前所述，住户部门是最大的资金盈余部门，分析住户部门的投资结构有较大代表性。由图 6.5 可以看到，住户将盈余资金调剂出去的主要方式是存款，占金融投资总额的 74.2%。随着保险业的发展，投保也逐渐成为住户部门金融投资的一种重要方式，占投资总额的 16.6%。证券投资规模较低，仅占投资总额的 2.4%，这种投资结构反映了住户以间接投资为主的投资特点。

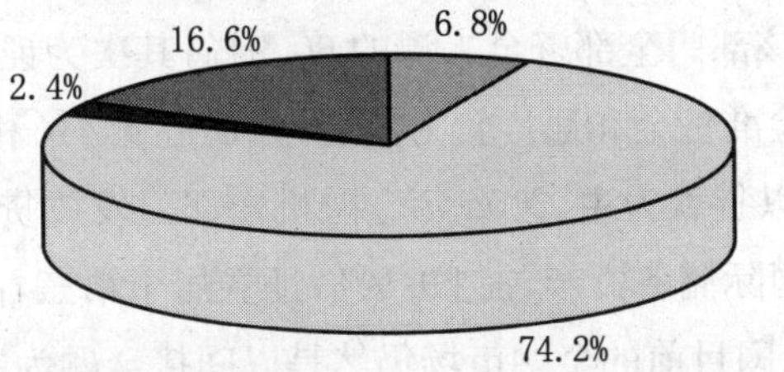

图 6.5　2004 年住户部门的金融投资结构

五、金融机构部门中介作用分析

根据金融交易方式的分类，金融市场可分为直接金融和间接金融两类。直接金融是最初投资者与最终融资者之间发生的交易，比如股票就是实现直接金融的工具；间接金融则是以金融机构为中介进行的交易，在此类交易中，最初投资者先投资于金融机构，然后由金融机构把资金提供给最终融资者。下面我们分析我国金融机构部门资金筹措和资金运用的交易结构。

表 6.8　2004 年金融机构部门金融交易结构　　　　单位:%

交易项目	在资金运用中的比重	在资金来源中的比重
通货	0.0	3.1
存款	−2.8	60.9
贷款	42.2	1.5
证券	23.8	18.8
保险准备金	—	4.4
结算资金	—	−0.2

续 表

交易项目	在资金运用中的比重	在资金来源中的比重
金融机构往来	1.0	0.9
准备金	7.6	8.5
库存现金	0.1	0.3
中央银行贷款	−2.0	−2.1
其他(净)	—	3.5
其他对外债权债务	0.2	0.4
国际储备资产	29.9	
合计	100.0	100.0

由表6.8可知,我国金融机构部门的资金筹措方式以吸收存款为主,2004年金融机构部门吸收存款占该部门全部资金来源的60.9%;其次为证券,占18.8%;准备金居第三位,占8.5%;保险准备金和通货较为接近,分别占4.4%和3.1%。我国金融机构部门的资金运用方式以贷款为主,2004年金融机构部门发放贷款占该部门全部资金运用的42.2%;其次为国际储备资产,占29.9%;证券居于第三,占23.8%。

根据上述分析,我国目前的金融市场仍然是以间接金融为主,所应用的金融工具主要是通货、存款和贷款,而主导这些金融工具的就是金融机构,在资金不足的部门筹措资金和资金盈余的部门对外提供资金的过程中,金融机构部门发挥了重要的媒介作用。

本章小结

资金流量核算以社会资金运动和收入分配流量为核算对象,系统地研究一定时期国民经济各机构部门收入的形成、分配和使用、资金筹集与运用,以及各机构部门间资金的流入和流出情况。

广义的资金流量概念,是指整个社会资金的循环过程,体现了与实物循环对应的价值循环。我国的资金流量核算以国内生产总值作为资金流量核算的初始流量,核算范围包括收入、分配、再分配与消费及投资形成的整个过程,不仅包括以现金、信用、证券等金融资产负债为交易对象的金融交易,也包含与货物和服务的生产与使用、收入分配有关的实物交易。

资金流量核算的基本原则为:复式记账方法、权责发生制原则、部门分类和交易分类原则、计价原则。

资金流量核算采用复式记账原理，形成账户体系。资金流量核算表采用一般式矩阵表，也称为标准式矩阵表的形式，它是由列的“机构部门”（也称宾栏）与行的“交易项目”（也称主栏）互相交叉而构成的。表的纵向反映各部门收入、分配、消费、储蓄、投资以及金融资产和金融负债的增减变化；表的横向反映收入在各部门间分配与再分配的情况，以及通过各种金融活动调剂各部门资金余缺的过程。

中国资金流量表分为实物交易和金融交易两部分。在资金流量表的实物交易部分，运用栏记录了每个机构部门的各项交易支出；来源栏记录了每个机构部门的交易收入。在资金流量表的金融交易部分，运用栏记录了每个机构部门金融资产的变动情况；来源栏记录了每个机构部门金融负债的变动情况。

资金流量分析就是利用资金流量表提供的数据，直接地分析收入、储蓄、消费和投资之间的关系，各机构部门资金余缺状况，以及金融市场变化情况和债务变动情况，从而深入研究经济运行状况和存在问题，为制定和调整财政政策和货币政策服务，为实现宏观经济调控提供依据。

思考与练习

1. 资金流量核算有哪几种范围？

2. 我国资金流量核算表分为哪两个部分？有哪几个交易项目？

3. 2007 年 11 月 5 日，我国最大的油气生产和销售商——中国石油回归国内 A 股市场，在上海证券交易所敲响上市锣，募集资金总额 668 亿元；该公司又同时持有了某公司股票 5 亿元；同期，股民许三多取出在银行的多年积蓄 15 万元，加上手头现金 5 万元杀入股市，共购买中石油股票 20 万元。上述数字应该分别计入资金流量表（金融交易部分）的哪个位置？原因是什么？

4.《中国统计年鉴》一般在第 3 章“国民经济核算”部分提供三年前的资金流量表，请根据最新的《中国统计年鉴》（也可通过 http://www.stats.gov.cn/tjsj/ndsj/，在线查阅），分析如下问题：

(1) 以“实物交易”部分为例，说明中国资金流量表的纵向平衡是如何实现的？

(2) 以“金融交易”部分为例，说明中国资金流量表的横向平衡是如何实现的？

(3) 分析国民总收入和国民可支配收入的部门分布。

(4) 计算我国住户部门、政府部门和经济总体储蓄率，并与国外同类指标进行对比，你对中国储蓄率偏高的现象怎样解释？

(5) 分析全国整体和各部门的资金余缺情况。

(6) 当前我国的投(融)资结构，是以直接投(融)资为主，还是以间接投(融)资为主？你如何解释这种现象？

参考文献

1. 邱东，杨仲山. 当代国民经济统计学主流. 东北财经大学出版社，2004

2. 邱东，蒋萍，杨仲山主编. 国民经济核算. 经济科学出版社，2002

3. 钱伯海主编. 国民经济统计学. 中国统计出版社，2000

4. 杨灿. 国民核算与分析通论. 中国统计出版社，2005

5. 高敏雪等编著. 国民经济核算原理与中国实践(第二版). 中国人民大学出版社，2007

6. 王德发，朱建中主编. 国民经济核算概论. 上海财经大学出版社，2006

7. 许宪春. 中国资金流量分析. 金融研究，2002(9)，18～33

8. 蒋萍. 贡献率辨析：以机构部门分析为例. 统计研究，2004(9)：3～8

9. 彼得・纽曼. 新帕尔格雷夫货币金融大辞典. 经济科学出版社，2001，137～140："资金流量"(Flow of Funds)词条

10. 贝多广，骆峰. 资金流量分析方法的发展与应用. 经济研究，2006(2)：92～103

11. 李扬，殷剑峰. 中国高储蓄率问题探究. 经济研究，2007(6)：14～26

12. 中华人民共和国国家统计局. 中国国民经济核算体系(2002). 中国统计出版社，2003

第7章

资产负债核算

无论可持续发展是如何定义的，实现可持续发展的实质就是为未来数代人保留财富的过程。广义上讲，财富不仅包括传统资本因素，如生产资本和人力资本，还包括自然资本。自然资本包含的资产有土地、森林和矿藏资源等。所有三种形式的资本——生产资本、人力资本和自然资本是维持经济增长的关键性因素。

——摘自《国民财富在哪里：绿色财富核算的理论·方法·政策》①

教学目的 在国民经济核算体系中，资产负债核算是唯一的主要以经济存量为核算对象的核算子系统，一个国民经济的"家底"就是由它而来的。本章中，我们将带读者走进资产负债核算，让读者能在日后谈论和分析国民经济的"家底"问题时，做到"知根知底"。

教学要点 资产负债核算的完整内容；经济资产的定义及分类；资产负债表的表式结构和主要平衡关系；资产物量其他变化账户和重估价账户的核算方法；资产负债核算的应用分析。

"家底"这个词大家都十分熟悉。我们知道，"家底"是财富的俗称，其薄厚主要取决

① 世界银行编，蒋洪强等译：《国民财富在哪里》，中国环境科学出版社2006年版，第31页。

于其拥有的财产的多寡。“家底”这一词应用比较广泛。一个百姓家庭有自己的“家底”，一个企业或事业单位有自己的“家底”，一个国家或地区也有自己的“家底”。“家底”厚起来是很多平民百姓和单位等微观经济主体的愿望，也是国家这样的宏观经济主体的殷切期望。显然，一个百姓的财产多了，其“家底”也就厚了；为数众多的百姓的“家底”厚了，国家的“家底”也就厚了。

改革开放前，我国国内生产总值规模较小，国家“家底”薄，百姓“家底”也薄；改革开放后，随着经济快速发展，国家的“家底”厚起来，一部分百姓的“家底”也相应地厚起来，手里不仅有了余钱，还有了家产，包括房产、汽车、股权、公司、土地等等。尽管我国还没有正式公布“家底”的详细数据，但一些数据可以从侧面印证其规模的巨大。截至2007年末，我国居民储蓄存款余额为17.25万亿元，沪深两市投资者开户数达到1.39亿户，市价总值达到32.71万亿元，基金资产净值总计达到3万亿元。

2007年，中国发生了许多大事，其中有两件与“家底”加厚密切相关。一件是2007年10月党的“十七大”报告首次提出“创造条件让更多群众拥有财产性收入”。在许多老百姓的眼里，这一说法就是拓宽渠道，实现百姓收入多元化，让百姓积聚财产，“家底”厚起来。在国家层面上理解，这一说法是一项重要的民生决策，是政府发出的“藏富于民”的积极信号。另一件大事是2007年3月16日中华人民共和国第十届全国人民代表大会第五次会议通过《中华人民共和国物权法》，并于2007年10月1日起施行。物权法的出台给我们带来的一个重要信号就是老百姓的财产权利有保障了。过去从苏联引进的传统社会主义理论认为，在社会主义国家里老百姓的财产属于私有制的残余，不能在政治上跟公共财产享有平等地位。老百姓取得财产的正常愿望被称为私心；老百姓已经拥有的财产经常受到公共权力机构的“合法”侵害（比如征地拆迁中的侵害）。此次通过的物权法在社会主义国家历史上第一次公开规定了“私人所有权”，而且规定它跟公共财产所有权地位平等，法律保护平等。

既然“家底”的薄厚十分重要，那么，它是如何核算得到的呢？在百姓家庭中，我们可以先分别列出家庭资产和负债的项目和金额，然后用家庭资产累计额减去负债累计额得到家庭的净资产，计算出“家底”，理财师把这种方法得到的表格称为个人资产负债表。在企业或事业单位中，类似的工作是由企业会计通过编制资产负债表来展示“家底”，这类工作一般称为企业会计核算。在国民经济中，类似的工作是通过编制国民资产负债表来实现的，这类工作一般称为资产负债核算。

第一节　资产负债核算的基本问题

与前面几章内容属于流量核算不同，资产负债核算是关于国民经济“家底”的核算，更多意义上是一种存量核算。正像微观经济主体核算“家底”时需要了解其拥有资产的种类和单价一样，资产负债核算也有资产的定义及分类与估价两大基本问题。而且，由于国民经济具有整体性、复杂性和综合性的特点，这使得两大问题又更为庞大、繁琐。

一、资产负债核算及其意义

（一）资产负债核算的意义

对于微观经济主体来说，所谓"家底"，是指某一时点上资产负债的总体规模及其结构。例如，企业会计核算中资产负债核算以企业资产负债表的形式来全面反映企业在一定时点上的"家底"，即资产负债和所有者权益的状况，可以表明企业拥有的或控制的经济资源和资金实力，企业的偿债能力和筹资能力以及企业所有者权益的结构和负债经营情况等，是企业经营管理的一项重要技术手段。

在国民经济核算中，资产负债核算是关于国民经济"家底"的核算，为突出其宏观性，同时与企业资产负债核算区别开来，通常把它称为国民资产负债核算。国民资产负债核算是对国民经济总体各部门所拥有的资产、负债及其净资产的核算，目的是反映资产和负债的规模及其结构变动状况。

对一个经济总体进行国民资产负债核算具有重要意义。资产代表了经济存量，它与投入产出、收入支出、积累消费、进出口等经济流量之间具有密不可分的联系；各种经济流量的沉淀积累形成存量，而经济存量则是经济运行过程的起点，构成经济流量形成的基础。在经济运行过程中，资产与收入的创造及使用紧密关联。一方面，资产是进行生产、创造收入的基础；另一方面，生产的价值创造和收入分配构成了资产扩大的基本来源，各部门依据当期获得的可支配收入，在未用于消费的收入（即储蓄）基础上进行投资，从而积累起新的资产，扩大了未来时期的价值创造和收入获得能力，也就是扩大了未来的消费能力。因此，存量核算对于预测未来的生产、收入与消费能力创造具有重要意义。从国民经济宏观管理看，资产负债总量代表了该经济实体所具有的生产和收入创造能力，其结构则反映了整个经济的资源配置状况，这些都是进行宏观调控与管理、制定国民经济中长期发展规划和调整产业政策的基本信息。

作为对经济存量的核算，国民资产负债核算被纳入国民经济核算体系，这是构成一个完整的国民经济核算体系所必要的。戈德史密斯曾经明确指出，一个国民经济核算体系，如果缺少了国民资产负债核算表的话，就不能认为是完整的。只有将资产负债核算纳入国民经济核算体系，并与其他四个流量核算子体系相结合，才能全面系统地反映国民经济运行全过程及其所产生的综合效果，才能使国民经济核算体系在结构上形成"期初资产负债⟶生产⟶收入分配⟶消费积累⟶国外交易⟶物量与价格调整⟶期末资产负债"这一完整的经济循环模式，实现流量核算与存量核算的有机统一。[①]

以生产核算和资产负债核算之间的指标关系为例，如果说 GDP 这样一个生产核算

① 国家统计局国民经济核算司：《中国国民经济核算》，中国统计出版社 2004 年版，第 110 页。转引自高敏雪等：《国民经济核算原理与中国实践》，中国人民大学出版社 2007 年版，第 202 页。

指标反映的是一个国家或地区在一定时期内创造多少财富的话，资产负债核算指标则反映一个国家或地区在某一时点上拥有财富的数量，两者缺一不可。GDP只是反映经济的增量而没有反映社会财富的存量，然而，社会财富存量的减少和GDP的增加并行不悖，这样的生活实例屡见不鲜，常见的有：(1)企业在生产过程中排污，GDP尽管都在增加，但社会财富存量却在减少。(2)人们在新修道路或建新楼房时破坏了文物，增加了GDP，但是，社会财富存量永久性地减少。(3)政府决策错误，造成无效的投资是社会财富存量的减少，但是，GDP不能反映社会财富存量的损失和资源的浪费。(4)政府形象工程减少了社会财富存量，增加了当地的GDP。(5)"豆腐渣"工程造成社会财富存量损失和浪费，增加了GDP。(6)应对突发事件的机制不完善，处理突发事件的过程可以增加GDP，但是，减少了社会财富存量。

(二) 资产负债核算的历史发展

国民资产负债核算经历了近400年的演变发展过程。最早可以追溯到17世纪英国所进行的国民财富估算。17世纪初，英国海关总监曾在《不列颠商人》上发表了关于1600年英国国民财富的估算结果。此后，W. 配第和G. 金也进行了英国国民财富的估算。从17世纪初一直到19世纪末，国民财富估算一直受到各国政府的重视。据粗略统计，这一段时期共有14个西方国家进行过国民财富估算，累计95次，其中，英国20次，法国38次，美国10次，澳大利亚7次，意大利5次。[①]所有这些都为国民资产核算积累和创造了条件。

1936年，美国学者迪金森(Dickingson)和伊金(Eakin)发表了《国民经济资产负债表》一文，首次提出把企业资产负债表技术应用于国民经济的构想。美国耶鲁大学教授R. W. 戈德史密斯于1956年发表了三卷本的《美国储蓄研究》一书，他在书中分别用现行价格和1923年不变价格估算了美国1896～1949年的国民财富年度数字，并编制了若干年份的国民资产负债表。1962年，他又出版了《战后时期的美国国民财富》一书，将美国国民财富的估算进一步扩展到1958年，并对估算结果做了详尽分析和阐述。1963年戈德史密斯与他人合作完成了《美国资产负债表研究》，更为系统地发表了国民资产负债表的编制技术，并提出了分部门的资产负债表。1964年，在J. W. 肯德里克教授的主持下，美国国民经济研究局财富存量专题小组提出了《国民财富计量》研究报告，对国民财富计量的理论和方法进行了系统的综合阐述。英国剑桥大学教授J. 雷维尔于1967年出版了《国民财富》一书，1971年又与A. R. 罗发表了《国民资产负债表和国民账户——进一步的报告》，其中估算了英国1951～1966年国民财富数字，此后英国中央统计局和英格兰银行还对各部门资产负债估算方法做了研究。与此同时，日本、苏联和东欧国家及印度等也相继进行了国民资产负债核算的研究和编制工作。

在实践和理论发展的基础上，国民资产负债核算的系统化、制度化、标准化的工作

① 徐向新：《国民经济核算》，中国统计出版社1990年版，第385页。

稳步进行。1953年,联合国颁布了"国民经济核算体系及其辅助表",即旧SNA,首次提出将分部门的资产负债表纳入完整的国民经济核算体系的设想。经过十几年的研究,到1968年联合国修订颁布《国民经济核算体系》即1968年SNA时,正式把资产负债表纳入国民经济核算体系,并对国民资产负债表的结构及其与各经济流量之间的关系做了初步描述。1977年,联合国专门公布了一个《关于国民经济账户体系的国民和部门资产负债表及协调账户的临时国际指导》,对有关的核算方法、原则和标准做了更为详尽的说明,并设计了相应的账户和表式。1993年,联合国进一步修订颁布的《国民经济核算体系》,即1993年SNA,将核算期资产负债的全部变化内容纳入积累账户,并引入资产其他变化的新账户,使资产负债核算更加完善。目前,资产负债核算的理论与方法已日益受到各国政府核算机构的重视,并逐渐为一些国家所采用。当然,就各国国民经济核算发展和实践情况看,与国内生产总值、国民收入等流量核算相比,国民资产负债核算的数据基础相对薄弱,其开发应用相对滞后。

改革开放给中国的核算体系带来了发展的新机遇。1984年,国家统计局开始研究资产负债核算,1992年把资产负债核算纳入《中国国民经济核算体系(试行方案)》(1992年版本)。1995年,制定了全国统一的国民资产负债核算制度和《资产负债表试编方案》,标志着国民资产核算正式纳入中国的国民经济核算体系。1996年开始试行编表,现已编制了1997～2004年共8年的国家资产负债表,全国各地区(省、直辖市、自治区、计划单列市)也编制了1997～2005年共9年的地区资产负债表。[①]2000年起,又根据联合国1993年版的原则和规定对资产负债核算制度和方案进行了修订。资产负债核算为国家和地方宏观经济管理决策部门提供了经济存量方面的数据依据,为了解国情、摸清"家底"发挥了重要作用。目前我国资产负债核算工作有了极大的进展,迈出了重要的步伐。

(三)资产负债核算的完整内容

我们通常所说的资产负债核算主要是指资产负债的存量核算,实际上,资产负债核算还包括对资产负债变动状况的考察。换句话说,广义的资产负债核算包括资产负债存量核算和资产负债流量核算。资产负债存量核算是指对企业、部门、地区或国家在某一时点上所拥有的资产和所承担的负债进行的核算。资产负债存量核算主要就是编制两张表,分别是期初资产负债表与期末资产负债表。资产负债流量核算是指核算主体在两个不同时点之间所拥有资产与所承担负债的变动情况进行的核算,也就是对因积累而引起的资产负债变动进行的核算。引起资产负债变动原因主要分为物量因素和价格因素,其中,物量因素又分为交易因素和外生因素。因此,资产负债流量核算包括:(1)对交易因素引起资产负债变动进行的流量核算,主要是编制资本账户与金融账户;(2)对外生因素引起资产负债变动进行的流量核算,主要是编制资产物量其他变化账

① 国家统计局国民经济核算司:《中国资产负债表编制方法》,中国统计出版社2007年版。

户;(3)对价格因素引起资产负债变动进行的流量核算,主要是编制重估价账户。资产负债核算的完整内容可用图 7.1 表示。

- 资产负债核算
  - 资产负债存量核算
    - 期初资产负债表
    - 期末资产负债表
  - 资产负债流量核算
    - 资本账户(资金流量核算)
    - 金融账户(资金流量核算)
    - 资产物量其他变化账户
    - 重估价账户

图 7.1 资产负债核算的完整内容

二、资产的定义及分类

(一) 资产的定义

资产的英文是“assets”,是“asset”的复数形式。《新帕尔格雷夫经济学大辞典》对其解释如下:单数“asset”的意思是一种有用的品质或技术,或一个有用的人;复数“assets”做资产解,与法语中表示“足够”的词“assez”有关,它是作为司法上的一个概念而出现的,特别是在与破产有关的法律中,强调破产资产是否足够偿还债务。显然,作为资产的实体必须具有价值,或通俗地称是有用的。

但是,给资产下一个严格的定义,仅仅有用性是不够的。比如,空气具有有用性,但不能称为资产。经济学中的“资产”概念首先从资产的经济本质出发,认为资产是能够产生未来经济收益或收入的经济实体。现实世界里的人要挣得劳动收入,要靠好身体,还多少要加上分门别类的知识和技能;他们要挣得非劳动收入,可以凭土地,可以凭实物,可以凭钱财。经济学家费雪在 20 世纪初化繁为简,把所有可以带来收入的资产一般化,揭示出资产的收入性质。他在其名著《利息理论》的第一章,便第一次指出“收入是资产提供的服务”。在资产的收入性质明确的基础上,经济学还指出,资产的市值决定于它所产生的收入流的市值,后者又与市场交易及资产的权利界定密切相关。没有市场交易,在满足生产者自家的消费之后,产出就没有太大的价值。没有清楚的产权界定,一项产出自用还是出让,部分出让还是全盘出让,出让的条件怎样决定,难以抉择。没有清楚的产权界定,潜在的交易成本可能高到使得交易根本无从发生。因此,在 D. 格林沃尔德主编的《现代经济词典》中,资产的定义是“由企业或个人所拥有和控制并具有价值的有形的财产和无形的权利。资产之所以对物主有用,或者是由于它是未来事业的源泉,或者是由于它可以用于取得未来的收益”①。

国民资产负债核算中的资产是经济资产,其定义也基本上借鉴经济学中的“资产”概念,将经济资产定义为机构单位对其拥有所有权,所有者通过对它的持有、使用、处

① D. 格林沃尔德:《现代经济词典》,商务印书馆 1983 年版,第 25 页。

置，可以从中获得经济利益的那部分资产。负债是资产的伴生物，它是金融债权的对应体，是“负资产”。广义的资产包含负债。

由经济资产的定义出发，可以得出经济资产必须同时具备三个基本条件：(1)资产的所有权已经界定；(2)资产所有者能够在一定时间内持有、使用或处置，即能对其拥有的资产进行有效控制；(3)资产所有者通过对资产的控制，能够在现在或可预见的将来获得经济利益。依据这三个条件，我们就很容易判断一些东西是否属于经济资产了。例如，某地区虽然拥有丰富的地下矿藏，但如果开采或运输费用很高，以至于在可预见的将来无法开采，获取经济收益，则这些地下矿藏也不能作为经济资产对待。再如，空气之所以不能作为资产对待，是因为无法界定它们的所有权，而医院里面的氧气瓶则很容易界定所有权，因而可以看作经济资产。

(二) 资产的分类

资产分类是国民经济核算中的基础分类之一，它的作用在于将国民经济中的资产负债作适当划分，便于观察其来龙去脉，辨别其性质特征，探寻其成因结果。国民经济核算中的资产分类是以企业会计核算的资产分类为基础，但由于核算目的和出发点的不同，两者不完全一致。企业会计立足于企业资金的流转进行核算，力图从资产流动性上反映企业资产的结构，而国民经济核算立足于宏观经济运行管理，更加关注实体经济中资产的作用。

我国国民资产负债核算中，资产分为金融资产和非金融资产。这一划分是基于经济属性的不同进行的。金融资产(以及对应的负债)形成于金融交易过程，是建立在信用基础上的资产。为了反映我国经济总体的资产负债规模以及与国外的资本往来，我国的国民经济核算体系将金融资产分为国内金融资产、国外金融资产和储备资产三类。按金融手段流动性和法律特征的不同，国内金融资产又进一步分为：(1)通货；(2)存款；(3)贷款；(4)证券(不含股票)；(5)股票及其他股权；(6)保险准备金；(7)其他。国外金融资产又进一步分为：(1)直接投资；(2)证券投资；(3)其他投资。国内和国外金融资产项目分别对应相应的负债项目。储备资产是用于国际支付或弥补、调节国际收支的储备资金。

非金融资产则主要形成于实物交易过程。在 1993 年 SNA 中，按照产生方式的不同，非金融资产可分为生产资产和非生产资产两类；按照存在形态的不同，非金融资产又可分为有形资产和无形资产两类。作为生产过程的产出而产生的资产，生产资产包括诸如建筑物和机器设备的固定资产、存货和珍贵物品；除计算机软件、资本化的矿藏勘探费用等个别资产外，生产资产多为有形资产。非生产资产为自然发生的，或者是以生产范围以外的方式由人发明的资产，包括土地、地下资产和非培育资产等有形非生产资产，以及专利权、版权、商标权、商誉和可转让的合同等无形非生产资产。一般地，随着经济的发展，无形非生产资产在经济中所占的比重越来越大。我国的无形非生产资产比重相对较小，再加上资料来源和技术条件的限制，故仅将非金融资产简单地分为固定资产、存货和其他非金融资产三类。我国关于资产的详细分类见图 7.2。

- 资产
  - 非金融资产
    - 固定资产
    - 存货
    - 其他非金融资产
  - 金融资产
    - 国内金融资产
      - 通货
      - 存款
      - 贷款
      - 证券(不含股票)
      - 股票及其他股权
      - 保险准备金
      - 其他
    - 国外金融资产
      - 直接投资
      - 证券投资
      - 其他投资
    - 储备资产

图 7.2　我国资产负债核算的资产分类

(三)资产范围扩展与财富核算

财富是一个一般的社会经济范畴。一个国家或地区财富的多少与两个因素有关,一个是资产定义的范围,可以说是财富观;另一个是资产的多少。随着人们对生产和发展概念认识的深化,资产范围在不断扩展,财富观也在不断变化,财富的核算方法也在变化。

一般地,在农业经济社会,财富观偏重于有形物质资产。后来到了工业经济社会,这种财富观已开始变化,有形资产逐步让位于无形资产。到如今的知识经济时代,更应确立以非物质无形资产为主的现代财富观。一个企业,其占地、厂房、装备、设施、流动资金等构成了有形资产。企业的自主技术、标准、设计、品牌、管理等知识产权,再加上企业的员工素质、研发能力、信息化程度、营销策略、诚信水平、公关形象、企业文化等,这些构成了企业的无形资产。两者的比例,标志着企业的竞争力与先进性。无形资产所占比重越大,表明企业越先进、越有竞争力。企业如此,地区以至国家也如此。教育水平、法治程度、劳动者技能、社会诚信度、信息化水平、行政效率、自主创新力等无形资产所占的比例,也同国家发达程度成正比。

在国民资产负债核算中,通常只对经济资产进行核算,从其资产范围即财富观看,经济资产中非生产资产包括的内容还很有限,仅包含已经探明了的、具有经济价值的自然资源,并未包含非经济的自然资源和环境。随着人们在可持续发展意义上认识到它们对国民经济体系的重要性,联合国组织有关核算专家调整了现行的 SNA,推出了综合环境核算体系(SEEA)。在 SEEA 中,经济资产的范围得到扩展,形成了环境资产或自然资产的概念。SEEA 中的财富核算指标就是本书第 3 章提到的绿色国内生产总值指标。

SEEA 中的资产概念仍然没有达到可持续发展的要求。为此,世界银行充分考虑人力资源和社会资本两个发展因素，在20世纪90年代提出了国家财富概念，其中包括人造资产、自然资产、人力资本和社会资本四部分，由此将资产概念的范围推进到前所未有的高度。

需要指出的是，尽管SEEA和世界银行的资产概念与财富核算在理论上十分先进，但由于缺乏准确的数据来源和有效的测度方法，故难以得到准确结果，因此，国民资产负债核算仍然是资产和财富核算的常用方法。

三、资产负债核算的估价问题

在国民经济核算中，各个核算账户和表式一般都以价值形式登录，所以资产负债的估价问题非常重要，它是进行资产负债核算时最为基础的一项工作。

（一）资产负债核算的估价原则

对各项资产负债进行估价既要遵循国民经济核算的基本原则，也要遵循一些特别的原则，通常包括以下几条。

1. 现行市场价格原则

作为国民经济核算体系的一个组成部分，资产负债核算的估价原则应与整个体系一致，即采取现行市场价格估价，这与企业的资产负债核算采用的历史成本价格是不一样的。这里所说的现行市场价格可以是实际的，也可以是估计的，前者是指某些资产在市场交易中实际买卖的价格，后者则是指某些资产因可能没有进行市场交易而估计的近似或准市场价格。

2. 一致性价格原则

对于一笔特定资产来说，价格对交易者买卖双方记录是一致的，即采用同一估价。对于金融资产负债来说，价格对债权人和债务人双方也应采用一致的估价。

3. 重估价原则

在核算某一时点资产负债价值时，应进行重新估价。无论在任何一时点考察，各机构单位所拥有的各种资产或负债都是在不同时期形成的，在此期间，它们各自的市场价格以及与价格有关的市场利率和汇率等都会发生变化，甚至会有很大的变动。这些变动必然会导致资产负债的名义价值与实际价值发生背离，账面价值不能反映实际情况。所以核算时需要进行重估价调整。

（二）资产负债核算的估价方法

对资产负债进行估价或重估价的方法很多，常用的方法有以下几种。

1. 现行市价法

现行市价法又叫销售比较法。这种方法是将需要估价的资产负债项目与其他同类资产负债项目的现行市场价格相比较，来对该资产负债项目估价。在实际应用中，现行市价法又分为三种情形：一是市场测定价值法，即直接根据资产负债在市场上的成交价格来估算其价值；二是市场价格参照法，即根据各资产负债在市场上的成交价格来估算其价值；三是市场折余法，即以全新条件下同样资产的现行市场价格减去按照现行市场价格核算的累计折旧额后的余额，作为被估资产的价值。现行市价法通过销售价格比较来确定价值，较多地考虑了市场变动因素，运用较为灵活，范围也较广，适用于各种固定资产、存货和金融负债，只是操作起来具有一定的随意性，难以掌握统一标准。

2. 重置成本法

重置成本法就是将过去购置的资产按照现在的重置价值重新进行估价。具体操作上，重置成本法可以分为两种：一是复原重置成本，指以现行市场价格去购置与原资产技术、质量完全相同的资产所需要的成本；二是更新重置成本，指按照现行市场价格购置与原资产相似和功能相同的，但采用新技术、新材料制造的资产所需要的成本。一般而言，采用更新重置成本有利于技术进步，估算的资产价值也比较接近于实际价值，但由于它涉及的经济参数较多，操作起来有一定难度，通常适用于少数自制的价值量较大的特殊设备，或经过多次技术改造的设备，或多次翻新的建筑物等估价问题。

3. 价格指数法

价格指数法是以各类资产买入年为基期，计算出各类资产的定基价格指数，依此指数对各类资产的价值进行重新估算。这种方法的关键在于准确编制各类资产价格指数。一般而言，构造较长时期的合适价格指数在理论上和实践上都有难度。价格指数法通常适用于无法获取当期资产价格，但拥有该资产的完整价格序列的情形。

4. 收益现值法

收益现值法是通过测算出被估资产的未来预期收益现值，并按照一定的贴现率估算资产的价值。在收益现值法中，未来预期收益和贴现率是确定资产估算价值的两个基本因素。未来预期收益需依据资产在运行寿命期限内发展变化的诸多影响因素估计，这些影响因素包括经济发展水平、技术条件、社会环境等。贴现率可以根据一般市场利率加上一定的风险收益率来确定。收益现值法通常适用于固定资产和其他非金融资产（如资源资产、无形资产等）。

5. 汇率调整法

汇率调整法是以被估资产的实际购置价格为定基价格，用外币汇率变动指数调整确定资产的估算价值。外币汇率变动指数是核算时的汇率与资产购置时的汇率相对比得到的相对数。汇率调整法适用于少数的、以外汇进口的技术设备及受汇率影响较大的一些资产的估价问题。

6. 永续盘存法

永续盘存法是SNA推荐用于估算固定资产存量的一种方法。永续盘存法的基本思路是对历年投资形成的并界定了使用年限的固定资产进行重估价，然后选用合适的折旧方法确定固定资本消耗，最后同时考虑固定资本消耗和资产报废，逐年推算得到编表时点的资本存量、固定资本消耗和资本存量净额。

下面举例说明永续盘存法的计算步骤。假定某类固定资产存量第一年为零，以后各年的现价投资额与固定资产价格指数已知(见表 7.1),该类固定资产的使用年限为 4 年,折旧方法采用直线折旧法。永续盘存法的计算步骤如下:

表 7.1　永续盘存法计算示例表　　单位:万元

行	项　目	价格基础	年度							
			1	2	3	4	5	6	7	8
a	固定资产投资额	现价	500	735	848	920	1 150	1 560	2 600	2 700
b	固定资产价格指数	基期为第一年	100%	105%	106%	115%	115%	120%	130%	150%
c	固定资产投资额	基期为第一年	500	700	800	800	1 000	1 300	2 000	1 800
d	年末不变价固定资本存量	基期为第一年	500	1 200	2 000	2 800	3 300	3 900	5 100	6 100
e	固定资本消耗	基期为第一年	125	300	500	700	825	975	1 275	1 525
f	固定资本存量变动额	基期为第一年	375	400	300	100	175	325	725	275
g	年末不变价固定资本存量净额	基期为第一年	375	775	1 075	1 175	1 350	1 675	2 400	2 675
h	年末现价固定资本存量净额	现价	375	814	1 140	1 351	1 553	2 010	3 120	4 013
i	固定资本消耗	现价	125	315	530	805	949	1 170	1 658	2 288

注:本表参考联合国统计司:《关于国民经济账户体系的国民和部门资产负债表及协调账户的临时国际指导(1977)》,第 112 页。

第一步,将各年的现价固定资产投资额(a 行)通过固定资产价格指数(b 行)转换为各年的不变价固定资产投资额(c 行),然后考虑资产报废,进行 4 年汇总得到年末不变价固定资本存量(d 行)。

第二步,依据直线折旧法求 4 年平均,确定各年的不变价固定资本消耗(e 行),然后扣除各年的不变价固定资本消耗得到各年的不变价固定资本存量变动额(f 行)。

第三步,将各年的不变价固定资本存量变动额累加,得到各年末不变价固定资本存量净额(g 行)。

第四步,利用固定资产价格指数将各年末的不变价固定资本存量净额、不变价固定资本消耗分别转换为各年末现价固定资本存量净额(h 行)和现价固定资本消耗(i 行)。

第二节　资产负债核算的理论和方法

在资产负债核算的基本问题得到明确之后,我们来探讨资产负债核算的理论与方法。如前所述,广义的资产负债核算包括资产负债存量核算和资产负债流量核算。下面分两个部分来探讨资产负债核算的理论与方法。

一、资产负债存量核算的理论和方法

资产负债存量核算主要通过资产负债表反映。资产负债存量核算一般在一定时期(通常为一年)的期初和期末进行,即编制期初资产负债表和期末资产负债表。

(一) 资产负债表的账户形式

资产负债表旨在完整反映某一时点上各种资产与负债的总量、结构和平衡关系。国民经济核算中的资产负债表与企业资产负债表具有相似的结构。它依据一般账户原理,资产负债表通常采用T字账户格式,左边记录资产项目,反映机构单位、机构部门乃至整个国民经济的各种非金融资产和金融资产;右边记录负债和净值项目,反映机构单位、机构部门乃至整个国民经济的各种负债和净值。按照是否对机构部门进行分组,资产负债表可以分为简单账户和综合账户两种形式。

1. 简单账户形式

简单账户形式的资产负债表对核算主体不做任何分组,只列出资产、负债和净值的核算指标。简单账户形式的资产负债表的一般形式如表7.2所示。

表7.2 资产负债表范例(简单账户形式) 单位:亿元

资产		负债和净值	
非金融资产	1 537	国内金融负债	1 972
固定资产	1 105	国外金融负债	201
存货	350		
其他非金融资产	82		
金融资产	2 237		
国内金融资产	1 972		
国外金融资产	199		
储备资产	66	净值	1 601
合计	3 774	合计	3 774

表7.2中的数据展示了某一时点(期初或期末)某核算主体的资产和负债状况:总资产3 774亿元,包括非金融资产1 537亿元,金融资产2 237亿元;总负债2 173亿元。账户中的净值1 601亿元是平衡项目,表明核算主体在这一时点上拥有的自有资产净值为1 601亿元。

净值是资产负债表的平衡项,等于核算主体所拥有的非金融资产和金融资产的价值减去其所有的未偿还负债的价值的差额。即:

净值= 资产总计 − 负债总计

= (非金融资产 + 金融资产) − (国内金融负债 + 国外金融负债)

简单账户形式的资产负债表既可以按地区或国家编制,也可以按机构部门或机构单位编制。就机构单位或机构部门而言,净值概括地反映了供其支配的金融资源和非金融资源；就经济总体而言，净值就是其国民财产或国民财富的价值表现。显然，一个经济总体的净值等于各机构部门净值之和。

2. 综合账户形式

综合账户形式的资产负债表则按机构部门分组，形成各机构部门及整个国民经济的资产负债一览表表式，资产负债项目在T字账户中间，左边为各机构部门的资产方，右边为各机构部门的负债方和净值方。综合账户形式的资产负债表如表7.3所示。综合账户形式的资产负债表不仅反映各机构部门及整个国民经济的资产负债和资产净值总量，而且反映整个国民经济的资产负债和资产净值的结构。

表7.3中国内非金融部门拥有非金融资产1 011亿元，金融资产948亿元，金融负债1 310亿元，故净值为649亿元；金融部门拥有非金融资产55亿元，金融资产742亿元，金融负债744亿元，故净值为53亿元；依此类推，经济总体共计拥有非金融资产1 537亿元，金融资产2 237亿元，金融负债2 173亿元，故净值即国民财产或国民财富为1 601亿元。在经济总体范围内，国内金融资产与负债均为1 972亿元，可以相互抵消。

表7.3　资产负债表(综合账户形式)　　单位:亿元

资产							项目	负债和净值						
总计	国外部门	国内部门合计	住户部门	政府部门	金融部门	非金融部门		非金融部门	金融部门	政府部门	住户部门	国内部门合计	国外部门	总计
1 537		1 537	372	99	55	1 011	非金融资产							
1 105		1 105	293	93	23	696	固定资产							
350		350	71	4	3	272	存货							
82		82	8	2	29	43	其他非金融资产							
2 438	201	2 237	412	135	742	948	金融资产	1 310	744	112	7	2 173	265	2 438
1 972		1 972	412	126	671	763	国内金融资产	1 140	730	95	7	1 972		1 972
400	201	199		9	5	185	国外金融资产	170	14	17		201	199	400
66		66			66		储备资产						66	66
							净值	649	53	122	777	1 601	－64	1 537

国外部门是指所有非常住单位总体。作为核算体系中的一个机构部门，同样是要立足于该机构部门角度核算其资产、负债。为了简便起见，我国资产负债核算通常将国内各部门以实物资产形式投资而拥有的非金融资产一并作为金融资产处理。换句话说，国外部门只统计金融资产和负债。

表7.3中国外部门金融资产201亿元，金融负债199亿元，与其对应，国内部门对国外部门投资(资产)199亿元，国外部门对国内部门投资(国内部门的负债)为201亿元，国内各机构部门的国外金融资产(或负债)之和等于国外部门的负债(或金融资产)。国内部门国外金融资产减去负债后的差额为国外金融资产净值，也就是说该国拥有国外金融资产净额为－2亿元。另外，储备资产用于国际支付或弥补、调节国际收支的储

备资金，一般由中央银行控制和管理，因此，它是国内金融机构部门的资产，又是国外部门的负债。表7.3中的储备资产66亿元的资产方列在金融部门，负债方列在国外部门。这样，国外部门的总资产为201亿元，总负债为265亿元，净值为－64亿元。整个国民经济的总资产为3 975亿元，总负债为2 438亿元，总净值为1 537亿元。我们还可以得出这样一个关系：

国民财产或国民财富 = 非金融资产 + 国外金融资产净值 + 储备资产

(二) 国民资产负债表

资产负债存量核算的主要形式是通过编制各种资产负债表来进行的。实践操作环节中，国民资产负债核算中的资产负债表可以在单个机构部门和经济总体两个层次加以编制。单个机构部门资产负债表的编制方法相对简单，其一般形式为上述的账户形式。经济总体的资产负债存量核算则相对复杂，一般不采用账户形式，而是将各个机构部门资产负债表和部门核算资料按照一定的方式组合起来，编制平衡表式的国民资产负债表。

1. 国民资产负债表的基本结构

国民资产负债表是采用简单“加总法”将各个机构部门资产负债表和部门核算资料组合起来而得到的。与资金流量表的结构相似，国民资产负债表也是采用资产与负债项目×机构部门二维矩阵平衡表形式，主栏为资产与负债项目，宾栏为机构部门和经济总体，在每一机构部门下设资金使用项和资金来源项，即资产方列在资金使用项下，负债方及资产负债差额项列在资金来源项下。

根据《中国国民经济核算体系(2002)》，我国国民资产负债表的基本表式参见表7.4。从表7.4可以看出，我国资产负债表的主栏包括三个部分：(1)非金融资产项目，反映国内各机构部门、经济总体的非金融资产总规模及构成情况。(2)金融资产与负债项目，其中，国内金融资产与负债项目反映国内各机构部门、经济总体的金融资产与负债的状况及机构部门之间的债权债务关系；国外金融资产与负债项目，反映国内各机构部门与国外部门由于资本往来和金融交易形成的资产负债存量状况；储备资产项目反映国家对外支付能力。(3)资产负债差额项目，反映各机构部门和经济总体的资产与负债相抵后的净值，它是各机构部门及经济总体的主要财富和经济实力的最终体现。上述每一类项目中，又包含着若干个子项目。资产负债表宾栏中的机构部门包括：非金融企业、金融机构、政府、住户、国内和国外各部门。

2. 国民资产负债表的平衡关系

从表7.4可以看出，国民资产负债表的平衡关系主要有以下几种：

(1) 资金使用项合计＝资金来源项合计，即有：非金融资产＋国内金融资产＋国外金融资产＋储备资产＝国内金融负债＋国外金融负债＋资产负债差额(资产净值)。

(2) 各机构部门的资金使用项之和＝总计栏中的资金使用项。

(3) 各机构部门的资金来源项之和＝总计栏中的资金来源项。

(4) 金融总资产＝金融总负债(含国外部门)。

表 7.4　1998 年我国国民资产负债表

单位:亿元

	非金融企业部门		金融机构部门		政府部门		住户部门		国内部门合计		国外部门		总　计	
	使用	来源	使用	来源	使用	来源	使用	来源	使用	来源	使用	来源	使用	来源
一、非金融资产	172 763		10 302		24 506		57 428		264 999				264 999	
(一) 固定资产	114 077		4 001		23 958		46 723		188 758				188 758	
其中：在建工程	23 390		830		4 412				28 632				28 632	
(二) 存货	41 286				532		10 462		52 280				52 280	
其中:产成品和商品库存	11 134						7 168		18 302				18 302	
(三) 其他非金融资产	17 401		6 301		16		244		23 961				23 961	
其中:无形资产	3 167		506						3 674				3 674	
二、金融资产与负债	95 146	212 313	146 767	151 747	40 473	15 844	85 019	472	367 405	380 376	33 542	20 936	400 947	400 947
(一) 国内金融资产与负债	90 108	188 094	130 869	145 360	40 473	12 543	85 019	472	346 469	346 469			346 469	346 469
通货	1 681		224	11 204	336		8 963		11 204	11 204			11 204	11 204
存款	40 509			102 463	3 812		58 143		102 463	102 463			102 463	102 463
长期	14 715			62 233	992		46 527		62 233	62 233			62 233	62 233
短期	25 794			40 230	2 820		11 616		40 230	40 230			40 230	40 230
贷款		92 940	94 993			1 582		472	94 993	94 993			94 993	94 993
长期		32 798	34 380			1 582			34 380	34 380			34 380	34 380
短期		60 142	60 613					472	60 613	60 613			60 613	60 613
证券(不含股票)	77	677	8 396	5 121	31	10 466	7 759		16 264	16 264			16 264	16 264
股票及其他股权	20 847	60 757	7 318	8 575	35 051	10 466	6 117		69 333	69 333			69 333	69 333
保险准备金	451			1 556			1 105		1 556	1 556			1 556	1 556
其他	26 543	33 720	19 937	16 440	1 244	495	2 932		50 655	50 655			50 655	50 655
(二) 国外金融资产与负债	5 038	24 219	3 197	6 387		3 301			8 235	33 907	33 907	8 235	42 124	42 124
直接投资	2 493	19 491							2 493	19 491	19 491	2 493	21 983	21 983
证券投资		1 222	1 436			1 102			1 436	2 324	2 324	1 436	3 761	3 761
其他投资	2 545	3 506	1 761	6 387		2 199			4 306	12 092	12 092	4 306	16 398	16 398
(三) 储备资产			12 701						12 701		—365	12 701	12 337	12 337
其中:货币黄金			365						365		—365			
外汇储备			12 001						12 001			12 001	12 001	12 001
三、资产负债差额(资产净值)		55 596		5 321		49 136		141 976		252 029		12 606		264 999
四、资产、负债与差额总计	267 909	267 909	157 069	157 069	64 980	64 980	142 447	142 447	632 404	632 404	33 542	33 542	665 946	665 946

注:我国尚未正式公布各年资产负债数据。本表转引自国家统计局国民经济核算司:《中国国民经济核算》,表 7.2,中国统计出版社 2004 年版。因四舍五入的关系,数据对应关系可能存在少许误差。

(5) 非金融资产＝固定资产＋存货＋其他非金融资产。

(6) 金融资产＝国内金融资产＋国外金融资产＋储备资产。

(7) 金融负债＝国内金融负债＋国外金融负债。

(8) 资产负债差额(资产净值)＝资产总额－负债总额。

二、资产负债流量核算的理论和方法

在国民经济运行中,各资产和负债项目不断发生着物量变化和价格变化。当我们对期初和期末资产负债表进行动态考察时,可能会发现这些资产和负债的变化,而这些变化并没能在资产负债表中反映出来,对这些变化的核算就是资产负债流量核算。按照引起资产负债变动原因的不同,资产负债流量核算可分为三大部分:(1)对交易因素引起资产负债变动进行的流量核算,主要是编制资本账户与金融账户,其中资本账户记录非金融资产交易,金融账户记录金融资产交易;(2)对外生因素引起资产负债变动进行的流量核算,主要是编制资产物量其他变化账户;(3)对价格因素引起资产负债变动进行的流量核算,主要是编制重估价账户。资本账户、金融账户、资产物量其他变化账户和重估价账户加在一起,构成了反映资产负债变动完整登录的积累账户。由于有关因交易因素引起的资产负债变动已在第 2 章和第 6 章有所涉及,这里只介绍资产物量其他变化账户和重估价账户的相关核算以及资产负债存量核算与流量核算的衔接。

(一) 资产物量其他变化账户核算理论和方法

所谓的资产物量其他变化,是指由于机构单位无法控制的外生因素或事件发生而导致的资产和负债的数量变化。诸如新的资源的发现、战争或其他政治事件、自然灾害的破坏、资产所属机构单位和资产分类的变化以及机构部门结构变化等因素引起的资产数量的增减变动。资产物量其他变化账户就是为了记录这些意外事件引起的资产和负债数量变化而设置的,其目的在于对期末资产负债存量数据加以调整。尽管相对于交易导致的资产负债存量变化来说,资产物量其他变化处于次要位置,但从国民经济核算体系的角度考虑,资产物量其他变化账户核算具有重要意义。

资产物量其他变化账户格式如表 7.5 所示。资产物量其他变化账户的登录具体表现为以下几类资产和负债变化。

第一,非金融资产的经济出现,是指某种不是生产过程的产物的物品,第一次被列入到资产范围而出现在资产负债表中。可以分为两种情形:一是非生产资产的经济出现,如可开采地下资源储量的增加,从未利用的自然资产向经济活动的首次转移,经济用途变化引起的非生产资产的质量变化(如荒地开垦为耕地,原始森林的商业开发等),无形非生产资产(专利、知识产权)的出现等。二是生产资产的经济出现,如贵重物品或古迹的首次被发现或承认。

第二,非培育生物资源的自然生长,是指自然林木、海洋鱼类等不受机构单位控制、负责和管理的自然增长。

表7.5 资产物量其他变化账户

资产变化							负债和净值变化					
经济总体	为住户服务的非营利机构	住户	一般政府	金融公司	非金融公司	项目	非金融公司	金融公司	一般政府	住户	为住户服务的非营利机构	经济总体
						一、非金融资产						
						1. 生产资产						
						生产资产的经济出现						
						灾害损失						
						无偿没收						
						未另分类的非金融资产的其他物量变化						
						分类和结构变化						
						2. 非生产资产						
						非生产资产的经济出现						
						非培育生物资源的自然生长						
						非生产资产的经济消失						
						灾害损失						
						无偿没收						
						未另分类的非金融资产的其他物量变化						
						分类和结构变化						
						二、金融资产/负债						
						灾害损失						
						无偿没收						
						未另分类的金融资产和负债的其他物量变化						
						分类和结构变化						
						三、资产物量其他变化引起的净值变化						

注:表中的机构部门分类和资产分类是SNA的标准分类,与我国现行的有所不同。

第三,非生产资产的经济消失,是指出现在资产负债表中的非生产资产存量的减少。在资产负债核算中,只有产品和生产资产的消耗才能计入中间消耗、最终消费和非金融投资,经济活动对非生产资产的使用则无法记录,只能作为经济消失登录到资产物量其他变化账户。例如,开采造成的地下资产储量的减少,砍伐造成森林耗减,经济用途变化和经济活动引起的非生产资产的质量退化,购买的商誉、可转让合同等的注销和撤销及专利保护的结束等。

第四,灾害损失,是指可能毁灭所有类型资产的大规模的、偶然发生的事件,如自然灾害、政治事件以及诸如大量有毒物质泄漏等技术事故等。例如,2008年年初,我国南方大部分省份发生了雨雪冰冻灾害。据民政部资料显示,这些省份因灾死亡达到129

人，紧急转移安置166万人，农作物受灾面积也比较大，绝收2 536万亩，倒塌房屋48.5万间，损坏房屋168.6万间，因灾直接经济损失达到1 516.5亿元。①

第五，无偿没收，是指政府或其他机构单位以纳税和罚款之外的非常手段占有包括非常住单位在内的机构单位的资产而不予以全部补偿。之所以把纳税和罚款除外，是因为这些属于强制性转移，要在生产核算和收入分配核算中记录。

第六，未另分类的资产和负债其他物量变化，可以分为两种情形：一是未另分类的非金融资产的其他物量变化，包括由于意外的淘汰、破碎等原因造成的固定资产提前报废和由于火灾、偷盗、虫害等造成的存货异常损失；二是未另分类的金融资产和负债的其他物量变化，包括国际货币基金组织特别提款权的分配和取消，由于债务人破产或其他原因出现的债权人注销坏账等。

第七，分类和结构变化，可以分为两种情形：一是结构部门分类和结构变化导致的资产和负债变化；二是资产和负债分类变化导致的资产和负债变化。

所有资产和负债都有可能出现上述物量变化，如果核算期内资产其他物量变化和负债其他物量变化不相等，则两者的差额表现为资产物量其他变化引起的净值变化。

（二）重估价账户核算理论和方法

1. 持有损益的含义与核算

在宏观经济运行中，价格水平是不断变化的，这将影响资产和负债的实际价值。资产负债核算中的重估价账户记录由于价格水平变化引起的资产和负债的价值变化，这类变化与核算期间资产和负债在数量上和质量上的任何改变无关，这类变化被称为持有损益。

持有损益(holding gain/loss)是资产或负债的所有者由于持有资产或负债而被动承受价格变动对资产或负债价值影响的后果，所有者在其中并未对资产或负债采取任何加工或转换的行为。最典型的例子就是投资者持有股票因为股票价格变化所带来的收益和损失：股票价格上涨，给持有者带来持有收益；股票价格下跌，带来的后果就是持有损失。类似情况还有在汇市上进行各种外汇交易所带来的损益。实际上，所有购置资产以待升值的行为，其目标都是获取持有收益（当然也有可能发生持有损失）。

正确理解持有损益，需要注意以下两点：第一，持有损益可以为正值即持有收益，也可以为负值即持有损失，当然也可以为零。对于资产所有者，资产价格上升时获得持有收益，资产价格下降时承受持有损失；对于负债，情况则正好相反，价格上升会引起持有损失，价格下降则引起持有收益。持有收益，不管是来自一笔特定资产价值的增加还是来自一笔特定负债价值的减少，都会增加有关机构单位的资产净值；持有损失，不管是来自一笔特定资产价值的减少还是来自一笔特定负债价值的增加，都会减少有关机构单位的资产净值。特别地，对于价格固定不变的资产而言，主要是通货、存款和贷款，其

① 摘自民政部网站："民政部通报近期低温雨雪冰冻灾情和救灾工作情况"，/www.mca.gov.cn/article/zwgk/mzyw/200802/20080200011960.shtml，2008年2月24日。

票面价值不受价格影响，其持有损益恒为零。第二，持有损益只是理论值，不一定是实际实现的损益，只有当资产和负债在市场上变现时，损益才能得到真正的实现。例如，股票价格上涨给股票持有者带来持有收益，只是一个理论值，并不是实际收益，这一持有收益只有在股票卖出时才能真正实现。

持有损益产生于核算期间内资产和负债的价格变化。其核算一般采用以下两种办法。

(1) 直接法。对于一个机构单位(或部门)，直接计算其拥有不同类型资产和负债的持有损益，然后再将所有结果加总，这就是计算持有损益的直接法。

以一笔特定的资产为例，在时间 0 和 t 之间的持有损益可以简单表示如下：

$$G=(p_t-p_0)q$$

其中，p_t 和 p_0 分别为时间 0 和 t 时的资产价格，q 为资产数量。

显然，应用直接法核算持有损益，需要具备分资产类型的期初、期末以及各资产购置、处置时点的价格和数量资料，而且计算工作量非常大，这在国民经济核算中几乎是难以实现的。所以，直接法核算持有损益不太常用。

(2) 间接法。间接法是根据存量核算与积累核算之间的关系，采用下面的公式间接计算持有损益：

$G=$(期末资产存量－期初资产存量)－(交易导致的资产变化＋资产其他物量变化)

资产和负债都可能产生持有损益，如果一个机构单位(机构部门)核算期资产的持有损益和负债的持有损益不相等，则二者的差额就是该单位(部门)由持有损益导致的净值变化。

2. 持有损益的分解

前面笼统定义的持有损益作为由价格变化引起的资产负债全部持有损益，通常被称为名义持有损益。按照资产的价格变化幅度与一般物价水平的变化幅度是否相同，名义持有损益可以分解为中性持有损益和实际持有损益。

(1) 中性持有损益及其计算。所谓中性持有损益，是指假定该资产的价格变化幅度与一般物价水平的变化幅度相同，在这种情况下资产价格变化引起的价值变化，即为给所有者带来的损益。设 r 表示全社会一般物价水平的定基价格指数，r_t 和 r_0 分别为时间 0 和 t 时的定基价格指数，记中性持有损益为 NG，则有：

$$NG=\left(\frac{r_t}{r_0}-1\right)p_0q$$

显然，中性持有损益的大小取决于当期国民经济一般价格水平的变化。当发生通货膨胀，即整个国民经济一般价格指数大于 1 时，所有资产的中性持有损益都为正值，即其所有者获得持有收益，相应的债务人承担持有损失。当发生通货紧缩时，情况正好相反。而且，无论是何种资产，其中性持有损益相对于资产期初价值的比值都相等。中性持有损益实质是指为了使资产在核算期内保持实际价值不变而必须增值的部分。

(2) 实际持有损益及其计算。实际持有损益是指由资产价格的总变化中不同于全社会一般物价水平变化的部分所导致的持有损益。实际持有损益等于名义持有损益减去中性持有损益。记实际持有损益为 RG,则有:

$$
\begin{aligned}
RG &= (p_t - p_0)q - \left(\frac{r_t}{r_0} - 1\right)p_0 q \\
&= \left(p_t - \frac{r_t}{r_0}p_0\right)q \\
&= \left(\frac{p_t}{p_0} - \frac{r_t}{r_0}\right)p_0 q
\end{aligned}
$$

显然,实际持有损益的数值取决于特定资产(或资产组合)价格变化相对于国民经济一般物价水平变化的高低幅度,其取值有三种可能:正、零和负。如果该资产(或资产组合)价格上涨幅度大于国民经济一般物价水平上涨幅度,或者资产价格下降幅度小于国民经济一般物价水平的下降幅度,则实际持有收益为正,资产所有者获得持有收益,相应的债务人则承受持有损失。

3. 重估价账户

重估价账户记录了产生于资产和负债的名义持有损益,名义持有损益可分解为中性持有损益和实际持有损益,用两个子账户反映。在重估价账户中,资产的持有损益不管是正是负,都记录在账户的左方,负债的持有损益都记录在右方,如表 7.6 所示。

表 7.6 重估价账户

	资产变化							负债和净值变化					
账户	经济总体	为住户服务的非营利机构	住户	一般政府	金融公司	非金融公司	项目	非金融公司	金融公司	一般政府	住户	为住户服务的非营利机构	经济总体
重估价账户							名义持有损益						
							非金融资产						
							生产资产						
							非生产资产						
							金融资产						
							金融负债						
							名义持有损益引起的净值变化						
其中:中性持有损益账户							中性持有损益						
							非金融资产						
							生产资产						
							非生产资产						
							金融资产						
							金融负债						
							中性持有损益引起的净值变化						

续　表

资产变化							项　目	负债和净值变化					
账户	经济总体	为住户服务的非营利机构	住户	一般政府	金融公司	非金融公司		非金融公司	金融公司	一般政府	住户	为住户服务的非营利机构	经济总体
实际持有损益账户							实际持有损益 非金融资产 　生产资产 　非生产资产 金融资产 金融负债 实际持有损益引起的净值变化						

注：表中的机构部门分类和资产分类是 SNA 的标准分类，与我国现行的有所不同。

重估价账户的平衡项是由于名义持有损益造成的净值变化，是一个机构单位(机构部门)全部资产和负债的正负名义持有损益的代数和。当重估价账户分解为中性和实际持有损益的两个独立账户时，这一平衡项相应地可分解为两个新的平衡项，即由中性持有损益引起的净值变化和由实际持有损益引起的净值变化。这一分解对于实际分析非常有用，可以从中看出一个机构单位实际净值的变化量有多少是由实际持有损益造成的。

三、资产负债存量核算与流量核算的衔接

在国民经济核算中，资产负债存量核算通过编制期初资产负债表和期末资产负债表来反映核算主体在期初和期末两个时点所拥有的资产状况与所承担的负债状况，而资产负债流量核算则主要是编制由资本账户与金融账户、资产物量其他变化账户和重估价账户组成的积累账户，进而反映因两个不同时点之间的积累而引起的资产负债变动。两者之间必然存在一定的对应衔接关系。这种衔接关系可以表述如下：期初资产负债表中的资产、负债或净值加上期内所有积累账户表现的相应项目变动总额，就分别得到期末资产负债表中的资产、负债或净值，所有积累账户表现的资产负债变动可以通过资产变化表汇总反映。

资产负债变化表是反映期初和期末两个不同时点之间资产负债变动的一种账户表达式，是积累账户核算流量的反映。资产负债变化表不但反映期初和期末两个不同时点之间各种交易流量(投资、举债和储蓄等)所引致的数量变动，而且反映由于非交易的外生因素和价格因素所引致的变动。资产负债变化表的结构见表 7.7 所示。资产负债变化表的平衡项是净值总变化。按引起净值变化的原因划分，净值总变化等于储蓄和净资本转移、资产物量其他变化与名义持有损益分别引起的净值变化之和。

表 7.7　资产负债变化表范例

资　　产		负　债　和　净　值	
资产总变化	1 212	负债总变化	677
非金融资产	482	净值总变化	535
固定资产	289	储蓄和净资本转移	230
存货	120	资产物量其他变化	17
非生产资产	73	名义持有损益	288
金融资产	730	中性持有损益	207
		实际持有损益	81
合　计	1 212	合　计	1 212

将期初、期末资产负债表与期内的资产负债变化表联系起来，就可以编制资产负债及其变化表，来综合地反映资产负债存量及其变动状况，见表 7.8。

表 7.8　资产负债及其变化表

账户	资产						交易和平衡项	负债和净值					
	合计	国外	经济总体	…	金融公司	非金融公司		非金融公司	金融公司	…	经济总体	国外	合计
期初资产负债表							非金融资产						
							生产资产						
							非生产资产						
							金融资产						
							负债						
							净值						
资产负债变化表							资产总变化						
							非金融资产变化						
							生产资产变化						
							非生产资产变化						
							金融资产变化						
							负债总变化						
							净值总变化						
							储蓄和净资本转移						
							资本物量其他变化						
							名义持有损益						
期末资产负债表							非金融资产						
							生产资产						
							非生产资产						
							金融资产						
							负债						
							净值						

编制资产负债及其变化表是为了简洁地列示资产负债核算记录，但是由于在该表中，资产负债的变化是由积累账户系列汇总得到的，所显示的资产负债变化情况比较粗

略，对这种变化形成的交易因素、外生因素和价格因素揭示不够。为了更为准确地表示这些信息，可以将期初、期末资产负债表和积累账户结合起来，用账户形式综合表示，见表 7.9。

表 7.9　资产负债表和积累账户综合表

资产、负债和净值	期初资产负债表	积累账户						期末资产负债表
		资本账户	金融账户	资产物量其他变化账户	重估价账户			
					名义持有损益	中性持有损益	实际持有损益	
非金融资产 　生产资产 　非生产资产 金融资产 负债 净值								

第三节　资产负债核算的应用分析

资产负债核算记录了核算主体资产负债的存量、结构与变化状况，其包含的资料内容十分丰富，具有极大的开发利用价值，可以为国民经济研究与管理提供重要的参考信息。利用资产负债核算资料开展应用分析，是资产负债核算的重要组成部分，一般说来，可以从以下两个方面进行。

一、资产负债的总量分析

资产负债核算记录了某一时点核算主体所拥有的资产和负债的总量，反映了其拥有的经济资产的总规模。这里的核算主体可以是一个机构单位，也可以是一个机构部门或经济总体。国民经济核算更多地关注经济总体资产负债总量的分析研究。

就经济总体而言，依据国民资产负债表，可以研究一个国家或地区的资产负债总量规模，看其拥有多少资产，承担多少债务，可以全面分析一个国家或地区的国民财富、经济实力和生产能力，了解综合国力和基本国情。比如，将各年的国民财富和资产总量列成时间数列，分别计算定基增长速度和环比增长速度，可以反映国民财富在某一较长时期内总的增长情况和各个不同时期财富增长情况，即可进行经济存量总规模的总量变动分析；把国民资产总量及净值与国内生产总值联系起来，可以分析国民经济的总存量和总流量的相互依存相互转化关系；把国民财富总量和人口数量联系起来，就可算出每个人平均的国民财富水平；把固定资产总量和劳动力数量联系起来，就可得出劳动力的技术装备程度指标；再依据行政区划和城乡分组的国民财富资料，便可研究地区间和城乡间经济发展水平的差异程度及其发展变化趋势，便于比较不同地区国民财富总量、人均财富与存量、财富类别结构的特点等。把上述这些指标综合起来，便能全面分析研究一个国家或一个地区在一定时点上拥有财富总和，进行不同国家和不同地区的对比，进而判断和把握本国本地区在国际国内经济发展中的实力水平和所处位置。决策部门根据这些分析资料，可以研究国家和地区的中长期经济规划和发展战略，制定相应政策，以确保国民经济持续、协调、健康发展。

根据表 7.4，我们可以进行总量分析如下：截至 1998 年底，中国资产总规模为 632 404 亿元，负债总规模为 380 376 亿元，资产净值即国民财富为 252 029 亿元。国家统计局公布的 1998 年底总人口为 124 761 万人，这样，人均总资产 50 689 元，人均净资产 20 201 元。上述数据表明，我国国民经济的"家底"已具相当规模，具有能够带来大量财产性收入的物质基础。

二、资产负债的结构分析

结构分析是资产负债核算应用分析的一项重要功能。资产负债的结构体现着核算主体经济运行的重要特征。利用资产负债核算资料进行结构分析可以从三个方面进行：一是项目结构分析，二是部门结构分析，三是地区分布分析。

（一）资产负债的项目结构分析

1. 资产负债比例分析

通过计算资产负债率，进行资产负债比例分析。资产负债率的计算公式为：

$$负债比率 = \frac{负债合计}{资产合计}$$

这一指标用来分析经济总体所承担的债务负担大小，表明在资产总值中，有多少资产是通过举债获得的。根据表 7.4 中的数据，可以计算得到资产负债率为 60.15%，即我国每 100 元资产中有 60.15 元是举债所得，另有 39.85 元是不承担任何债务的自有资产。

在宏观经济分析中，主要考虑的是对外债务。通常要分析一个国家或地区对外债务与资产之间的比例或对外债务与国外金融资产之间的比例，以反映外债的负担大小和偿还外债的能力。根据表 7.4，我国国内部门的国外金融资产为 8 235 亿元，国外金融负债为 33 907 亿元，两者之比为 1∶4.12，说明我国是一个资本输入国，外债的负担比较大。

2. 分析资产的内部构成

首先，可以计算非金融资产与金融资产在资产总额中各自所占的比重，分析一个国家或一个地区金融市场的发达程度，揭示金融发展与实质经济之间的关系。其次，可以计算非金融资产与金融资产中各项目的比例。如通过对非金融资产中生产资产与全部资产总额的比率计算，可以掌握国民经济的物质基础和生产能力，了解固定资产等重要生产资料的设备更新和技术水平，把握各行业资本有机构成的变化趋势；通过对固定资产与存货的比率计算，可以分析国家、地区各部门的固定价格和存货规模与结构，从而制定正确的生产、消费和投资政策，以防止经济中出现固定资产投资增长与存货规模不相适应的状况。通过对国内金融资产的各种比率计算，了解通货、存款、贷款、证券和股票的分布和规模、来源和使用，为国家制定正确的货币政策和信贷政策提供依据。最后，可以计算国内、国外金融资产各自所占的比重，了解在某一时点国内通过向国外投资、借款、购买国外股票债券等各种债权，以及国外向国内投资、国内向国外发行股票债券等各种债务，掌握外债规模及外资利用状况。

根据表7.4，对我国总资产的内部构成分析如下：1998年底，中国632 404亿元的总资产中，非金融资产为264 999亿元，占41.9%，金融资产为367 405亿元，占58.1%。非金融资产中主要是固定资产，占71.23%，存货和其他非金融资产占的比例较低，由于其他金融资产中的一部分是无形资产，说明无形资产在我国国民财富所占的比例极低。世界银行于2005年底，正式公布了《2000年国别财富报告》显示，越富庶的国家，有形资产所占比率越低，无形资产所占比率越高；很多富庶国家总财富中有50%以上来源于无形资本。因此，我们还需要从观念上自觉转变财富观，认识无形资产的价值。我国95%左右的金融资产是国内金融资产，在国内金融资产中，主要是存款、贷款和股票及其他股权，分别占29.57%、27.42%和20.01%，这说明当时我国金融体系仍然是由银行主导，资本市场不够发达。

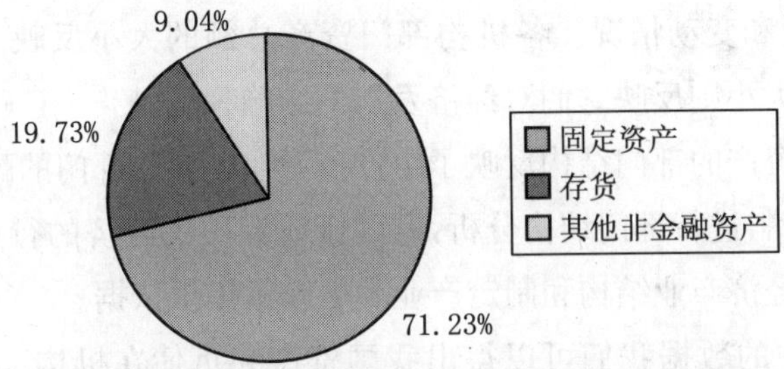

图7.3　1998年底我国非金融资产的内部构成

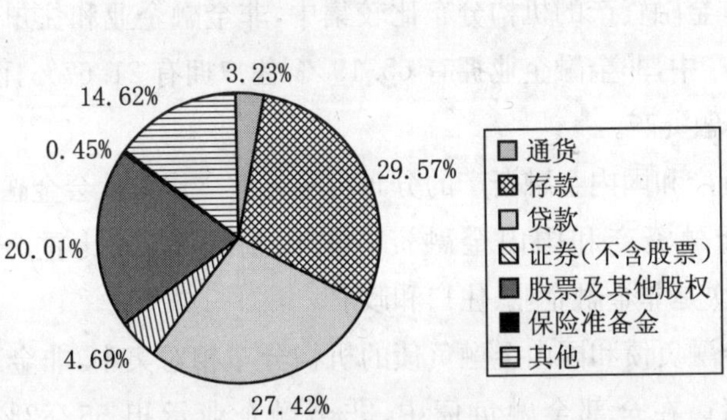

图7.4　1998年底我国国内金融资产的内部构成

3. 分析负债的内部构成

计算各类负债项目的构成比例以及债务的期限结构，可以分析核算主体的资金利用效果，分析其所承担的偿债压力大小，核算主体的筹资来源与比例，为制定货币政策、信贷政策提供依据。

由于金融资产的内部构成与金融负债的内部构成完全相同，这里不重复分析。根据表 7.4 中的数据，我们对我国国外金融负债的内部构成分析如下：在我国规模为 33 907 亿元的国外金融负债中，直接投资占 57.48%，证券投资占 6.85%，其他投资占 35.66%。

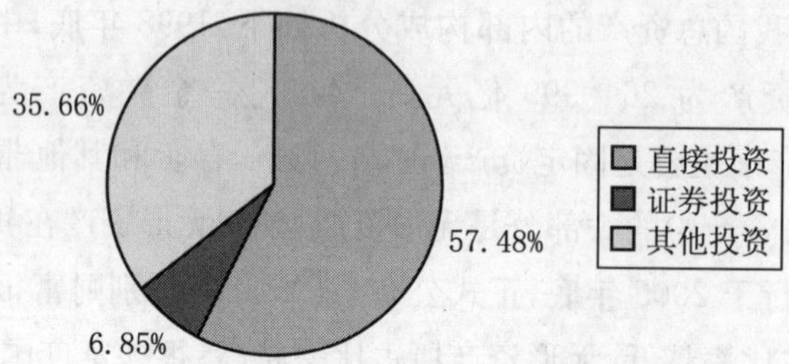

图 7.5　1998 年底我国国外金融负债的内部构成

（二）资产负债的部门结构分析

资产负债核算采用机构部门分类，描述了机构部门的资产负债规模、构成及变动状况。通过分析资产负债资料，可以全面描述和了解各个机构部门间资产负债的规模、结构、资金来源、使用和变动情况。各机构部门资产总额的大小反映了该部门的经济实力，其所占比重的大小则反映它们对经济发展的影响程度。

更重要的是，资产的部门结构反映了生产资源在各产业部门的配置状况。因此，利用资产负债核算资料进行部门结构分析，有助于研究国民经济的行业发展和产业结构特点，为优化国民经济产业结构和制定产业发展政策提供依据。

根据表 7.4 中的数据我们可以得出我国资产和负债在机构部门的分布状况，见表 7.10。根据表 7.10 和表 7.11，我们容易得出如下结论：

第一，我国非金融资产的机构分布比较集中，非金融企业和住户是其主要拥有者。在全部非金融资产中，非金融企业拥有 65.19%，住户拥有 21.67%，两者加在一起拥有将近 87%的非金融资产。

第二，金融资产和国内金融资产的分布相对分散。作为社会金融借贷活动的中心，金融机构拥有金融资产和国内金融资产的比重最高，其比重分别为 39.95%和 37.77%；然后依次是非金融企业、住户和政府。

第三，我国金融负债和国内金融负债的机构分布相对集中，非金融企业、金融机构是其主要承担者。在全部金融负债中，非金融企业承担 55.82%，金融机构承担 39.89%，两者加在一起拥有将近 96%的非金融资产。在全部国内金融负债中，非金融企业承担 54.29%，金融机构承担 41.95%，两者加在一起拥有约 96%的非金融资产。

第四，国内金融资产和国内金融负债的分布结构在其 7 个分类之间变化很大。

表 7.10　1998 年底我国资产在机构部门的分布状况　　单位：%

	非金融企业部门	金融机构部门	政府部门	住户部门	国内部门合计
一、非金融资产	65.19	3.89	9.25	21.67	65.19
其中：固定资产	60.44	2.12	12.69	24.75	60.44
二、金融资产	25.90	39.95	11.02	23.14	25.90
三、国内金融资产	26.01	37.77	11.68	24.54	26.01
其中：通货	15.00	2.00	3.00	80.00	15.00
存款	39.54	0.00	3.72	56.75	39.54
贷款	0.00	100.00	0.00	0.00	0.00
证券(不含股票)	0.47	51.62	0.19	47.71	0.47
股票及其他股权	30.07	10.55	50.55	8.82	30.07
保险准备金	28.98	0.00	0.00	71.02	28.98
其他	52.40	39.36	2.46	5.79	52.40

表 7.11　1998 年底我国金融负债在机构部门的分布状况　　单位：%

	非金融企业部门	金融机构部门	政府部门	住户部门	国内部门合计
一、金融负债	55.82	39.89	4.17	0.12	100.00
二、国内金融负债	54.29	41.95	3.62	0.14	100.00
其中：通货	0.00	100.00	0.00	0.00	100.00
存款	0.00	100.00	0.00	0.00	100.00
贷款	97.84	0.00	1.67	0.50	100.00
证券(不含股票)	4.16	31.49	64.35	0.00	100.00
股票及其他股权	87.63	12.37	15.10	0.00	100.00
保险准备金	0.00	100.00	0.00	0.00	100.00
其他	66.57	32.45	0.98	0.00	100.00

(三) 资产负债的地区分布分析

资产负债的地区分布分析主要是研究各地区资产分别占全国国民资产总量的比重，以此来反映整个国民资产的地区分布状况，衡量各个地区在整个国民经济中所处的相对地位。资产负债的地区构成及其发展变化趋势也是研究国民经济中地区发展问题的重要内容。

研究经济总体资产负债的地区构成及变化有助于制定与实施地区经济发展规划。

在一国的地区发展政策中，要体现"效率优先，兼顾公平"的原则，在优先发展经济中心地区的同时，又要兼顾老、少、边、穷地区，走共同致富的道路。国民资产负债的地区分布分析能够为制定地区发展政策提供依据，同时也是检验地区发展政策的一种方式。

此外，资产负债核算与其他流量核算一起，能够反映国民经济的整个运行过程，期初存量和期末存量实际上是经济循环的起点和终点。将资产负债表和积累核算及其他流量核算资料相结合，能够衡量资产负债存量所获得的经济效益。

本章小结

资产负债核算，通常也称为国民资产负债核算，是关于国民经济"家底"的核算，更多意义上是一种存量核算。

广义的资产负债核算包括资产负债存量核算和资产负债流量核算。

国民资产负债核算中的资产是经济资产，它必须同时具备三个基本条件：(1)资产的所有权已经界定；(2)资产所有者能够在一定时间内持有、使用或处置，即能对其拥有的资产进行有效控制；(3)资产所有者通过对资产的控制，能够在现在或可预见的将来获得经济利益。

我国国民资产负债核算中，资产分为金融资产和非金融资产。金融资产又可分为国内金融资产、国外金融资产和储备资产三类；非金融资产又可分为固定资产、存货和其他非金融资产三类。

永续盘存法是 SNA 推荐用于估算固定资产存量的一种方法。

在资产负债核算中，存量核算主要通过资产负债表反映。按照是否对机构部门进行分组，资产负债表可以分为简单账户和综合账户两种形式。经济总体的资产负债存量核算则相对复杂，一般不采用账户形式，而是编制平衡表式的国民资产负债表和国民财富表。

就经济总体而言，资产负债表的净值就是其国民财产或国民财富的价值表现，它满足下列等式：国民财产或国民财富＝非金融资产＋国外金融资产净值＋储备资产。

资产物量其他变化账户是为了记录由于机构单位无法控制的外生因素或事件而引起的资产和负债数量变化。

重估价账户记录由于价格水平变化引起的名义持有损益。按照资产的价格变化幅度与一般物价水平的变化幅度是否相同，名义持有损益可以分解为中性持有损益和实际持有损益。

资产负债核算的应用分析可以从总量和结构两个方面进行，而结构分析又可以从项目结构、部门结构和地区分布三个方面进行。

思考与练习

1. 汉语的“富”字，上部为“宀”，是房屋的象形；中部“一口”，是男丁劳动力的代表；底部的“田”，则是赖以生存的土地。耕地、房屋、劳动力这三样齐备了，就能自给自足，堪称富户。反之，若上无片瓦，下无寸土，又无后嗣劳力，便算赤贫。试结合经济资产的分类和范围理论，分析汉语的“富”字所代表的财富观。

2. 用永续盘存法估计资本存量是近些年来我国经济学术界的研究热点，请到相关期刊或中国期刊网上找出至少一篇这方面论文，结合本章对永续盘存法介绍，认真阅读文章，加深了解其实践应用。

3. 在资产负债核算时，下列活动哪些需要记入资产数量其他变化账户？

(1) 某地区由于修公路占用耕地 100 公顷；

(2) 某地区将一批沙漠荒地建设成经济林；

(3) 某单位因遭遇特大水灾造成重大经济损失；

(4) 某单位由于债务人破产而无法追回债务人所欠的债务；

(5) 某单位由于价格变化，使其所持有的资产增值 200 万元。

4. 地方政府政绩指标是考核政府工作绩效的依据，是地方政府公务员追逐的目标，对地方政府工作具有导向作用。传统的地方政府政绩指标 GDP，已经产生了诸多消极影响。根据党的十六届四中全会提出的“建立体现科学发展观要求的经济社会发展综合评价体系”要求，有研究提出了社会综合资产指标(social comprehensive capital，SCC)，并界定如下：社会综合资产是指一个国家或一个地区多年来积累的所有国民财产和自然资源的总和。国民财产包括过去积累的有形的生产资料(物质资料)和无形的生产资料(虚拟资产及无形资产)、消费资料等。它既包括国有企业资产又包括个人财产，还包括公共产品价值(如公共产品价值、城乡基础设施价值、地产价值、文物价值、人居环境价值、政府品牌价值等)。自然资源包括土地、森林、矿产、水力等等资源，以及由这些资源形成的生态环境等。试根据生产核算和资产负债核算两章所学内容，对比分析 GDP 和 SCC 作为地方政府政绩指标的优缺点。

5. 假设表 7.3 中数据为某地区的资产负债表，请分析该地区资产负债的项目结构和部门结构。

参考文献

1. 高敏雪等.国民经济核算原理与中国实践,中国人民大学出版社,2007
2. 国家统计局.中国国民经济核算体系(2002).中国统计出版社,2003
3. 国家统计局国民经济核算司.中国资产负债表编制方法.中国统计出版社,2007
4. 韩云虹等.国民经济核算与分析.经济科学出版社,2005
5. 联合国等.国民经济核算体系(SNA,1993).中国统计出版社,1995
6. 邱东等.国民经济核算.经济科学出版社,2002
7. 邱东等.当代国民经济统计学主流.东北财经大学出版社,2002
8. 钱伯海.国民核算与宏观经济分析.中国统计出版社,1998
9. 钱伯海.国民经济统计学(国民经济核算原理).中国统计出版社,2000
10. 杨灿.国民核算与分析通论.中国统计出版社,2005
11. 杨灿.资产分类与财富核算的概念结构.统计与决策,1998(3)
12. 王德发、朱建中.国民经济核算概论.上海财经大学出版社,2006
13. 赵彦云.国民经济核算教程.中国统计出版社,2000

第8章

国际收支核算

在“经济增长、就业、物价、国际收支平衡”四大宏观调控目标中，促进国际收支平衡，已被放在2007年经济工作的突出位置。2006年中央经济工作会议着重指出，必须把促进国际收支平衡作为保持宏观经济稳定的重要任务。

——中央经济工作会议特稿：2007年中国经济的新信号——促进国际收支平衡放在突出位置

新华社2006年12月7日

教学目的 国际收支核算系统地反映了国际间的经济交易，是国民经济核算全面测度经济系统的重要内容，是对经济全球化进行分析的基础。本章中，我们将介绍国际收支核算，使读者对宏观经济分析的视野由国内走向世界。

教学要点 国际收支核算的基本方法；国际收支平衡表分析；国际投资头寸表分析。

随着全球贸易与投资规模的不断扩大以及资本跨境流动的加剧，一国经济面临的不确定性增大。为这种不确定性风险进行衡量和控制，编制一个完整的国际账户体系就变得必不可少。国际货币基金组织(IMF)1993年公布的《国际收支手册》(第五版)(BPM5)与《国民经济核算体系(1993)》(SNA，1993)系统说明了国际收支核算的基本方法。

国际收支核算习惯上被称为国际收支统计，其核心是编制和分析国际收支平衡表，用来系统地反映一个国家在一定时期内所发生的各项国家收支交易(流量)。与国际收支平衡表紧密相连的是从存量角度编制的国际投资头寸表，用来系统反映一个国家在特定日期的金融资产或其对国外债权存量的价值和构成，以及该国对国外的负债存量的价值和构成。目前，IMF 对《国际收支手册》第五版进行了修订，于 2008 年发布第六版。

第一节　国际收支核算的基本问题

全球经济的发展，在对国内经济起稳定作用的同时，也对国际经济关系产生了重大影响，各国纷纷建立了国际收支统计制度，以制定有效的对内和对外经济政策。以国际货币基金组织为首的国际组织系统地研究国际收支核算的基本方法，以期对各国国际收支核算进行规范。

一、常住性分析

《国际收支手册》将核算的范围定义为“经济体”，不仅包括行政区域意义上的有独立主权、有自己的货币制度的国家，也包括虽然没有主权，但是由于某些原因拥有自己独立的货币制度而自成为一个经济实体的地区。因此，国家与国家、国家与地区、地区与地区之间发生的收支行为都属于国际收支的范围。这里“常住单位”与“非常住单位”就是明确划分“一经济体”(即本国)与“世界其他地方”(即国外)界限的标准。

常住性概念不是基于国际或法律标准，出于政治目的而确定的一国的边界也不适用于经济目的。因此，在国际收支核算中采用一个国家“经济领土”的概念，作为适用于常住概念的有关地理区域。也就是说，对于一个机构单位，当它在一个国家的经济领土内具有一个经济利益中心时，就称为一个常住单位。常住性概念示意图如图 8.1 所示，详细说明可参见第 3 章。

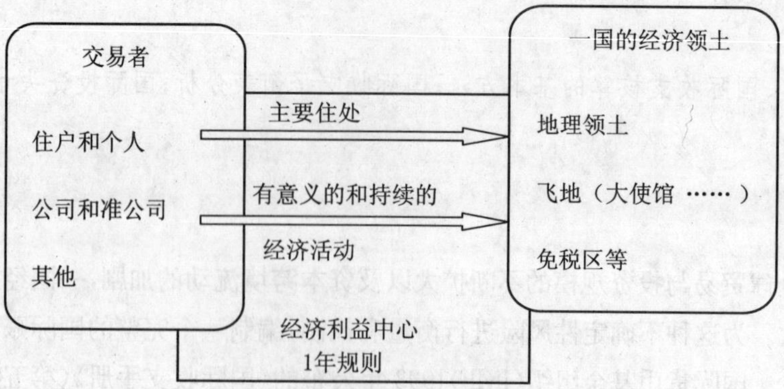

图 8.1　常住性概念示意图

根据《国际收支统计申报办法》，我国国际收支统计中的常住单位主要包括以下四类：

(1) 在中国(不含港澳台)境内居留 1 年以上的自然人，不包括外国及香港、澳门、台湾地区在境内的留学生、就医人员、外国驻华使馆领馆外籍工作人员及其家属；

(2) 中国短期出国人员(在境外拘留时间不满 1 年)、在境外留学人员、就业人员及中国驻外使馆领馆工作人员及其家属；

(3) 在中国境内依法成立的企业事业法人(含外商投资企业及外资金融机构)及境外法人的驻华机构(不含国际组织驻华机构、外国驻华使馆领馆)；

(4) 中国国家机关(含中国驻外使馆领馆)、团体、部队。

二、国际收支核算的基本方法

为了加强世界各国数据之间的国际可比性，国际货币基金组织(IMF)制订了统一的国际收支核算的一般原则和方法，这些原则和方法已经被绝大多数国家接受和采纳。

(一) 交易与资产负债存量的计价

在国民经济核算中，“市场价格”是交易和存量估价的基础。因此，国际收支核算中，常住单位与非常住单位间货物和服务的提供，按照供应者和消费者协议的实际价格估价。交易的市场价格是在自愿的基础上消费者从产品提供者手中消费(获取)货物或服务时支付的货币金额。

应该注意：(1)国际收支中交易的市场价格仅仅反映的是某种特定交易的价格；(2)在条件基本相同的情况下，同等数量的其他交易可能形成不同的市场价格；(3)这种市场价格完全不同于市场报价、国际市场价格、现价、公平市价或者其他任何反映类似交易的交换价格，因为这些价格都不是特定的交换价格；(4)这种市场价格不等于自由市场价格，即国际收支的市场交易不一定是在完全竞争的市场环境下进行的，实际上，它可以在买方垄断、卖方垄断或其他形式的市场结构下进行。

一般来说，构成一国国际投资头寸的所有资产和负债的存量，都应以市场价格来计价。这种计价方法包含的假定是：这部分存量持续(经常地)重新计价。例如，参照股票、债券等金融资产的实际市场价格，或在直接投资情况下，参照企业的资产负债表重新计价。但是，经常性地重新计价是不太可能的，因此，市场价格的计价方法不能永远适用。比如，对于直接投资，资产负债表显示的价值是唯一可得到的对外报告的计价资料。该项价值可能是以原始成本、最近更新的计价或现值的形式出现。如果直接投资企业在股票市场上市，挂牌价格可作为这些企业股票的市场价格。

(二) 交易的记录时间

在国际收支核算中，交易的记录时间同样按照“权责发生制”，即在经济价值产生、转换、交换、转移或消失时进行记录。如果所有权发生变更，不论是法律上的变更，还是只涉及控制或占有变更(实物的或经济的变更),如根据融资租赁协议运出的货物及母公司与其分支或附属机构间的一些交易,即认为产生了债权和债务。涉及所有权变更的资源交换要求在账户中对交易双方进行记录。这种记录交易的时间不同于现金收付制,因为支付或领取款项的时间既可能在进行交易之前,也可能在交易发生之后(或同时)。因此,国际收支交易应该按照权责发生制而非现金收付制记录。接受货物和服务属于支出,记录为借方项目;提供货物和服务属于收入,记录为贷方项目(见图 8.2)。

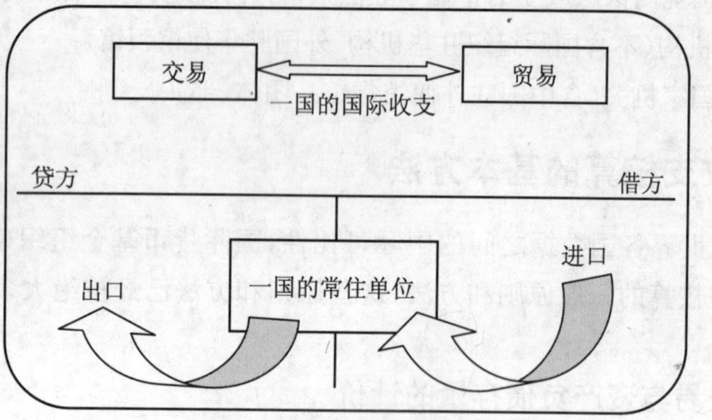

图 8.2 国际收支交易示意图

(三)记账单位和折算方法

在国际收支平衡表和国际投资头寸表的编制中,实际资源和金融项目的交易价值以及外部金融资产和负债存量的组成部分价值最初都是用各种不同的货币或价值尺度来表示的。将这些价值量折算成一个参照记账单位(通常是本国货币),是编制前后统一且便于分析的统计报表的先决条件。另外,同时还需要一个标准或通用的记账单位,以便将全球或地区的统计数据进行汇总,进行国际比较。目前,我国的国际收支平衡表一般采用美元和人民币两种记账单位分别编制。

进行货币单位转换离不开汇率。把交易价值折算为记账单位的最适当汇率是进行交易时的通行市场汇率,如果没有交易时的市场汇率,则采用最短时期的平均汇率,即买入汇率和卖出汇率之间的中间值,这样就可以不包括服务费(中间值和买入与卖出汇率之间的差价)。如果得不到发生交易时的实际平均汇率,可以取数据编制期间的平均汇率。

三、国际收支核算与国民经济核算账户的关系

国际收支核算中的国际收支平衡表和国际投资头寸表与国民经济核算账户之间具有十分密切的关系。国民经济核算账户中,专门设置了国外部门账户来反映国际间的经济交易。两者在常住单位定义、交易估价和记录时间原则等方面保持一致。但是,由于分析的需要不完全一样以及其他一些原因,两者的核算角度、核算范围、交易分类及

其详略程度具有一定的差异。

国际收支平衡表和国际投资头寸表与国外部门账户都反映国际间的经济交易，但国外部门账户是站在国外部门的角度来核算各种对外交易流量和资产负债流量，而国际收支平衡表则站在国内的角度来核算各种对外交易流量。

SNA(1993)中按交易的特征把国外部门分为以下四类：

(1) Ⅴ.Ⅰ.货物和服务对外账户；

(2) Ⅴ.Ⅱ.原始收入和经常转移对外账户；

(3) Ⅴ.Ⅲ.对外积累账户，包括资本账户（Ⅴ.Ⅲ.1.）、金融账户（Ⅴ.Ⅲ.2.）、资产其他变化账户（Ⅴ.Ⅲ.3.）；

(4) Ⅴ.Ⅳ.对外资产和影响账户。

其中，影响账户Ⅴ.Ⅰ.和Ⅴ.Ⅱ.中的交易记录在国际收支经常项目中，影响账户Ⅴ.Ⅲ.1.的交易被记录在国际收支中资本和金融账户下的资本项目中，影响账户Ⅴ.Ⅲ.2.的交易则记录在资本和金融账户下的金融项目中。账户Ⅴ.Ⅲ.3.的交易被包含在国际投资头寸表中的子项目中，而账户Ⅴ.Ⅳ.对外资产和负债账户则与国际投资头寸表的内容完全一致，该账户下的国民财富代表了对外资产和负债的存量。

具体来说，SNA(1993)中货物和服务进出口的范围与 BPM5 中的相应项目一致，但对“间接计算的金融中介服务费用”项目的处理有所不同，在 BPM5 中，把它作为“投资收入”项下难以区分的利息收入。

SNA(1993)对外账户Ⅴ.Ⅱ.中“原始收入和经常转移”的有关交易，在国际收支平衡表中被列在“收入和经常转移”项下，SNA(1993)账户中的雇员报酬和财产收入的范围与国际收支中的“收入”项几乎相同，只是“收入”项下的投资收入包括“间接计算的金融中介服务费用”。

SNA(1993)的对外积累账户中资本账户Ⅴ.Ⅲ.1.的主要项目与国际收支平衡表中资本和金融项目基本相同，SNA(1993)中资本账户的平衡项——净借出/净贷入虽然不能在国际收支平衡表中直接找到，但是也可以由国际收支中的对外经常项目差额和资本项目差额相加得到。

至于 SNA(1993)中的金融账户Ⅴ.Ⅲ.2.，它的范围同国际收支中的资本和金融账户中的金融账户范围完全一致，只是分类的详细程度有所不同。在 SNA(1993)中金融资产主要按金融工具的类型分类，而在 BPM5 中金融项目则主要按其功能进行分类（直接投资、证券投资、其他投资），并且，除了确定主要金融工具类型外，《国际收支手册》还实行了简略的部门分类（即货币当局、一般政府、银行和其他部门），从而与其他经济实体和金融统计联系起来（如，货币银行统计、政府财政统计、国际银行业务统计及对外债务统计）。

此外，SNA(1993)与 BPM5 原则上都按净值记录其金融项目。

第二节　国际收支平衡表分析

国际收支平衡表(balance of payment presentation)系统地反映了一经济体与其他经济体的经济交易概况,本节主要介绍其标准组成和主要项目的核算方法,并在此基础上对我国国际收支平衡表进行分析。

一、国际收支平衡表的标准组成部分

根据 BPM5,国际收支平衡表的标准组成包括两个基本部分:经常账户、资本和金融账户。其标准组成部分如表 8.1 所示。

经常账户又称经常项目,记录货物和服务的进出口以及收入分配交易,具体可分为货物和服务、收入、经常转移三个项目;资本和金融账户具体包括资本账户和金融账户,又称资本项目①和金融项目。前者涉及各种非金融投资,记录资本转移和无形非生产资产的交易,后者则记录各种金融交易。我国国际收支统计基本上沿用了上述表式②,但也有自己的特点。主要体现在储备资产部分的处理。其储备资产与 BPM5 不同,没有包括在金融账户中,而是作为独立的项目列示;受此影响,其金融账户所记录的内容仅限于除了储备资产之外的金融交易。也就是说,我国的国际收支平衡表实际上包括以下三个部分:经常账户、资本和金融账户、储备资产。表 8.1 是对国际收支平衡表内容组成的归纳和比较。

通过国际收支平衡表中的不同项目,可以使对外经济交易得到分类记录和统计,提供各种分类资料。分类记录并不意味着各个项目之间是互不相干的。实际上,每一项对外交易总是有两个方面:即获得一种资源的同时放弃另一种资源。把它们记录在国际收支平衡表上,可以有两种情况:一类交易只涉及同一账户内部不同资源之间的交换;另一类交易则体现为不同账户之间的资源交换。通过不同账户之间、同一账户不同项目之间的对应记录,各个项目才被连接到一起使国际收支平衡表形成一个整体。尽管国际收支核算不是建立在单笔交易逐一记录的基础上,而是从宏观不同方面分别搜集数据,但上述交易记录原理仍然反映了国际收支统计记录的机理,这些机理和联系将通过下面国际收支统计的复式记账方法进一步表现出来。理解这些联系,是利用国际收支统计数据进行平衡分析的基础。

① 《国际收支手册》(第五版)之前的版本中,资本账户包括资本往来账户和储备资产账户,记录各种对外金融资产和负债的变化。所谓"经常项目可自由兑换,资本项目不可自由兑换",就是在此意义上使用资本账户这个词汇的。

② 我国国际收支统计工作创建于 1981 年。1997 年以前我国使用的标准国际收支平衡表表式是按《国际收支手册》第四版进行划分的。随着新的国际收支申报办法(1996 年 1 月 1 日开始实行)的实施和不断完善,我国已于 1998 年(公布的是 1997 年的国际收支数据)开始按《国际收支手册》(第五版)的口径和表式来公布国际收支平衡表。

表 8.1　国际收支平衡表：BPM5 与中国的比较

BPM5	中　国
一、经常账户	一、经常项目
A. 货物和服务	A. 货物和服务
a. 货物	a. 货物
b. 服务	b. 服务
1. 运输	1. 运输
2. 旅行	2. 旅行
3. 通信服务	3. 通信服务
4. 建筑服务	4. 建筑服务
5. 保险服务	5. 保险服务
6. 金融服务	6. 金融服务
7. 计算机和信息服务	7. 计算机和信息服务
8. 特许使用费和许可费	8. 专有权利使用费和许可费
9. 其他商业服务	9. 咨询
10. 个人、文化和娱乐服务	10. 广告、宣传
11. 别处未提及的政府服务	11. 电影、音像
B. 收入	12. 其他商业服务
1. 职工报酬	13. 别处未提及的政府服务
2. 投资收入	B. 收入
C. 经常转移	1. 职工报酬
1. 各级政府	2. 投资收入
2. 其他部门	C. 经常转移
二、资本和金融账户	1. 各级政府
A. 资本账户	2. 其他部门
B. 金融账户	二、资本和金融项目
1. 直接投资	A. 资本项目
2. 证券投资	B. 金融项目
3. 其他投资	1. 直接投资
4. 储备资产	2. 证券投资
4.1　货币黄金	3. 其他投资
4.2　特别提款权	三、储备资产
4.3　在基金组织的储备头寸	3.1　货币黄金
4.4　外汇	3.2　特别提款权
4.5　其他债权	3.3　在基金组织的储备头寸
	3.4　外汇
	3.5　其他债权

资料来源：罗平译：《国际收支手册》(第五版)，第八章，中国金融出版社 1995 年版；国家外汇管理局网站(http://www.safe.gov.cn)。

二、国际收支平衡表主要项目的核算方法

(一) 经常账户中的货物

在国际收支平衡表中，除了列在货物项目下的内容外，还包括列在其他项目下的货物及一些特殊货物。

1. 货物项目下的各种货物

在国际收支平衡表中，货物包括一般商品、用于加工的货物、货物修理、各种运输工

具在港口购买的货物和非货物黄金。

一般商品是指货物实际所有权或推算的所有权在常住单位和非常住单位之间发生了变更的可移动货物。

用于加工的货物指用于加工[①]的出口和进口货物，它包括两项交易：某项货物的出口，根据合同和一定的费用，该项货物的再进口。在本国为非常住单位进行的加工指先进口后出口。在国际收支核算中，对深加工和其他形式的加工区别对待，前者包括在货物内，后者包括在服务内。在实际中对这两者之间的区分有一定的困难，因此，一般把所有加工的货物都归于“货物”项目下。货物加工前和加工后的价值应该在该项货物出口和接下来进口或进口接下来又出口之时记录[②]。用于加工的货物不包括涉及进口但日后并不出口（或相反）的当地加工。这样的货物包括在一般商品内。

货物修理包括常住单位对非常住单位拥有的移动货物进行的修理活动。其记录的价值仅反映修理的价值（所支付或得到的费用），而不是修理前或修理后货物的总价值。

各种运输工具在港口购买的货物包括在国外/在本国常住单位/非常住单位运输工具购买的货物（如燃料、给养、储备和货物）。提供的相关服务（如牵引、栈租和维修）排除在外。

非货币黄金包括不作为货币当局储备资产（货币黄金）的所有黄金的进出口。

2. 列在其他项目下的货物

虽然所有权在常住单位与非常住单位之间发生变更的绝大多数可移动货物都包括在货物项目下，但有一些货物被列在其他项目下。

（1）列在服务项下的货物。有些货物被列在服务项目下的原因是：有关数据未加细分就把这些货物列了进去，另外还因为这些货物与众多其他货物相比对经济要素的反应不一样。这方面主要的例子反映在服务项下的货物中，如：旅游者（旅游）为了自己使用购买的货物以及外交、军事使团和机构或官方人员（别处未提及的政府服务）和非常住工人（旅游）所购买的货物。

（2）作为金融项目的货物。有些实物项目为金融项目，不应列在货物下面。例如，虽然金融债权的凭证具有实物的形式也可以移动，但不应包括在货物下面。比如：纸币、流通中的硬币和发行在外的有价证券。

（二）经常账户中的服务

在国际收支核算中，服务贸易指常住单位与非常住单位间进行的服务交易。其中，服务出口表现为由常住单位向非常住单位提供服务，可能是销售、易货交易，也可能是赠与，统一记录为出口收入；服务进口则是指常住单位从非常住单位那里获得服务，可

---

① 加工可包括任何根据合同进行的下列活动：原油的提炼、金属加工、车辆组装和服装制造等。

② 如果货物在记录期结束后仍留在加工经济体内，则需相应地在金融账户中记录。

能是购买、易货交易，也可能是赠与，记录为进口支出。

由于服务活动涉及经济生活的方方面面，由此对外服务贸易的内容构成也相对比较复杂。

1. 运输

运输指由一国常住单位对国外或国外对该国常住单位提供的所有运输服务，可以是客运，也可以是货运，运输方式包括海运，空运，陆地运输，国内水路、太空和管道运输等。

2. 旅行

旅行指旅行者因公或因私离开常住国在其他国家停留不到一年的时间并从该国获得货物和服务的行为。旅行服务不是一个单项服务，而是包括旅行者在旅行目的地获得的一整套货物和服务，包括住房服务、食品、饮料、娱乐、交通、礼物和纪念品等，由于难以明确区分，因此，其中包括了一部分货物的购买，但针对旅行者的国际客运服务一般要记录在运输项目下，而不是旅行项目下。

3. 通信服务

包括常住单位与国外之间发生的国际通信交易：一个是电信，包括电话、电传、电报、电缆、广播、卫星、电子邮件等；另一个是邮政和邮递服务。

4. 建筑服务

建筑服务指一国企业在经济领土之外完成的建筑、安装项目，以及非常住企业在一国经济领土之内完成的建筑、安装项目。

5. 保险服务

包括常住保险企业向非常住单位和非常住保险企业向常住单位提供的各种保险服务，以及同保险交易有关的代理商的佣金。

6. 金融服务

包括常住单位与国外之间相互提供的金融中介和辅助服务。

7. 计算机和信息服务

包括常住单位与国外之间的计算机数据和与信息、新闻有关的服务交易。

8. 特许使用费和许可费

包括常住单位与国外之间经批准使用无形非生产资产的专有权（如专利权、版权、商标和经销权等）以及经特许安排使用无形生产资产原件（如手稿、胶片和计算机软件）而发生的收支。

9. 其他商业服务

包括上面未提到的常住单位与非常住单位之间发生的各类服务，如法律、会计、管理、技术等方面的服务。

10. 个人、文化和娱乐服务

主要分为两类：一是声像和有关服务，二是其他文化和娱乐服务。

11. 别处未提及的政府服务

这是一个余项，主要是前面分类中没有包括的各种政府服务交易（包括国际组织的各种服务交易），包括大使馆、领事馆、军事单位和防务机构与大使馆、领事馆、军事单位和防务机构所在地的经济体常住居民进行的所有货物和服务交易，以及与其他经济体进行的所有交易。这一类服务对应的也不是单一的一件产品，而是政府交易的货物和服务的总和。

（三）经常账户中的收入和经常转移

在经常账户上记录的收入和经常转移属于国内和国外之间发生的收入分配活动，与资金流量表记录的内容相对应，收入部分相当于收入初次分配，经常转移相当于收入再分配。

收入包括常住单位和非常住单位之间的两大类交易：一类是支付给非常住工人（如边界、季节和其他短期工人）的“职工报酬”；另一类是“投资收入”项下有关对外金融资产和负债的收入和支出，包括有关直接投资、证券投资和其他投资的收入和支出以及储备资产的收入。

职工报酬①是指个人在非常住经济体为该经济体常住单位工作而得到的现金或实物形式的工资、薪水和福利。这里包括雇主代表职工所支付的社会保险或私人保险或退休金款项，以保证职工享有各项福利。在这种情况下，职工包括季节工人和其他短期时间工作的工人（不足一年）和经济中心在自己经济体的边界工人。由于大使馆或领事馆在驻地所在的经济体享有治外法权，在这些机构工作的当地职工所得到的报酬被列为非常住实体向常住实体支付的一部分。

如果国际收支中记录的一笔账目表明一经济体的常住实体向另一非常住实体提供了实际资源或金融产品（即货物、服务或金融及非金融资产），按照复式记账原则，要求做一笔抵消账。如果抵消账目不包括实际资源或金融产品的提供，就称之为转移项目。其中，直接投资收入包括股本所产生的红利和留存收入再投资，以及公司间借贷所产生的利息；证券投资收入是指产生于证券投资上的股票投资红利和债券投资利息；其他收入则是由其他债权债务所产生的利息收支，以及保险专门准备金的投资收入。在国际收支统计中，获得的财产收入记录为收入，对外支付的财产收入记录为支出。

（四）资本账户

资本账户记录对外发生的“资本转移”和“非生产、非金融资产的收买/放弃”交易。资本转移通常具有如下特点，第一，实物转移就是资本转移，只要它涉及了固定资产所有权的变更；或债权人放弃债务，而且未得到任何回报。第二，现金的转移也是资本转移，只要转移是以交易一方或双方涉及的固定资产的收买或放弃（比如投资赠款）或以

---

① 准确地说应该称为“雇员报酬”（compensation of employees），这里叫“职工报酬”只是国内一直沿用的说法。

其为存在的条件。资本转移应导致交易一方或双方资产存量发生相应的变化。区别资本转移时，还可以考虑资本转移的规模大小而且不是经常出现。但是资本转移不是根据规模大小或出现频率的高低来衡量。

经常转移包括所有非资本转移的转移项目。经常转移直接影响可支配收入水平，并且影响货物和服务的消费。也就是说，经常转移减少了捐助者的收入和消费，扩大了受援者的收入和消费。

（五）金融账户

在国际收支平衡表中，金融账户包括涉及一国对外金融资产和负债所有权变更的所有交易，包括资产和负债的产生和清偿，其中金融资产是指常住单位对非常住单位的债权，负债是指常住单位对非常住单位的债务，进一步按照功能，金融资产被分为四个类型，即直接投资、证券投资、其他投资和储备资产。但是，很多国家将储备资产单列为一个项目，中国也是这样，因此，在金融账户中，一般只记录与前三种类型有关的金融资产和负债的变化。

直接投资是能够使投资者在管理其经济体外的企业活动时拥有有效发言权的投资。该定义有以下几个方面的含义。第一，投资者管理的必须是其所在经济体以外的企业活动，其经济体内部的企业活动不属于外国直接投资的范围。第二，投资者对该企业必须具有“有效发言权”，有效发言权的界定标准通常是直接投资者拥有 10%的普通股或表决权。对管理具有有效发言权说明直接投资者能影响或参与企业的管理，只要至少有 10%的所有权就可以有发言权，并不要求外国投资者完全控制所有权。第三，该定义反映了一个经济体的常住单位（直接投资者）从另一个经济体的常住单位（直接投资企业）那里获得持久收益的目标。持久收益意味着直接投资者与企业之间存在着长期关系，并对企业的管理有相当大的影响。直接投资包括两实体之间最初的交易，也包括随后发生在它们之间的以及发生在法人或非法人性质的附属企业之间的资本交易。

证券投资包括股本证券和债务证券，投资者进行这类投资往往是为了获得差价收入或财产收入，而不是为了控制企业经营。其中，股本证券包括股票、参股证或类似文件，它们代表投资者对企业资产所拥有的权利，一般来说，只有投资者在企业拥有的表决权不到 10%的情况下才属于股本证券投资（否则就是直接投资）；债务证券包括中长期债券、货币市场工具（如短期国库券、商业票据、银行承兑汇票、可转让大额存单等）和金融衍生工具等。中国投资者对国外的证券投资是中国的对外资产，国外投资者对中国持有的政权投资是中国的对外负债，国际收支统计应区分两个方向记录证券投资在核算期内的变动数额。

其他投资是一个剩余项目，包括直接投资、证券投资和储备资产没有覆盖的对外金融资产，主要有贸易信贷、贷款、利用基金组织的贷款、货币和存款等。其中，贸易信贷指由货物和服务交易的供应方或购买方直接提供的信贷、在建工程的预付款等；贷款是指直接放款产生的各种金融资产；利用基金组织的贷款是指成员国从基金组织的提款；货币是指流通中的纸币和铸币，包括常住单位持有的外币和非常住单位持有的本币；存款包括可转换存款和其他存款（如储蓄和定期存款等）。国际收支统计中，应区分对外提供的其他投资（资产）和来自国外的投资（负债），按当期发生额予以记录。

（六）储备资产

储备资产是指一国货币当局拥有的可随时利用并控制在手的对外资产，包括货币黄金、特别提款权、外汇、在基金组织的储备头寸，主要目的是保证货币当局可以利用这些资产为国际收支失衡提供直接融资，以及通过干预外汇市场影响汇率间接地调整国际收支失衡。在国际收支平衡表中，储备资产项目不是记录储备资产的存量，而是记录货币当局在核算期内通过交易增加或处置的储备资产。

（七）净误差与遗漏

在编制国际收支平衡表时，经常会由于统计资料来源和记录时点不同而产生统计误差，或者由于统计范围不全而产生遗漏，这两种情况都会造成统计过程中各项目记录总额的不平衡。为了保证国际收支的平衡，一般国际收支平衡表都要设置净误差与遗漏项目，所记录数额取决于国际收支其他各账户记录数额的不平衡状况。

误差与遗漏在指示国际收支平衡表准确性的同时，还有很重要的分析用途，如果该项目长期出现较大数额而得不到扭转，则意味着有重要的信息没有被反映出来，例如，研究者常常通过误差与遗漏来分析一国的资本外逃或热钱涌入状况。

三、我国国际收支现状分析

以我国 2007 年 1～6 月的国际收支平衡表（见表 8.2）为例，根据国际收支主要项目情况，分析我国 2007 年上半年的国际收支全景①。

2007 年上半年，我国国际收支交易规模持续增长，国际收支交易总规模为 1.95 万亿美元，同比增长 35%；与同期 GDP 之比达到 141%，比 2006 年上升 15 个百分点。这表明我国对外经济继续保持较快发展，与全球经济的联系更加紧密，对国内经济的影响进一步增强。

表 8.2　我国 2007 年 1～6 月国际收支平衡表　　单位：百万美元

项　目	行次	差　额	贷　方	借　方
一、经常项目	**1**	**162 858**	**656 185**	**493 327**
A. 货物和服务	2	132 549	603 063	470 514
a. 货物	3	135 691	547 174	411 483
b. 服务	4	－3 142	55 888	59 030

① 部门内部分析需要更为详细的数据，这里省略。

续 表

项 目	行 次	差 额	贷 方	借 方
1. 运输	5	−4 843	13 555	18 398
2. 旅游	6	3 348	17 935	14 593
3. 通讯服务	7	125	592	467
4. 建筑服务	8	619	1 879	1 260
5. 保险服务	9	−4 336	483	4 819
6. 金融服务	10	−219	76	295
7. 计算机和信息服务	11	971	1 948	977
8. 专有权利使用费和特许费	12	−3 834	115	3 949
9. 咨询	13	−196	4 942	5 138
10. 广告、宣传	14	295	876	581
11. 电影、音像	15	31	93	62
12. 其他商业服务	16	4 903	13 036	8 132
13. 别处未提及的政府服务	17	−1	360	361
B. 收益	18	12 904	34 083	21 179
1. 职工报酬	19	1 717	2 973	1 256
2. 投资收益	20	11 187	31 110	19 923
C. 经常转移	21	17 405	19 039	1 635
1. 各级政府	22	−83	21	104
2. 其他部门	23	17 488	19 018	1 530
二、资本和金融项目	**24**	**90 164**	**446 813**	**356 648**
A. 资本项目	25	1 465	1 564	99
B. 金融项目	26	88 700	445 249	356 549
1. 直接投资	27	50 919	63 135	12 396
1.1 我国在外直接投资	28	−7 414	586	8 000
1.2 外国在华直接投资	29	58 333	62 729	4 396
2. 证券投资	30	−4 826	17 687	22 512
2.1 资产	31	−15 077	7 435	22 512
2.1.1 股本证券	32	−5 034	927	5 961
2.1.2 债务证券	33	−10 043	6 508	16 551
2.1.2.1 (中)长期债券	34	−8 175	6 508	14 683
2.1.2.2 货币市场工具	35	−1 868	0	1 868

续 表

项　　目	行 次	差　额	贷　方	借　方
2.2　负债	36	10 252	10 252	0
2.2.1　股本证券	37	10 252	10 252	0
2.2.2　债务证券	38	0	0	0
2.2.2.1　(中)长期债券	39	0	0	0
2.2.2.2　货币市场工具	40	0	0	0
3. 其他投资	41	42 607	364 248	321 641
3.1　资产	42	17 150	31 767	14 618
3.1.1　贸易信贷	43	−5 915	0	5 915
长期	44	−414	0	414
短期	45	−5 501	0	5 501
3.1.2　贷款	46	12 235	14 539	2 304
长期	47	−1 041	0	1 041
短期	48	13 276	14 539	1 263
3.1.3　货币和存款	49	9 227	13 213	3 986
3.1.4　其他资产	50	1 602	4 015	2 413
长期	51	0	0	0
短期	52	−1 602	4 015	2 413
3.2　负债	53	25 457	332 481	307 024
3.2.1　贸易信贷	54	7 132	7 132	0
长期	55	499	499	0
短期	56	6 633	6 633	0
3.2.2　贷款	57	10 193	279 837	269 644
长期	58	2 381	10 092	7 710
短期	59	7 812	269 745	261 934
3.2.3　货币和存款	60	8 247	44 742	36 494
3.2.4　其他负债	61	−116	770	885
长期	62	278	310	32
短期	63	−394	460	854
三、储备资产	**64**	**−266 098**	**219**	**266 317**
3.1　货币黄金	65	0	0	0
3.2　特别提款权	66	−36	0	36

续 表

项　　目	行 次	差　额	贷　方	借　方
3.3　在基金组织的储备头寸	67	219	219	0
3.4　外汇	68	−266 281	0	266 281
3.5　其他债权	69	0	0	0
四、净误差与遗漏	**70**	**13 075**	**13 075**	**0**

注：2007 年国际收支平衡表中，外国在华直接投资流入（贷方）包括我国非金融部门和金融部门的外国在华直接投资流入。同时，根据国际货币基金组织《国际收支手册》（第五版）的原则，境内外母子公司和关联公司往来及贷款，以及境外机构购买建筑物亦属于直接投资统计范畴，本年也纳入统计。

资料来源：国家外汇管理局网站（http://www.safe.gov.cn）。

1. 货物贸易

2007 年上半年，我国货物贸易继续保持快速增长。按国际收支核算口径，货物贸易进出口总值约为 9 587 亿美元，同比增长 23%。其中，出口约为 5 472 亿美元，增长 28%，进口约为 4 115 亿美元，增长 18%，货物贸易顺差约为 1 357 亿美元，增长 70%。

2. 服务贸易

2007 年上半年，我国服务贸易收入约为 559 亿美元，同比增长 39%；服务贸易支出约为 590 亿美元，增长 28%；逆差约为 31 亿美元，下降 44%。

我国服务贸易呈以下主要特点：

(1) 服务贸易规模增速加快。2007 年上半年服务贸易总额约为 1 149 亿美元，同比增长 33%，增速较上年同期增加 15 个百分点，较同期货物贸易总额增速高 10 个百分点。

(2) 服务贸易逆差回落。服务贸易逆差约为 31 亿美元，同比减少 44%。

(3) 传统服务项目仍占据主导，比重有所下降。我国服务贸易收支仍主要集中于运输和旅游服务项目。这两项收入分别占服务贸易总收入的 24%和 32%。

(4) 高附加值服务增速高于服务贸易总体增速，逆差略有扩大。高附加值服务项目收入共计约 79 亿美元，增长 44%；支出共计约 106 亿美元，增长 30%；逆差共计约 28 亿美元，增长 1%。

3. 直接投资

按国际收支核算口径，2007 年上半年外国来华直接投资约为 627 亿美元，同比增长 54%；投资资本金撤回清算约 44 亿美元，增长 28%；净流入约 583 亿美元，增长 56%。

按国际收支核算口径，2007 年上半年，我国对外直接投资为 80 亿美元，同比增长 21%，其中，非金融部门对外直接投资约 78 亿美元，增长 21%；对外直接投资撤资清算汇回约 6 亿美元，增长 142%；净流出约 74 亿美元，增长 17%。

4. 证券投资

2007年上半年,我国证券投资项目逆差约48亿美元,同比下降83%。中国境内机构对外证券投资和吸收境外证券投资与上年同期相比都出现了下降,但对外证券投资规模同比下降更为显著是上半年证券投资逆差下降的直接原因。

2007年上半年,我国证券投资项目呈现以下主要特点:

(1) 对外证券投资净流出大幅下降。2007年上半年,中国境内机构对外证券投资净流出约151亿美元,比上年同期减少297亿美元,下降66%,其中债务证券投资净流出约100亿美元,比上年同期减少348亿美元,下降78%。境内机构对外证券投资净流出下降的主要原因是2007年上半年国家外汇管理局调减了短期外债指标,各商业银行境外融资规模受到限制,同时国内经济继续保持快速增长,国内贷款需求继续增加,为满足资金需求,商业银行调整境内外资产分布,减少增持境外债券。此外随着国内资本市场的繁荣,居民选择收益相对较高的股票、基金等投资工具或理财产品的意愿增强,分流了部分居民户外汇存款,减少了银行资金来源,使得银行投资境外债券规模低于以往水平。

(2) 吸收境外证券投资净流入同比减少。2007年上半年,我国净吸收境外证券投资净流入约103亿美元,同比下降34%,其中,境内银行和企业境外发行股票募集资金约85亿美元,吸收合格境外机构投资者投资约18亿美元。吸收境外证券投资同比下降的主要原因是我国主要国有商业银行集中境外上市融资高峰已过,同时国内资本市场交易活跃,吸引筹资者转向国内资本市场融资。

5. 外债

截至2007年6月末,我国外债余额为3 278.02亿美元(不包括香港特区、澳门特区和台湾地区对外负债,下同),比上年末增加48.14亿美元,增长1.49%。外债余额中,登记外债余额为2 167.02亿美元,贸易信贷余额为1 111亿美元。

按期限划分,2007年6月末中长期外债(剩余期限)余额为1 429.33亿美元,占外债余额的43.60%;短期外债(剩余期限)余额为1 848.69亿美元,占外债余额的56.40%。

2007年上半年,我国新借入中长期外债为153.69亿美元,比上年同期增加54.92亿美元,增长55.60%;偿还中长期外债本金为110.05亿美元,比上年同期增加26.53亿美元,增长31.76%;支付利息17.40亿美元,比上年同期增加6.22亿美元,增长55.64%。

2007年上半年,我国外债变动呈现以下主要特点:

(1) 外债总规模增速有所回落。2007年6月末,我国外债余额比上年末增加48.14亿美元,增长1.49%,同比增长10.02%,同比少增1.91个百分点。外债余额增长主要来自于贸易信贷增长,贸易信贷余额比上年末增加71亿美元,对外债余额增长的贡献率为147%。

(2) 登记外债规模近五年来首次下降。2007 年 6 月末，我国登记外债余额上年末减少 22.72 亿美元，是自 2002 年以来首次出现负增长，其原因是境内外资金融机构外债余额比上年末减少 57.91 亿美元，下降 11.67%。

(3) 中长期外债余额保持平稳增长。2007 年 6 月末，我国中长期外债(剩余期限)余额比上年末增加 35.73 亿美元，增长 2.56%，同比增长 8.6%。中长期外债增加主要来自外资银行向境外借用中长期贷款和外商投资企业借用境外股东贷款增加。

(4) 短期外债持续增长，但登记短期外债大幅缩减，短期外债占比首次出现下降。2007 年 6 月末，短期外债(剩余期限)余额比上年末增加 12.41 亿美元，增长 0.7%，同比增长 11.17%，同比少增长 6.48 个百分点。短期外债增长主要来自于贸易信贷规模的攀升，6 月末贸易信贷比上年末增加 71 亿美元，增长 6.83%。登记短期外债(剩余期限)出现较大幅度下降。6 月末登记短期外债(剩余期限)余额为 738 亿美元，比上年末减少 58 亿美元，下降 7.3%。

四、我国国际收支差额分析

对国际收支差额的分析是国际收支平衡表分析的实质。差额可以表现为顺差和逆差。收入大于支出为顺差；支出大于收入为逆差。

(一) 货物和服务贸易差额分析

在国际经济往来中，经常项目在较大程度上决定一国的国际收支状况，而货物和服务贸易又在很大程度上决定该国的经常项目状况。从图 8.3 可以看出，1982～2006 年的 25 年中，有 5 个年度表现为逆差，其中 4 个年度集中在 80 年代后期，90 年代只有 1993 年表现为逆差，所有其余年度均表现为顺差，并且在 1994～1998 年货物和服务贸易顺差均呈上升趋势。1999～2001 年由于受东南亚金融危机的影响，货物和服务贸易顺差有所下降。2002 年以后，货物和服务贸易顺差有所回升，尤其是 2005 年和 2006 年两年上升很大。

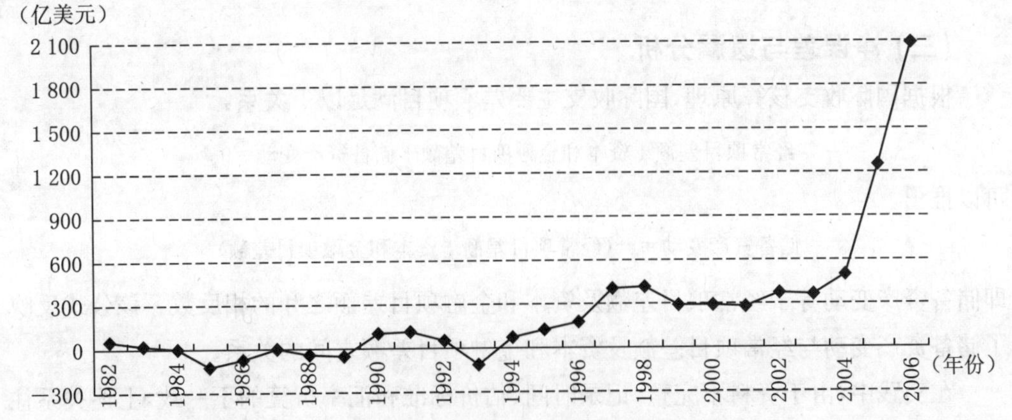

图 8.3 我国货物和服务贸易差额

(二) 经常项目和资本与金融项目差额分析

图 8.4 数据显示，以 20 世纪 90 年代为界把中国改革开放时期分为两个阶段，我国国际收支平衡态势发生了结构性变动。前期国际收支结构较多表现为经常账户和资本与金融账户逆顺差不同方向平衡方式组合，1982～1993 年间有 8 年逆顺差配合，其中 5 年经常账户逆差和 3 年资本与金融账户逆差。后期国际收支结构通常形态转变为双顺差，双顺差指一国国际收支中经常项目与不包括官方储备的资本与金融项目同时出现收入大于支出的盈余状态。从国际收支平衡表定义的关系来看，如果不考虑“净误差与遗漏”，双顺差实现的两个账户盈余之和等于外汇储备的增加。1994～2006 年经常项目始终保持顺差并呈现上升趋势。累计顺差 6 632 亿美元，年均顺差为 510 亿美元。主要由于直接投资大规模进入，资本与金融账户除了 1998 年受东南亚金融危机影响出现小额逆差外，其他年份一直保持顺差，累计顺差 4 409 亿美元，年均顺差 339 亿美元。

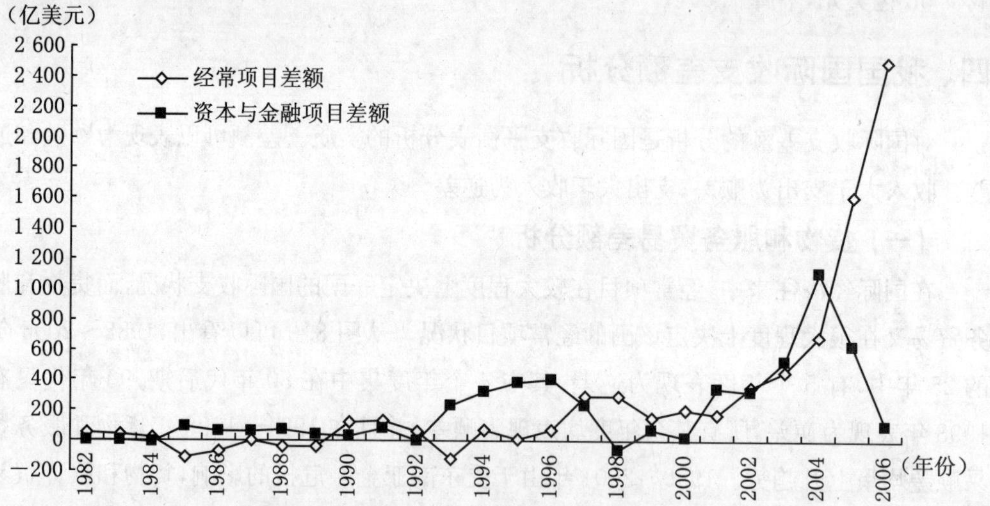

资料来源：根据国家外汇管理局发布的各年我国国际收支平衡表整理。

图 8.4 我国经常项目和资本与金融项目差额

(三) 净误差与遗漏分析

根据国际收支核算原理，国际收支主要差额项目满足以下关系：

经常项目差额＋资本和金融项目差额＋储备资产变动＝0

可以推出，

储备资产变动＝－(经常项目差额＋资本和金融项目差额)

即储备资产变动等于经常项目差额及资本和金融项目差额之和的相反数。该公式反映了储备资产变动与经常项目差额及资本和金融项目差额之间的关系。

在实践中，由于资料不完整，记录时间、估价标准和汇率折算的不一致，上述关系往往不能保持恒等。因此，在考虑经常项目差额、资本和金融项目差额及储备资产变动额之间的关系时，还必须考虑误差与遗漏项目，即在实践中各种项目差额的关系为：

经常项目差额＋资本和金融项目差额＋储备资产变动＋净误差与遗漏＝0

一般来说，储备资产变动是比较准确的，误差与遗漏项目主要是由经常项目及资本与金融项目引起的。所以在误差与遗漏数额较大时，必须考虑主要是由经常项目还是资本和金融项目引起的。这对于准确判断对外经济状况是非常重要的。

图 8.5 给出了 1982～2006 年中国国际收支核算主要差额项目及净误差与遗漏项目情况。从图 8.5 可以看出，1992 年以前我国国际收支核算中主要差额项目的绝对值都比较小，1992～2000 年对外交易规模变化较大，2000 年以后经常项目、资本和金融项目及储备资产项目都呈现很大变动。

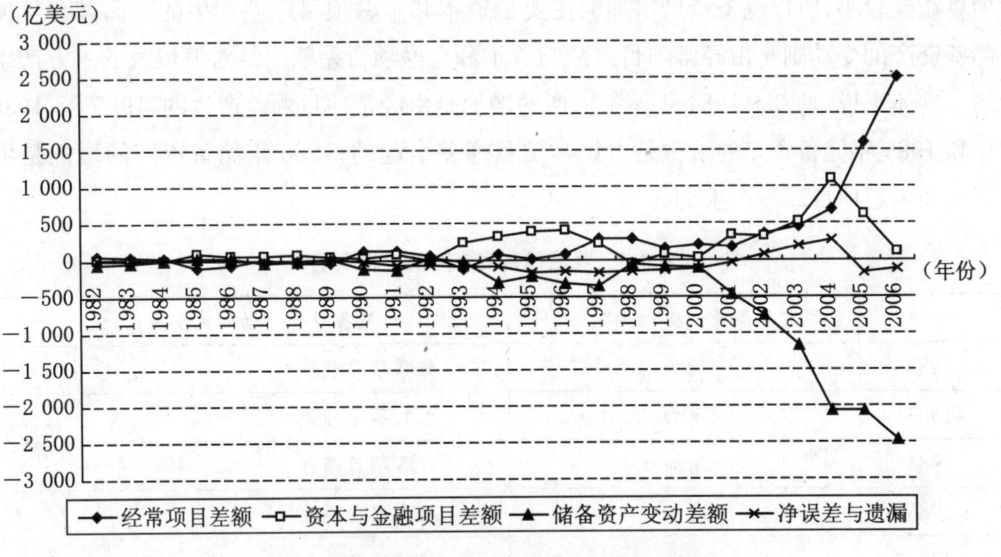

资料来源：根据国家外汇管理局发布的各年中国国际收支平衡表整理。

图 8.5　我国国际收支核算中的主要项目差额

从图 8.5 可以看出，除 1982 年、1983 年、1985 年、1989 年、2002～2004 年 7 个年度外，我国国际收支核算中的净误差与遗漏项目均表现为逆差；1989 年以前，误差与遗漏项目的绝对值较小；1989 年以后，误差与遗漏项目的绝对值较大，并且 1989～1997 年逆差呈上升的趋势，1997 年以后净误差与遗漏项目波动较大。1989 年以前误差与遗漏绝对值由小到大的变化以及 1989～1997 年逆差呈上升的趋势，与我国对外经济交易规模的变化有关。1997 年以后净误差与遗漏项目呈现波动的主要原因是中国建立了金融机构、直接投资统计、证券投资统计、汇兑业务统计等申报制度，改进了国际收支核算的基础工作。

（四）储备资产变动分析

从图 8.5 可以看出，1982～2006 年的 25 个年度中，只有 1985 年、1986 年、1989 年和 1992 年 4 个年度储备资产变动表现为正值，其余 21 个年度均为负值。1994～1997

年和 2001～2006 年度年储备资产变动负值的绝对值非常突出。储备资产变动额为负值时表示储备资产增加,为正值时表示储备资产减少。因此,只有 1985 年、1986 年、1989 年和 1992 年 4 个年度储备资产是减少的,其余 21 个年度都是增加的,1994～1997 年和 2001～2006 年年度储备资产增加的幅度较大。

那么,储备资产的变动是由哪些因素引起的呢? 1982～2006 年储备资产变动原因归结在表 8.3 中。1982～1989 年,由于误差与遗漏项的绝对值较小,在研究影响储备资产变动原因时,不妨忽略该项目的影响。从图 8.5 可以看出,这一时期,除 1987 年经常项目与资本和金融项目同时表现为顺差外,其余年度两者既不同时表现为顺差,也不同时表现为逆差,即当经常项目表现为顺差时,资本和金融项目表现为逆差,或者相反。1987 年储备资产增加是由经常项目与资本和金融项目顺差共同产生的,但是由于经常项目顺差较小,所以储备资产增加额主要是资本和金融项目顺差产生的。而其余年度储备资产的变动则是由经常项目差额与资本和金融项目差额中绝对值较大的一方产生的。具体来说,1982～1984 年储备资产的增加是由经常项目顺差产生的;1985 年、1986 年和 1989 年储备资产的减少是由经常项目逆差引起的;1988 年储备资产的增加是由资本和金融项目顺差产生的。

表 8.3　我国储备资产变动分析表 I

年份	储备资产变动情况	储备资产变动的主要原因
1982	增加	经常项目顺差
1983	增加	经常项目顺差
1984	增加	经常项目顺差
1985	减少	经常项目逆差
1986	减少	经常项目逆差
1987	增加	双顺差,以资本与金融项目顺差为主
1988	增加	资本与金融项目顺差
1989	减少	经常项目逆差

资料来源:根据国家外汇管理局发布的各年我国国际收支平衡表整理。

1989 年以后,净误差与遗漏项目的绝对值较大。因此,在考虑影响储备资产变动原因时,不能忽略该项目的影响,而需要结合误差与遗漏项目进行分析。净误差与遗漏既可能来源于经常项目,也可能来源于资本和金融项目。按照国际惯例,该项目的大部分属于难以统计的资本流出。这种假定与我国国际收支核算中的净误差与遗漏项目在绝大多数年度均表现为逆差似乎也比较吻合。因此,不妨先假定误差与遗漏项目全部来源于资本和金融项目,从而把 1990 年以后的净误差与遗漏项目差额全部归入资本与金融项目差额。那么,图 8.5 中的 1990～2006 年部分表现在图 8.6 中。

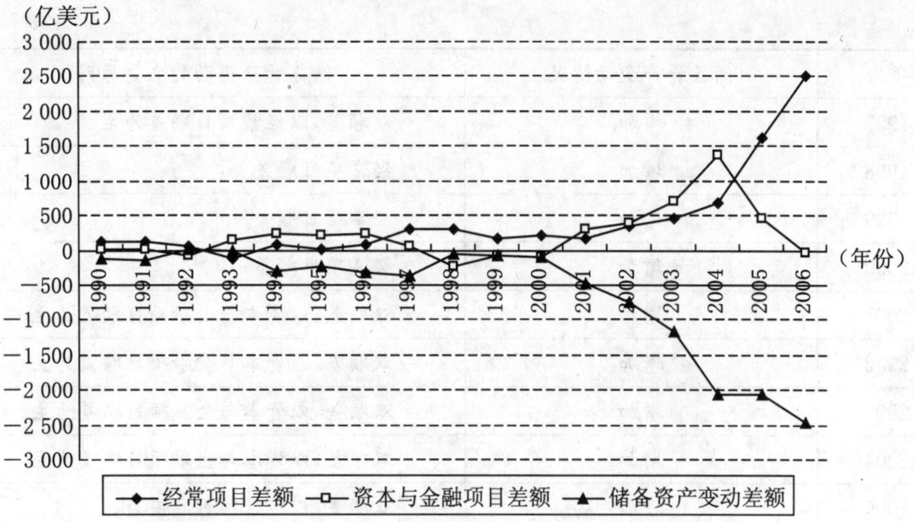

资料来源:根据国家外汇管理局发布的各年中国国际收支平衡表整理。

图 8.6　我国国际收支核算中的主要项目差额

从图 8.6 可以看出,1998 年、1999 年、2000 年和 2006 年,经常项目表现为顺差,资本与金融项目表现为逆差,储备资产是增加的,其增加额必然来源于经常项目顺差;1992 年,经常项目与资本和金融项目也分别表现为顺差和逆差,但储备资产是减少的,其减少额必然来源于资本和金融项目逆差;1993 年,经常项目表现为逆差,资本和金融项目表现为顺差,储备资产是增加的,其增加额必然来源于资本和金融项目顺差;1994～1996 年和 2001～2004 年,经常项目和资本与金融项目均表现为顺差,储备资产增加额来源于两者之和,但由于资本和金融项目顺差比经常项目顺差较大,所以储备资产增加额主要来源于资本和金融项目顺差;1990 年、1991 年、1997 年和 2005 年经常项目和资本与金融项目均表现为顺差,但由于资本与金融项目顺差比经常项目顺差较小,所以储备资产增加额主要来源于经常项目顺差。上述储备资产变动的原因分析可以概括在表 8.4 中。

表 8.4　我国储备资产变动分析表Ⅱ

年份	储备资产变动情况	储备资产变动的主要原因
1990	增加	双顺差,以经常项目顺差为主
1991	增加	双顺差,以经常项目顺差为主
1992	减少	资本与金融项目逆差
1993	增加	资本与金融项目顺差
1994	增加	双顺差,以资本与金融项目顺差为主
1995	增加	双顺差,以资本与金融项目顺差为主
1996	增加	双顺差,以资本与金融项目顺差为主

续 表

年份	储备资产变动情况	储备资产变动的主要原因
1997	增加	双顺差,以经常项目顺差为主
1998	增加	经常项目顺差
1999	增加	经常项目顺差
2000	增加	经常项目顺差
2001	增加	双顺差,以资本与金融项目顺差为主
2002	增加	双顺差,以资本与金融项目顺差为主
2003	增加	双顺差,以资本与金融项目顺差为主
2004	增加	双顺差,以资本与金融项目顺差为主
2005	增加	双顺差,以经常项目顺差为
2006	增加	经常项目顺差

资料来源:根据国家外汇管理局发布的各年我国国际收支平衡表整理。

将净误差与遗漏全部归入资本与金融项目的假定有些绝对化。为了更接近实际情况,我们对上述假定调整如下:假定净误差与遗漏的1/3来源于经常项目,2/3来源于资本和金融项目,从而按此比例将净误差与遗漏项目差额分摊到经常项目差额及资本和金融项目差额。这样分摊后,1990~2006年部分表现在图8.7中。

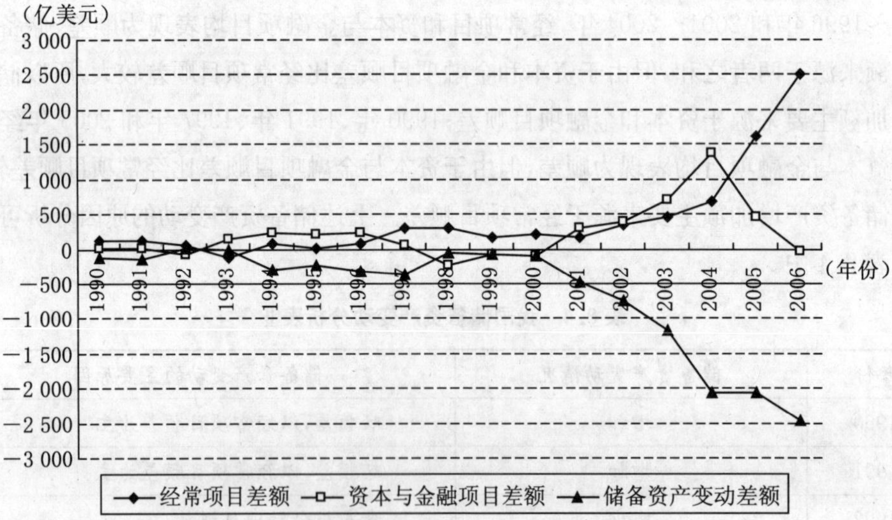

资料来源:根据国家外汇管理局发布的各年我国国际收支平衡表整理。

图8.7 我国国际收支核算中的主要项目差额

从图8.7可以看出,1998年、1999年和2000年,经常项目表现为顺差,资本和金融项目表现为逆差,储备资产是增加的,其增加额必然来源于经常项目顺差;1990年、

1991 年、1997 年、2005 年和 2006 年，经常项目表现为顺差，资本和金融项目虽然也表现为顺差，但数量很小，储备资产是增加的，其增加额主要来源于经常项目顺差；1992 年，经常项目表现为顺差，资本和金融项目表现为逆差，储备资产是减少的，其减少额必然来源于资本和金融项目顺差；1993 年和 1995 年，经常项目表现为逆差，资本和金融项目表现为顺差，储备资产是增加的，其增加额必然来源于资本和金融项目顺差；1994 年、1996 年、2001 年、2003 年、2004 年，经常项目与资本和金融项目均表现为顺差，储备资产增加额来源于两者之和，但由于资本和金融项目顺差比经常项目顺差大得多，所以储备资产增加额主要来源于资本和金融项目顺差；1990 年、1991 年、1997 年、2005 年和 2006 年，经常项目与资本和金融项目均表现为顺差，储备资产增加额来源于两者之和，但由于经常项目顺差比资本和金融项目顺差大得多，所以储备资产增加额主要来源于经常项目顺差；2002 年经常项目与资本和金融项目均表现为顺差，且二者几乎相当，所以二者对储备资产的贡献额度几乎相等。上述储备资产变动的原因分析可以概括在表 8.5 中。

表 8.5　我国储备资产变动分析表Ⅲ

年份	储备资产变动情况	储备资产变动的主要原因
1990	增加	双顺差，以经常项目顺差为主
1991	增加	双顺差，以经常项目顺差为主
1992	减少	资本与金融项目逆差
1993	增加	资本与金融项目顺差
1994	增加	双顺差，以资本与金融项目顺差为主
1995	增加	资本与金融项目顺差
1996	增加	双顺差，以资本与金融项目顺差为主
1997	增加	双顺差，以经常项目顺差为主
1998	增加	经常项目顺差
1999	增加	经常项目顺差
2000	增加	经常项目顺差
2001	增加	双顺差，以资本与金融项目顺差为主
2002	增加	双顺差，以经常项目顺差为主
2003	增加	双顺差，以资本与金融项目顺差为主
2004	增加	双顺差，以资本与金融项目顺差为主
2005	增加	双顺差，以经常项目顺差为
2006	增加	双顺差，以经常项目顺差为

资料来源：根据国家外汇管理局发布的各年我国国际收支平衡表整理。

为了简化分析，以上对误差与遗漏的来源做出了某种假定。实际上，即使取消上述假定，通过对图 8.5 中的某些年度资料做一些具体分析，也能得出大致相同的结论：20 世纪 90 年代以来我国储备资产的增加，部分年度来源于或主要来源于经常项目顺差，部分年度来源于或主要来源于资本与金融项目顺差。例如，从图 8.5 可以看出，1998 年和 2000 年，由于净误差与遗漏项目表现为逆差，并且该逆差的绝对值相对于经常项目顺差较小，因此，不管净误差与遗漏来源于经常项目还是来源于资本与金融项目，都不改变经常项目顺差及资本与金融项目逆差的状况，储备资产的增加必然产生于经常项目顺差。1990 年、1991 年、1997 年、2005 年和 2006 年，经常项目顺差的规模较大，无论净误差与遗漏来源于经常项目还是资本与金融项目，都不改变经常项目顺差的优势，因此储备资产的增加必然主要来源于经常项目顺差。1993 年和 1995 年，由于净误差与遗漏项目差额的绝对值相对较小，无论净误差与遗漏是来源于经常项目还是来源于资本和金融项目，都不会改变经常项目逆差及资本和金融项目顺差的状况，储备资产的增加必然产生于资本和金融项目顺差。1994 年、1996 年、2001 年，资本与金融项目顺差远大于经常项目顺差和净误差与遗漏项目逆差的绝对值，无论净误差与遗漏是来源于经常项目还是来源于资本和金融项目，都不会改变资本和金融项目顺差的优势，因此储备资产增加必然主要来源于资本和金融项目顺差。

综上所述，不能盲目地认为，中国储备资产的增加就是中国对外净金融资产的增加，就是中国对外支付能力的增加。其中来源于资本与金融项目顺差的部分，在增加了中央银行的对外净金融资产的同时，减少了国内其他部门的对外净金融资产，即在提高中央银行的对外支付能力的同时，并没有提高全国的对外支付能力。从 20 世纪 90 年代的亚洲金融危机，特别是韩国的金融危机来看，看一个国家的对外支付能力，光看中央银行的对外支付能力是不够的。同样，也不能认为某些年度中国储备资产的减少就是中国对外净金融资产的减少，其中产生于资本和金融项目逆差的部分，在减少了中央银行的对外净金融资产的同时，增加了国内其他部门的对外净金融资产，因此只是减少了中央银行的对外支付能力，但并没有减少全国的对外支付能力。

五、我国服务贸易规模的分析

《国际服务贸易总协定》(GATS)将服务贸易定义为服务的供应模式：(1)自一个成员国领土向任何其他成员国领土提供服务；(2)在一个成员国领土内向任何其他成员国的服务消费者提供服务；(3)一个成员国的服务提供者通过在任何其他成员国领土内的商业存在提供服务；(4)一个成员国的服务提供者通过在任何其他成员国领土内的自然人存在提供服务。这些供应模式一般被称之为：模式 1——跨界供应，模式 2——境外消费，模式 3——商业存在，模式 4——自然人存在。GATS 供应模式本质上是在服务供应者与消费者和服务交付时他们存在于领土的程度与类型基础上定义的。对于跨界供应模式，消费者和服务供应者仍在各自领土内；对于境外消费模式，消费者移动到服务供应者领土内。对于商业存在和自然人存在模式，服务供应者实际上移动到了消费者领土内，即要么通过商业存在交付服务，要么通过自然人存在交付服务。

现有统计框架对 GATS 四种服务供应模式的反映主要体现在 BPM5 和《国际服务贸易统计手册》中，它们对国际服务贸易的统计主要是 BOP 统计和 FATS 统计，而模式 4 目前尚未存在全面系统的统计框架。

我们采用 1997～2006 年《中国国际收支平衡表》和 1998～2007 年《中国统计年鉴》提供的有关服务贸易数据，按照 GATS 四种供应模式估计中国服务贸易规模。计算结果如表 8.6 和图 8.8 所示。

表 8.6　1997～2005 年中国国际服务贸易四种供应模式估计值表　单位：10 亿美元

供应模式	统计范围（出口值）	估计值									
		1997	1998	1999	2000	2001	2002	2003	2004	2005	2006
模式 1	服务（不包括旅游、建筑服务、别处未提及的政府服务）	11.9	10.8	11.1	13.3	14.3	17.7	27.7	34.8	42.0	54.7
模式 2	旅游	12.1	12.6	14.1	16.2	17.8	20.4	17.4	25.7	29.3	33.9
模式 3	建筑服务；外商实际投资额	16.2	19.3	17.4	14.2	15.1	15.6	16.5	16.6	19.4	24.6
模式 4	职工报酬	0.17	0.10	0.15	0.20	0.30	0.67	1.28	2.01	3.34	4.32
合　计		40.37	42.8	42.75	43.9	47.5	54.37	62.88	79.11	94.04	117.52

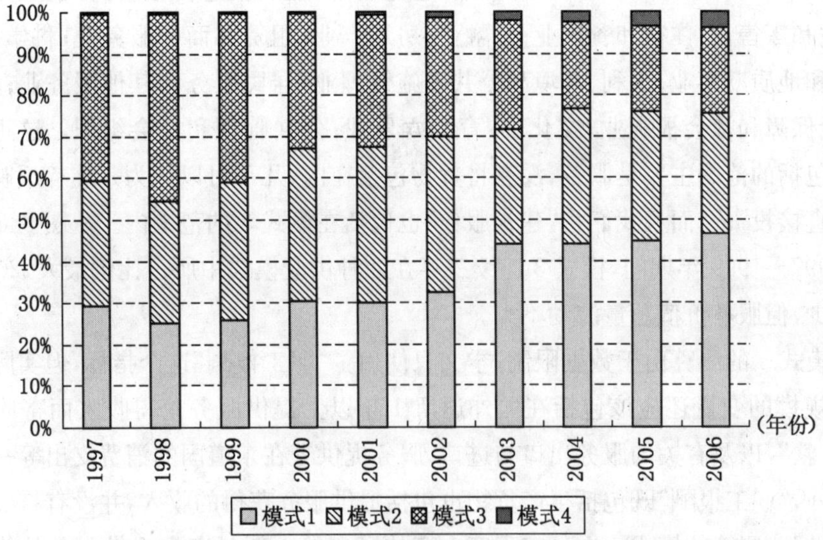

图 8.8　我国国际服务贸易四种供应模式间的比例关系

从表 8.6 中可以看出，1997～2006 年期间，中国服务贸易总体规模呈上升趋势，尤其是 2002～2005 年增幅较大，这主要是因为模式 1 和模式 2 规模在 3 年内迅速增加。

除模式3的总体规模变化不大之外，1997～2006年，其他供应模式的服务贸易总量都呈上升趋势。尤其以模式4变化最大，2006年的规模是1997年的25.4倍(4.32/0.17)。从图8.8可以看出，模式4在四种供应模式中所占比例也显著提高，但其他三种供应模式的规模仍占据主要部分。其中，模式1跨界供应所占比重有上升趋势，模式3商业存在则相反，所占比重具有下降趋势，模式2境外消费的比例变化不大，相对比较稳定。

在我们的估计中，模式1所包括的内容与理论上的模式1统计范围基本吻合，包括中国国际收支平衡表中"服务"项下的大部分项目：运输；通讯服务；保险服务；金融服务；计算机和信息服务；专有权利使用费和特许费；咨询；广告、宣传；电影、音像；其他商业服务。不包括旅游、建筑服务、别处未提及的政府服务。计算机和信息服务以及其他商业服务由于给出的是总量数据，无法确定供应者的所在地及其在模式1和模式4中的重要程度，所以我们一律将它们归入了模式1，而没有在模式1和模式4之间按细目进行分配。模式2中的旅游只包括了旅游部分中对在中国境内停留不足1年的外国旅游者和港澳台同胞(包括因公、因私)提供货物和服务获得的收入以及中国居民出国旅行(因公、因私)的支出。因此，模式1和模式2的估计值基本可以反映中国这两种供应模式的经济现实。1997年到2002年期间，模式2的规模一直略高于模式1；2003年以后，模式1规模超过模式2，且超出部分数量较多。

对于模式3，由于中国尚未开展国外分支机构服务贸易FATS统计，所以我们使用FDI统计指标"外商实际投资额"作为FATS的一种替代办法。主要包括：电力、燃气及水的生产和供应业；建筑业；交通运输、仓储和邮政业；信息传输、计算机服务和软件业；批发和零售业；住宿和餐饮业；金融业；房地产业；租赁和商务服务业；科学研究、技术服务和地质勘察业；水利、环境和公共设施管理业；居民服务和其他服务业；教育；卫生、社会保障和社会福利业；文化、体育和娱乐业；公共管理和社会组织。这里的FDI数据所包括的范围主要是服务，没有将货物包括在内，几乎可以认为是纯粹反映了服务的外国直接投资。而且我们将"建筑服务"也包括在模式3的范围内。从图8.8中可以看出，1997～1999年期间，模式3连续三年在四种供应模式中所占比例最大，2000年后比例减少，但服务价值总量波动不大。

对模式4的测算由于数据限制，本文只使用了"职工报酬"这个指标，但实际上反映模式4规模的变量还应该包括在国外逗留1年以上提供服务获得收入而寄回母国的"移民汇款"，以及有关的服务出口与进口，服务提供者在东道国的消费支出等一系列指标。另外，"职工报酬"既包括生产货物也包括提供服务获得的收入，并没有将二者严格区分开，据此测算的模式4在一定程度上高估了自然人暂时存在提供服务的价值。所以，该指标不是一个纯粹测算模式4的好指标。从1年时间角度看，由于"职工报酬"只包括我国个人在国外工作1年以内而获得并汇回的收入以及我国支付在华外籍员工(1年以内)的工资福利，所以根据该指标测算的中国模式4规模显然是低估了自然人暂时存在提供服务的价值。因此，我们对模式 4 的估计是非常不精确的，今后还需要根据数据完善情况进一步详细计算。

第三节　国际投资头寸表分析

根据国际货币基金组织的规定，一个完整的国际账户体系不仅包括国际收支平衡表，还应包括反映一国是否为债权国或债务国的国际投资头寸表。各国央行一般把国际投资头寸表作为国际收支平衡表的附表。

一、国际投资头寸表的标准组成

国际投资头寸表(international investment position)是反映特定时点上(如年末)一个国家或地区对世界其他国家或地区的金融资产和负债存量(余额)的统计报表。国际投资头寸的变动由特定时期内的国际收支交易、价格变化、汇率变化等引起。该表中对外金融资产和负债的差额就是净头寸，表明此国家或地区是对外净债权国还是净债务国。其标准表式见表 8.7。对于一个经济体的资产负债表，国际投资头寸加上一个经济体非金融资产的存量等于该经济体的净值。

在表 8.7 的横栏中，主要突出的是资产和负债之间的区别，两者之间的差额反映了净头寸的规模。同国际收支平衡表金融账户的标准组成部分完全一致，详细划分是按功能进行。资产细分为直接投资、证券投资、其他投资和储备资产；负债以同样的方式划分(储备资产除外)。

在表 8.7 的竖栏中，期初期末造成头寸变化的各种因素都被记录下来。第一个项目就是同标准组成部分(即对于直接投资和证券投资等而言)联系在一起的各项交易。下面两个项目——价格变化和汇率变化——影响各组成部分的计价变化，如直接投资和储备资产项下的股本和债务证券在一个时期的期末记录投资头寸之前，还要加进第四个项目(其他调整)。其他各项调整中包括特别提款权分配/撤销所引起的变化、黄金货币化/非货币化所引起的变化，重新分类(如在股本额达到 10%的界限时，证券投资转变为直接投资)，债权人单方面取消债务，以及没收或不加偿还的占有。

国际投资头寸统计包括两个主要内容，一是期初、期末的投资头寸存量；二是核算期内引起投资头寸变化的各种流量。原则上，金融资产和负债都应该按照统计时点(期初和期末)的当期市场价格估价，但在实践中全面贯彻该原则并不容易。具体来说，直接投资常常按照直接投资企业资产负债表的账面价值确定，如果资产负债表是按照历史成本记录，就需要将搜集的数据予以价格转换；证券投资要以适当的参考日期根据当期市场价格计价，对那些在有组织的市场上挂牌或可随时交易的股票和债务证券，应该按实际价值计价，否则就要参照类似股票的价值计价，或者按照预期未来收款/付款的净现值计价。在各种其他投资中,贷款、存款、其他应收/应付款项和货币一样,一般要按照名义价格或面值计价。储备资产也要按适当的参考日期的市场价格计价,其中货币黄金按照当前的市场价格计价,特别提款权按照基金组织公布的市场汇率计算,在基金组织的储备头寸按照基金组织的计算方法计算,外汇资产和其他债权按照参考日期的市场价格计价。

表 8.7 国际投资头寸表

	年初头寸	交易	由于估价变化而引起的全年头寸变化 价格变化	汇率变化	其他调整	年底头寸
A. 资产						
1. 在国外的直接投资						
1.1 股本资本和再投资收入						
1.2 其他资本						
2. 证券投资						
2.1 股本证券						
2.2 债务证券						
3. 其他投资						
3.1 贸易信贷						
3.2 贷款						
3.3 货币和存款						
3.4 其他资产						
4. 储备资产						
4.1 货币黄金						
4.2 特别提款权						
4.3 在基金组织中的储备头寸						
4.4 外汇						
4.5 其他债权						
B. 负债						
1. 国外在国内的投资						
1.1 股本资本和再投资收入						
1.2 其他资本						
2. 证券投资						
2.1 股本证券						
2.2 债务证券						
3. 其他投资						
3.1 贸易信贷						
3.2 贷款						
3.3 货币和存款						
3.4 其他负债						

资料来源:罗平译:《国际收支手册》第五版,中国金融出版社 1995 年版,第 104~109 页。

由上述概念和核算原理可知,国际收支中的金融交易是引起国际投资头寸变化的主要原因(但不是唯一原因),这构成国际收支与国际投资头寸之间在统计上的主要联系,二者在统计原则上是一致的,明确体现了流量统计与存量统计的对应关系。

进一步还可以从引致关系上分析投资头寸与国际收支的关系。

第一,对外资产负债会引起投资收益发生及其在国际间的流动,形成对外支付的投资收益和从国外获得的投资收益,这些要记录在国际收支平衡表的经常账户中。可以说,投资头寸是决定国际收支核算之投资收入的主要因素,在其他因素(如投资盈利率)不变的情况下,投资头寸的大小决定投资收入的大小,净投资头寸的正或负也会在一定程度上决定投资收入分配是净收入或净支出。

第二,尽管在核算关系上只有金融账户和储备资产账户与投资头寸具有直接联系,但由于国际收支统计采用复式记账方法,大部分对外交易体现为经常账户与金融账户、储备资产账户之间的借贷对应关系,因此,在间接意义上,经常账户的记录数额也会对国际投资头寸产生影响。

二、我国国际投资头寸表的组成

2000 年我国国家外汇管理局内部已经开始编制中国国际投资头寸表。国家外汇管理局 2006 年 6 月 25 日发布 2005 年末中国国际投资头寸表,这是中国首次公布国际投资头寸统计数据。发布中国国际投资头寸表可以使国际社会对中国利用国际资本和输出本国资本有一个清晰的了解。

中国国际投资头寸表(见表 8.8)根据国际货币基金组织《国际收支手册》(第五版)的标准编制并公布,记录的是特定时点上中国(不含中国香港、澳门特区和台湾地区,下同)对世界其他国家或地区的金融资产和负债存量状况。其项目按资产和负债设置。资产细分为对外直接投资、证券投资、其他投资和储备资产四部分;负债细分为来华直接投资、证券投资、其他投资三部分。净头寸是指对外资产减去对外负债。具体的项目含义如下。

1. 直接投资

以投资者寻求在本国以外运行企业获取有效发言权为目的的投资。分为对外直接投资和来华直接投资。其中,对外直接投资中包括中国境内非金融部门对外直接投资存量和境内银行在境外设立分支机构所拨付的资本金和营运资金存量以及从境内外母子公司间的贷款和其他应收及应付款的存量。来华直接投资包括中国非金融部门吸收来华直接投资存量(即历年中国非金融部门吸收来华直接投资累计数据扣减历年来华直接投资撤资、清算的累计数据)和金融部门吸收境外直接投资存量(包括外资金融部门设立分支机构、中资金融部门吸收外资入股和合资金融部门中外方投资存量),以及境内外母子公司间的贷款和其他应收及应付款的存量。

2. 证券投资

证券投资包括股票、中长期债券和货币市场工具等形式的投资。证券投资资产是指中国居民持有的非居民发行的股票、债券、货币市场工具、衍生金融工具等有价证券。证券投资负债为非居民持有中国居民发行的股票和债券。

表 8.8 我国国际投资头寸表 单位:亿美元

项目	2004 年末	2005 年末	2006 年末
净头寸	**2 928**	**4 226**	**6 621**
A. 资产	**9 299**	**12 226**	**16 266**
1. 对外直接投资	527	645	824
2. 证券投资	920	1 167	2 292
2.1 股本证券	0	0	15
2.2 债务证券	920	1 167	2 278
3. 其他投资	1 666	2 157	2 420
3.1 贸易信贷	670	900	1 161
3.2 贷款	590	719	670
3.3 货币和存款	323	429	474
3.4 其他资产/负债	83	109	116
4. 储备资产	6 186	8 257	10 729
4.1 货币黄金	41	42	43
4.2 特别提款权	12	12	11
4.3 在基金组织中的储备头寸	33	14	11
4.4 外汇	6 099	8 189	10 663
B. 负债	**6 371**	**8 001**	**9 645**
1. 外国来华直接投资	3 690	4 715	5 442
2. 证券投资	566	766	1 207
2.1 股本证券	433	636	1 065
2.2 债务证券	133	130	142
3. 其他投资	2 115	2 519	2 996
3.1 贸易信贷	654	908	1 040
3.2 贷款	880	870	985
3.3 货币和存款	379	482	589
3.4 其他负债	202	260	382

注:从 2006 年开始采用商务部、财政部等六部门开展外商投资企业联合年检中的外国来华直接投资存量数据作为本表外国来华直接投资数据源,并相应调整了 2004 年和 2005 年数据。净头寸是指资产减负债,“+”或无标注表示净资产,“-”表示净负债。

资料来源:国家外汇管理局网站(http://www.safe.gov.cn)。

(1) 股本证券。包括以股票形式为主的证券。

(2) 债务证券。包括中长期债券和一年期(含一年)以下的短期债券;货币市场工具或可转让的债务工具，如短期国库券、商业票据、短期可转让大额存单等。

3. 其他投资

其他投资指除直接投资、证券投资和储备资产之外的所有金融资产/负债，包括贸易信贷、贷款、货币和存款、其他资产/负债等四类形式。其中“长期”指合同期为一年期以上的金融资产/负债，“短期”为一年期（含一年）以下的金融资产/负债。

(1) 贸易信贷。指中国与世界其他国家或地区间，伴随货物进出口产生的直接商业信用。资产表示中国出口商的出口应收款以及中国进口商支付的进口预付款；负债表示中国进口商的进口应付款，以及中国出口商预收的货款。

(2) 贷款。资产表示中国境内机构通过向境外提供贷款和拆放等形式而持有的对外资产；负债表示中国机构借入的境外各类贷款，如外国政府贷款、国际组织贷款、国外银行贷款和卖方信贷。

(3) 货币和存款。资产表示中国金融机构存放境外资金和库存外汇现金，负债表示中国金融机构吸收的海外私人存款、国外银行短期资金及向国外出口商和私人的借款等短期资金。

(4) 其他资产/负债。指除贸易信贷、贷款、货币和存款以外的其他投资，如非货币型国际组织认缴的股本金，其他应收和应付款等。

4. 储备资产

储备资产指中国中央银行可随时动用和有效控制的对外资产，包括货币黄金、特别提款权、在基金组织的储备头寸和外汇。

(1) 货币黄金。指中国中央银行作为储备持有的黄金。

(2) 特别提款权。是国际货币基金组织根据会员国认缴的份额分配的，可用于偿还国际货币基金组织债务、弥补会员国政府之间国际收支逆差的一种账面资产。

(3) 在基金组织的储备头寸。指中国在国际货币基金组织普通账户中可自由动用的资产。

(4) 外汇。指中国中央银行持有的可用作国际清偿的流动性资产和债权。

三、我国国际投资头寸状况分析

国际投资头寸表所反映的对外经济状况是产业政策、贸易政策、经济发展协调性等各种经济因素共同作用的结果，可以为我国制定对外经济发展政策和调整对外资产负债结构提供基础性信息。

近年，根据表 8.8 我国国际投资头寸状况的主要特点如下：

第一，我国对外金融资产和负债均保持增长态势，但资产增幅快于负债。2005 年末和 2006 年末，我国对外金融资产存量分别为 12 226 亿美元和 16 266 亿美元，环比增长分别为 31.5%和 33.0%；对外金融负债存量 2005 年末和 2006 年末分别为 8 001 亿美元和 9 645 亿美元，环比增长分别为 25.6%和 20.5%。

第二，我国国际投资头寸呈现对外净资产态势，且对外净资产大幅增加。2005 年末和 2006 年末，我国对外金融净资产分别为 4 226 亿美元和 6 621 亿美元，环比增长分别为 44.3%和 56.7%。

第三，对外金融资产和负债结构分布较为集中。我国 2005 年末和 2006 年末对外金融资产中，储备资产分别占 67.5%和 65.9%，而其增量分别占我国对外金融资产增量的 70.8%和 61.2%；我国金融负债中，来华直接投资占比分别为 58.9%和 56.4%，其增量分别占我国对外金融资产负债增量的 62.9%和 44.2%。

本章小结

国际收支核算非常重要，它是进行国际经济分析的基础；国际收支平衡表分析对外经济交易；国际投资头寸分析存量。

常住性是明确划分本国经济体与国外经济体界限的标准。

国际收支核算中的交易按照市场价格估价；交易的记录时间按照权责发生制；记账按照根据市场汇率转换成本国货币。

国际收支平衡表系统地反映了一经济体与其他经济体的经济交易概况。

国际收支平衡表从国内的角度来核算各种对外交易流量；而国外部门账户是从国外的角度来核算各种对外交易流量和资产负债流量。

国际收支平衡表主要项目分析可以全面展示本国在一定时期内对外经济交易状况。

国际收支差额分析是国际收支平衡表分析的实质；差额可以表现为顺差和逆差；收入大于支出为顺差；支出大于收入为逆差。

国际收支中的服务规模，尤其是自然人流动提供的服务规模在国际收支中的作用越来越大。

国际投资头寸表是反映特定时点上一个国家或地区对世界其他国家或地区的金融资产和负债存量的统计报表，包括期初、期末的投资头寸存量和核算期内引起投资头寸变化的各种流量。

国际投资头寸表所反映的对外经济状况是产业政策、贸易政策、经济发展协调性等各种经济因素共同作用的结果，可以为国家制定对外经济发展政策和调整对外资产负债结构提供基础性信息。

思考与练习

1. 假设居所位于A国的某企业在B国提供估计价值10 260个单位的建筑服务。为了提供这些服务，某企业购买了材料和人工投入，其内容包括：

在A国购买的材料(货物和服务)和人工	**1 200**
其中：货物	645
服务	120
人工	435
在B国购买的材料(货物和服务)和人工	**6 655**
其中：从A国进口	525
从C国进口	1 730
从B国获得	2 290
人工	2 110

根据常住性原理，分析建筑服务的价值。

2. 1982～2006年中国国际收支差额情况见表8.9，试据此分析我国的国际收支差额情况。

表8.9 中国国际收支差额表 单位：亿美元

年份	经常项目差额	货物和服务贸易差额	经常转移差额	资本与金融项目差额	储备资产变动	净误差与遗漏
1982	56.74	48.12	2.79	3.38	−62.91	2.79
1983	42.4	25.71	1.17	−2.26	−41.37	1.17
1984	20.3	0.54	−9.32	−10.03	−0.95	−9.32
1985	−114.17	−125.01	0.92	89.72	23.53	0.92
1986	−70.35	−73.9	−8.36	59.44	19.54	−8.36
1987	3	2.91	−13.71	60.02	−49.31	−13.71
1988	−38.03	−40.61	−10.11	71.32	−23.18	−10.11
1989	−43.17	−49.28	0.9	37.24	5.03	0.9
1990	119.97	106.68	−31.34	32.55	−121.18	−31.34
1991	132.7	116.01	−67.48	80.32	−145.54	−67.48
1992	64.1	49.98	−82.52	−2.51	21.02	−82.52
1993	−119.03	−117.92	−98.04	234.74	−17.67	−98.04
1994	76.58	73.57	−97.75	326.44	−305.27	−97.75
1995	16.18	119.58	−178.12	386.75	−224.81	−178.12
1996	72.42	175.5	−155.66	399.67	−316.43	−155.66
1997	297.17	404.97	−169.52	229.59	−357.24	−169.52
1998	293.24	416.89	−165.76	−63.21	−64.26	−165.76
1999	156.7	286.97	−148.04	76.42	−85.05	−148.04

续 表

年份	经常项目差额	货物和服务贸易差额	经常转移差额	资本与金融项目差额	储备资产变动	净误差与遗漏
2000	205.19	288.73	−118.93	19.22	−105.48	−118.93
2001	174.05	280.86	−48.56	347.75	−473.25	−48.56
2002	354.22	373.83	77.94	322.91	−755.07	77.94
2003	458.75	360.79	184.22	527.26	−1 170.23	184.22
2004	686.59	492.84	228.98	1 106.60	−2 063.64	270.45
2005	1 608.18	1 247.98	253.85	629.64	−2 070.16	−167.66
2006	2 498.66	2 089.12	291.99	100.37	−2 470.25	−128.77

资料来源:根据国家外汇管理局发布的各年中国国际收支平衡表整理。

3. 根据表 8.2 和表 8.8,总结我国国际收支平衡表与国际投资头寸表的异同。

4. 2006 年 12 月 5~7 日召开的中央经济工作会议着重指出,必须把促进国际收支平衡作为保持宏观经济稳定的重要任务。请结合国际收支平衡表和国际投资头寸表的分析思路,谈谈你的体会。

参考文献

1. 罗平译. 国际收支手册(第五版). 中国金融出版社,1995

2. 国家统计局国民经济核算司译. 国民经济核算体系. 中国统计出版社,1995

3. 国家统计局国民经济核算司. 中国国民经济核算. 中国统计出版社,2004

4. 国家外汇管理局. 中国国际收支平衡表(1997~2006)

5. 国家统计局. 中国统计年鉴(1998~2007). 中国统计出版社

6. 邱东,杨仲山. 当代国民经济统计学主流. 东北财经大学出版社,2004

7. 高敏雪,李静萍,许健. 国民经济核算原理与中国实践. 中国人民大学出版社,2006

8. 陈璋玫. 宏观经济统计分析的理论与实践. 经济科学出版社,2005

9. International Monetary Fund(2004). *Revision Balance of Payments Manual*. Fifth Edition(Annotated Outline), Washington, D.C..

10. United Nations, European Commission, International Monetary Fund, Organisation for Economic Co-operation and Development, United Nations Conference

on Trade and Development and World Trade Organisation(2002). *Manual on Statistics of International Trade in Services*. United Nations Publications DC2-853, New York, NY 10017, Sales No. E. 02. XVII. 11.

11. World Trade Organization(1995). *Results of the Uruguay Round of Multilateral Trade Negotiations: The Legal Texts*. annex 1B, Geneva, 1995.

第9章

价格与物量核算

价格指数是经济学的伟大发明之一。

——诺德豪斯(William Nordhaus,美国耶鲁大学教授)

教学目的 价格与物量核算是以指数方法为基础的。本章将介绍指数,教会读者如何使用指数进行价格与物量的动态比较和空间比较。

教学要点 指数的基本计算公式;不变价 GDP 的核算方法;价格指数的分析与应用;购买力平价法的思想;汇率法与购买力平价法比较结果的差异。

在国民经济核算中,价格与物量核算是两个非常重要的方面。价格与物量核算涉及时间与空间两个维度,即如何将按现价计算的交易价值分解为价格和物量两个部分以及如何进行价格与物量的国际比较。由于价格与物量涉及多种经济因素,在进行价格与物量核算时要借助于指数(index number)这一分析工具。本章首先介绍价格与物量核算的基本问题,在此基础上介绍 GDP 物量核算及价格指数等与时间指数相关的问题,最后介绍价格与物量的国际比较。

第一节　价格与物量核算的基本问题

一、为什么要进行价格与物量核算

（一）几个小案例

【案例 1】 通货膨胀是世界各国经常面临的问题。在通货膨胀比较严重的时期，不但政府部门为国民经济的运行担忧，就连普通的民众也深受其害，人们会发现口袋里的钱“不值钱”了。关于通货膨胀有这样一个笑话，说在一次十分严重的通货膨胀时期，一位老妇人挎了满满一篮子的钱上街买东西，走累了，就将篮子放在地上休息一下，一转眼的功夫，篮子不见了，而钱还在。在通货膨胀不太严重时，各种货物和服务价格上涨的幅度也不一样，甚至有些货物或服务的价格会下降，如汽车的价格上涨了 5%，苹果的价格上涨了 10%，计算机的价格下降了 8%。经济学家和统计学家经常使用价格指数来反映总体价格水平的变动，例如，消费者价格指数(CPI)就经常被用来反映通货膨胀或通货紧缩的严重程度。价格指数是如何编制出来的呢？又如何使用价格指数进行分析呢？

【案例 2】 2006 年，中国的现价 GDP 是 210 871.0 亿元，2005 年的现价 GDP 是 183 867.9 亿元。按这一数据计算，2006 年 GDP 增长率为 14.7%，当然这里面包含有价格变动的因素。国家统计局公布的数据显示，2006 年，中国 GDP 的增长率是 11.1%。那么，如何扣除掉 GDP 增长中价格变动的影响呢？11.1%的经济增长率又是怎么计算出来的呢？

【案例 3】 改革开放以来，中国经济取得了较快的增长，经济实力不断提高。人们就想知道这样一个问题：中国的经济实力究竟有多强？由于不同国家使用不同的货币，这就涉及各国货币的折算问题。汇率法和购买力平价法(PPP)是常用的两种折算方法，但两种折算方法得到的结果并不相同。根据世界银行 2006 年发布的利用汇率法计算的 GDP 数据，2000 年，中国 GDP 位于世界第六位，是位于世界第一位的美国 GDP 的 12.3%；2005 年，中国 GDP 超过英国和法国，位于世界第四位，是位于世界第一位美国 GDP 的 7.9%；从 2000 年到 2005 年，中国 GDP 占世界 GDP 的比重从 3.8%上升到 5.0%。若按购买力平价法计算，中国的 GDP 从 1995 年开始就已经排在世界第二位。根据世界银行 2006 年发布的利用购买力平价法计算的 GDP 数据，2000 年，中国 GDP 是位于世界第一的美国 GDP 的一半左右；2005 年，中国 GDP 是位于世界第一位的美国 GDP 的近七成；从 2000 年到 2005 年，中国 GDP 占世界 GDP 的比重从 11.0%上升到 14.1%。如何使用购买力平价法对各国 GDP 进行国际比较呢？又如何看待这些结果呢？

（二）价格与物量核算的作用

以上案例中涉及的问题都属于价格与物量核算内容。具体来说，价格与物量核算有以下作用：

(1) 价格指数为通货膨胀或通货紧缩提供了一种度量手段。保持价格总水平的稳定是各国政府重要的宏观经济目标，在各国的经济发展过程中，如何监测和控制通货膨胀或通货紧缩就成为一项经常性的工作。而要做到这些，首要的任务就是去度量通货膨胀或通货紧缩，价格指数就为之提供了一种工具。

(2) 物量指数可以用来反映一国的经济增长和经济波动。一国用现价计算的GDP的变化可以分解为两个因素：一是由于价格的变化所引致的GDP变化，另一个是由于最终产品的增加所引致的GDP变化，也即GDP的物量变化。这样，一国的GDP增长或经济增长就可以通过物量指数来反映，将这一物量所形成的数列进行动态考察，就可以反映该国的经济波动状况。

(3) 为经济学家和实际工作者开展经济分析提供基础性数据。在经济分析中，特别是数量性的实证分析中，需要大量国民经济核算数据的支持。并且在这种分析中，所要求的数据在时间上应是一致的、可比的，但大多数国民经济指标是按一定时期或时点上的现行价格核算得来的，不同时期的国民经济核算数据往往是不可比的，通过指数核算就能够得到可比的时间序列，从而为经济分析提供一个可靠的数据库。

(4) 指数核算为开展国际经济比较提供了一种工具和手段。通过运用指数这种统计分析工具，可以比较不同国家的价格水平、经济发展水平、生产率水平和生活水平。

二、价格与物量核算中的基本概念

单一、同质货物或服务的价值(V)，等于每数量单位的价格(p)乘以数量(q)，用公式表示为：

$$V = p \cdot q$$

对于价值、价格与数量，可以做如下理解：

(1) 数量只有对单一且同质的产品才可相加。不同产品的数量是不能相加的，如30吨玉米加100台电视机是没有经济意义的。此外，即使是同种产品，若是不同质的，其数量也是不能相加的，如20辆轿车加上30辆铲车也是没有经济意义的。值得说明的是，这里所说相加没有经济意义，是从国民经济核算的角度来讲的，在其他场合或领域，这种相加可能是有意义的，如在装车或装船时，30吨玉米加5吨土豆就能提供总重量方面的信息。

(2) 一货物或服务的价格是指该货物或服务的单位价值。很明显，价格的大小及其变化与选定的数量单位有着密切的关系，如选择千克而不是克作计量单位，就能使价格发生人为的变化。不同产品的价格也是不可加的，不同产品的价格平均值也是没有经济意义的，它不能反映随时间推移的价格变化。

(3) 价值借助于价格这一同度量因素，将不同种产品用统一的货币单位表示出来，因而不同产品的价值是可加的。

以上所谈的价格与数量，是从微观的角度来说的。由于在宏观上，是由成千上万种产品汇集而成的集合，因而也就不存在简单的价格与数量的概念。宏观上的价格与物量是对微观个体产品的价格与数量进行的综合，相对于价值来说，它们是对称的。宏观上的价格是指各种产品价格的一般水平；物量是指剔除掉价格变化因素之外或在一个假定价格水平下的可比数量概念。

在各种文献中，经常能够见到“物量”与“数量”不加区分的情况。其实，物量变化与数量变化并不是一个概念，这里有必要强调物量变化与数量变化的区别。

首先，数量变化可以引起物量变化。我们用具体的例子来加以说明。假设某汽车制造厂生产 A、B 两种型号的汽车，其中 A 型号汽车的售价是 B 型号汽车售价的两倍。从经济的观点来看，这两种汽车虽然都使用“汽车”这一相同的名称来描述，但它们属于截然不同的两种产品。假定在两个时期之间：A、B 两种型号汽车的价格均保持不变，并且 A、B 两种型号的汽车产量都增加了 20%。在这种情况下，很显然，由于 A、B 两种型号的汽车的价格均保持不变，汽车的产出总价值增长了 20%，物量也增长了 20%。

其次，质量变化也可以引起物量变化。假定在两个时期之间：第一，A、B 两种型号汽车的价格均保持不变；第二，所生产汽车的总数不变；第三，所生产 A 型号汽车的比重从 50%提高到 80%。其结果是，由于价格高的汽车在产量中的比重提高，产出的总价值增长了 20%①，同时由于两种型号汽车的价格均保持不变，这相当于物量增长了 20%，价值增长完全是由物量增长引起的。这样，即使生产的汽车总数不变，从生产价格低的汽车转向生产价格高的汽车也会增加产出的物量。

很显然，数量变化与质量变化同时发生变化也可能引起物量的变化。

对于数量变化与物量变化的关系，我们可以做如下总结：不仅数量变化可以引起物量变化，质量变化也可以引起物量变化。也就是说，物量变化不仅指的是数量变化，还涵盖了质量变化的因素，如由于生产工艺的改进引起的产品档次的提高等。而数量变化是对单一且同质的产品而言的，它不包含质量变化的因素。

三、常用的价格指数与物量指数

（一）拉氏指数与帕氏指数

拉氏指数与帕氏指数是国民经济核算中应用最为广泛的两类指数，它们在本质上都属于加权综合指数。

1. 拉氏指数与帕氏指数的表达式

1864 年，德国经济学家埃蒂恩·拉斯派雷斯(E. Laspeyres)创立了一种指数，人们

---

① 假设 B 汽车的价格为 x，A 汽车的价格为 $2x$，所生产汽车的总数为 y。在期初，A、B 两种汽车的总价值为 $2x \times y \times 50\% + x \times y \times 50\% = 1.5xy$；在期末，A、B 两种汽车的总价值为 $2x \times y \times 80\% + x \times y \times 20\% = 1.8xy$。在这一期间，A、B 两种汽车的总价值增加 $(1.8xy - 1.5xy)/1.5xy = 20\%$。

称之为拉斯派雷斯指数，简称为拉氏指数。设 p_i^0 表示基期第 i 个产品的价格，p_i^t 表示报告期第 i 个产品的价格，q_i^0 表示基期第 i 个产品的数量，q_i^t 表示报告期第 i 个产品的数量，$i=1, 2, \cdots, n$，则拉氏价格指数(P_L)与拉氏物量指数(Q_L)可分别表示为：

$$P_L = \frac{\sum_{i=1}^{n} p_i^t q_i^0}{\sum_{i=1}^{n} p_i^0 q_i^0} \tag{9-1}$$

$$Q_L = \frac{\sum_{i=1}^{n} p_i^0 q_i^t}{\sum_{i=1}^{n} p_i^0 q_i^0} \tag{9-2}$$

1874 年，德国经济学家哈曼・帕舍(H. Paasche)创立了另一种指数，人们称之为帕舍指数，简称为帕氏指数。帕氏价格指数(P_P)与帕氏物量指数(Q_P)可分别表示为：

$$P_P = \frac{\sum_{i=1}^{n} p_i^t q_i^t}{\sum_{i=1}^{n} p_i^0 q_i^t} \tag{9-3}$$

$$Q_P = \frac{\sum_{i=1}^{n} p_i^t q_i^t}{\sum_{i=1}^{n} p_i^t q_i^0} \tag{9-4}$$

在国民经济核算实践中，受客观资料的限制，常将拉氏指数与帕氏指数公式加以变形。设第 i 个产品在基期和报告期的价值份额分别为 s_i^0 和 s_i^t：

$$s_i^0 = \frac{p_i^0 q_i^0}{\sum_{i=1}^{n} p_i^0 q_i^0},\ s_i^t = \frac{p_i^t q_i^t}{\sum_{i=1}^{n} p_i^t q_i^t},\ i=1, 2, \cdots, n \tag{9-5}$$

拉氏价格指数可等价变形为：

$$P_L = \sum_{i=1}^{n} \left(\frac{p_i^t}{p_i^0}\right) s_i^0 \tag{9-6}$$

拉氏物量指数可等价变形为：

$$Q_L = \sum_{i=1}^{n} \left(\frac{q_i^t}{q_i^0}\right) s_i^0 \tag{9-7}$$

帕氏价格指数可等价变形为：

$$P_P = \left[\sum_{i=1}^{n} \left(\frac{p_i^t}{p_i^0}\right)^{-1} s_i^t\right]^{-1} \tag{9-8}$$

帕氏物量指数可等价变形为：

$$Q_P=\left[\sum_{i=1}^{n}\left(\frac{q_i^t}{q_i^0}\right)^{-1}s_i^t\right]^{-1} \tag{9-9}$$

式(9-6)表示：拉氏价格指数可以看作价比 p_i^t/p_i^0 的加权算术平均，其中的权数是基期产品的价值份额；式(9-7)表示：拉氏物量指数可以看作量比 q_i^t/q_i^0 的加权算术平均；式(9-8)表示：帕氏价格指数可以看作价比的加权调和平均，其中的权数是报告期产品的价值份额；式(9-9)表示：帕氏物量指数可以看作量比的加权调和平均。

2. 拉氏指数与帕氏指数的比较

(1) 拉氏指数与帕氏指数的同度量因素不同，或所选取的权数不同。拉氏指数按基期水平加权：拉氏价格指数按基期数量加权，拉氏物量指数按基期价格加权；帕氏指数按计算期水平加权：帕氏价格指数按计算期数量加权，帕氏物量指数按计算期价格加权。

(2) 由于拉氏指数以固定基期作权数，这样各期指数就具有可比性，有利于反映长期连续性的价格和物量变动，并且资料比较容易取得；帕氏指数以计算期作权数，使该指数具有一定的现实经济意义，但在研究长期连续性的价格变动时，受各期权数的影响，各期指数不具有可比性。

(3) 拉氏指数较少地考虑新产品或新品种的变化，若计算期距固定基期时间过长，权数结构会发生较大的变化，难以准确地反映计算期的价格变动和物量变动；帕氏指数按计算期加权，可以把新产品的影响考虑进来，把旧产品或淘汰的产品排除掉，比较符合客观实际，但帕氏价格指数把基期的价值量按基期的价格和计算期的数量乘积计算，会人为夸大基期价值水平，从而有可能低估价格水平的变动。

3. 拉氏指数与帕氏指数的关系

拉氏指数与帕氏指数之间存在着重要的对称性。具体来说，价值指数可以分解为拉氏价格指数与帕氏物量指数的乘积，也可以分解为拉氏物量指数与帕氏价格指数的乘积。用

$$V=\frac{\sum_{i=1}^{n}p_i^tq_i^t}{\sum_{i=1}^{n}p_i^0q_i^0} \tag{9-10}$$

表示价值指数，则可将上述关系用公式表示为：

$$V=\frac{\sum_{i=1}^{n}p_i^tq_i^t}{\sum_{i=1}^{n}p_i^0q_i^0}=\frac{\sum_{i=1}^{n}p_i^tq_i^0}{\sum_{i=1}^{n}p_i^0q_i^0}\cdot\frac{\sum_{i=1}^{n}p_i^tq_i^t}{\sum_{i=1}^{n}p_i^tq_i^0}=P_L\cdot Q_P \tag{9-11}$$

$$V=\frac{\sum_{i=1}^{n}p_i^tq_i^t}{\sum_{i=1}^{n}p_i^0q_i^0}=\frac{\sum_{i=1}^{n}p_i^0q_i^t}{\sum_{i=1}^{n}p_i^0q_i^0}\cdot\frac{\sum_{i=1}^{n}p_i^tq_i^t}{\sum_{i=1}^{n}p_i^0q_i^t}=Q_L\cdot P_P \tag{9-12}$$

利用拉氏指数与帕氏指数的这一关系，可进行指数的推算。例如，已知价值指数与帕氏价格指数，可以推算出对应的拉氏物量指数，即：

$$Q_L=\frac{V}{P_P} \tag{9-13}$$

又如，已知价值指数与拉氏价格指数，可以推算对应的帕氏物量指数，即：

$$Q_P=\frac{V}{P_L} \tag{9-14}$$

我们将通过一定的指数体系推算出来的因素指数称之为已知指数的隐含指数。帕氏价格指数的隐含指数就是拉氏物量指数，拉氏价格指数的隐含指数就是帕氏物量指数。直接计算价格指数通常比直接计算物量指数更为容易，成本也更小，因此，在国民经济核算和一般经济统计中，常见的做法是利用上述关系间接求得物量指数和物量值。

由于拉氏指数使用基期的权数，帕氏指数使用报告期的权数，一般说来，拉氏指数与帕氏指数并不相等。拉氏价格指数与帕氏价格指数存在下列关系：

$$\frac{P_P}{P_L}=1+\rho\cdot V_p\cdot V_q \tag{9-15}$$

式中，V_p 为价比 p_i^t/q_i^0 的标准差系数，V_q 为量比 q_i^t/q_i^0 的标准差系数，ρ 为价比和量比的相关系数。

从理论上讲，拉氏价格指数与帕氏价格指数的大小关系有三种情况，这取决于 ρ 的取值：

(1) 当 $\rho>0$ 时，即价比与量比正相关时，$P_L<P_P$；

(2) 当 $\rho=0$ 时，即价比与量比不相关时，$P_L=P_P$；

(3) 当 $\rho<0$ 时，即价比与量比负相关时，$P_L>P_P$。

在价格发生变化时，人们一般会用价格相对较低的产品替代价格相对较高的产品，所以价比与量比往往呈负相关关系，即 $\rho<0$，这时 $P_L>P_P$。在大多数情况下，既有 $P_L>P_P$，也有 $Q_L>Q_P$。

（二）扬格指数与罗威指数

1812 年，英国经济学家扬格(A. Young)提出一种以固定价值份额作为权数编制指数的方法。扬格价格指数的计算公式为：

$$P_{Yo}=\sum_{i=1}^{n}\left(\frac{p_i^t}{p_i^0}\right)s_i^b \tag{9-16}$$

其中，$s_i^b=\frac{p_i^b q_i^b}{\sum_{i=1}^{n} p_i^b q_i^b}$，为 b 期的价值份额。式(9-16)表明，扬格价格指数是价比的加权算术平均，其中的权数是 b 期的价值份额。很明显，当价值份额的参考期 b 与价格的参考期 0 重合时，扬格价格指数就变成了拉氏价格指数，也可以说，拉氏价格指数是扬格价格指数的一个特例。

1823 年，罗威(J. Lowe)提出以固定数量作为权数编制指数的方法。罗威价格指数的计算公式为：

$$P_{L0}=\frac{\sum_{i=1}^{n} p_i^t q_i^b}{\sum_{i=1}^{n} p_i^0 q_i^b} \tag{9-17}$$

式(9-17)可以等价变形为：

$$P_{L0}=\sum_{i=1}^{n}\left(\frac{p_i^t}{p_i^0}\right)s_i^{0b} \tag{9-18}$$

其中：

$$s_i^{0b}=\frac{p_i^0 q_i^b}{\sum_{i=1}^{n} p_i^0 q_i^b}$$

扬格价格指数的计算公式与罗威价格指数的计算公式是很相似的，差别在于所使用的价值份额是不同的：扬格价格指数使用的是某一个固定时期 b 的价值份额，而罗威价格指数使用的价值份额 s_i^{0b} 是时期 0 与 b 的混合价值份额，即利用 b 期的数量和 0 期的价格计算出来的价值份额。

（三）费希尔指数

费希尔指数是由美国经济学家沃尔什(G. M. Walsh)和英国经济学家庇古(A. C. Pigou)等人在 1901～1902 年间提出的。后来著名经济学家、统计学家欧文・费希尔(Irving Fisher)经过大量的比较，证明该指数具有优良的性质，于是将之命名为“理想公式”，后人称之为费希尔理想指数或费希尔指数。

费希尔指数是拉氏指数与帕氏指数的简单几何平均，是进行“型交叉”的结果，其价格指数与物量指数可分别表示为：

$$P_F=\sqrt{P_L \cdot P_P} \tag{9-19}$$

$$Q_F=\sqrt{Q_L \cdot Q_P} \tag{9-20}$$

四、环比指数与链式指数

要反映时期 0 至时期 t 的价格与物量变化，有两种基本的方法：第一种方法是将时期 t 与时期 0 的价格和物量直接相比较；第二种方法是将时期 0 至时期 1，时期 1 至时期 2,时期 2 至时期 3, ……,时间 $t-1$ 至时期 t 等相邻时期的价格与物量变化累计起来。

第一种方法将比较的基期都固定在同一个时期,因此称为定基指数。本节第三部分所列出的指数计算公式都属于定基指数。

我们以定基拉氏物量指数为例进行说明。若选择第 0 期为固定的对比基期,从第 1 期至第 t 期的定基拉氏物量指数所形成的时间序列可表示为:

$$\frac{\sum_{i=1}^{n} p_i^0 q_i^1}{\sum_{i=1}^{n} p_i^0 q_i^0}, \frac{\sum_{i=1}^{n} p_i^0 q_i^2}{\sum_{i=1}^{n} p_i^0 q_i^0}, \frac{\sum_{i=1}^{n} p_i^0 q_i^3}{\sum_{i=1}^{n} p_i^0 q_i^0}, \cdots, \frac{\sum_{i=1}^{n} p_i^0 q_i^t}{\sum_{i=1}^{n} p_i^0 q_i^0} \tag{9-21}$$

从第 1 期至第 t 期的定基拉氏物量指数,都是将本期的物量与基期的物量相比,使用的权数都是基期的价格 p_i^0。例如,要反映第 0 期至第 t 期的物量变化,将第 t 期的物量 q_i^t 与第 0 期的物量 q_i^0 直接相比,使用的权数是基期的价格 p_i^0。

第二种方法所形成的指数称为链式指数(chained index)。将时期 0 与时期 t 之间所有相邻时期的环比指数相乘就得到链式指数。环比指数(chain index)是将相邻两个时期的价格或物量相比所得到的指数。

我们以拉氏指数为例说明环比指数与链式指数的计算方法。设第 m 期为 0 至 t 中间的某一个时期,第 m 期的环比拉氏价格指数和环比拉氏物量指数分别为:

$$P_{LC}^m = \frac{\sum_{i=1}^{n} p_i^m q_i^{m-1}}{\sum_{i=1}^{n} p_i^{m-1} q_i^{m-1}} \tag{9-22}$$

$$Q_{LC}^m = \frac{\sum_{i=1}^{n} p_i^{m-1} q_i^m}{\sum_{i=1}^{n} p_i^{m-1} q_i^{m-1}} \tag{9-23}$$

则第 t 期的链式拉氏价格指数和链式拉氏物量指数分别为:

$$P_{LCD}^t = \prod_{m=1}^{t} P_{LC}^m \tag{9-24}$$

$$Q_{LCD}^t = \prod_{m=1}^{t} Q_{LC}^m \tag{9-25}$$

五、指数编制中的质量变化调整

(一) 编制指数时为什么要对质量变化进行调整

在编制价格指数时,要求同种产品在不同的时期是完全同质的,这样才能反映纯价格变化。但在现实中，产品的质量会随时间发生变化，不能满足编制价格指数的要求。

实际上，我们观察到的产品价格变化包括两个部分：纯价格变化和质量变化，可以用公式表示为：

价格变化 = 纯价格变化 + 质量变化引起的价格变化

将质量变化和纯粹的价格变化加以严格的区分具有重要的意义，因为二者代表的含义并不相同。如果确认是质量变化的话，若出现向价格较高，也即向质量较好的货物或服务转化的情况，这是一种物量增加，而不是价格提高。当质量相同的货物或服务的价格发生变动时，这是一种纯粹的价格变动，这种情况必须记录为价格上升，而不是物量增加。

价格指数必须反映纯价格变化，因而在编制价格指数时必须进行质量调整。严格来讲，质量变化应该属于物量变化而不是价格变化。在编制价格指数时，若不对质量变化进行调整，将会对价格指数的准确性产生严重的影响，进而影响物量变化的准确性。

（二）指数编制中的质量变化调整方法

统计学家和统计机构开发出了许多质量变化调整方法，总体来看，质量调整的方法可分为以下两大类：

1. 间接质量调整方法

这种方法是以类似产品的价格变动为依据，估计出新老项目之间价格差别中的纯价格变动部分。所观察到的价格变化与估计出的纯价格变化之差，就是由质量差别引起的变化。间接质量调整方法包括可比替换法、无价格变化的连接法、重叠法、总均值虚拟法、组均值虚拟法、样本更新法等。

2. 直接质量调整方法

这种方法直接估计新老项目之间的质量变化，并对新项目的价格或老项目的价格做出相应的调整。这样，根据调整后的价格，可对纯价格变动做出估计。直接质量调整方法包括专家判断法、生产成本差别法、部件价格法、数量调整法、Hedonic 法等。

Hedonic 法是从产品的特征出发对质量变化进行调整的方法。在价格指数编制中，Hedonic 法将产品的特征与价格联系起来，通过回归的方法将产品特征变化对价格的影响估计出来，对价格数据进行适当的调整，然后利用调整后的数据编制价格指数。理论研究和实证检验证明，Hedonic 方法是一种切实可行的质量调整方法，在价格指数的编制中得到了广泛的应用，目前，有许多国家在编制价格指数时使用 Hedonic 方法进行质量调整，也有越来越多的国家准备使用这种方法。

第二节　GDP 物量核算

一、物量核算的基本原理

物量核算的目的就是剔除价值变化中的价格变化因素，以反映物量部分的变动。

常用的物量核算方法有三种:基年价格估价法、价格指数缩减法和物量指数外推法。

(一)基年价格估价法

基年价格估价法也叫做不变价格法,是将产品价格固定在某一个年份,然后用这个固定年份的价格来衡量其他年份产出或支出的价值,这个固定的年份称为基年(基期)。基年一旦选定,一般在一段时期内是不变的。在实际中,一般每5年或10年更换一次基年。基年价格估价法可以表示为:

$$v_0^t = \sum_{i=1}^{n} p_i^0 q_i^t \tag{9-26}$$

其中,p_i^0 为各种产品的基年价格或不变价格,v_0^t 表示按基期不变价格 p_i^0 计算的报告期的物量值。

新中国成立以来,我国就曾经采用过1952年、1957年、1970年、1980年和1990年五种不变价格。基年价格估价法的最大问题是,不变价格在使用若干年之后,基年的价格结构就会与现实经济状况产生较大的偏离,需要更新基期,确定新的不变价格,并对原来的不变价格数列进行调整。由于市场上的产品多种多样,数量巨大,因而工作量是十分浩大的。此外,新产品、新品种在市场上的不断出现大大缩短了不变价格标准的适用期间,并且也不可能让所有的企业都去全面计算各种产品的不变价产值,编制全国统一的不变价格已经不太现实。目前,我国在进行物量核算时已经很少使用这种方法。

(二)价格指数缩减法

价格指数缩减法是使用价格指数缩减按当期价格计算的现价价值量指标,以剔除价格因素变动影响的方法。这里使用的价格指数常被称作价格缩减指数。价格指数缩减法可以表示为:

$$\sum_{i=1}^{n} p_i^0 q_i^t = \frac{\sum_{i=1}^{n} p_i^t q_i^t}{P_P} \tag{9-27}$$

式中,$\sum_{i=1}^{n} p_i^0 q_i^t$ 为按基期价格计算的报告期物量值,$\sum_{i=1}^{n} p_i^t q_i^t$ 是按报告期现行价格计算的价值量指标,P_P 为价格缩减指数。为了达到国民经济核算的内在一致性,价格缩减指数所反映的指标范围必须与价值量指标的范围相一致,价格缩减指数应使用帕氏价格指数公式计算。

(三)物量指数外推法

这种方法是使用适当的物量指数对基期按现行价格计算的价值量指标进行外推,以得到报告期按基期价格计算的价值量指标。用公式可以表示为:

$$\sum_{i=1}^{n} p_i^0 q_i^t = \sum_{i=1}^{n} p_i^0 q_i^0 \times Q_L \tag{9-28}$$

式中，$\sum_{i=1}^{n} p_i^0 q_i^0$ 为按基期现行价格计算的价值量指标，Q_L 为物量指数。为了达到国民经济核算的内在一致性，物量指数所反映的指标范围必须与价值量指标的范围相一致，物量指数应使用拉氏物量指数公式计算。

二、物量核算中的定基物量指数与链式物量指数

(一) 物量核算的传统方法：定基物量指数法

1. 物量核算中定基物量指数法的基本原理

在物量核算中，一般使用定基拉氏物量指数。第 t 期的定基拉氏物量指数为：

$$Q_L^t = \frac{\sum_{i=1}^{n} p_i^0 q_i^t}{\sum_{i=1}^{n} p_i^0 q_i^0} \tag{9-29}$$

以第 0 期价格表示的不变价物量值时间序列为：

$$\sum_{i=1}^{n} p_i^0 q_i^0,\ \sum_{i=1}^{n} p_i^0 q_i^0 \times Q_L^1,\ \sum_{i=1}^{n} p_i^0 q_i^0 \times Q_L^2,\ \cdots,\ \sum_{i=1}^{n} p_i^0 q_i^0 \times Q_L^{t-1},\ \sum_{i=1}^{n} p_i^0 q_i^0 \times Q_L^t \tag{9-30}$$

第 $t-1$ 期到第 t 期不变价物量值的增长率可以表示为：

$$g = \frac{\sum_{i=1}^{n} p_i^0 q_i^t}{\sum_{i=1}^{n} p_i^0 q_i^{t-1}} \times 100\% - 100\% \tag{9-31}$$

2. 定基拉氏物量指数法的缺陷

(1) 定基拉氏物量指数不能及时反映经济结构的变化。

定基拉氏物量指数计算公式中所使用的权数是固定不变的，而经济结构是在不断发生变化的，随着时间的逐渐向前推移，定基拉氏物量指数中的固定权数代表性越来越差。一般说来，报告期与基期相距越近，物量增长率越精确；报告期与基期相距越远，物量增长率的偏差越大。这就要求每隔一段时期就更新一次基年，并对原先的数据进行连接。

(2) 定基拉氏物量指数存在替代偏误，会对真实物量增长产生扭曲。

一般情况下，价比与量比的变化存在着负相关的关系，即价格下降越大，物量增长越大，产量增长迅速的产品往往是价格上涨较慢(和平均价格水平比较)或下降的产品，因此，使用过去的价格来衡量这些产品会过高地估计其增长的作用并过高地估计物量增长。例如，计算机设备的价格在 20 世纪 80～90 年代出现了大幅度的下降，而其产出

出现较大程度的上升，若以原先的高价格作为权数来估计物量的增长情况，就会使物量的增长率出现高估。一般说来，在基年之后，使用定基拉氏物量指数计算的物量增长率会高估真实物量增长率；而在基年之前，使用定基拉氏物量指数计算的物量增长率会低估真实物量增长率。

(3) 经济增长率的测算结果依赖于基年的选择。

使用定基拉氏物量指数来计算物量增长率时，还会受到基年选择的影响，换言之，选择不同的基年来计算物量增长率，会得到不同的结果。Saulnier(1990)使用不同的基年计算了加拿大 1982～1989 年的经济增长率，他发现，使用不同基年计算的同一年度的经济增长率并不相同，并且差异还比较大(参见表 9.1)。在表 9.1 中，1982 年使用不同基年计算出来的 GDP 增长率的最大值与最小值相差 1.06 个百分点，1983～1989 年这一差距分别是 0.39、0.67、0.62、0.4、0.87、1.21 和 0.7 个百分点。

表 9.1　使用不同基年计算的加拿大 GDP 增长率　　单位：%

年份	基年								
	1981	1982	1983	1984	1985	1986	1987	1988	1989
1982	−0.32	−0.51	−0.61	−0.52	−0.50	−0.87	−1.08	−1.29	−1.38
1983	1.21	0.92	0.87	0.85	0.91	0.82	1.03	1.05	1.15
1984	4.46	4.31	4.40	4.12	4.05	4.03	4.07	3.92	3.79
1985	5.19	5.15	5.03	4.89	4.82	4.74	4.76	4.62	4.57
1986	2.93	2.74	2.82	2.73	2.70	2.81	3.00	3.07	3.10
1987	5.11	4.96	4.87	4.62	4.41	4.29	4.24	4.35	4.38
1988	5.41	5.55	5.38	5.15	4.97	4.73	4.65	4.44	4.34
1989	1.88	2.23	2.37	2.28	2.26	2.50	2.58	2.50	2.44

资料来源：Marie Saulnier. Real Gross Domestic Product：Sensitivity to the Choice of Base Year. *Canadian Economic Observer*. May 1990. Vol. 3，No. 5.

(4) 基年的选择具有一定程度的随意性。

在使用定基拉氏物量指数进行物量核算时，基年的选择虽然有一定的原则，但还是具有很大程度的随意性，一般选择以 0 或 5 结尾的年份，为什么这么做无法从理论上加以解释。选择一个不同的基年会得到一个完全不同的经济增长率时间序列，并且极有可能存在较大的差异，这将会"重写经济史"，也会影响到 GDP 增长率的国际比较。

(二) 物量核算的更精确方法：环比与链式物量指数法

1. 物量核算中环比与链式物量指数法的基本原理

我们以拉氏物量指数为例进行说明。

第 $t-1$ 期到第 t 期的环比拉氏物量指数计算公式为：

$$Q_{LC}^{t-1,\,t}=\frac{\sum_{i=1}^{n}p_i^{t-1}q_i^{t}}{\sum_{i=1}^{n}p_i^{t-1}q_i^{t-1}}\quad(t=1,\,2,\,\cdots)\qquad(9\text{-}32)$$

环比物量指数反映的是相邻两期的物量变化，将其减去 1 就得到相应的物量增长率。第 $t-1$ 期到第 t 期的物量增长率为：

$$g_C = (Q_{LC}^{t-1,\, t} - 1) \times 100\% \tag{9-33}$$

第 t 期的链式拉氏物量指数 $Q_{CD}^{0,\, t}$ 可表示为：

$$Q_{LCD}^{0,\, t} = Q_{LC}^{0,\, 1} \cdot Q_{LC}^{1,\, 2} \cdot Q_{LC}^{2,\, 3} \cdot \cdots \cdot Q_{LC}^{t-1,\, t} = \prod_{i=0}^{t-1} Q_{LC}^{i,\, i+1} \tag{9-34}$$

根据定基物量指数可以构造以第 0 期为参考期的可比价 GDP 时间序列，因为这些可比价 GDP 都是以基期 0 的价格表示的，因此，由此得到的 GDP 通常称为不变价 GDP。同样，根据链式物量指数也可以构造以第 0 期为参考期的可比价 GDP 时间序列。第 t 期的可比价 GDP 可以表示为：

$$CGDP^t = \sum_{i=1}^{n} p_i^0 q_i^0 \times Q_{LCD}^{0,\, t} \tag{9-35}$$

但是，由于这些可比价 GDP 并不是以基期 0 的价格表示的，而是逐期剔除了价格变化的影响，由此得到的 GDP 可称为链式 GDP。任意两期的链式 GDP 也是直接可比的，也可以由链式 GDP 来计算经济增长率。

2. 环比与链式物量指数法的优点

(1) 指数公式的选择对环比物量指数的影响小于对定基物量指数的影响。若由链式物量指数替代定基物量指数，就有可能大大缩小拉氏物量指数与帕氏物量指数之间的差距，在有些情况下甚至能消除二者之间的差距。因此，相对于定基物量指数来说，链式物量指数的公式选择问题就显得不那么重要了。

(2) 相邻年间进行比较，更具有可比性，并且新产品可以及时包括进来。对于时间数列来说，两个相邻时期产品重叠的部分是最大的。若直接计算两个相隔较远时期的拉氏指数或帕氏指数，会面临两个困难：一是两个时期产品之间的重叠部分较少；二是拉氏指数与帕氏指数也会存在较大的差距。并且，两个时期相隔越远，这两个问题就越突出。环比物量指数和链式物量指数可以将新产品逐渐引入到指数的计算中来，而将消失的产品逐渐从指数中剔除。

(3) 链式物量指数能在一定程度上反映产品之间的替代行为，减小定基物量指数的替代偏误。在计算链式物量指数时，随着物量基期的逐渐向前推进，权数的基期也是逐渐向前移动的。由于在指数的计算中使用的是逐期更新的最新权数，产品之间的替代行为就能在链式物量指数中体现出来。

(4) 避免了基期选择的困扰。对于环比拉氏物量指数来说，权数基期是计算期的上一期，对于环比费希尔物量指数来说，权数基期是计算期及上一期。因此，物量指数序列及其增长率不再因更换基期而变动。

3. 环比与链式物量指数法的缺点

(1) 链式物量指数有可能会发生漂移(drift)。我们可以通过一个例子进行说明。例如,在一段时期内,各个产品的价格与数量先上升,在某个中间时期 m 发生了逆转,到最后时期 t 时,所有产品的价格和数量都回到了时期 0 的水平,即价格与数量发生了跳动(bounce)。在这种情况下,以时期 0 为基期的时期 t 的物量指数等于 1 是合理的。显然,以时期 0 为基期的时期 t 的定基拉氏物量指数和定基帕氏物量指数都等于 1。以时期 m 为连接期的链式拉氏物量指数为:

$$\frac{\sum_{i=1}^{n} p_i^0 q_i^m}{\sum_{i=1}^{n} p_i^0 q_i^0} \cdot \frac{\sum_{i=1}^{n} p_i^m q_i^t}{\sum_{i=1}^{n} p_i^m q_i^m} = \frac{\sum_{i=1}^{n} p_i^0 q_i^m}{\sum_{i=1}^{n} p_i^0 q_i^0} \cdot \frac{\sum_{i=1}^{n} p_i^m q_i^0}{\sum_{i=1}^{n} p_i^m q_i^m} = \frac{\sum_{i=1}^{n} p_i^0 q_i^m}{\sum_{i=1}^{n} p_i^0 q_i^0} \Bigg/ \frac{\sum_{i=1}^{n} p_i^m q_i^m}{\sum_{i=1}^{n} p_i^m q_i^0} = Q_L/Q_P \quad (9\text{-}36)$$

在一般情况下,有 $Q_L > Q_P$,因此链式拉氏物量指数大于 1。尽管物量没有向上的趋势,链式物量指数却大于 1,出现了指数漂移。并且,时期 t 的价格和数量与时期 0、时期 m 的价格和数量差异越大,Q_L 与 Q_P 的差异就越大,从而拉氏链式物量指数超出 1 就越多。

(2) 链式数据不具有可加性。可加性是指使用一组物量指数将某一参考时期的总量及其分量的价值进行外推时,总量等于分量之和。链式 GDP 不具有可加性,即将使用链式方法得到的 GDP 各构成项目物量指标求和,与链式 GDP 并不相等。

(3) 环比物量指数和链式物量指数对数据(权数)的及时性有更高的要求。环比物量指数的权数是逐期更新的,统计机构需要在统计调查上投入更多的资源,增加了统计机构的工作量。

(三) 环比、链式物量指数法与定基物量指数法物量核算的比较

假设在一个经济中只有 A、B 两种最终产品,A 产品的特点是数量和价格增长都比较均匀,代表普通产品;B 产品的特点是数量增长速度较快,但价格逐步下降,代表高科技产品。我们使用定基物量指数和环比物量指数来计算 GDP 的增长率,其中,定基物量指数使用的是拉氏物量指数(取第 3 年为基年),环比物量指数分别使用了拉氏物量指数、帕氏物量指数和费希尔物量指数,计算结果见表 9.2。

表 9.2 环比物量指数与定基物量指数:一个简化的例子

	年份				
	1	2	3	4	5
价格					
A	20	21	22	23	24
B	60	59	58	57	56

续 表

	年份				
	1	2	3	4	5
数量					
A	75	76	77	78	79
B	25	30	35	40	45
名义 GDP	3 000	3 366	3 724	4 074	4 416
使用定基物量指数计算(取第 3 年为基年)					
不变价 GDP	3 100	3 412	3 724	4 036	4 348
GDP 增长率(拉氏指数)	—	10.06%	9.14%	8.38%	7.73%
使用环比物量指数计算					
GDP 增长率(帕氏指数)	—	10.36%	9.14%	8.18%	7.39%
GDP 增长率(拉氏指数)	—	10.67%	9.39%	8.38%	7.56%
GDP 增长率(费希尔指数)	—	10.51%	9.27%	8.28%	7.48%
链式 GDP(取第 3 年为参考年)	3 084.0	3 408.2	3 724.0	4 032.3	4 333.7
GDP 增长率差异分析					
拉氏定基指数—费希尔环比指数(百分点)	—	−0.45	−0.12	0.10	0.25
拉氏环比指数—费希尔环比指数(百分点)	—	0.15	0.12	0.10	0.08

在表 9.2 中，根据环比拉氏物量指数计算的 GDP 增长率高于根据环比帕氏物量指数计算的 GDP 增长率，根据环比费希尔指数计算的 GDP 增长率处于二者之间；根据定基拉氏物量指数计算的 GDP 增长率在基年之后高于根据环比费希尔物量指数计算的 GDP 增长率，而在基年之前则低于根据环比费希尔物量指数计算的 GDP 增长率，这说明定基拉氏物量指数存在着替代偏误；环比拉氏物量指数和环比费希尔物量指数增长率之间的差异，小于定基拉氏物量指数和环比费希尔物量指数增长率的差异，这说明使用环比拉氏物量指数能够提高 GDP 增长率的准确性。

(四) 定基物量指数与环比、链式物量指数在统计实践中的应用情况

SNA(1993)建议使用环比物量指数和链式物量指数来计算 GDP 的物量变化，并且最优的方法是使用环比费希尔物量指数和链式费希尔物量指数，环比拉氏物量指数和链式拉氏物量指数是一个替代费希尔指数的可接受方法；ESA 95 也建议欧盟各国使用环比物量指数和链式物量指数进行物量核算。近些年来，已经有越来越多的国家采纳了 SNA(1993)和欧洲核算体系(European System of Accounts 95，ESA 95)的建议，使用环比物量指数和链式物量指数进行物量核算已经成为国民经济核算领域中的一个重要趋势。至 2007 年年末，绝大部分欧盟成员国都在年度国民经济核算和季度国民经济核算中使用环比物量指数和链式物量指数。OECD 的绝大部分成员国在年度国

民经济核算和季度国民经济核算中使用环比物量指数和链式物量指数进行物量核算，只有韩国、墨西哥、斯洛伐克和土耳其仍使用定基物量指数法。在OECD使用环比物量指数与链式物量指数的26个成员国中，除美国和加拿大两个国家使用费希尔物量指数进行物量核算之外①，其他国家都使用拉氏物量指数进行物量核算。

除欧盟成员国和OECD成员国之外，包括中国在内的许多国家仍然使用定基物量指数法进行物量核算。

三、GDP物量核算的方法

（一）生产法GDP物量核算

生产法GDP物量核算是分产业部门进行的，即先分别计算各产业部门的不变价增加值，然后加总得到不变价GDP②。

1. 各部门不变价增加值的基本计算方法

（1）价格指数缩减法。

在使用价格指数缩减法计算各部门不变价增加值时，可以使用双缩减法，也可以使用单缩减法。

双缩减法是分别利用各部门总产出价格指数和中间消耗价格指数缩减各部门现价总产出和中间消耗，得到不变价总产出和中间消耗，二者相减就得到不变价增加值。用公式表示为：

$$\text{某部门不变价增加值} = \frac{\text{该部门现价总产出}}{\text{该部门总产出价格指数}} - \frac{\text{该部门现价中间消耗}}{\text{该部门中间消耗价格指数}} \quad (9\text{-}37)$$

单缩减法分为总产出价格指数缩减法和中间消耗价格指数缩减法。总产出价格指数缩减法是用总产出价格指数缩减现价增加值。用公式表示为：

$$\text{某部门不变价增加值} = \frac{\text{该部门现价增加值}}{\text{该部门总产出价格指数}} \quad (9\text{-}38)$$

中间消耗价格指数缩减法是用中间消耗价格指数缩减现价增加值。用公式表示为：

$$\text{某部门不变价增加值} = \frac{\text{该部门现价增加值}}{\text{该部门中间消耗价格指数}} \quad (9\text{-}39)$$

无论是总产出价格指数缩减法还是中间消耗价格指数缩减法，都暗含着中间消耗的价格变化与总产出的价格变化基本上保持相同幅度的假设。

（2）物量指数外推法。

在国民经济核算实践中，若缺少相应的总产出价格指数和中间消耗价格指数，但可

① 加拿大仅对支出法GDP使用费希尔物量指数。

② 严格来讲，只有使用定基物量指数法得到的可比价GDP才称为不变价GDP，使用链式物量指数法得到的可比价GDP称为链式GDP，但人们习惯上使用“不变价GDP”的叫法，为方便起见，将两种方法得到的可比价GDP统称为不变价GDP。

以得到相应的物量指数时，可以使用物量指数外推法计算不变价增加值。物量指数外推法也分为双外推法和单外推法。双外推法是使用总产出物量指数外推基期不变价总产出，用中间消耗物量指数外推基期不变价中间消耗，分别得到当期不变价总产出和不变价中间消耗，二者相减即得到不变价增加值。用公式表示为：

$$\begin{aligned}\text{某部门不变价增加值} &= \text{该部门基期不变价总产出} \times \text{该部门总产出物量指数} \\ &\quad - \text{该部门基期不变价中间消耗} \times \text{该部门中间消耗物量指数} \qquad (9\text{-}40)\end{aligned}$$

单外推法一般是使用总产出物量指数外推基期不变价增加值，得到当期不变价增加值。用公式表示为：

$$\text{某部门不变价增加值} = \text{该部门基期不变价增加值} \times \text{该部门总产出物量指数} \qquad (9\text{-}41)$$

单外推法暗含着中间消耗的物量变化与总产出的物量变化基本上保持相同幅度的假设。

SNA(1993)认为，在进行 GDP 的物量核算时，双缩减法是较好的一种方法，当现有数据的可靠性和稳定性不足以允许使用双缩减法时，用总产出价格指数来缩减现价增加值或用总产出物量指数外推基年增加值以估计不变价增加值，是一种次优的方法。

2. 分交易类别的物量核算方法

在国民经济核算中，产出可以分为市场产出和非市场产出。其中，非市场产出可以分为由政府和为住户服务的非营利机构(NPISH)提供的非市场产出以及为自己最终使用的产出(output for own final use)。

(1) 市场产出。

市场产出的物量值一般使用生产者价格指数(PPI)对现价值进行缩减。但是，在一些情况下，编制标准的生产者价格指数是困难的，例如，企业每年生产不同的产品，没有可做比较的价格，这时可以使用“模型定价”或“规格定价”的方法来解决。在其他一些情况下，要将产品区别开来可能也是困难的，对于一些服务业尤其如此。有时候要对服务估价可能也是困难的，例如，付出的酬金是与工作的小时数(如律师)而不是与所提供的产出有关，这时可以使用每小时付费率作为价格指标。

(2) 政府和为住户服务的非营利机构提供的非市场产出。

对于政府和为住户服务的非营利机构免费提供的非市场产出，因为产出没有对应的价格，不变价估计一般有两种方法可以选择，一是缩减投入，二是直接估计物量。目前，绝大多数国家都是以缩减投入为基础计算的。这样做暗含着一种假设，即投入的物量变化能够代表产出的物量变化。但是，并不是投入越多产出就越多，用投入法无法研究非市场产出的生产率变化。因此，SNA(2008)建议使用产出物量法(output volume method)来编制非市场服务产出的物量指标。

(3) 为自己最终使用的产出。

为自己最终使用的产出一般是使用市场上销售的类似产品的价格来测算，因此，对为自己最终使用的产出进行缩减，其原则与类似产品的市场产出的缩减原则相同。

(4) 中间消耗。

中间消耗可以使用投入生产者价格指数进行缩减。中间消耗包括对国内生产产品和对国外生产产品的使用，对于这两部分，要使用不同的价格指数进行缩减。应逐个产品进行缩减，对进口产品进行缩减时应使用进口价格指数。

(二) 支出法 GDP 物量核算

支出法 GDP 物量核算的基本思路是：用适当的价格指数缩减支出法 GDP 的各个构成项目，然后进行加总，即得到不变价支出法 GDP。计算方法可用公式表示为：

不变价 GDP = 不变价最终消费支出 + 不变价资本形成总额 + 不变价货物和服务的净出口
= 不变价住户最终消费支出 + 不变价政府与 NPISH 最终消费支出
+ 不变价固定资本形成总额 + 不变价存货变化
+ 不变价货物服务出口 − 不变价货物服务出口 (9-42)

缩减过程中所使用的价格指数都应是从使用者角度编制的，缩减质量的好坏在很大程度上取决于价格指数与各构成项目的一致程度。例如，若 CPI 用作国民经济核算中的缩减指数，CPI 的消费范围应界定为住户实际最终消费。

四、我国不变价 GDP 核算与分析

(一) 我国不变价 GDP 生产核算

与现价 GDP 生产核算相对应，我国的不变价 GDP 生产核算也是分产业部门进行的，即先分别计算各产业部门的不变价增加值，然后加总得到不变价 GDP。目前，主要产业部门不变价增加值的具体计算方法如下。

1. 农林牧渔业

采用双缩减法。先利用农产品生产者价格指数和农业生产资料价格指数分别对现价总产出和中间消耗进行缩减，换算出不变价的总产出和中间消耗，二者相减，得到不变价增加值。

2. 工业

采用单缩减法。利用工业品出厂价格指数对现价增加值直接缩减得到不变价增加值。

3. 建筑业

采用单缩减法。利用固定资产投资价格指数中的建筑安装工程价格指数对现价增加值直接缩减得到不变价增加值。

4. 交通运输仓储和邮政业

采用外推法。以能够反映行业变动趋势的物量指标的增长速度作为不变价增加值的增长速度，利用这一增长速度乘以基期不变价增加值，推算出核算期不变价增加值。

交通运输业的物量指标是旅客周转量和货物周转量，邮政业的物量指标是邮电业务总量。

5. 批发和零售业、住宿和餐饮业

采用单缩减法。利用商品零售价格指数直接对现价增加值进行缩减得到不变价增加值。

6. 金融业

采用单缩减法。利用居民消费价格指数与固定资产投资价格指数的加权指数直接对现价增加值进行缩减得到不变价增加值。

7. 房地产业

采用单缩减法。利用不同的价格指数对固定资产折旧和净增加值分别缩减。固定资产折旧利用固定资产投资价格指数，净增加值利用房地产价格指数。

8. 其他服务业

采用单缩减法。利用居民消费价格指数及其分类指数直接对现价增加值进行缩减得到不变价增加值。

（二）我国不变价 GDP 支出核算

我国不变价 GDP 支出核算，通过缩减法或基年价格估价法分别计算出不变价的居民消费、政府消费、固定资本形成总额、存货增加货物与服务净出口求得。目前，实际核算中各不变价构成项目的计算方法如下。

1. 居民消费

采用缩减法。按照居民不同种类的消费支出，分别采用相应的价格指数进行缩减计算不变价值。具体来说，居民在食品、衣着、家庭设备用品、医疗保健用品、交通和通信工具、文化教育娱乐用品上的消费支出，分别用居民消费价格指数中的食品、衣着、家庭设备用品、医疗保健用品、交通和通信工具、文化教育娱乐用品类的指数缩减。居民对住房服务的消费支出，按照房租支出和私人自有住房服务两部分分别计算。房租支出使用房租价格指数缩减，不变价私人自有住房服务等于当期新增住房服务不变价值，加上上期不变价自有住房服务，减去本期废弃的自有住房服务不变价值。新增住房服务不变价值用固定资产投资价格指数缩减。金融媒介服务和保险服务的消费支出，利用居民消费价格指数和固定资产投资价格指数的加权平均数缩减。居民享受的集体福利服务消费支出，用居民消费服务价格指数缩减。

2. 政府消费

采用缩减法。按照政府消费构成的不同，先把政府消费分成货物支出、工资支出、服务支出和固定资产虚拟折旧四个部分。其中，前三个部分分别使用商品零售价格指数、城市居民消费品价格指数和居民消费服务价格指数缩减得到各部分的不变价值，固定资产虚拟折旧使用其他服务业固定资产投资价格指数缩减计算出当期新增固定资产的虚拟折旧，再加上上期不变价固定资产虚拟折旧，减去本期废弃的固定资产不变价值求得。

3. 固定资本形成总额

采用缩减法。利用固定资产价格指数直接缩减现价固定资本形成总额得到不变价值。

4. 存货增加

采用基年价格估价法和缩减法计算。其中,农林牧渔业存货增加中的猪、羊、粮食、家禽和其他家养动物的不变价值,采用基年价格估价法;农林牧渔业以外的其他存货增加,采用缩减法计算,存货增加按照用途划分为生产资料、生活资料和收购的农副产品三类,分别用生产资料出厂价格指数、生活资料出厂价格指数和农副产品收购价格指数缩减得到不变价值。

5. 货物和服务净出口

采用缩减法,采用出口货物价格指数、进口货物价格指数分别缩减货物和服务出口总额和进口总额,计算出不变价出口总额和进口总额,二者相减得到不变价净出口。由于我国缺少进出口服务价格指数,因此在实践中用出口货物价格指数和进口货物价格指数近似替代。

(三) 我国不变价 GDP 核算的缺陷

我国不变价 GDP 核算方法还不完善,概括来说,不变价 GDP 核算有以下几个缺陷。

1. 缺少服务业生产者价格指数

我国目前还没有编制服务业生产者价格指数,大部分服务业不变价增加值计算采用的是居民消费价格指数中对应的服务项目价格指数。但是,很多服务活动的服务对象并不是住户,例如市场调查服务、信息咨询服务、广告服务、会计师服务、上市辅导服务等。要计算这些行业的不变价增加值,严格上讲,应分别使用这些行业的生产者价格指数。由于我国缺少服务业生产者价格指数,不得不用相关的指数来替代,这必然会影响到我国不变价增加值核算的准确性。为此,需要建立和健全服务业生产价格指数。目前国家统计局正在开展部分服务业生产价格指数的研究和试编工作,应在总结试点经验的基础上,建立正式制度,并逐步推广。

2. 缺少服务贸易价格指数

我国目前还没有编制服务贸易价格指数,服务进出口的不变价计算只能参考货物贸易价格指数和国内外相关的服务价格指数,这也必然影响服务进出口不变价数据的准确性。我国应开展服务贸易价格指数编制方法的研究,逐步编制服务贸易价格指数,以满足不变价 GDP 核算的需求。

3. 各种价格指数的编制方法并不完全协调

目前,我国编制的居民消费价格指数每五年更换一次基期,权数固定在基期(每年做一些微调),价格也固定在基期;工业品出厂价格指数和原材料、燃料、动力购进价格指数的权数每五年更换一次基期(每年做一些微调),但价格是逐年滚动的;固定资产投资价格指数和房地产价格指数的权数逐年滚动,价格也逐年滚动。由于这些价格指数的权数基期和价格基期不一致,彼此之间具有一定的不可比性,这种不可比性也必然影响到不变价 GDP 核算。为了完善不变价 GDP 核算,价格指数的编制方法需要进行协调。

4. 支出法 GDP 的分类太粗,满足不了不变价计算的需要

不同类别的支出项目价格变动幅度并不相同,分类越细,越能较好地消除价格变动的影响,所以,不变价计算要求在尽可能细的分类下进行。我国支出法 GDP 的分类还较粗,也会影响到不变价计算的准确性。

(四) 我国的 GDP 物量数据

由于我国的不变价核算方法尚不完善,国家统计局在发布 GDP 物量数据时,只发布 GDP 物量指数,并不发布不变价 GDP 及其产业部门和最终使用结构数据。我国发布的 GDP 物量指数是从生产方核算的,并不发布支出法 GDP 物量指数①。我国发布两种形式的 GDP 物量指数:一种是以上年为 100(见表 9.3),一种是以 1978 年为 100(见表 9.4)。

表 9.3　中国 GDP 指数(上年＝100)

年份	国民总收入	国内生产总值	第一产业	第二产业			第三产业	人均国内生产总值
					工业	建筑业		
1978	111.7	111.7	104.1	115.0	116.4	99.4	113.8	110.2
1979	107.6	107.6	106.1	108.2	108.7	102.0	107.9	106.1
1980	107.8	107.8	98.5	113.6	112.7	126.7	106.0	106.5
1981	105.2	105.2	107.0	101.9	101.7	103.2	110.4	103.9
1982	109.2	109.1	111.5	105.6	105.8	103.4	113.0	107.5
1983	111.1	110.9	108.3	110.4	109.7	117.1	115.2	109.3
1984	115.3	115.2	112.9	114.5	114.9	110.9	119.3	113.7
1985	113.2	113.5	101.8	118.6	118.2	122.2	118.2	111.9
1986	108.5	108.8	103.3	110.2	109.6	115.9	112.0	107.2
1987	111.5	111.6	104.7	113.7	113.2	117.9	114.4	109.8
1988	111.3	111.3	102.5	114.5	115.3	108.0	113.2	109.5
1989	104.2	104.1	103.1	103.8	105.1	91.6	105.4	102.5
1990	104.1	103.8	107.3	103.2	103.4	101.2	102.3	102.3
1991	109.1	109.2	102.4	113.9	114.4	109.6	108.9	107.7
1992	114.1	114.2	104.7	121.2	121.2	121.0	112.4	112.8
1993	113.7	114.0	104.7	119.9	120.1	118.0	112.2	112.7

① 国家统计局的解释是,从生产方(生产法与支出法)核算的 GDP 物量指数与支出法 GDP 物量指数并不一致,为了避免在应用时产生混乱,所以不发布支出法 GDP 物量指数。

续 表

年份	国民总收入	国内生产总值	第一产业	第二产业			第三产业	人均国内生产总值
					工业	建筑业		
1994	113.1	113.1	104.0	118.4	118.9	113.7	111.1	111.8
1995	109.3	110.9	105.0	113.9	114.0	112.4	109.8	109.7
1996	110.2	110.0	105.1	112.1	112.5	108.5	109.4	108.9
1997	109.6	109.3	103.5	110.5	111.3	102.6	110.7	108.2
1998	107.3	107.8	103.5	108.9	108.9	109.0	108.4	106.8
1999	107.9	107.6	102.8	108.1	108.5	104.3	109.3	106.7
2000	108.6	108.4	102.4	109.4	109.8	105.7	109.7	107.6
2001	108.1	108.3	102.8	108.4	108.7	106.8	110.3	107.5
2002	109.5	109.1	102.9	109.8	110.0	108.8	110.4	108.4
2003	110.6	110.0	102.5	112.7	112.8	112.1	109.5	109.3
2004	110.4	110.1	106.3	111.1	111.5	108.1	110.1	109.4
2005	111.2	110.4	105.2	111.7	111.6	112.6	110.5	109.8
2006	111.1	111.1	105.0	113.0	112.9	113.7	110.8	110.5

资料来源:《中国统计年鉴(2007)》,中国统计出版社 2008 年版。

表 9.4 中国 GDP 指数(1978 年=100)

年份	国民总收入	国内生产总值	第一产业	第二产业			第三产业	人均国内生产总值
					工业	建筑业		
1978	100.0	100.0	100.0	100.0	100.0	100.0	100.0	100.0
1979	107.6	107.6	106.1	108.2	108.7	102.0	107.9	106.1
1980	116.0	116.0	104.6	122.9	122.4	129.2	114.3	113.0
1981	122.0	122.1	111.9	125.2	124.5	133.3	126.2	117.5
1982	133.3	133.1	124.8	132.1	131.7	137.9	142.6	126.2
1983	148.2	147.6	135.1	145.8	144.5	161.4	164.3	137.9
1984	170.8	170.0	152.6	166.9	166.0	179.0	196.0	156.8
1985	193.4	192.9	155.4	197.9	196.2	218.7	231.7	175.5
1986	209.9	210.0	160.5	218.2	215.2	253.4	259.6	188.2
1987	234.1	234.3	168.1	248.1	243.6	298.7	296.8	206.6
1988	260.6	260.7	172.3	284.1	280.8	322.5	335.9	226.3
1989	271.4	271.3	177.6	294.8	295.0	295.3	353.9	231.9
1990	282.5	281.7	190.7	304.1	304.9	298.8	362.1	237.3
1991	308.2	307.6	195.2	346.3	348.8	327.4	394.3	255.6
1992	351.5	351.4	204.4	419.5	422.6	396.2	443.3	288.4
1993	399.6	400.4	214.0	502.8	507.5	467.5	497.4	324.9
1994	452.0	452.8	222.6	595.2	603.5	531.5	552.5	363.3

续　表

年份	国　民总收入	国内生产总值	第一产业	第二产业			第三产业	人均国内生产总值
					工　业	建筑业		
1995	494.2	502.3	233.7	677.7	688.2	597.4	606.9	398.6
1996	544.5	552.6	245.6	759.8	774.3	648.2	664.1	433.9
1997	596.9	603.9	254.2	839.4	861.9	665.2	735.3	469.4
1998	640.6	651.2	263.1	914.2	938.6	725.2	796.8	501.4
1999	691.5	700.9	270.5	988.6	1 018.6	756.2	871.2	534.9
2000	750.6	759.9	277.0	1 081.8	1 118.3	799.1	956.1	575.5
2001	811.1	823.0	284.8	1 173.1	1 215.2	853.3	1 054.2	618.7
2002	888.5	897.8	293.0	1 288.4	1 336.4	928.3	1 164.2	670.4
2003	983.1	987.8	300.3	1 451.7	1 506.8	1 040.4	1 274.9	733.1
2004	1 085.4	1 087.4	319.3	1 613.0	1 680.2	1 125.0	1 403.1	802.2
2005	1 206.5	1 200.8	336.0	1 801.6	1 874.7	1 266.9	1 550.4	880.7
2006	1 339.9	1 334.0	352.8	2 035.2	2 116.1	1 439.9	1 717.3	972.9

资料来源:《中国统计年鉴——2007》,中国统计出版社 2007 年版。

表 9.3 和表 9.4 既给出了 GDP 的物量指数,也给出了国民总收入与人均 GDP 的物量指数;同时也给出了三次产业增加值的物量指数以及第二产业中工业和建筑业的增加值物量指数。

根据表 9.3 和表 9.4 我们可以很方便地计算出各种总量指标的物量增长率。例如,在表 9.3 中,2006 年 GDP 物量指数为 111.1,则该年的 GDP 增长率为 (111.1－100)/100×100%＝11.1%;2006 年第三产业增加值的物量指数为 110.8,则该年第三产业的增长率为(110.8－100)/100×100%＝10.8%。在表 9.4 中,2006 年 GDP 的物量指数为 1 334.0,2005 年 GDP 的物量指数为 1 200.8,则 2006 年 GDP 增长率为(1 334.00－1 200.8)/1 200.8×100%＝11.1%;2006 年第三产业增加值物量指数为 1 717.3,2005 年第三产业增加值物量指数为 1 550.4,则 2006 年第三产业增长率为(1 717.3－1 550.4)/1 550.4×100%＝10.8%,与表 9.3 中的数据是一致的。

第三节　价 格 指 数

一、价格指数编制的基本方法

宏观经济价格指数的编制一般包括两个步骤:在收集价格资料的基础上进行低层加总得到基本价格指数,然后对基本价格指数再进行高层加总,得到高一层的分类指数,再对高一层的分类指数进行加总,最后得到总指数(参见图 9.1)。

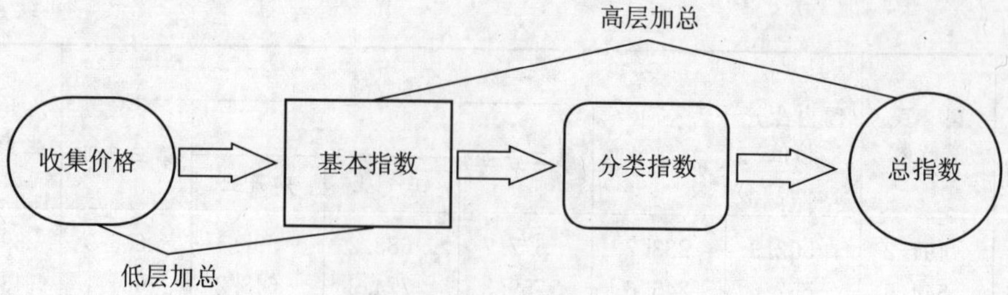

图 9.1 价格指数的编制步骤

(一) 基本价格指数

基本价格指数是价格指数构造中最底层的指数，是对同质的代表规格品构造出的价格指数。在常用的基本价格指数中，Jevons 指数是最好的。CPI 手册、PPI 手册等国际统计标准建议使用 Jevons 指数计算基本价格指数。许多国家在编制指数时，基本价格指数使用的就是 Jevons 指数。

Jevons 指数是价比的简单几何平均，可用公式表示为：

$$P_J = \left(\prod_{i=1}^{m} \frac{p_i^1}{p_i^0}\right)^{1/m} \tag{9-43}$$

式中，p_i^t 为第 t 期第 i 个代表规格品的价格，$i=1, 2, \cdots, m$。

Jevons 指数也可以看作简单几何平均价格的比率，即：

$$P_J = \left(\prod_{i=1}^{m} p_i^1\right)^{1/m} \bigg/ \left(\prod_{i=1}^{m} p_i^0\right)^{1/m} \tag{9-44}$$

(二) 价格指数的高层加总方法

要计算高层指数，有多个价格指数公式可以选择，如拉氏价格指数、帕氏价格指数、费希尔价格指数等。由于报告期的权数数据难以及时得到，因此常使用拉氏类型的价格指数公式。

在统计实践中，通常并不能得到有关数量的数据，因此，更多地是使用拉氏价格指数的等价变形公式：

$$P_L = \sum_{i=1}^{n} \frac{p_i^t}{p_i^0} \cdot s_i^0 \tag{9-45}$$

其中 $s_i^0 = p_i^0 q_i^0 \Big/ \sum_{i=1}^{n} p_i^0 q_i^0$，为第 0 期第 i 个产品的价值份额。

在价格指数的编制实践中，也并不是直接使用式(9-45)，因为对于一个基本分类来说，往往是选择几个代表规格品进行调查，然后再计算该基本分类的基本价格指数，价格指数的高层加总是对基本价格指数进行的加总，因此，式(9-45)可以修正为：

$$I^{0:t} = \sum_{i=1}^{n} I_i^{0:t} s_i^0 \tag{9-46}$$

其中，$I^{0:t}$ 为第 0 期到第 t 期的高层指数，$I_i^{0:t}$ 为第 0 期到第 t 期第 i 个基本分类的价格指数。式(9-46)表明，高层指数是基本价格指数的加权算术平均。

二、我国的居民消费价格指数(CPI)

(一) 我国居民消费价格指数的编制方法

我国的 CPI 称作居民消费价格指数。居民消费价格指数是反映一定时期内城乡居民所购买的生活消费品价格和服务项目价格变动趋势和程度的相对数，是对城市居民消费价格指数和农村居民消费价格指数进行综合汇总计算的结果。该价格指数为分析和制定货币政策、价格政策、居民消费政策、工资政策以及进行国民经济核算提供科学依据。国际上通常将 CPI 作为反映通货膨胀(或通货紧缩)程度的重要指标。

居民消费价格的调查内容分为食品、烟酒及用品、衣着、家庭设备用品及服务、医疗保健及个人用品、交通和通信、娱乐教育文化用品及服务、居住等八大类。根据我国城乡居民消费模式及消费习惯，参照抽样调查原理选中的 12.4 万户城乡居民家庭(其中，城市 5.6 万户，农村近 6.8 万户)的消费支出数据，并结合其他相关资料，选取了 263 个基本分类、约 700 种商品和服务项目，作为经常性调查项目。价格调查范围涉及全国 31 个省(自治区、直辖市)的 500 多个市县、50 000 多个调查网点。国家统计局直属的全国调查系统采取定人、定时、定点的直接调查方式，由近 3 000 名专职物价调查员到不同类型、不同规模的农贸市场和商店现场采集价格资料。对于与居民生活密切相关、价格变动比较频繁的商品，至少每五天调查一次价格，从而保证了居民消费价格指数能够及时、准确地反映市场价格的变动情况。

居民消费价格指数的具体编制方法如下。

1. 计算代表规格品的平均价格

代表规格品的平均价格使用简单算术平均法计算。计算公式为：

$$p_i^t = \frac{\sum_{j=1}^{m} p_{ij}^t}{m} \tag{9-47}$$

式中，p_i^t 为第 t 期第 i 个规格品的平均价格，p_{ij}^t 为第 t 期第 i 个规格品第 j 次调查的价格，m 为价格调查次数。

2. 计算代表规格品的价格指数

计算公式为：

$$G_i^t = \frac{p_i^t}{p_i^{t-1}} \tag{9-48}$$

3. 计算基本分类的价格指数

基本价格指数使用几何平均法计算，也就是使用 Jevons 指数计算。第 i 个基本分类的月环比指数计算公式为：

$$K_i^t = \sqrt[n]{G_1^t \times G_2^t \times \cdots \times G_l^t} \tag{9-49}$$

其中，G_1^t，G_2^t，…，G_l^t 分别为第 1 至第 l 个规格品报告期(t)的价格指数。

定基指数等于月环比指数的连乘积。第 i 个基本分类定基指数的计算公式为：

$$I_{i定基} = K_i^1 \times K_i^2 \times \cdots \times K_i^t \tag{9-50}$$

其中，K_i^1，K_i^2，…，K_i^t 分别表示第 i 个基本分类基期至报告期间各期的月环比指数。

4. 计算类别及总指数

类别及总指数等高层指数采用加权平均法逐级计算。计算公式为：

$$L^t = \left[\sum W^{t-1}\left(\frac{P^t}{P^{t-1}}\right)\right] \times L^{t-1} \tag{9-51}$$

其中，W 代表权数，P 表示价格，t 表示报告期，$t-1$ 表示报告期的上一时期，P^t/P^{t-1} 代表本期环比指数。在基本分类、中类、大类三层逐级计算中，P^t/P^{t-1} 分别为基本分类指数、中类指数和大类指数。

全省(区)指数根据全省(区)城市和农村指数按城乡居民人均消费支出金额和人口数加权平均计算；全国城市(农村)指数根据各省(区、市)指数按各地人均消费支出金额和人口数加权平均计算；全国指数根据全国城市和农村指数按城乡居民人均消费支出金额和人口数加权平均计算。

(二) 我国的 CPI 数据与应用分析

1. 我国发布的 CPI 数据

我国的 CPI 按月编制与发布，国家统计局大致在每月 13 日(逢法定节假日顺延)发布新闻稿，公布上月的居民消费价格指数，公众可在中国经济景气监测中心出版的《中国经济景气月报》或其他主要媒体中查询到更详细的包括城市和农村以及各省(自治区、直辖市)的 CPI 数据，国家统计局网站(http://www.stats.gov.cn)也会及时更新。年度 CPI 数据一般在次年 1 月份首次公布，其分类与月度指数相同。包括更细分组的 CPI 年度数据在每年出版的《中国统计年鉴》中公布。

表 9.5 是国家统计局发布的 2008 年 1 月份居民消费价格指数及其分类指数。表 9.5 中的数据有三种类型："上年同月 = 100"、"上年同期 = 100" 和"上月 = 100"。

"上年同月 = 100"称作月同比价格指数，它等于报告月定基价格指数除以上年同月定基价格指数。例如，2008 年 1 月，全国 CPI 的月同比价格指数为 107.1，它表示 2008 年 1 月份与 2007 年 1 月相比，全国居民消费价格总水平上涨了 7.1%。

"上年同期 = 100"称作同期比价格指数(或累计比价格指数)，它等于本年 1 至 x 月定基价格指数除以去年 1 至 x 月定基价格指数，用它可以衡量本年前若干个月与去年同期相比价格的变动情况。在表9.5中，由于是1月份的数据，所以月同比价格指数与同期比价格指数是相同的。

表9.5　中国居民消费价格分类指数(2008年1月)

项目名称	上年同月＝100			上年同期＝100			上月＝100		
	全国	城市	农村	全国	城市	农村	全国	城市	农村
居民消费价格指数	107.1	106.8	107.7	107.1	106.8	107.7	101.2	101.2	101.2
一、食品	118.2	117.8	119.0	118.2	117.8	119.0	103.3	103.4	103.2
二、烟酒及用品	102.1	102.2	102.0	102.1	102.2	102.0	100.6	100.6	100.5
三、衣着	98.1	97.5	99.5	98.1	97.5	99.5	99.4	99.1	100.1
四、家庭设备用品及服务	102.1	102.2	101.8	102.1	102.2	101.8	100.4	100.4	100.2
五、医疗保健及个人用品	103.2	102.8	103.9	103.2	102.8	103.9	100.2	100.2	100.3
六、交通和通信	98.9	98.2	100.4	98.9	98.2	100.4	100.1	100.0	100.4
七、娱乐教育文化用品及服务	99.7	99.7	99.6	99.7	99.7	99.6	100.1	100.2	100.0
八、居住	106.1	105.9	106.6	106.1	105.9	106.6	100.3	100.2	100.4

资料来源：国家统计局网站(http://www.stats.gov.cn)，中国经济景气月报，2008年2月。

"上月＝100"称作月环比价格指数，它等于报告月定基价格指数除以上月定基价格指数，它衡量的是相邻两个月份价格的变动情况。例如，2008年1月份，全国CPI的月环比价格指数为101.2，它表示2008年1月份与2007年12月份相比，全国居民消费价格总水平上涨了1.2%。

要判断物价形势，要综合分析同比CPI与环比CPI。环比CPI反应比较灵敏，可以显示物价近期变化的趋势。但环比CPI受季节性影响较大，依据没有经过季节调整的环比CPI进行宏观调控也会造成失误。同比CPI基本剔除了季节波动的影响，能够比较好地反映通货膨胀的变动情况，也是制定一年期利率的重要参考依据，但同比CPI受上年价格水平的影响。

《中国统计年鉴》提供了CPI的年度数据。年度CPI数据也有两种表示形式：一种是"上年＝100"(见表9.6)，它表示本年CPI相比上一年的变动情况。例如，2006年CPI指数为101.5，它表示2006年与2005年相比，全国居民消费价格总水平上涨了1.5%。另一种是"某年＝100"(见表9.7)，它表示本年CPI相比某一固定年份的变动情况。例如，2006年CPI指数为471.0，它表示2006年与1978年相比，全国居民消费价格总水平上涨了471%。由此指数可以推算任意两年间的价格变动情况，例如，2006年与2005年相比，全国居民消费价格总水平涨了 $(471.0-464.0)/464.0\times 100\% = 1.5\%$，与表9.6提供的数据是完全一致的。

此外，《中国统计年鉴》还提供各省(自治区、直辖市)的年度CPI数据，《中国经济景气月报》还提供全国36个大中城市居民价格指数的月度数据。

表 9.6 中国居民消费价格指数(上年 = 100)

年份	居民消费价格指数	城市居民消费价格指数	农村居民消费价格指数
1978	100.7	100.7	
1980	107.5	107.5	
1985	109.3	111.9	107.6
1990	103.1	101.3	104.5
1991	103.4	105.1	102.3
1992	106.4	108.6	104.7
1993	114.7	116.1	113.7
1994	124.1	125.0	123.4
1995	117.1	116.8	117.5
1996	108.3	108.8	107.9
1997	102.8	103.1	102.5
1998	99.2	99.4	99.0
1999	98.6	98.7	98.5
2000	100.4	100.8	99.9
2001	100.7	100.7	100.8
2002	99.2	99.0	99.6
2003	101.2	100.9	101.6
2004	103.9	103.3	104.8
2005	101.8	101.6	102.2
2006	101.5	101.5	101.5

资料来源:《中国统计年鉴——2007》,中国统计出版社 2007 年版。

表 9.7 中国居民消费价格指数(某年 = 100)

年份	居民消费价格指数(1978 = 100)	城市居民消费价格指数(1978 = 100)	农村居民消费价格指数(1985 = 100)
1978	100.0	100.0	
1980	109.5	109.5	
1985	131.1	134.2	100.0
1990	216.4	222.0	165.1
1991	223.8	233.3	168.9
1992	238.1	253.4	176.8
1993	273.1	294.2	201.0
1994	339.0	367.8	248.0
1995	396.9	429.6	291.4

续　表

年　份	居民消费价格指数(1978 = 100)	城市居民消费价格指数(1978 = 100)	农村居民消费价格指数(1985 = 100)
1996	429.9	467.4	314.4
1997	441.9	481.9	322.3
1998	438.4	479.0	319.1
1999	432.2	472.8	314.3
2000	434.0	476.6	314.0
2001	437.0	479.9	316.5
2002	433.5	475.1	315.2
2003	438.7	479.4	320.2
2004	455.8	495.2	335.6
2005	464.0	503.1	343.0
2006	471.0	510.6	348.1

资料来源:《中国统计年鉴——2007》,中国统计出版社 2007 年版。

2. CPI 数据的应用分析

(1) 测度通货膨胀。

通货膨胀是指一般价格水平的持续上涨。通货膨胀有许多不同的测度方法,但使用价格指数进行测度是最常用的方法,其中,最常用的价格指数就是 CPI。几乎所有国家的中央银行都使用 CPI 或核心 CPI 作为监测通货膨胀的指标。核算 CPI 的计算方法有许多种,最常用的是在 CPI 中剔除食品和能源。根据表 9.6, 2006 年中国的通货膨胀率为 1.5%。

(2) 反映货币的购买力变化。

随着价格水平的上升,货币的购买力在下降,通俗点讲,就是钱越来越不值钱了。例如,以上年 = 100, 2006 年中国 CPI 为 101.5,则由于价格水平的上涨和货币购买力的贬值,2006 年 100 元钱的购买力只相当于 2005 年 98.52 元钱(100/101.5%)的购买力。这一结论可以这样来理解,假设在 2005 年购买某一篮子产品需要 98.52 元钱,在 2006 年购买同样篮子的产品,则需要 100 元钱。再比如,以 1978 年 = 100, 2006 年中国 CPI 为 471.0,则 2006 年 100 元钱的购买力只相当于 1978 年 21.23 元钱(100/471.0%)的购买力。

(3) 测度居民实际可支配收入的变化。

可以使用 CPI 剔除按现价计算的居民可支配收入中价格变动的因素,反映居民可支配收入的真实变化。例如,2006 年城镇居民人均可支配收入为 11 759 元,2005 年为 10 493 元,2006 年比 2005 年增长 12.1%。而 2006 年的居民消费价格总水平比 2005

年上涨了 1.5%,则扣除居民消费价格上涨因素后,居民人均可支配收入为 11 585 元,比 2005 年实际增长 10.4%。

(4) 在国民经济核算中用作缩减指数。

在国民经济核算中,常用 CPI 及其分类指数对 GDP 的各个构成项目进行缩减,计算不变价指标。

(三) 我国 CPI 数据的缺陷及改进措施

CPI 作为最常用的价格指数,在宏观经济分析中发挥着重要作用。但我国的 CPI 数据还存在以下缺陷。

1. 不公布支出权数

国家统计局并未系统发布 CPI 的支出权数数据,这与国外相比存在很大的差距。国外统计机构在发布 CPI 数据的同时,还详细发布各项支出的权数,每次权数进行调整也会及时公布出来,并且在其网站上能够很方便地找到这些信息。我国也应系统地披露各项支出权数。

2. 不公布月定基价格指数数据

我国仅公布月同比、月环比和同期比价格指数,不能由此推算出月定基价格指数,不能满足经济研究和经济分析的需要。其实,有了月定基价格指数数据,就可以很方便地计算出月同比、月环比和同期比价格指数。因此,我国还应公布月定基价格指数数据。

3. 不发布经季节调整的数据

CPI 按月编制和发布,它会受到季节性因素的影响,掩盖真实的价格变动模式。为此,在对月度 CPI 进行分析时,往往要剔除季节性因素的影响,这就需要对数据进行季节性调整。但我国只发布原始数据,并不发布经季节调整的数据。对于专业人士来说,可以自己使用某种方法对这些数据进行季节性调整,但对于很多非专业人士来说,可能就会不正确地使用未经季节调整的数据,得到不正确的结论,从而带来误导。可考虑使用 X—11 法或 X—12—ARIMA 法对 CPI 进行季节性调整,并且在发布季节调整数据的同时,也将原始的未经季节调整的数据发布出来,以满足用户的不同需要。

4. 不发布核心 CPI 数据

核心 CPI 数据对于分析价格变动的长期趋势是非常有用的,许多国家的统计机构都公布核心 CPI 数据,其中最常用的方法就是在 CPI 中剔除食品和能源项目的价格变动。我国也可以考虑使用这种方法计算我国的核心 CPI 数据。

三、我国编制的其他主要价格指数

(一) 商品零售价格指数

商品零售价格指数是反映一定时期内城乡商品零售价格变动趋势和程度的相对

数。商品零售价格按用途划分为 16 个大类，229 个基本分类，各地每月调查 500 种以上的规格产品价格。计算商品零售价格指数所使用的权数主要根据社会商品零售额资料确定。

商品零售价格指数不包括服务项目的价格变化，随着我国服务业的迅速发展，服务支出在居民消费支出中占有相当大的比重，商品零售价格指数的缺陷逐渐显现出来。为此，从 2000 年起，我国价格指数的统计、公布和使用由以商品零售价格指数为主改为以居民消费价格指数为主。

商品零售价格指数的进度数据发布在月后 25 日出版的《中国经济景气月报》中，也在国家统计局网站上发布。年度数据除年后 30 日在新闻媒体公布外，也发布在《中国统计年鉴》上。

(二) 工业品出厂价格指数

工业品出厂价格是工业品第一次出售时的出厂价格。工业品出厂价格指数属于产出角度的生产者价格指数(PPI)，它是反映全部工业产品出厂价格总水平的变动趋势和程度的相对数，包括工业企业售给本企业以外所有单位的各种产品和直接售给居民用于生活消费的产品。通过工业品出厂价格指数能观察出厂价格变动对工业总产值和增加值的影响。

工业品出厂价格调查采用重点调查与典型调查相结合的调查方法。重点调查对象为全部国有企业和年销售收入在 500 万元以上的非国有工业企业；典型调查对象为年销售收入在 500 万元以下的非国有工业企业。调查采用企业报表形式，每月 5 万家左右工业企业上报数据资料。目前，《工业品价格调查目录》包括 4 000 多种产品(9 500 多个规格)，所代表的行业销售额占当年全国工业品销售总额的 90%以上。

编制工业品出厂价格指数所用的权数用工业品销售额计算，计算资料来源于工业普查数据。若近期没有工业普查数据时，采用工业统计资料和部门统计资料来推算。权数一般五年更换一次。

工业品出厂价格指数于每月后 20 日在《中国信息报》上首次公布，包括总指数与 30 个工业大类的分类指数。总指数及分省指数于月后的 25 日公布在《中国景气月报》中。年度数据除年后 30 日在新闻媒体公布外，也发布在《中国统计年鉴》上。国家统计局网站也公布相关的数据。

(三) 固定资产投资价格指数

固定资产投资价格指数是反映固定资产投资额价格变动趋势和程度的相对数。固定资产投资额是由建筑安装工程投资完成额、设备、工器具购置投资完成额和其他费用投资完成额三部分组成的。编制固定资产投资价格指数应首先分别编制上述三部分投资的价格指数，然后采用加权算术平均法求出固定资产投资价格总指数。

固定资产投资价格调查所涉及的价格是构成固定资产投资额实体的实际购进价格或结算价格。调查的内容包括构成当年建筑工程实体的钢材、木材、水泥、地方材料、化工材料等主要建筑材料价格；作为活劳动投入的劳动力价格（单位工资）和建筑机械使用费用；设备工器具购置和其他费用投资价格。

固定资产投资价格调查采用重点调查与典型调查相结合的方法，价格调查方式采用企业报表和调查员走访相结合的方式。指数计算中所使用的权数是建筑安装工程、设备工器具购置和其他费用三者前三年的平均比重。

（四）房地产价格指数

房地产价格指数是反映一定时期内房地产价格变动趋势和程度的相对数，包括房屋销售价格指数、房屋租赁价格指数、土地交易价格指数和物业管理价格指数。这四套指数的计算方法相似，均采用由下到上逐级汇总的方法。

房地产价格调查采用重点调查与典型调查相结合的方法，调查方式采用报表与走访相结合的方式。目前我国房地产价格调查在 70 个大中城市开展，调查样本超过 1 万个。

四、GDP 缩减指数

GDP 缩减指数通常又称为 GDP 隐含价格缩减指数（GDP implicit price deflator）和 GDP 价格指数。GDP 缩减指数是国民经济核算中的一个重要指标，其计算公式为：

$$\text{GDP 缩减指数} = \frac{\text{现价 GDP}}{\text{不变价 GDP}} \tag{9-52}$$

在国民经济核算实践中，通常采用生产法和支出法来核算 GDP，因此，可以进一步得到分别按生产法 GDP 缩减指数和支出法 GDP 缩减指数。生产法 GDP 缩减指数综合反映了国民经济各个行业的价格变化情况；支出法 GDP 缩减指数综合反映了居民消费、政府消费、固定资本形成总额、存货增加、货物和服务净出口等各项最终使用的价格变化情况。

GDP 缩减指数并不是直接编制的价格指数，而是通过将现价 GDP 与不变价 GDP 相除得到的，也就是说，在国民经济核算中，是先计算出不变价 GDP，再推算出 GDP 缩减指数。对于生产法 GDP 来说，是通过缩减法（双缩减法和单缩减法）及外推法（双外推法和单外推法）得到各部门不变价增加值，然后进行加总得到不变价 GDP，进而推算出生产法 GDP 缩减指数。对于支出法 GDP 来说，是通过适当的价格指数缩减相应的现价支出法 GDP 各构成项目得到不变价 GDP，进而推算出支出法 GDP 缩减指数。

发达国家的 GDP 核算主要使用支出法，因此，发达国家的 GDP 缩减指数也主要是从支出法的角度计算的。GDP 缩减指数在我国的应用受到了很大的限制，因为我国不发布不变价 GDP 数据，所以也不发布 GDP 缩减指数。但根据“价格指数 × 物量指数 = 价值指数”的关系，由现价 GDP 和 GDP 物量指数数据可以推算 GDP 缩减指数。

第四节　价格与物量的国际比较

一、为什么要编制国际价格与物量指数

GDP 和人均 GDP 是判断一国经济发展水平和发展阶段的重要指标，也是进行各种经济分析的重要参数。如何对世界各国的 GDP 进行比较，为各国制定发展战略和对外经济政策提供依据，是实践中的一个重要问题。因此，各国 GDP 的评估与比较成为国际学术界的前沿课题，吸引了不少出类拔萃的经济学家潜心研究。

在国际经济比较中，汇率法是经常使用的一种简便方法，如世界银行采用的图表集法就是汇率法的一个特例。汇率法的基本做法是，使用不同种类货币之间的汇率换算不同国家的 GDP，在此基础上进行比较。尽管汇率法简便、明了，但它用于国际经济比较存在较为严重的问题，如汇率不能准确反映一国经济增长的绩效，汇率不能反映各国货币的购买力等等。有些国家虽然使用相同的货币，如欧元区各个国家都使用欧元，但各国的价格水平是不同的，因此各国的 GDP 并不直接可比，此时，汇率法就无能为力了。

针对汇率法存在的问题，各国统计工作者和一些国际组织展开了国际经济比较指数方法的研究工作。在国际经济比较中，主要有两个方面的工作：一是价格的比较，以反映各国之间综合价格水平的高低；另一个是物量的比较，以反映各国之间真实经济规模的大小及人均 GDP 水平的高低。进行国际价格与物量比较的最基本方法就是统计学中的指数方法，即通过编制价格与物量指数，消除存在于有关现象中的不可比因素，得出较为合理的结论。

从指数方法论的角度来讲，国际经济比较中的价格比较问题常利用空间价格指数的方法来解决，而物量比较有两种处理方法：(1)直接方法，即直接编制物量指数，以同样的货币、同样的价格水平测算和评价各国的经济指标；(2)间接方法，即先求得各个国家价格水平(或货币购买力)的某种平均比率，用这一比率调整各国的经济指标。在实践中常使用后一种方法。

二、购买力平价法(PPP)与国际比较项目(ICP)

(一) 购买力平价学说

购买力平价(Purchasing Power Parity，简称 PPP)学说是由瑞典经济学家古斯塔夫・卡塞尔(G. Cassel)在 1922 年提出来的。卡塞尔在《1914 年以后的货币与外汇》一书中，是将购买力平价作为一种汇率决定理论提出来的，该理论认为：两国货币的兑换比率由各国货币所具有的购买力决定，均衡汇率由两国价格水平的相对比率决定，而价格水平的变化则导致汇率的相应变化。

购买力平价学说的前提条件是"一价定律"(Law of One Price)。一价定律认为,在考虑到关税与运输费用之后,一种商品的价格在所有国家的市场都应是相同的。

在国际经济中,购买力平价有两个方面的基本用途。一是作为一种外汇理论,可以衡量一种货币汇率的失衡程度。二是作为一种换算工具,可以将一国由本国货币计量的国民经济价值指标换算成另一种货币来表示。

(二)国际比较中购买力平价法的基本原理

国际经济比较中的购买力平价法就是通过一系列的统计计算,找到不同国家间货币购买力的实际对比关系,将各国以本国货币表示的价值量指标换算成共同的货币单位,实现各国价格与物量水平的比较。

购买力平价表现为在不同国家购买一篮子产品所需各国货币的比率。例如购买一篮子标准产品,在中国需要 800 元人民币,在美国需要 400 美元,则人民币对美元的购买力平价为 2∶1。

购买力平价本质上是一个空间价格指数,它是各国综合价格之比,通过对各国 GDP 的重新估价,用相同价格水平来缩减各国 GDP,消除各国间价格水平的差异,使各国 GDP 比较真正建立在物量的基础上。购买力平价指数的构造一般遵循以下几个步骤:

第一,制定统一的资料分类体系。从国民经济使用的角度出发,对各国作为社会最终产品的货物和服务制定分类标准,以便进行价格采样、分类比较和综合使用。

第二,按每个细类收集国际比较所需的数据。这些基本数据包括:(1)参比国按本国货币计算的每个细类的支出额资料;(2)各参比国年平均人口数;(3)用抽样方法搜集各参比国每个细类内若干代表规格品的价格资料。其中一个关键问题就是代表规格品的选择。代表规格品的选择应遵循两个基本原则:一是代表性原则,要选择支出额最大的产品,以保证样本的代表性;二是可比性原则,要求参比国采价产品在质量上相称或基本相称。

第三,计算不同国家间各个细类的购买力平价,进而分别得到由细类到综合类、大类直至 GDP 的购买力平价。将各代表规格品的价格比率采用简单几何平均法进行平均,得到细类的购买力平价,综合类、大类、GDP 的购买力平价则以各细类价值份额作权数,对细类的购买力平价进行加权平均得到。

第四,对以上的计算结果进行整理、汇总和综合,得出各国可比的 GDP 或人均 GDP 结果。

在国际经济比较中,依据比较对象的多少可以分为双边比较与多边比较。

(三)国际比较项目

1968 年,联合国统计机构在世界银行的资助下开始了国际比较项目(International Comparison Project,简称 ICP)这一大规模的研究工作。ICP 的主要目的是,用购买力平价法取代汇率法进行 GDP 的国际比较,并把尽可能多的国家纳入国际比较网,以衡量、比较各国之间经济发展水平的差别。ICP 的实施按照计划分阶段进行。ICP 已经完成了六个阶段的国际比较，目前正在进行第七阶段的工作，参与的国家已经从最初的 10 多个增加到 120 多个。

三、双边比较

双边比较是指两个国家之间的比较。双边比较的基本方法有两种：直接双边比较法和桥梁国双边比较法。

(一) 直接双边比较法

直接双边比较法也称为“初始国双边比较”(Original Country Binary Comparison，简称 O-C 法)，其计算过程如下。

1. 计算细类的购买力平价

每一细类中包含许多代表规格品，对各产品的购买力平价加以几何平均，就得到细类的购买力平价，这称为基本平价(basic parity)，用公式表示为：

$$\left(\frac{P_j}{P_n}\right)_i = \left[\prod_{\alpha=1}^{A_i}\left(\frac{P_{\alpha j}}{P_{\alpha n}}\right)\right]^{1/A_i} \tag{9-53}$$

式中，i 表示某一细类，A_i 代表该细类中的产品数，α 表示 A_i 种产品中的某种产品，$(P_j/P_n)_i$ 就是 j 国相对 n 国关于 i 细类的购买力平价。这里使用几何平均数而不是算术平均数的原因在于，几何平均数的最终结果不受一国作分子还是作分母的影响，即满足基国不变性这一要求，而算术平均数并不满足。

2. 对细类的购买力平价结果进行汇总，以得到 GDP 的购买力平价结果

在对细类的购买力平价结果进行汇总时，既可以采用基准国的支出额比重作为权数，也可以采用对比国的支出额比重作为权数。由前者得出的是拉氏指数，由后者得出的是帕氏指数，用公式表示为：

$$L = PPP_j^n = \sum_{i=1}^{m}\left(\frac{P_j}{P_n}\right)_i \cdot W_{in} \tag{9-54}$$

$$P = PPP_j^j = \left[\sum_{i=1}^{m}\left(\frac{P_n}{P_j}\right)_i \cdot W_{ij}\right]^{-1} \tag{9-55}$$

式中，W_{in}表示 n 国第 i 个细类支出在总支出中所占的比重，W_{ij}表示 j 国第 i 个细类支出在总支出中所占的比重，PPP_j^n 是以 n 国为权数因子的购买力平价，PPP_j^j 是以 j 国为权数因子的购买力平价，m 为细类数。

但是，这种以基准国或对比国的支出份额比重作权数计算购买力平价的方法，并不满足基国不变性这一要求，而且在实际操作中，也不容易确定到底以哪一个国家的支出份额比重作权数。费希尔指数既能满足基国不变性的要求，又同时考虑了两个国家的经济状况，因此，选择费希尔指数作为最终的购买力平价结果。用公式表示为：

$$PPP_j = \sqrt{PPP_j^n \cdot PPP_j^j} \tag{9-56}$$

【案例 4】 下面我们通过一个例子来说明直接双边比较法的计算过程。假设中美两国的有关资料如表 9.8 所示。

表 9.8　中美两国双边比较基础数据表

<table>
<tr><th colspan="2" rowspan="3">支出类别</th><th colspan="3">中国(n)</th><th colspan="3">美国(j)</th></tr>
<tr><th rowspan="2">价格(P_n)
(人民币)</th><th colspan="2">人均支出额</th><th rowspan="2">价格(P_j)
(美元)</th><th colspan="2">人均支出额</th></tr>
<tr><th>绝对数
(人民币)</th><th>比重
(%)</th><th>绝对数
(美元)</th><th>比重
(%)</th></tr>
<tr><td rowspan="2">θ</td><td>1</td><td>1.0</td><td rowspan="2">6</td><td rowspan="2">0.6</td><td>0.3</td><td rowspan="2">3</td><td rowspan="2">0.375</td></tr>
<tr><td>2</td><td>2.5</td><td>0.4</td></tr>
<tr><td rowspan="3">β</td><td>1</td><td>3.5</td><td rowspan="3">4</td><td rowspan="3">0.4</td><td>1.5</td><td rowspan="3">5</td><td rowspan="3">0.625</td></tr>
<tr><td>2</td><td>4.2</td><td>2.0</td></tr>
<tr><td>3</td><td>2.8</td><td>1.6</td></tr>
</table>

先计算细类 θ 和 β 的购买力平价：

$$\left(\frac{P_j}{P_n}\right)_\theta = \left(\frac{0.3}{1.0} \times \frac{0.4}{1.5}\right)^{1/2} = 0.282\,8$$

$$\left(\frac{P_j}{P_n}\right)_\beta = \left(\frac{1.5}{3.5} \times \frac{2.0}{4.2} \times \frac{1.6}{2.8}\right)^{1/3} = 0.488\,6$$

再计算综合购买力平价：

$$PPP_j^n = \left(\frac{P_j}{P_n}\right)_\theta W_{\theta n} + \left(\frac{P_j}{P_n}\right)_\beta W_{\beta n} = 0.282\,8 \times 0.6 + 0.488\,6 \times 0.4 = 0.365\,12$$

$$PPP_j^j = \left[\left(\frac{P_n}{P_j}\right)_\theta \cdot W_{\theta j} + \left(\frac{P_n}{P_j}\right)_\beta \cdot W_{\beta j}\right]^{-1} = \left[\frac{0.375}{0.282\,8} + \frac{0.625}{0.488\,6}\right]^{-1} = 0.383\,85$$

$$PPP_j = \sqrt{0.365\,12 \times 0.383\,85} = 0.374$$

计算结果表明，对 θ 和 β 两类产品而言，人民币与美元的购买力比值为 1∶0.374，即 1 美元购买产品 θ 和 β 的能力与 2.67 元人民币等价。

(二) 桥梁国法双边比较法

桥梁国法双边比较法(Bridge Country Binary Comparison，简称 B-C 法)是一种间接双边比较方法。这种方法的主要做法是，将进行比较的两个国家均与第三国(称为桥梁国)进行购买力平价的计算，利用这一结果进行两个对比国之间的比较。以 j 和 n 表示要进行比较的两个国家，k 表示桥梁国，先求出 $(P_j/P_k)_i$ 和 $(P_n/P_k)_i$，则可得到 j 和 n 两国的基本平价：

$$\left(\frac{P_j}{P_n}\right)_i = \left(\frac{P_j}{P_k}\right)_i \div \left(\frac{P_n}{P_k}\right)_i \tag{9-57}$$

再按照与直接比较相类似的方法，就可以得到 j 和 n 两国的购买力平价。

桥梁国法双边比较的结果与直接双边比较法的结果一般是不同的。桥梁国法双边比较的优点是大大减少了多国参加的双边比较工作量，提高了效率。但桥梁国法双边比较也有缺点：(1)桥梁国的样本和价格权数不一定能反映出比较国的特征；(2)桥梁国的影响尽管可以减小，但却无法完全消除；(3)桥梁国法双边比较的结果会因桥梁国选择的不同而不同。

四、多边比较

各国之间的联系在本质上是多边的，因此多边比较是一种更有意义的比较。ICP 的重点也放在多边比较上。

(一)“星”体系法

“星”体系法是一种利用双边比较进行多边比较的方法，从本质上讲也属于桥梁国法。该方法首先要选定一个基国作为“星”体系的中心，然后分别进行其他各个国家(星形的各辐射点)与基国之间的双边比较，再推算出星点之间的比较结果。两个星点国的比较是各自对基国比较结果的比率。假设 b 国是基国，k 国和 l 国为星点国，则 $I_{k/l} = I_{k/b} \div I_{l/b}$。与帕氏指数和费希尔指数相比，拉氏指数具有传递性的优点，所以在比较中一般使用拉氏指数。利用星体系可得到 $n(n-1)/2$ 组双边比较结果(n 为参加双边比较的国家个数)。

(二) EKS 法

该方法是由 Elteto、Koves 和 Szulc 三人分别独立提出的，所以称为 EKS 法。EKS 法也是一种建立在双边比较基础上的多边比较方法，其基本做法是：首先计算所有可能成对国家的双边 PPP，然后用几何平均法加以综合，得出两个国家在多边比较中的比较结果。EKS 法的计算公式为：

$$EKS_{k/l} = (\prod_{j=1}^{n} F_{k/j}F_{j/l})^{1/n} \tag{9-58}$$

式中，$F_{k/j}$表示 k 国与 j 国按费希尔指数计算的双边比较比值，$F_{j/l}$表示 j 国与 l 国按费希尔指数计算的双边比较比值，n 为参加多边比较的国家个数，$EKS_{k/l}$为 k 国对于 l 国的多边比较综合物量或 PPP 比值。

EKS 法和“星”体系法都是建立在双边比较基础之上的多边比较方法，二者的区别在于，EKS 法对所有可能成对的国家都进行双边比较，而“星”体系法只是对其中的一部分进行比较。

(三) Walsh 法

Walsh 法是由 Ruggle 在 1967 年首次提出的。这种方法是一种直接进行的多边比较方法，它并不利用双边比较的结果。

Walsh 法的原理是，以类支出额比重的平均值作为综合各类价格比值的权数，在细类价格比值的基础上加权计算综合价格比值，其公式为：

$$PPP_{jb}=\prod_{i=1}^{m}\left[\left(\frac{P_j}{P_b}\right)_i\right]^{W_i} \tag{9-59}$$

其中：

$$W_i=\frac{1}{n}\sum_{j=1}^{n}\left[\frac{e_{ij}}{\sum\limits_{i=1}^{m}e_{ij}}\right] \tag{9-60}$$

式中，$(P_j/P_b)_i$ 为第 j 国第 i 类支出基本项目的价格比值或购买力平价，PPP_{jb} 为第 j 国的总价格比值或总购买力平价，m 为细类数，n 为参加国际比较的国家个数，e_{ij} 为第 j 个国家在第 i 类基本项目上的支出额，b 为基准国。

Walsh 法的特点是，计算中所采用的权数 W_i 既不是对比国或基准国的，也不是对比国和基准国两国权数的平均（如费希尔指数那样），而是所有参加比较国家类权数的算术平均数。所以，在所有参比国内，任一国家的购买力平价的权数都是相同的，也就是说，这一权数是考虑了所有参比国家支出结构的统一权数。

（四）GK 法

GK 法（吉尔里—哈米斯法）是由 R. Geary 提出，而由 S. Khavmis 进一步支持和阐明的方法。GK 法是联合国 ICP 推荐的由基本类 PPP 综合为 GDP 的 PPP 方法，在整个 ICP 方法论体系中居于十分重要的地位。

GK 法的特点是，不必进行双边比较，而是引入了"国际价格"，利用相关的数量关系确定各国的购买力平价。该方法的巧妙之处在于，按照价格与数量之间的经济关系，构造出一对线性方程组，求解出未知的国际价格和各国的购买力平价。所利用的联立方程组为：

$$\pi_i=\sum_{j=1}^{n}\frac{p_{ij}}{PPP_j}\left[\frac{q_{ij}}{\sum\limits_{j=1}^{n}q_{ij}}\right]\quad (i=1,\ 2,\ \cdots,\ m) \tag{9-61}$$

$$PPP_j=\frac{\sum\limits_{i=1}^{m}p_{ij}q_{ij}}{\sum\limits_{i=1}^{m}\pi_i q_{ij}}\quad (j=1,\ 2,\ \cdots,\ n) \tag{9-62}$$

式中，π_i 为第 i 类产品项目的国际价格，p_{ij} 和 q_{ij} 分别为第 j 国第 i 类产品的价格和数量，PPP_j 为第 j 国的购买力平价，n 为参比国家个数，m 为支出类别数。

第一个公式的含义是，所有国家每一类产品按本国货币计算的价格，在用其货币购买力平价加以调整后，其加权算术平均数就是第 i 类产品的国际价格，权数为各国该类产品占该类产品全部数量的比重。第二个公式的含义是，第 j 国货币的购买力平价等于该国消费的所有产品按本国价格计算的价值与按国际价格计算的价值的比率。

由上述两个公式所组成的线性方程组共包括 $m+n$ 个方程和同等数量的未知数，求解这个方程就可得到各类产品的国际价格和各国货币的购买力平价。

但在实际应用中，q_{ij} 的资料很难取得，一般只能取得各细类的支出额 E_{ij}（$E_{ij}=p_{ij}\cdot q_{ij}$）。为了解决资料问题，需要对上面的方法做些修正。通常是用按类购买力平价调整过的类支出额 Q_{ij} 替代 q_{ij}，计算公式为：

$$Q_{ij}=\frac{E_{ij}}{(p_j/p_n)_i} \tag{9-63}$$

式中，$(p_j/p_n)_i$ 为第 j 国第 i 类产品的购买力平价。这样，GK 法的计算公式可变形为：

$$\bar{\pi}_i=\sum_{j=1}^{n}\frac{p_{ij}}{\overline{PPP}_j}\left(\frac{Q_{ij}}{\sum_{j=1}^{n}Q_{ij}}\right)\quad(i=1,\ 2,\ \cdots,\ m) \tag{9-64}$$

$$\overline{PPP}_j=\frac{\sum_{i=1}^{m}p_{ij}Q_{ij}}{\sum_{i=1}^{m}\bar{\pi}_iQ_{ij}}\quad(j=1,\ 2,\ \cdots,\ n) \tag{9-65}$$

GK 法的优点是，在计算中采用了所有参比国家的价格和数量资料，“国际价格”也具有明确的经济意义，并且 GK 法也具有许多优良的统计性质。但 GK 法也有其自身的缺点：一是 GK 法的结果具有“吉尔申克朗效应”(Gerschenkron effect)，即国家大小、经济发展水平对国际价格具有重要影响，经济大国往往对国际价格起着支配作用，从而 GK 法的结果会缩小经济大国的物量水平而夸大经济小国的物量水平。二是 GK 法的结果易受基础数据的影响，基础数据的任何修正都会引起 GK 法结果的变化。

五、理性认识购买力平价法

(一) 购买力平价法结果与汇率法结果之间的差异

购买力平价法和汇率法是国际经济比较中的两种基本方法，其中 ICP 的核心就是购买力平价。在实际应用中，有时两种方法得到的结果存在较大的差异。表 9.9 是部分国家 2005 年按照两种方法得到的 GDP 及其排名。

表 9.9　2005 年部分国家按两种方法计算的 GDP

国　家	汇　率　法		购买力平价法(PPP)	
	数值(亿美元)	位　次	数值(亿美元)	位　次
美　国	124 558	1	122 776	1
中　国	22 341	4	94 124	2
日　本	45 674	2	39 107	3
印　度	7 720	11	36 334	4

续 表

国　家	汇　率　法		购买力平价法(PPP)	
	数值(亿美元)	位　次	数值(亿美元)	位　次
德　国	27 917	3	25 217	5
英　国	22 295	5	18 328	6
法　国	21 267	6	18 301	7
意大利	17 655	7	16 682	8
巴　西	7 957	10	15 767	9
俄罗斯	7 633	13	15 756	10
加拿大	11 324	8	11 047	11
西班牙	11 266	9	10 891	12
墨西哥	7 684	12	10 726	13

资料来源:国际货币基金组织数据库,转引自余芳东:《世界经济增长率的测度以及中国贡献的分析》,载《统计研究》,2007年第10期。

从表9.9可以看出,购买力平价法与汇率法的结果存在着较大的差异。总的说来,发达国家的GDP按汇率法的换算结果大于按购买力平价法换算的结果,而中等发达国家和发展中国家则与之相反。一般说来,汇率法具有马太效应,即有低估发展中国家而高估发达国家GDP的倾向;购买力平价法则具有逆马太效应,即有高估发展中国家而低估发达国家GDP的倾向。

就GDP总量来说,按照汇率法换算,2005年中国的GDP为22 341亿美元,位居世界第4位,按照购买力平价法换算,2005年中国的GDP则达到了94 124亿美元,位居世界第2位,购买力平价法所得到的GDP总量是汇率法的4.2倍。

国际上对购买力平价法和ICP存在着各种不同的看法。作为ICP的发起者和主要资助者,发达国家总的来说是支持购买力平价法和ICP的,一个方面的原因是,发达国家ICP法的结果与汇率法的结果颇为接近,另外一个原因,ICP的结果也是符合它们利益的。有些发展中国家对ICP则持不同的看法,它们认为ICP结果的可靠性值得研究,购买力平价法高估了发展中国家的人均GDP。

(二)对购买力平价法的基本看法

购买力平价法最初是针对汇率法的不足而提出的另外一种国际比较方法,许多学者认为,从理论上讲,购买力平价法要优于汇率法,甚至有否定汇率法的倾向。如果对购买力平价法和汇率法的认识就停留在这一层次,显然是粗浅的,对国际经济比较方法的进一步发展也是无益的。

购买力平价法弥补了汇率法的缺陷,这一点是必须承认的,但这并不意味着在实际应用中购买力平价法就一定优于汇率法。首先,在国际经济比较中不存在绝对优化的方法。世界银行《1988年世界发展报告》就明确指出,人均GDP估计数对各国完全可比是做不到的。其次,各种方法都有自己的适用条件,离开了特定的适用条件,再好的方法也会失去其效能。购买力平价法在下列条件下能发挥出较大的效能：一是各国生产力发展水平和产品结构相同或相似；二是居民消费习惯和消费结构差异较小；三是有统一的价格形式；四是在封闭经济条件下或货币汇率比较合理。当不满足这些前提时，购买力平价法的优势就不能得到充分发挥。再次，购买力平价法在实际应用中有许多计算方法可供选择，但就双边比较或多边比较所应满足的性质来讲，没有一种方法能够满足所有的性质。最后，作为购买力平价法实践的 ICP 还不完善，还存在许多问题。

ICP 在克服汇率法缺陷的同时又产生了新的缺陷，ICP 要完全取代汇率法还有相当长的一段路要走，这正如世界银行在《世界发展报告》中所指出的，在 ICP 研究完成之前，汇率法仍是换算各国人均 GDP 普遍可行的工具。

尽管购买力平价法在应用中存在这样那样的问题，ICP 的产生和不断发展是国际经济比较领域的一大进步，为人们认识各个国家的经济提供了一个新的视角，可以这样说，ICP 是迄今为止人们为解决汇率法缺陷的努力中最为成功的一个。

另外，汇率法与购买力平价法是两种不同的方法，二者的计算结果存在差异是很自然的。判断国际比较结果是否客观的标准只能是它与真值离差的大小，当在无法确定真值时，就不能凭主观做出判断，如人民币与美元的比值关系既可以用汇率表示，也可以用购买力平价表示，不能因为用汇率表示的人民币与美元的对比关系失真，就不加分析地偏爱购买力平价法。

（三）购买力平价法在应用中存在的问题

1. 参比国 GDP 的可比性和可靠性问题

同是采用 SNA 的国家，GDP 统计的范围和方法也不尽相同，如有些国家侧重生产法，有些国家侧重支出法。并且 GDP 统计也是一项调整余地很大的核算工作，各国 GDP 统计资料都存在一定程度的不稳定性，往往要对以前年份的 GDP 进行调整，这就会影响国际比较结果。

2. 代表规格品的选择问题

由于各国的经济发展水平、消费水平和消费习惯存在较大的差别，不同国家间的产品质量差异很大，要在各国选取绝对相同的货物和服务几乎是不可能的，并且产品的代表性也很难保证，对于一国来说具有代表性的产品，对于其他国家则不一定具有代表性。

3. 市场价格扭曲问题

世界各国的市场化程度是不同的，但只要不是完全竞争性的市场，就会存在价格扭曲，而扭曲的方向和程度是不同的。如价格补贴就是一种典型的扭曲。使用市场价格评估产品难以真实反映其内在价值，这就使 GDP 的国际比较具有一定程度的虚假性。

4. 价格资料的收集与处理问题

对于价格资料的收集，不可能对各国做出严格统一的规定。由于各国缺乏统一的原则，这就使各国平均价格的计算具有相当的灵活性，如样本城市和平均方法的选择都有很大的调整余地，一个国家可以从某种目的出发，人为地拉高或调低该国的平均价格。这就使ICP处于一种两难境地：如果将比较结果用于政策目的，各国将产生"修正"数据的倾向；而如果ICP仅用于研究目的，各国对之的兴趣和投入又不大。

5. 权数确定中发达国家的影响

在整个世界的经济格局中，发达国家拥有全部经济总量中的绝大部分，处于主导地位，只要比较中将价值指标作为计算权数的基础，发达国家的影响就不可避免。尽管ICP为消除发达国家对权数的影响已经做了较大努力，但发达国家在权数确定中仍然起着主导作用。

本章小结

价格与物量核算涉及时间与空间两个维度，即如何将按现价计算的交易价值分解为价格和物量两个部分以及如何进行价格与物量的国际比较。由于价格与物量涉及多种经济因素，在进行价格与物量核算时要借助于指数这一分析工具。

宏观上的价格是指各种产品价格的一般水平；物量是指剔除掉价格变化因素之外或在一个假定价格水平下的可比数量概念。数量变化可以引起物量变化，质量变化也可以引起物量变化。

国民经济核算中常用的指数有拉氏指数、帕氏指数、扬格指数、罗威指数、费希尔指数等。

指数有两种计算方式，一种是定基指数，一种是链式指数。将每个计算期都与同一个固定的基期相比较所形成的指数称为定基指数。将时期0与时期t之间的所有环比指数相乘就得到链式指数。

在编制价格指数时，要求同种产品是完全同质的，因此，需要对产品的质量变化进行调整。质量调整的方法可分为两大类：间接质量调整方法和直接质量调整方法。

常用的物量核算方法有三种：基年价格估价法、价格指数缩减法和物量指数外推法。其中，价格指数缩减法是最常用的方法。

在物量核算中，可以使用定基物量指数，也可以使用环比和链式物量指数。定基物量指数具有较多的缺点，环比和链式物量指数是更精确的物量核算方法。

宏观经济价格指数的编制一般包括两个步骤：在收集价格资料的基础上进行低层加总得到基本指数，然后对基本指数再进行高层加总，得到高一层的分类指数，再对高一层的分类指数进行加总，最后得到总指数。

购买力平价法是进行各国价格与物量国际比较的基本方法之一。购买力平价表现为在不同国家购买一篮子产品所需各国货币的比率。依据比较对象的多少,可以分为双边比较与多边比较。在国际经济比较中,汇率法与购买力平价法得到的结果存在较大的差异,应理性认识二者之间的差异。

思考与练习

1. 从《中国统计年鉴》中查找中国 GDP 相关数据,分别计算现价 GDP 增长率和不变价 GDP 增长率,对两个增长率的差异进行分析。

2. 使用定基物量指数法进行物量核算的一个缺陷是,经济增长率的测算结果依赖于基年的选择。试构造一个例子对此进行论证。

3. 近年来,随着房地产价格的大幅上涨,人们对居民消费价格指数不反映房地产价格提出了许多质疑。你认为居民消费价格指数应不应该反映房地产价格的变化?请谈谈你的看法。

4. 根据 2005 年 ICP 的结果,3.4 元人民币 = 1 美元。请发挥你的想象力,如果认可这一结果的话,会给中国带来什么?

5. 近些年来,中国 GDP 增长率的准确性经常受到置疑。请收集和阅读相关文献,谈谈你的看法,并从方法上和统计制度上探讨如何对其进行改进,尝试着给出一些建议。

参考文献

1. 高敏雪,李静萍,许健. 国民经济核算原理与中国实践. 中国人民大学出版社,2006

2. 国家统计局国民经济核算司. 中国国民经济核算. 中国统计出版社,2004

3. 欧盟统计局. 国民核算中的价格与物量测算手册. 国家统计局内部资料

4. 邱东,蒋萍,杨仲山. 国民经济核算. 经济科学出版社,2002

5. 邱东，杨仲山等. 当代国民经济统计学主流. 东北财经大学出版社，2004

6. 徐国祥. 统计指数理论及应用. 中国统计出版社，2004

7. 许宪春. 我国国民经济核算面临的问题及改革的方向. 统计研究，2002(4)

8. 许宪春. 中国国民经济核算的改革与发展. 宏观经济研究，2006(3)

9. 许宪春. 我国国民经济核算的进一步改革和发展. 中国统计，2007(1)

10. 王德发，朱建中. 国民经济核算概论. 上海财经大学出版社，2006

11. 颜日初，徐唐先. 国民经济统计学. 中国财政经济出版社，1999

12. 杨灿. 国民核算与分析通论. 中国统计出版社，2005

13. 赵红. GDP 核算中的价格指数及存在的问题研究. 统计研究，2005(5)

14. 中国人民银行货币政策分析小组. 2003 年第四季度中国货币政策执行报告. 中国金融出版社，2004

第10章

季度与地区经济核算

GDP这一精确衡量经济产出的指标，美国以至全世界都依靠它来辨别我们所处的经济周期阶段，并对长期的经济增长做出估计。它是国民收入和产出这一精致的不可或缺的社会账户系统中最引人瞩目的部分。

——詹姆斯·托宾(诺贝尔经济学奖获得者)

教学目的 除了国家层次的年度国民经济核算信息之外，人们还想了解更多的经济核算信息，如季度经济信息、地区经济信息等。本章将向读者介绍季度与地区经济核算和分析的有关问题。

教学要点 季度国民经济核算的思路与基本方法；我国的季度GDP核算；地区经济核算的基本思路；我国地区GDP数据与全国GDP数据的差异。

国民经济核算可以沿着时间和空间两个维度进行扩展。将国民经济核算的核算周期由年度缩短到季度，就是季度国民经济核算(Quarterly National Accounts, QNA)；将国家层次的国民经济核算向下延伸到地区层次，就是地区经济核算(regional account)。从核算的基本原理来看，季度国民经济核算类似于年度国民经济核算；地区经济核算类似于国家层次的国民经济核算。作为国民经济核算的重要组成部分，季度国民经济核算与地区经济核算是经济分析和宏观经济管理必不可少的工具。本章对季度国民经济核算与地区经济核算的主要问题进行介绍。

第一节　季度国民经济核算的基本原理

SNA(1993)指出:“当利用本体系进行短期分析时,年度账户是不够的,因为它们一般无法尽量密切地注意短期趋势的各种变化。”(第 19.84 段)国际货币基金组织(IMF)2001 年出版的《季度国民经济核算手册:概念、资料来源和编制方法》指出:“季度国民经济核算的主要目的是提供当前经济发展的图景,它比年度国民经济核算所提供的数据更加及时,也比单个短期指标提供的信息更加全面。”(第 1 页)

一、季度国民经济核算的特点

(一) 季度国民经济核算具有较强的时效性

季度国民经济核算通常能在每个季度后的若干天内提供季度 GDP 及其他季度数据,实效性强,能够及时反映国民经济的发展变化情况,可为短期经济分析、制订经济政策(如货币政策、财政政策等)和加强宏观经济管理提供依据,也能为经济周期分析和经济建模提供基础数据。因此,季度国民经济核算具有重要的理论和现实意义,在政府宏观经济调控和经济分析中的作用受到广泛的关注。

(二) 季度国民经济核算具有核算范围的非全面性

从原理上讲,季度国民经济核算应该包含 SNA(1993)中的整套国民经济账户,但在实践中,由于受数据可获得性、及时性和资源的限制,季度国民经济核算通常并没有年度国民经济核算那么完整,很难像年度国民经济核算那样对国民经济的各个方面进行全面核算。

(三) 季度国民经济核算具有一定程度的推算性质

季度国民经济核算的核算周期短,有关的基础数据通常并不能及时获得,例如,财政决算资料和会计决算资料具有较长的滞后期,在季度核算时无法及时得到。季度核算所使用的资料比年度核算所用的资料可靠性要差一些,难以直接使用年度核算的方法和数据来源进行季度核算,在核算中通常使用各种指标间的关系进行推算。因此,季度国民经济核算数据的准确性要低于年度核算。

(四) 季度国民经济核算具有很强的季节性

生产活动和消费活动都具有很强的季节性,不同季度间存在较大的差异,难以直接进行比较,因此,季度国民经济核算数据通常具有较强的季节性,在使用这些数据进行经济分析时,需要进行季节调整。

二、季度国民经济核算的建立与维护

在季度国民经济核算建立阶段，需要咨询用户，确定编制方法，选择基础数据来源，开发和评估编制程序，确定如何得到季度历史时间序列。具体来讲，建立季度国民经济核算的主要步骤是：

第一步，咨询季度数据的用户。咨询用户季度数据的可能用途，季度核算的范围、详细程度等。

第二步，检查已有核算方法和各种资料的来源。例如，年度核算的编制方法，可获得的季度数据和年度数据来源等。

第三步，设计编制方法和步骤。考虑年度核算中使用的数据来源与方法之间的关系；确定季度国民经济核算的范围，包括实施 SNA(1993)的哪些部分；确定编制的层次；确定是使用与年度核算一体化的编制体系还是使用独立的编制体系；确定数据发布的时间表，包括最初数据的发布时间和修订政策。

第四步，审查资料来源的质量和编制步骤。研究年度资料来源与季度资料来源的关系；研究如何根据历史数据对主要总量指标进行修订，以便对季度核算体系进行修订。

第五步，估计历史年份的季度数据时间序列(后向序列)。对季度数据与年度数据进行衔接；历史数据序列应尽可能涵盖较长的年份，数据应尽量详细。

第六步，对季度数据进行实时的检验，对季度时间序列进行及时的更新。

第七步，第一次发布数据。

在季度国民经济核算建立起来之后，还需要对之进行维护。季度国民经济核算的维护工作主要有以下几项：第一，在获得新的季度数据时，对当年的季度数据进行修订；第二，在获得新的年度数据时，对季度数据进行修订；第三，在对下一年数据进行估计的基础上对季度时间序列进行更新。

三、实施季度国民经济核算的不同阶段

从理论上讲，季度国民经济核算应该像年度国民经济核算一样，编制分部门的一整套国民经济账户。然而，对许多国家来说，这一点是很难达到的，对一些季度国民经济核算历史较短的国家来说更是如此。因此，可以遵循"由易到难"的顺序分阶段来实施季度国民经济核算。具体来说，实施季度国民经济核算有以下几个阶段：

第一阶段：仅从生产法或/和支出法计算 GDP，提供生产法 GDP 和支出法 GDP 的主要构成项目。

第二阶段：提供分产业和分支出项目的季度数据，并提供季度国际收支平衡表，由此还可得到季度可支配国民收入和储蓄数据。

第三阶段：提供一整套的季度国民经济账户。

第四阶段：提供分部门的一整套季度国民经济账户。

从第一阶段到第四阶段，是一个实施层次越来越高的阶段，这也是各国国民经济核算工作者努力的方向。不同国家由于国民经济核算的基础不同，季度国民经济核算所处的阶段也不相同，一些国家已经达到比较高的阶段，例如，法国可以提供季度的投入产出表以及机构部门账户，当然，要比年度账户简化一些。

四、季度国民经济核算的基本模式

国民经济核算需要大量、详尽的基础数据，如实物部门的投入产出数据，各类机构部门的收支数据、各类价格指数、国际收支数据、海关进出口数据等等。在年度国民经济核算中，主要使用各种基础数据直接计算各类国民经济核算指标。由于季度数据不能及时得到或数据可靠性存在问题，季度国民经济核算会使用一些推算的方法得到季度数据。

ESA(1995)第 12.04 段对此进行了说明："季度国民经济核算所使用的方法与年度国民经济核算所使用的方法可能存在很大的差异。季度国民经济核算方法可分为两大类：直接法和间接法。直接法使用的数据来源与年度核算相同，只不过是季度基础数据经过了适当的简化处理。另一方面，间接法是使用数学或统计方法对参照指标进行外推，利用时间分解技术得到当年的季度数据。在选择使用何种间接法时，应首先考虑使当年的预测误差最小化，以使所提供的年度数据尽可能地接近最终数据。选择直接法还是间接法，取决于可获得的季度信息以及其他一些因素。"

由此可以看出，季度国民经济核算有两种基本模式：直接模式和间接模式。直接模式是直接收集季度国民经济核算所需要的基础数据，在此基础上直接计算季度国民经济核算指标和编制国民经济账户的一种核算模式。间接模式是以年度国民经济核算为基础，利用年度国民经济核算数据和收集到的一些关键季度指标来推算季度国民经济核算的有关指标，从而进行季度国民经济核算的一种核算模式。

在使用间接模式进行季度国民经济核算时，可以使用多种数学和统计方法，例如简单外推法(the simple extrapolation method)、平滑法(smoothing methods)、两阶段调整法(two-steps adjustment methods)、时间序列法(time series methods)、最优化方法(optimal methods)、动态模型法(dynamic model methods)、多元方法(multivariate methods)等。

五、季度 GDP 的核算方法

与年度 GDP 相同，季度 GDP 也可以分别使用生产法、收入法和支出法进行核算。三种方法通常并不是完全相互独立的，因为数据来源经常是相同的。例如，政府产出与政府消费通常是根据相同的数据计算出来的，支出法中的固定资本形成有些是根据建筑和机器生产的产出得到的，收入法中的工资和薪金与生产法中的工业产出和增加值通常是根据相同的数据计算出来的。由于缺少数据来源，并不是每种方法的各个构成项目都能直接计算出来。例如,营业盈余通常并不能计算出来,它是使用“剩余法”得到的。

国际货币基金组织的《季度国民经济核算手册》推荐至少应使用两种方法来计算季度 GDP,因为多种方法可以对数据进行相互检验,并特别强调应使用生产法和支出法来计算季度 GDP,原因在于它们提供了 GDP 的不同分解。生产法中的各产业增加值可以了解各个产业的增长情况,支出法 GDP 各构成项目对经济周期分析、宏观经济政策制定和经济预测特别有用。

三种方法得到的季度 GDP 数据通常并不相等,应如何加以处理呢?一种处理方法是,从三种方法中选择最好的一个,以之对其他方法的季度 GDP 进行调整。例如,英国使用的就是这种处理方法。第二种处理方法是,对不同方法得到的季度 GDP 数据进行平均。例如,澳大利亚、加拿大使用的就是这种处理方法。

生产法、收入法和支出法都属于核算季度 GDP 的直接方法。除此之外,还可以使用间接方法来计算季度 GDP。

第一种间接方法是相关指标推算法。其具体做法是:先选择一些与季度 GDP 构成项目相关的、具有时间序列的指标,再根据这些指标与 GDP 各构成项目之间的数量关系来推算季度 GDP。例如,使用投入产出框架外推季度 GDP 各构成项目,用工资薪金或劳动者人数推算雇员报酬,用建筑材料产品流量推算建筑业产出,用工业生产指数推算制造业产出,用销售额推算批发零售业增加值,用货运量、电话数等实物指标推算交通通讯业增加值等。

第二种间接方法是增加值率法。其具体做法是:先计算现价总产出,再根据历史资料及当期有关生产情况确定现价增加值率,然后将二者相乘得到增加值。

第三种间接方法是速度推算法。其具体做法是:利用现价总产出的增长速度或相关价值量指标的增长速度代替现价增加值的增长速度,然后用上年同期的增加值乘以该增长速度得出现期增加值。

为了反映季度 GDP 的物量增长,还需要计算可比价季度 GDP。可比价季度 GDP 的计算方法有以下几种:

第一,缩减法。对于生产法季度 GDP 来说,可以使用双缩减法或单缩减法来计算可比价季度 GDP;对于支出法季度 GDP 来说,可以使用相应的价格指数缩减支出法 GDP 各构成项目来计算可比价季度 GDP。

第二,增加值率法。先计算可比价总产出,然后确定可比价增加值率,将二者相乘就得到可比价增加值。

第三,速度推算法。利用可比价总产出的增长速度代替可比价增加值增长速度,进而可求得可比价增加值。

第四,相关指标法。利用与可比价增加值密切相关的指标的增长速度代替可比价增加值增长速度,进而可求得可比价增加值。

六、在制品核算问题

在制品(work-in-progress)生产是指生产过程超过一个核算期的生产活动。在制品实质上是尚不能销售的未完成产出,即产出没有被充分加工,不能随时提供或出售给其他机构单位。在制品的例子有农业生产、牲畜的饲养、森林的培育、鱼类的捕捞、建筑物的建造、大型设备(轮船、飞机等)的生产以及一些服务业活动(如电影的拍摄、大型体育赛事)等。

根据国民经济核算的一般原理,应该在生产发生时进行记录并按当时的价格进行估值。这一原理对生产期较短的产品是没有问题的,因为它们的产出可以根据产成品的价值进行测算。若生产过程超过了一个核算期,产出和增加值的核算就要麻烦很多。SNA(1993)指出:"如果生产一个单位产出需要费很长的时间(超过一个核算期),就有必要将该产出视作持续生产,并记录为'在制品'。"

SNA(1993)指出,在制品的产出和增加值应该包含在生产过程中的每一个核算期内,即使在某些核算期内并没有有形的产品被生产出来。为什么在每一个核算期内都要记录在制品呢?第一个原因是,对于生产期超过一个核算期的产品,若全部产出都在生产完成时记录,会扭曲真实的经济情况;第二个原因是,在每一个核算期内,都有中间产品、劳动和资本品等要素投入用来生产在制品,这应被视为生产活动,所以应该对产出进行记录,以避免投入和产出分别记录在不同的时期,甚至不同的核算期,使计算的增加值数字没有意义;第三个原因是,记录在制品有助于消除持有损益对账户的影响。如果投入按照它们投入生产时的价格进行估值,而产出按照它们准备在市场销售时的价格进行估值,持有损益就会包含在增加值中。持有损益的大小依赖于通货膨胀率的高低以及生产期的长短。如果生产期超过一年,甚至在温和通货膨胀的情况下,持有损益也可能会很大。

在制品核算是季度国民经济核算中的一个特别突出的问题。SNA(1993)指出:"在制品的变化对产出在不同季度之间分配的影响要大于产出在不同年度之间分配的影响。"这是因为,相对于年度国民经济核算,季度国民经济核算的核算期更短,因此,在季度国民经济核算中,就有更多的产品需要作为在制品来处理。在制品会对季度国民经济核算产生广泛的影响。在制品会影响季度产出和增加值,也会影响季度营业盈余/混合收入以及其他一些收入总量指标。在某些行业,由于生产期长,销售不常发生,这些行业的在制品量可能在一年当中连续增加,而实际的完工量和销售量则是不规则的,因此,从什么时间开始计算营业盈余或利润就成为一个关键的问题。如果只是在销售发生时才计算利润,完工量的不规则变化会引起产出和增加值的不规则变化。从支出方来看,以未完工产品形式出现的产出被分为两部分:固定资本形成和在制品的存货变化。部分完工的建筑物存货和固定资本形成总额之间的界限并不能很容易地加以区分。

SNA(1993)建议,一定时期内在制品的增加值按如下方法估值:用对应的制成品的增加值按照各个时期生产成本所占的比例分摊到各核算期中。对于季度国民经济核算来讲，各个季度在制品的增加值等于对应制成品的增加值乘以各个季度生产成本所占的比例。当无法确认制成品的实际价格时（例如在严重通货膨胀时期），应当在以后根据实际销售价格修订这些暂时的估算结果。

七、季度国民经济核算中的季节调整问题

季度数据会受到各种季节因素的影响而具有季节变动特征，掩盖经济循环变动的趋势，为此，需要对季度数据进行季节调整。季节调整就是使用一些特定的方法将季节变动因素及偶然因素从时间序列中剔除，使经过季节调整的时间序列能够准确地反映经济运行的基本态势。

目前国际上有关季节调整方法的理论研究和实践应用都取得了较大的进展，季节调整方法不断得到完善。常用的季节调整方法有：美国商务部、普查局的 X—11 法；加拿大统计局的 X—11—ARIMA 法；美国商务部、普查局的 X—12—ARIMA 法；西班牙银行开发、欧盟统计局升级完善的 TRAMO/SEATS 法[①]；结构时间序列模型法（Structure Time Series Model）；贝尔实验室的 SABL 法（Seasonal Adjustment at Bell Laboratories）；德国中央统计局的 BV4 法[②]；欧洲委员会的 DAINTIES 法。季节调整方法的最新进展是 X—13—SEATS 的提出与不断深入研究。X—13—SEATS 是将 X—12—ARIMA与 SEATS 两种季节调整方法相结合所发展起来的一种季节调整方法，兼具 X—12—ARIMA 与 SEATS 的优点，具有很好的发展和应用前景。

面对众多的季节调整方法，在进行季节调整时应使用哪一种方法呢？欧盟统计局的《季度国民经济核算手册》建议：基于模型的方法（如 TRAMO/SEATS 法）是比较好的季节调整方法。几个相关的理论研究都得到了这样的结论，因此，在实际应用中，如果条件许可就不应使用其他季节调整方法。

欧盟统计局推荐使用 X—12—ARIMA 法和 TRAMO/SEATS 法进行季节调整，认为前者适应性好，后者稳定高效，并将两种方法都集成在其开发的季节调整专用软件 Demetra 中。

在对季度 GDP 进行季节调整时，还需要考虑另外一个问题：是直接对季度 GDP 进行季节调整，还是应对季度 GDP 核算所需要的各项基础指标进行季节调整，然后由此计算出经过季节调整的季度 GDP？前一种季节调整方式称为直接调整法，后一种季节调整方式称为间接调整法。直接调整法的优点是，能得到更好的季度 GDP 总量序列，

---

① TRAMO(Time series Regression with ARIMA noise, Missing observation, and Outliers)是具有 ARIMA 噪声、缺失值和异常值的时间序列回归法，SEATS(Signal Extraction in ARIMA Time Series)是 ARIMA 时间序列的信号提取法，它们是由 Agustin Maravall 和 Victor Gomez 开发的。

② BV4 方法的优点是，在对季度 GDP 进行季节调整时，无论是采用直接调整法还是间接调整法，所得到的结果是相同的。

改进对趋势项的估计结果;缺点是,将 GDP 各构成项目季节调整后的数据相加,与经季节调整的季度 GDP 数据可能并不相等,这会破坏国民经济核算的平衡关系。间接调整法的优点是具有可加性(additivity),能够保证国民经济核算的平衡关系;但其缺陷是,在季度 GDP 数据中可能会残留一些季节因素的影响,使调整后的季度 GDP 数据并不十分平滑。

由此可看出,直接调整法和间接调整法都不是最优的,在选择何种调整方法需要考虑不同的情况以及用户的需要。如果各项基础数据具有相同的季节变动模式,或者各序列的趋势循环是高度相关的,适合使用直接调整法;如果各项基础数据不具有相同的季节变动模式,并且各序列的趋势循环并不相关,适合使用间接调整法。一些用户可能更看重核算的平衡关系,强调满足可加性,此时,应使用间接调整法进行季节调整;另一些用户可能对核算平衡关系并不关心,而希望得到较好的季节调整数据,此时,应使用直接调整法进行季节调整。

在进行经济分析时应使用经季节调整的季度数据,这一点是没有疑问的,但对于统计机构是否应发布季节调整后的数据,则是存在争议的。一些人认为,统计机构不应发布经季节调整的季度数据,仅发布原始的季度数据就可以了。他们认为,季节调整会涉及一些主观的判断和选择,如异常值的处理、移动平均时间长短的选择等,不同的人和机构会得到不同的结果,应该将季节调整的工作留给用户来完成。一些机构则认为,未经季节调整的季度数据并没有太多的优点,仅需要经季节调整的季度数据就可以了。其实,这两种观点都比较极端。仅发布未经季节调整的原始季度数据,并不能满足一般用户的需要,因为一般公众自身并不具备对季度数据进行季节调整的能力,用户可能会使用不恰当的数据进行分析。仅发布经季节调整后的季度数据也不能满足高级用户的需要,因为一些研究者可能还希望使用其他季节调整方法对季度数据进行调整。应当明确的是,季节调整数据能够从原始季度数据中得到,但原始季度数据并不能从季节调整数据中得到。因此,统计机构既应发布未经季节调整的原始季度数据,也应发布经季节调整的季度数据。

无论是季节调整前的季度数据还是季节调整后的季度数据,都要保持与年度数据的一致性,即将原始的季度数据相加可得到年度数据,将季节调整后的季度数据相加也应与年度数据一致(参见图 10.1)。

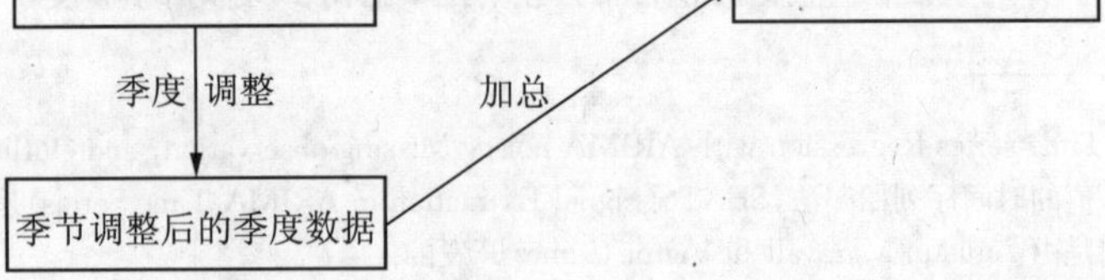

图 10.1 季度数据与年度数据的一致性

当然，要对季度数据进行季节调整，季度时间序列应具有一定的长度。对于一些进行季度国民经济核算时间较短的国家来说，进行季节调整还有一定的难度。但随着季度数据时间序列长度的增加，可以通过计算回溯序列的方法对历史季度数据进行季节调整。

八、季度GDP与年度GDP的衔接方法

（一）为什么季度GDP与年度GDP要进行衔接？

季度GDP与年度GDP在基本核算理论、核算范围、核算原则、基本概念、口径范围上是一致的，但由于季度GDP核算的时效性强，它在资料来源、计算方法上与年度GDP核算存在着一定的差别。从资料来源上看，季度GDP核算很难得到年度GDP核算中所要求的会计和统计资料；从计算方法上看，年度GDP核算是按照较为严格的生产法或支出法进行的，而季度GDP核算往往是根据相关指标进行计算，带有很大程度的推算性质。

正是由于季度GDP核算与年度GDP核算存在以上差别，一般来说，一年四个季度的GDP之和并不等于年度GDP。同时，由于年度GDP所依据的统计资料比较完整，因而年度GDP在准确性和可靠性上要优于季度GDP。因此，季度GDP与年度GDP就存在协调、衔接的必要性，即对季度GDP资料进行一定的调整，使调整后的四个季度的GDP之和等于年度GDP。

季度GDP与年度GDP的衔接可以从两个方面来理解：(1)利用年度资料来提高季度GDP核算的准确性；(2)以初步的季度GDP资料为权重，将年度GDP资料进行细分。

（二）季度GDP与年度GDP的衔接方法

国外一些学者和核算工作者也提出了许多方法来衔接季度GDP与年度GDP。总体来看，季度GDP与年度GDP的衔接方法可分为两大类：纯数字方法和统计模型方法。纯数字方法不使用时间序列模型，这类方法包括比例分摊法、改进的Denton比例法、Bassie法和Ginsburgh—Nasse法。统计模型方法包括基于ARIMA模型的方法、广义最小二乘回归模型法和Chow—Lin法，它们都假定季度时间序列遵从某一时间序列模型。在这些衔接方法中，改进的Denton比例法是比较好的一种衔接方法，国际货币基金组织的《季度国民经济核算手册》推荐使用这一方法进行季度GDP与年度GDP的衔接。

Denton法最早是由Denton在1971年提出的，它是建立在“最小平方”基础上的一大类衔接方法，它有五种形式，但在实践中使用最多、最广泛的是Denton比例法。基本Denton比例法的数学形式为：

$$\min_{(X_1,\cdots,X_{4\beta},\cdots,X_T)} \sum_{t=2}^{T}\left(\frac{X_t}{I_t}-\frac{X_{t-1}}{I_{t-1}}\right)^2 \qquad (t=1,\cdots,(4\beta),\cdots T)$$

$$s.t. \quad \sum_{t=4y-3}^{4y} X_t = A_y \qquad (y=1,\cdots,\beta) \tag{10-1}$$

式中，t 表示时间（例如 $t=4y-3$ 表示第 y 年的第 1 个季度，$t=4y$ 表示第 y 年的第 4 个季度）；X_t 表示所要求的第 t 个季度的衔接值；I_t 表示第 t 个季度所选指标的水平数值；A_y 表示第 y 年的年度数据；β 表示可取得年度基准值的最后年份；T 表示可取得原始季度数据的最后季度。

$A\Big/\sum_t I_t$ 为基准（benchmark）与指标（indicator）之间的比率，称之为年度 BI 比率。可以通过对下一年度的 BI 比率进行预测，来改进基本 Denton 比例法，使之能够更好地进行季度数据的外推。对基本 Denton 比例法的改进主要有以下几个方面：第一，与年度数据相比，如果指标的年增长率存在系统性偏差，一般来说，下一年 BI 比率的最佳预测值就是前一年的 BI 值乘以 BI 比率的平均相对变化；第二，与年度数据相比，如果指标的年增长率是无偏的（也就是年度 BI 比率服从随机游走过程），一般来说，下一年 BI 比率的最佳预测值就是前一年的年度 BI 值；第三，如果年度 BI 比率围绕其均值波动，一般来说，下一年 BI 比率的最佳预测值就是 BI 的长期平均值；第四，如果年度 BI 比率服从一稳定、可预测的时间序列模型（如 ARIMA 模型、ARMA 模型），一般来说，下一年 BI 比率的最佳预测值可由该模型得到；第五，如果年度 BI 比率与经济周期是相关的，一般来说，下一年 BI 比率的最佳预测值可通过对该相关关系进行建模得到。

也可以通过增加一些约束或放松一些限制来扩展 Denton 比例法，以提高衔接后季度 GDP 的数据质量。

改进的 Denton 比例法具有以下几个优点：(1)如果将总体衔接目标设定为使季度 GDP 衔接值与指标尽可能地成比例，则改进的 Denton 比例法可以最大程度地保留经济的短期变化情况。(2)与其他衔接方法相比，改进的 Denton 比例法相对简单、稳健，适合大范围的使用。(3)改进的 Denton 比例法能够对过去任意多年的季度 GDP 进行衔接，有利于构造季度 GDP 历史序列。(4)改进的 Denton 比例法提供了一个“基准—指标”比率框架，为同时处理外推、衔接和更新问题提供了一个综合工具。通过内插、按比例分配、外推等方法，改进的 Denton 比例法提供了将指标序列转换为季度 GDP 衔接估计值的综合框架，并且，该方法与其他方法相比，它对指标的总体水平并不敏感，而且不会将数据季度之间的不规则变化给平滑掉。(5)改进的 Denton 比例法可以利用 BI 比率的季度波动和其他短期波动的信息，如果某些季度的原始数据与其他季度的数据相比显得不够可靠，而必须做更大的调整时，可以对 Denton 比例法做进一步的改进，以实现这一目标。(6)改进的 Denton 比例法以指标年增长率与季度 BI 比率相对差异的形式表示系统偏差，为指标偏差的调整提供了更灵活的框架。

九、季度 GDP 增长率计算方法

由于受季节性以及因节假日引起的工作天数不同等因素的影响，季度 GDP 增长率比年度 GDP 增长率的计算方法上更为复杂。季度 GDP 增长率有几种不同的表述方式，分别是季度同比增长率、季度环比增长率、季度累计增长率和季度环比折年率增长率。

(一) 季度GDP增长率的不同表述方式

1. 季度同比增长率

季度同比增长率是本季度GDP与上年同一季度GDP相比而计算的增长率。

由于两个年份相同季度在季节上基本可比，故在计算过程中不做季节性调整，它反映本季度经济运行的内在因素和季节性等外在因素综合作用的结果。该指标能客观反映经济运行的实际进展，并且季度GDP增长率和年度GDP增长率的变动幅度基本保持同步。

该指标主要有以下几个缺点：第一，受基准期季节因素的影响，数据的变动起伏较大。第二，该指标受经济运行内在因素和外在因素的综合作用，拐点的确认具有滞后性，平均来讲会滞后6个月。第三，这种方法并不能完全消除所有的季节因素，例如，两个季度的工作日数可能并不相同。第四，由于制度或行为变化所引起的季节模式的变化会使季度同比增长率产生偏差。第五，季度同比增长率不仅会反映不规则事件对当季的影响，也会反映不规则事件对上年同季的影响。因此，季度同比增长率并不适用于经济周期分析，如果采用该指标进行经济决策、制定短期调控政策，可能会丧失有利的调整时机。

2. 季度环比增长率

季度环比增长率是指某一季度GDP与上一季度GDP相比计算而成的GDP增长率。

在计算季度环比增长率时，需要进行季节性调整，以反映经济运行的内在趋势。季节调整后的季度环比增长率能清楚地反映经济内在运行的基本走势以及宏观调控政策的实际效果，并及时观察到经济运行可能出现的拐点和变动趋势，便于决策者抓住宏观调控的最佳时机。

该指标主要有三个缺点：第一，由于经过了季节性调整，该指标不如季度同比增长率那样客观反映季度经济运行的实际进度。第二，该指标的变动幅度与年度增长率的变动幅度是不同步的。第三，该指标受季节性调整方法的影响较大，不同的季度性调整方法得到的结果可能存在较大的差异。

3. 季度累计增长率

季度累计增长率是连续几个季度累加GDP与上年同期GDP相比计算出来的增长率。

与同比增长率一样，它也不做季节性调整。该指标能客观、真实地反映经济运行的进展情况，并且随着季度的不断累加，其增长率也越来越接近于年度增长率，增幅与年度增长率趋于同步。

该指标主要有两个缺点：第一，受季节性等外在因素的影响，对经济内在增长趋势的反映不是很灵敏。第二，该指标不能反映各个季度之间经济运行的结构变化情况。

4. 季度环比折年率

季度环比折年率是在全年均保持本季度增长幅度的假设前提下，将季度 GDP 环比增长率外推到全年而计算的增长率，其计算公式为：

$$r = (g^4 - 1) \times 100\% \tag{10-2}$$

式中，r 是季度环比折年率，g 是季度 GDP 环比发展速度。

该指标能在一定程度上弥补环比增长率与年度增长率在增幅上不同步的缺陷。在其他方面，具有与环比增长率相同的优缺点。

此外，季度环比折年率增长率是在全年均保持本季度 GDP 增长幅度的假设前提下计算出来的，它经常会扭曲真实的 GDP 变动程度：当本季度经济扩张时，该指标会夸大实际增速；当本季度经济萎缩时，则夸大实际减速的幅度。

（二）季度 GDP 增长率表述方式的选择

一般来说，季度同比增长率指标可用来反映季度 GDP 实际变动情况，常用于各国季度经济增长速度的比较；季度累计增长率适合用来预测全年经济增长率，反映经济发展的累计进展程度；季度环比增长率和季度环比折年率增长率指标主要用来分析和监测经济走势，鉴别趋势拐点，为短期经济政策的调整提供依据。四个增长率指标有着不同的特点和用途，可以根据经济分析的需要，正确地加以选择和应用。

目前，美国、日本和欧洲等国的统计机构同时计算并公布季度同比增长率、季度环比增长率和季度环比折年率增长率三个指标数据，但它们的侧重点有所不同，欧洲大多数国家主要以季度同比增长率为主，美国、日本主要以季度环比折年率增长率为主，季度环比增长率通常作为补充资料加以使用。中国目前进行的是季度累计核算，因此，中国只计算和公布季度累计增长率。

第二节　我国的季度 GDP 核算

一、我国季度 GDP 核算的发展

我国是从 1992 年开始进行季度国民经济核算工作的。在实践中，随着我国国民经济核算体系的发展，季度 GDP 核算方法、核算程序和发布时间、数据质量评估制度也不断地规范和完善：

——1992 年国家统计局制定了《季度国内生产总值核算方案(1992)》；

——1997 年国家统计局编辑出版了《中国季度国内生产总值计算方法》；

——2000 年，国家统计局对《季度国内生产总值核算方案(1992)》进行了修订，形成了《季度国内生产总值核算方案(2000)》，侧重改进了季度 GDP 核算的操作方法；

——2003 年国家统计局确定了季度 GDP 核算程序(包括初步核算、初步核实、最终核实三个步骤),并分别于季后 20 日、季后 45 日、次年 12 月底对外发布核算结果;

——从 2003 年第四季度开始,采用比例分摊法将 1992～2001 年共 10 年的季度国民经济核算数据与年度最终核实后的数据进行了系统衔接,并对外公布;

——2003 年出版了《中国季度国内生产总值核算历史资料:1992～2001》;

——2005 年制定了《关于地区季度 GDP 核算的若干补充规定(修改稿)》,规范了地区 GDP 核算方法,增强了地区与国家季度核算的协调性;

——建立了地区 GDP 数据联审制度,对地区季度 GDP 数据进行评估;

——为保证经济普查以后的季度 GDP 数据与经济普查年度 GDP 数据之间的可比性,国家统计局对《季度国内生产总值核算方案(2000)》进行了修订,制定了新的季度 GDP 核算方案。

二、我国季度 GDP 核算方法

我国发布的季度 GDP 数据是按生产法核算出来的,按支出法计算季度 GDP 目前处于研究试算阶段,还没有正式建立起来。

(一) 行业增加值的基本计算方法

在我国生产法季度 GDP 核算中,产业部门分为 8 个,分别是:农林牧渔业、工业、建筑业、交通运输仓储邮电业、批发零售贸易餐饮业、房地产业、金融业、其他服务业。由于基础资料的不同,每个行业的增加值核算方法并不相同。行业增加值的主要核算方法有如下几种:

1. 生产法

利用原始资料直接计算出现价总产出和现价中间消耗,二者之差即为增加值。

2. 增加值率法

先计算出现价总产出,再根据历史资料及当期有关生产情况确定现价增加值率,二者相乘得出现价增加值。计算公式为:

$$\text{某部门现价增加值} = \text{现价总产出} \times \text{现价增加值率} \tag{10-3}$$

3. 外推法

利用现价总产出的增长速度或相关价值量指标的增长速度代替现价增加值的增长速度,以之作为外推指标,将上年同期增加值乘以外推指标即得到现价增加值。计算公式为:

$$\text{某部门现价增加值} = \text{上年同期现价增加值} \times \text{外推指标} \tag{10-4}$$

有的行业先计算现价数据,再计算不变价数据,有的行业先计算不变价数据,再反推现价数据。

（二）各行业增加值的具体核算方法

1. 农林牧渔业

先计算现价增加值，然后计算不变价增加值。按农业、林业、牧业、渔业、农林牧渔服务业五个大类行业分别计算增加值，其中，农业、林业、牧业、渔业增加值按生产法计算，农林牧渔服务业用外推法计算，外推指标为农林牧渔服务业从业人员劳动报酬增长速度。不变价增加值使用缩减法计算，其中，农业、林业、牧业、渔业缩减指数为各自的农产品生产价格缩减指数，农林牧渔服务业缩减指数为居民消费价格指数中的服务项目价格指数。

2. 工业

工业增加值的计算方法为：将上年同期不变价增加值乘以不变价发展速度，得到当期不变价增加值，再将当期不变价增加值乘以工业品出厂价格指数，即得到当期现价增加值。

3. 建筑业

先计算不变价增加值，然后计算现价增加值。不变价增加值使用外推法计算，其中，外推指标利用当期建筑安装工程投资增长速度以及上年年度不变价增加值增长速度和建筑安装工程投资增长速度的比例系数来确定。将不变价增加值乘以固定资产投资价格指数，即得到现价增加值。

4. 交通运输仓储邮电通信业

先计算不变价增加值，然后计算现价增加值。不变价增加值利用外推法计算，其中，外推指标利用当期客货运周转量和邮电业务总量的加权平均增长速度以及上年年度不变价增加值增长速度和加权平均增长速度的比例系数来确定。将不变价增加值乘以居民消费价格指数中的交通费价格指数，即得到现价增加值。

5. 批发零售贸易餐饮业

先计算现价增加值，然后计算不变价增加值。现价增加值利用外推法计算，其中，外推指标利用社会消费品零售额现价增长速度和上年年度批发零售贸易餐饮业现价增加值增长速度以及社会消费品零售额增长速度的比例系数来确定。不变价增加值使用缩减法计算，其中缩减指数为商品零售价格指数。

6. 金融业

先计算现价增加值，然后计算不变价增加值。现价增加值使用外推法计算，其中，外推指标利用存贷款余额增长速度和上年年度金融业现价增加值增长速度以及存贷款余额增长速度的比例系数来确定。不变价增加值使用缩减法计算，其中缩减指数是固定资产投资价格指数和居民消费价格指数的加权算术平均数。

7. 房地产业

先计算不变价增加值，然后计算现价增加值。不变价增加值利用外推法计算，其中，外推指标利用商品房销售建筑面积增长速度、房地产业管理业从业人员劳动报酬增长速度(按不变价计算)、居民自有住房面积增长速度的加权平均增长速度和上年年度房地产业不变价增加值增长速度以及加权平均增长速度的比例系数来确定。将不变价增加值乘以价格指数即得到现价增加值,其中,价格指数是房屋销售价格指数、土地交易价格指数、房屋租赁价格指数、物业管理价格指数的简单算术平均数。

8. 其他服务业

先计算现价增加值,然后计算不变价增加值。现价增加值利用外推法计算,其中,外推指标利用其他服务业营业税增长速度、行政管理费增长速度和从业人员劳动报酬增长速度的加权平均增长速度以及上年度其他服务业现价增加值增长速度和加权平均增长速度的比例系数来确定。不变价增加值使用缩减法计算,其中,缩减指数是商品零售价格指数和居民消费价格指数中的服务项目价格指数的简单算术平均数。

三、我国季度 GDP 与年度 GDP 的衔接方法

从 2003 年四季度开始,中国国家统计局对季度数据利用年度最终核实数进行基准化调整,实现季度 GDP 与年度 GDP 的协调。但是,衔接后的季度 GDP 数据并没有系统地对外发布。

国家统计局在对季度 GDP 与年度 GDP 进行衔接时,使用的是比例分摊法(Pro Rata Distribution)。比例分摊法是将年度 GDP 以一定的比例分配给该年的各个季度,其中的“比例”是所选相关指标在四个季度中的比重。用数学公式可表示为:

$$X_{q\beta} = A_\beta \cdot \left(\frac{I_{q\beta}}{\sum_q I_{q\beta}} \right) \tag{10-5}$$

式中,$X_{q\beta}$为β年第q季度的衔接值,A_β为β年的年度增加值,$I_{q\beta}$为β年第q季度所选指标的水平值。将各个行业经衔接后的增加值相加就是经衔接后的季度 GDP。

国家统计局对季度 GDP 与年度 GDP 进行衔接的具体做法是:第一步,选出与季度行业增加值测算有关的指标。各行业所选择的具体指标见表 10.1;第二步,确定行业增加值的季度比重。先计算第一步中所选指标每一季度在全年中的比重,根据这些指标的季度比重,与行业增加值的季度比重进行比较,对于两者出现严重背离的行业,根据行业相关指标的季度比重对行业季度增加值进行调整;第三步,根据第二步中所确定的行业增加值比重将年度 GDP 分解为季度 GDP。这一分解过程是在行业的层次上进行的,将分解出的每一季度中不同行业的增加值相加就是季度 GDP。在进行季度分解时,现价和不变价增加值采用的是同一比重。

对尚处于试算阶段的季度支出法 GDP,国家统计局将之与年度支出法 GDP 相衔接时,所使用的衔接方法也是比例分配法。

表 10.1　我国季度 GDP 核算中各行业所选择的相关指标

行　业	相　关　指　标
农　业	农业总产值
工　业	工业总产值
建筑业	建筑安装工程投资额
交通运输仓储及邮电通信业	客货运周转量和邮电业务总量
批发和零售贸易餐饮业	社会消费品零售总额
金融保险业	存贷款余额
房地产业	商品房销售面积
其他服务业	其他服务业从业人员劳动者报酬

资料来源:根据金红(2005)整理。

从方法的复杂程度来考察,比例分摊法比较简单,并不涉及复杂的数学模型或经济计量模型,仅仅进行简单的代数运算就可以得到相应的衔接结果。比例分摊法的最大缺陷是,它会产生"台阶问题"(step problem)。式(10-5)可变形为:

$$X_{q,\beta} = I_{q,\beta} \cdot \left(\frac{A_\beta}{\sum_q I_{q,\beta}} \right) \tag{10-6}$$

式中,$A_\beta \Big/ \sum_q I_{q,\beta}$ 为基准与指标之间的比率,称之为年度 BI 比率。式(10-5)称之为比例分配形式,相应地,式(10-6)可称之为 BI 比率形式。因此,比例分摊法也可以理解为:将所选取指标的季度水平数据乘以年度 BI 比率就得到经衔接的增加值数据。由于每年的 BI 比率并不相等,这样 t 年的第 1 季度与 $t-1$ 年的第 4 季度所使用的 BI 比率就会发生突然变化,使得这个时期内衔接后的季度估计值的增长率不仅包含真实的增长率,还包含年度 BI 比率的变化率,台阶问题就出现了。假设第 $t-1$ 年的 BI 比率为 a,第 t 年的 BI 比率为 b,且 $a<b$,我们可以用图 10.2 来形象地表示按比例分摊法的台阶问题。

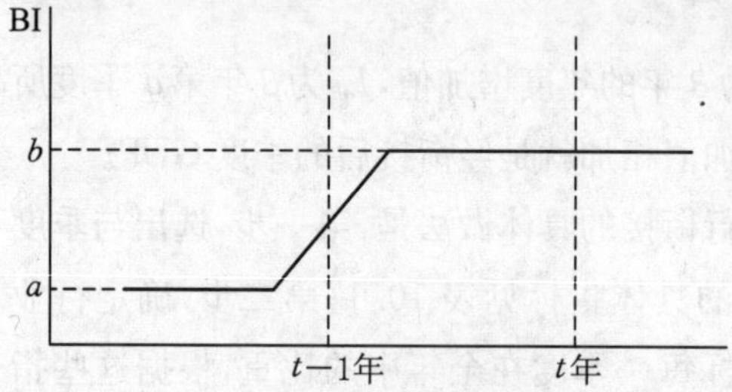

图 10.2　比例分摊法的台阶问题

此外,使用比例分摊法还会使衔接后的季度 GDP 增长率与原来计算的增长率不同,有时差异还可能较大。由于调整的程度不同,按衔接后的季度 GDP 计算的增长率一般来说会与最初计算的增长率不同,但如果差异较大的话,就不太容易被人们所接受。

四、我国季度 GDP 核算的缺陷

十几年来，虽然我国的季度 GDP 核算取得了较大的进步，但也存在着许多现实的问题，季度核算所提供的数据还不能满足宏观经济分析和政府宏观经济管理的需要，还存在较大的季度数据“供给缺口”。我国季度 GDP 核算的主要缺陷如下。

(一) 属于累计核算而非分季核算

我国从 1992 年开始季度 GDP 核算时起，由于受专业统计制度方法和部门核算资料的限制，季度 GDP 一直采用累计核算的方法。因此，各级统计机构只能提供以年初累计至每季季末的数据，即 1～3 月、1～6 月、1～9 月、1～12 月的数据。我国采用累计的季度核算的根源在于专业和部门统计尚不能提供分季度核算 GDP 所需要的一些重要的基础资料，特别是固定资产投资统计不能提供分季度的固定资产投资额统计资料。

(二) 从生产方核算季度 GDP，未正式建立起支出法季度 GDP 核算

我国目前公布的季度 GDP 数据是从生产方核算的。为了满足决策和经济分析的需要，国家统计局从 2000 年开始研究建立季度支出法 GDP 核算的可行性，并在 2001 年首次进行了四个季度的试算工作。2006 年，国家统计局国民经济核算司在总结数年试算工作经验的基础上，进一步完善了季度核算方法，使季度支出法 GDP 核算在核算范围、核算原则、项目分类、指标概念上都与 SNA(1993)的标准基本取得了一致。由于分季度基础资料的不足，我国季度支出法 GDP 试算采用的也是累计核算。

(三) 季度 GDP 增长率的计算受到限制

季度 GDP 增长率是进行宏观经济监测和经济分析的基础性指标。常用的季度 GDP 增长率指标有：季度同比增长率、季度累计增长率、季度环比增长率、年度环比折年率增长率。季度 GDP 的各种增长率可以提供不同的信息，各种增长率都有各自的长处和缺陷，在进行经济分析和制定经济政策时需要配合使用。但是，由于目前我国的季度 GDP 核算是累计核算，所以，只能计算季度累计增长率，而季度同比增长率、季度环比增长率和年度环比折年率增长率都无法计算。在后三个增长率中，季度环比增长率具有很大的实用价值，能够反映相邻两个季度之间的经济变化，为经济决策提供及时的短期经济变动信息，但在目前的条件下，还无法计算这样的增长率。

(四) 未对季度国民经济核算数据进行季节调整

目前，我国统计机构发布的季度 GDP 数据都是未经季节调整的数据。为此，一些研究者使用不同的方法对我国的季度 GDP 数据进行了季节调整。国家统计局不发布季节调整的季度数据，而是由研究者根据需要进行季节调整，这样存在两个问题：一是数据的权威性不能保证；二是会造成使用上的混乱。因为不同研究者使用的季节调整方法并不相同，得到的结果也并不相同。

五、我国季度 GDP 数据

我国季度 GDP 数据可以在国家统计局网站中的“季度数据”中查到，也可以从《中国经济景气月报》中得到。季度 GDP 的历史数据可以在《中国季度国内生产总值核算历史资料：1992～2001》[①]中找到。表 10.2 就是 2005～2007 年我国的季度 GDP 数据，既提供了季度 GDP 及三次产业增加值的总量数据，也提供了季度 GDP 及三次产业增加值与上年同期相比的增长速度数据。

表 10.2 我国季度 GDP 数据

年	季	总量(亿元)				比上年同期增长(%)			
		国内生产总值	第一产业	第二产业	第三产业	国内生产总值	第一产业	第二产业	第三产业
2005	Ⅰ	38 848.6	3 013.6	18 968.4	16 866.6	10.5	4.6	11.2	10.6
	Ⅰ—Ⅱ	81 412.8	7 652.0	40 902.6	32 858.2	10.5	5.0	11.3	10.7
	Ⅰ—Ⅲ	125 984.9	14 451.2	61 542.4	49 991.3	10.4	8.0	11.2	10.9
	Ⅰ—Ⅳ	183 867.9	23 070.4	87 364.6	73 432.9	10.4	5.2	11.7	10.5
2006	Ⅰ	43 851.0	3 242.0	21 923.9	18 685.1	10.4	4.5	12.7	8.9
	Ⅰ—Ⅱ	92 369.4	8 288.0	47 457.4	36 623.9	11.0	5.1	13.3	9.3
	Ⅰ—Ⅲ	142 898.3	15 570.0	71 491.2	55 837.0	10.8	4.9	13.3	9.5
	Ⅰ—Ⅳ	209 406.8	24 700.0	102 004.0	82 702.8	10.7	5.0	12.5	10.3
2007	Ⅰ	50 286.7	3 631.0	25 551.5	21 104.2	11.1	4.4	13.2	9.9
	Ⅰ—Ⅱ	106 767.9	9 469.9	55 453.7	41 844.3	11.5	4.0	13.6	10.6
	Ⅰ—Ⅲ	166 043.0	18 207.0	83 478.2	64 357.8	11.5	4.3	13.5	11.0
	Ⅰ—Ⅳ	246 618.8	28 910.0	121 381.3	96 327.5	11.4	3.7	13.4	11.4

注：表中绝对数按当年价格计算，“比上年同期增长”按可比价格计算。

资料来源：《中国经济景气月报》，2008 年 2 月。

在使用我国季度 GDP 数据进行经济分析时，应该注意以下两点：

第一，《中国经济景气月报》与国家统计局网站发布的季度数据并没有与年度数据进行衔接。这有两层含义：首先，季度 GDP 数据与年度 GDP 没有进行衔接。例如，按照季度数据，2006 年 1～4 季度 GDP 为 209 406.8 亿元，而根据年度数据，2006 年 GDP 为 210 871.0 亿元；按照季度数据，2006 年 1～4 季度 GDP 与上年同期相比，增长率为 10.7%，而根据年度数据，2006 年 GDP 增长率为 11.1%。其次，三次产业的季度增加值数据与年度增加值数据也没有进行衔接。例如，按照季度数据，2006 年 1～4 季度

① 国家统计局国民经济核算司：《中国季度国内生产总值核算历史资料：1992～2001》，中国统计出版社 2003 年版。

第二产业增加值为 102 004.0 亿元，而根据年度数据，2006 年第二产业增加值为 103 162.0 亿元；按照季度数据，2006 年 1～4 季度第二产业增加值与上年同期相比，增长率为 12.5%，而根据年度数据，2006 年 GDP 增长率为 13.0%。

第二，不能简单地将累计季度 GDP 数据通过求差的形式得到分季度 GDP 数据。例如，2007 年 1～4 季度 GDP 为 246 618.8 亿元，1～3 季度 GDP 为 166 043.0 亿元，二者直接相减为 80 575.8 亿元，不能认为 2007 年第Ⅳ季度 GDP 就是 80 575.8 亿元。主要原因有以下两个：首先，现行专业统计的相关指标是采用累计汇总方式统计的，当一个地区在报告期发现上季数据出现漏报等差错时，一般不调整上季数据，而是将这种差错直接计算到报告期；其次，各种普查、抽样调查等新的基础资料的采集、应用和核算方法的改变会影响分季 GDP 数据的协调性和可比性。因此，采用累计数简单求差方法推算的分季 GDP 数据往往不能真实反映当季经济发展的实际情况。

六、我国季度 GDP 核算的改进方向

我国季度 GDP 核算还存在很多缺陷，因此，我国季度 GDP 核算还需要进一步进行改革，不断改进核算方法，提供高质量的季度数据。我国季度 GDP 核算的改革路径参见图 10.3。概括来说，我国的季度 GDP 核算需要由现在的季度累计核算改为分季核算；分季核算应分别使用生产法和支出法核算季度 GDP；对季度生产法 GDP 和季度支出法 GDP 都需要进行季节调整；原始的季度 GDP 数据与季节调整后的季度 GDP 数据都需要与对应的年度 GDP 数据进行衔接，即季度生产法 GDP 与年度生产法 GDP 相衔接，季度支出法 GDP 与年度支出法 GDP 相衔接。

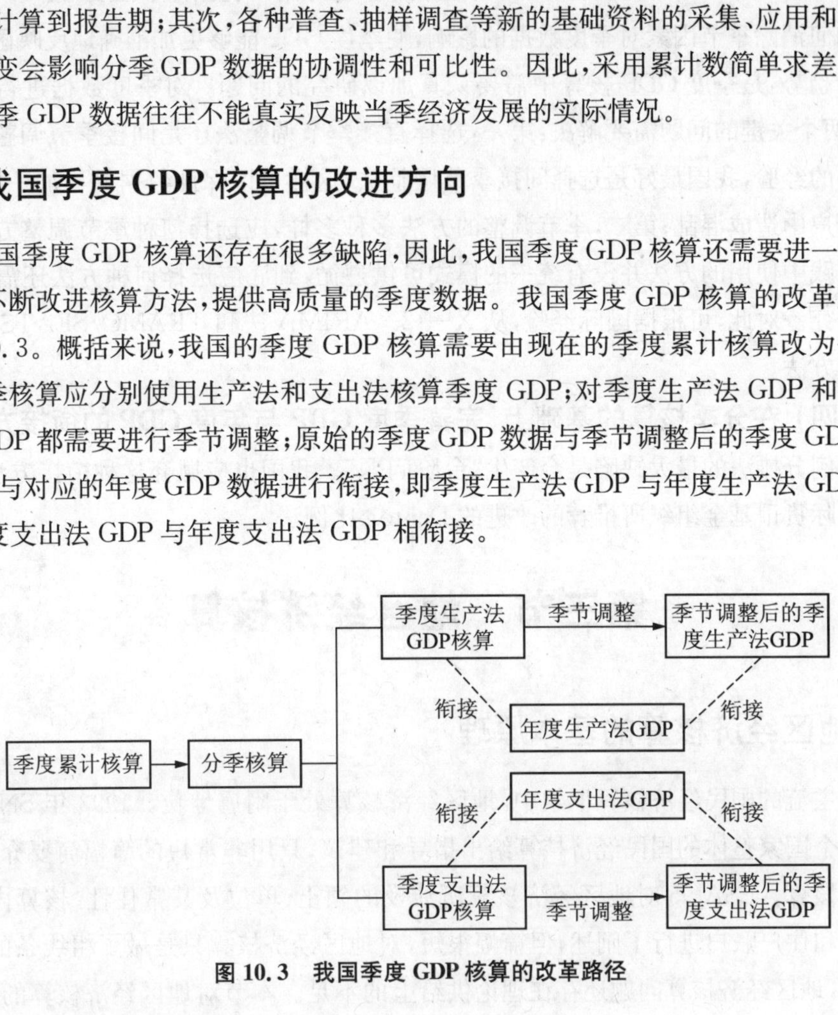

图 10.3 我国季度 GDP 核算的改革路径

具体而言，我国季度 GDP 核算的改进方向如下。

（一）进行分季核算

我国实施分季核算的最大障碍是分季相关数据的获取问题。要建立起分季度 GDP 生产和使用核算，必须有专业分季度统计制度的支持，特别是要建立起分季度固定资产投资统计制度。

(二) 尽快完善季度支出法 GDP 核算方案,发布季度支出法 GDP 数据

按支出法计算季度 GDP 目前处于研究试算阶段,还没有正式建立起来。我国季度支出法 GDP 核算存在的困难有:一是基础资料的缺口造成季度支出法 GDP 核算的范围不全,口径不齐,影响了核算质量;二是支出项目分类过粗;三是缺少与季度支出法 GDP 核算相配套的价格指数。要改进我国季度支出法 GDP 核算,应补充基础资料来源,建立与我国季度支出法 GDP 核算相配套的价格指数体系,建立一套与季度支出法 GDP 核算相配套的统计资料收集系统。

(三) 对季度数据进行季节调整,发布经季节调整的季度数据

如何消除季节因素对季度数据的影响,使季度 GDP 能够更加准确地反映国民经济的运行趋势,是季度 GDP 核算中需要认真加以研究的问题。对季度数据进行季节调整,有两个关键的问题需要解决:第一,选择直接季节调整法还是间接季节调整法。根据国外的经验,我国最好是选择间接季节调整法,这样可以保证数据的可加一致性,避免在用户中造成混乱;第二,季节调整的方法多种多样,应选择何种季节调整方法? 各国在实践中使用的方法并没有统一的模式可供遵循,到底应选择何种方法还需要进一步的研究。对此,可根据国际经验,从 X—12—ARIMA 法和 TRAMO/SEATS 法中选择一种方法。

(四) 在分季核算的基础上,完善季度 GDP 与年度 GDP 的衔接方法

比例分摊法的最大缺陷是会产生“台阶问题”。我国也应抛弃这种衔接方法,转而使用国际货币基金组织所推荐的改进的 Denton 比例法。

第三节　地区经济核算

一、地区经济核算的基本原理

在主流的国民经济核算框架中,地区经济核算处于附属地位。1993 年 SNA 主要是对一个国家整体的国民经济核算给出指导和建议,只用非常短的篇幅简要介绍了地区经济核算。ESA 95 对地区经济核算所涉及的领土、单位及其常住性、核算内容、核算方法和住户账户进行了阐述,但篇幅很短,对地区经济核算只是做了粗线条的描绘。可以说,地区经济核算问题还存在理论供给上的不足。本节对地区经济核算的基本原理做一介绍。

(一) 地区经济核算的概念与作用

地区经济核算是把每一个地区视为一个不同的经济实体,对其经济运行的全过程进行的系统核算。地区经济核算是国家层次的国民经济核算向下的延伸。地区经济核算在核算原则、方法、指标体系、分类等方面,与国家层次的国民经济核算基本一致。

当一个国家各个地区在经济和社会发展方面存在着重大差距时，地区经济核算就具有特别重要的意义。地区经济核算有以下几个方面的作用：第一，地区经济核算可以提供地区经济运行的整体图景，为地区经济分析提供必要的数据支持，为地区经济管理提供依据；第二，便于考察各地区的经济发展水平、规模、速度、结构，发现各地区经济发展的特点，促进地区经济发展的预测和决策工作；第三，地区经济核算可以揭示各地区之间的经济联系。

（二）地区经济核算的特点

1. 区域性

一是因为地区界线的划分，会对国民经济核算的基层单位做地域上的限制，由此可能会产生一些更小的基层单位；二是因为地区界线的划分，会对国民经济核算中的机构单位做地域上的限制。

2. 复杂性

地区经济核算比国家层次的国民经济核算更为复杂。虽然地区经济核算与国家层次的国民经济核算的基本方法是一致的，但由于地区经济并不是一个完整的独立经济体系，地区经济核算的难度比国家一级更大。对于国家层次的国民经济核算来说，经济交易在空间上可以分为国家内部的交易以及与国外的交易。而对地区经济核算来说，经济交易在空间上分为地区内交易、国内地区间交易和与国外的交易三个类别。一个国家各地区之间的经济往来比一国与他国之间的经济往来要频繁得多，而有关各地区之间经济往来的统计记录却又不如国际经济往来的统计资料那样系统和完整。因此，地区经济的核算方法和资料收集过程相对全国核算更为复杂，难度更大。

3. 简化性

由于地区经济核算的复杂性，在实践中很难建立像国家层次国民经济核算那样完整的经济核算体系。第一，依照国家层次的国际收支核算建立地区对外（包括对国外和对国内地区外）经济核算是非常困难的；第二，地区经济核算的内容更侧重于以货物和服务为中心的经济活动；第三，地区经济核算主要涵盖的是当地机构单位，而中央政府驻地单位和外地区延伸到本地区单位的经济活动难以全部涵盖进来。

4. 层次性

地区经济核算与国家层次的国民经济核算相比，在核算指标的口径范围、核算原则、产业分类和部门分类、计算方法等方面保持一致，但在核算项目和内容繁简上，应根据地区层次、职能和核算条件的不同，建立粗细不同的地区核算体系，而不必强求整齐划一。例如，省、自治区、直辖市一级可以建立比较全面的经济核算体系，在省、自治区、直辖市以下行政区，囿于核算条件的限制，不必建立全面的经济核算体系，能及时提供准确可靠的主要经济指标和必要的满足全国国民经济核算需要的数据就可以了。

（三）地区经济核算中的单位

在地区经济核算中，有三种类型的单位。

1. 地区单位(regional units)

地区单位的经济利益中心涉及一个地区,而且其大多数活动也发生在这个地区内。地区单位包括住户、所有基层单位都位于该地区的公司、地方和州政府,至少是社会保险机构的一部分和许多为住户服务的非营利机构。地区单位的所有经济交易都应划分到它们经济利益中心所在的地区。住户的经济利益中心位于他们居住的地区,并不位于他们工作的地区。其他类型的地区单位的经济利益中心位于它们所处的地区。

2. 跨地区单位(multiregional units)

跨地区单位的经济利益中心涉及一个以上的地区,但并不涉及整个国家。许多公司和非营利机构就属于这一类。

3. 全国性单位(national units)

全国性单位数量较少。全国性单位的经济利益中心很难在各地区之间划分。中央政府就属于这种情况,少数公司也可能属于这种情况,这些公司一般处于一种垄断的或准垄断的地位,如国家铁路公司或国家电力公司。

关于跨地区单位和全国性单位,往往很难将其完全地区化,即对于它们的许多交易,无法确定是在什么地区发生的,或无法在地区之间进行合理的分配。

(四)地区经济核算的基本模式

要进行地区经济核算,有三种基本模式可供选择。

一是自下而上法(bottom-up method)。当可以获得地区基层单位的数据时,可以直接利用这些数据进行地区经济核算,然后将各地区的数据加总,即可得到整个国家的国民经济核算数据。例如,货物生产行业、零售贸易业和其他一些服务业就可以使用这种方法进行核算。自下而上法要求严格区分地区常住单位和非常住单位。自下而上法的优点是,直接利用地区层次的相关信息编制,核算的概念框架与国家层次的国民经济核算是一致的,但是并不能保证地区经济核算与国家国民经济核算数据的一致性。

二是自上而下法(top-down method)。这种方法是先在国家层次进行国民经济核算,再选取地区的一些相关指标(如地区就业数据、地区保费收入等),将国家的国民经济核算数据在各地区进行分解。如果不能获得详细的地区基层单位数据,无法直接进行地区经济核算时,可以使用这种方法。自上而下法的优点是,能够保证国家国民经济核算数据与地区国民经济核算数据的一致性;缺点是,不是利用地区基层单位的直接数据编制的,而是根据相关的指标推算出来的。

三是混合法(mixed methods)。自下而上法是一种比较好的方法,但并不是任何情况下都能使用这种方法,例如,某一个行业的地方单位很难确定或难以测度时,就需要使用自上而下法。将自下而上法和自上而下法两种方法结合起来使用,这就是混合法。

(五)跨地区企业经济活动核算

在现实经济中,有许多企业的经营活动都是跨地区进行的。在对跨地区企业进行核算时,应遵循"在地统计"的原则,即按照基层单位的归属地核算其增加值。

跨地区企业有不同的经营组织方式，相应地，在地区经济核算中应采取不同的处理方式。如果该企业在总部所在地作为法人单位注册，同时，其分支单位也在其经营所在地作为法人单位注册，总部属于所在地的机构单位，分支单位属于经营地的机构单位，应分别在各自所在的地区进行核算。如果该企业及其跨地区经营活动作为同一个法人单位在其总公司所在地注册，在其他地区设置非法人性质的分支机构进行经营活动，在注册地，该企业是一个机构单位，其自身直接进行的经济活动应在注册地进行核算，而分布于不同地区的分支机构是各个地区的基层单位，其经营活动应在各个地区进行核算。

（六）中央政府机构单位经济活动核算

中央政府是一个超地区的全国性单位。中央政府与地区政府的财政收支关系主要涉及收入分配和资本转移，这种经济交易比较容易处理，只要将中央政府作为地区外的机构记录这些交易就可以了。除此之外，中央政府在各地区还有实际存在，如中央政府在地方的驻军和国防设施等。如果中央政府在一个地区设置机构，从理论上讲是比较容易处理的，只要遵循“在地核算”的原则将其作为所在地的机构单位或基层单位处理即可。但在实践中，这一原则难以真正执行，其原因有两点：第一，执行中央政府职能所发生的经济活动可能属于多个地区；第二，地区统计机构难以获得这些机构的经济活动资料。因此，如何处理中央政府的有关经济交易，也是地区经济核算中一个棘手的问题。

二、地区间流入流出核算与分析

地区间交易所产生的流量分为以下几类：第一，货物与服务的地区间流入流出，记录为该地区进口和出口的组成部分；第二，收入的地区间流入与流出，包括初次分配收入和再分配收入的地区间流入流出，记录为该地区的对外收入分配的组成部分；第三，地区间的资金融通，包括地区间的资本转移和金融交易，记录为对外资本转移和对外金融资产净获得、负债净发生的组成部分。

（一）货物与服务流入流出的估算方法

在以上各种类型的流量中，货物与服务的流入与流出具有重要的意义，因为它是计算地区支出法 GDP 的基础。对于国家层次的支出法 GDP 来说，它等于最终消费总额加上资本形成总额加上货物和服务净出口总额；对于地区的支出法 GDP 来说，“货物和服务净出口”这一构成项目则变成了“货物与服务的净流出”。

对于货物与服务的地区间流入流出，主要有四种估算方法。

1. 直接资料计算法

直接资料计算法又称全面调查法，是货物和服务流入流出核算的最基本方法。这种方法根据地区间货物和服务交易的实际数量进行核算，即直接利用商业、外贸、物资和企事业单位等的调出、调入及居民个人在地区外的直接购买和各种形式提供的服务等有关资料进行直接计算。该方法根据全面调查法统计地区货物和服务的流入流出量,从理论上说比较简单,在方法上也一目了然,但实际调查却极其复杂,缺乏可行性。

2. 银行资料计算法

银行资料计算法又称为联行往来法。这种方法利用银行联行往来扣除纯资金往来,求得货物流入流出。该方法并不复杂,但实际处理时,由于联行往来的项目众多,经过实际调整,其中货款支付仅占其联行往来中的一小部分。如果不从制度改革,从联行往来的细分类入手,建立托收承付货款的专门账户,要想从联行往来数中具体计算,比较麻烦,较难得到准确的货物流入流出数。

3. 财政信贷收支差额法

这种方法利用财政金融的财务资料计算货物的流入流出。即利用财政上缴下拨差、中央企事业单位上缴下拨差额、银行信贷存贷差、单位和居民手存现金增减差资料计算地区货物净流入、净流出。

4. 生产与使用差额法

即利用GDP生产额与最终消费和资本形成总额之和的差额来计算货物和服务的净流入或净流出。此方法使得支出法GDP核算依附于生产法GDP核算,并没有从完整的意义上建立起支出法核算,因此是不得已而为之的方法。

(二) 货物与服务流入流出分析

通常情况下,一个地区的GDP生产额与该地区的市场需求并不会完全一致。一个地区的市场需求可以看作是区内最终使用(最终消费加资本形成总额),它是不考虑地区流入流出(包括进出口)的GDP使用额。由于地区之间自然条件和经济发展水平的差异,有的地区GDP生产额大于该地区的最终使用额,有的地区GDP生产额小于该地区的最终使用额。前者表现为货物与服务的净流出,后者表现为货物与服务的净流入。

一个地区货物与服务净流出额等于该地区货物与服务的流出总额减去流入的总额。流出的总额既包括该地区货物与服务流到国外(即出口)的数量,也包括流到国内其他地区的数量。同样,流入的总额既包括从国外流入本地区(即进口)的数量,也包括从国内其他地区的流入数量。当净流出总额为正数时,表示该地区的流出总额大于流入总额,反之,则表示流出总额小于流入总额。

很明显,通过观察地区货物与服务净流出指标,可以了解该地区生产的GDP在总量上能否满足本地区的使用,是有结余,还是不足,并进而了解结余或不足的程度。

从理论上讲,各地区货物与服务净流出之和应该等于全国的净出口数量,因为国内各地区间的货物与服务流动可以相互抵消。但在统计实践中,收集地区货物与服务流入流出数据难度很大,因此,各地区货物与服务净流出之和与全国的净出口总额经常会出现一些偏差,在有些情况下二者的偏差还比较大。

正是由于地区货物与服务流入流出核算的难度很大,目前,许多国家还没有开展地区流入流出核算。我国在核算实践中,通常使用倒算的方法,即用生产法GDP减去最终消费和资本形成总额，所得的差额即为地区货物与服务净流出额。显而易见，地区货物与服务净流出额直接依赖于其他三项核算(生产法GDP、最终消费、资本形成总额)，但在我国，地区最终消费和资本形成总额核算所依据的资料还不充分，进而影响地区支出法GDP和地区货物与服务净流出额数据的准确性。

表10.3　2006年我国各省、自治区、直辖市货物与服务净流出额　　单位:亿元

地　区	货物与服务净流出	地　区	货物与服务净流出
北　京	−305.80	湖　北	−307.78
天　津	231.60	湖　南	−260.77
河　北	1 167.34	广　东	3 690.18
山　西	−60.50	广　西	−234.51
内蒙古	−770.80	海　南	8.16
辽　宁	121.33	重　庆	−686.99
吉　林	−46.98	四　川	−337.69
黑龙江	892.85	贵　州	−717.56
上　海	523.75	云　南	−995.27
江　苏	1 965.61	西　藏	−100.18
浙　江	1 009.52	陕　西	−146.44
安　徽	−22.74	甘　肃	−201.90
福　建	346.22	青　海	−209.54
江　西	−53.05	宁　夏	−272.32
山　东	1 722.99	新　疆	−471.91
河　南	−57.89		

资料来源:《中国统计年鉴——2007》，中国统计出版社2007年版。

可以从三个方面对地区货物与服务流入流出数据进行分析：

第一，可以分析一个地区属于货物与服务净流入地区还是净流出地区。例如，根据表10.3提供的数据，如北京、山西、内蒙古、吉林、安徽、湖北、重庆等地区属于净流入地区，表明这些地区GDP生产额小于这些地区的最终使用额；天津、河北、辽宁、上海、江苏、浙江、广东等地区属于净流出地区，表明这些地区GDP生产额大于这些地区的最终使用额。

第二，可以将地区货物与服务净流出数据与区域划分相结合，观察货物与服务总体的流动方向。例如，将全国31个省、自治区、直辖市划分为东部、中部、西部三个区域，观察货物与服务是由东流向西还是由西流向东。例如，根据表10.3提供的数据，东部地区绝大多数属于净流出型地区，而中部和西部地区都属于净流入型地区，因此，货物与服务总体上是从东部向中部和西部流动的。

第三，可以由地区货物与服务流入流出数据计算一些分析指标。一个指标是地区货物与服务流出率，它等于地区货物与服务净流出额除以该地区GDP。若该指标为正值，表示净流出的程度；若该指标为负值，表示净流入的程度。另一个指标是地区对外依存度，它等于货物与服务流出总量(货物与服务流入量＋货物与服务的流出量)除以该地区 GDP。该指标越大，说明该地区经济的对外依赖程度越大。

三、我国地区 GDP 与全国 GDP 的差异分析

地区 GDP 作为衡量一个地区经济实力的综合指标，在地区经济管理中发挥着重要作用：(1)地区 GDP 可以反映一个地区经济的全貌，系统地反映地区经济的发展变化；(2)地区 GDP 可用于中长期地区经济发展预测，进行短期地区经济景气预报，监测地区经济的运行，为地区宏观管理和微观决策提供依据；(3)地区 GDP 可用于地区之间的横向比较，对各地区的经济发展情况和水平进行绩效评估。

(一) 地区 GDP 汇总数与国家 GDP 之间的差异

我国 GDP 是分级核算的，国家 GDP 与地区 GDP 汇总数据一直存在着差异，这种差异主要有两个方面的表现：一是总量上的差异，二是增长速度的差异。

表 10.4 是各省、自治区、直辖市 GDP 与全国 GDP 总量的比较。从表中可以看出，2002～2006 年地区 GDP 汇总数据一直高于全国 GDP 数据，五年中二者的差额分别为 242.91 亿元、3 431.29 亿元、7 708.87 亿元、13 875.51 亿元和 20 182.34 亿元，差额呈逐年上升的趋势。2006 年，GDP 总量排在前三位的广东、山东和江苏，其 GDP 分别为 26 204.47 亿元、22 077.36 亿元和 21 645.08 亿元，若将地区 GDP 汇总数与全国 GDP 之间的差额也参与排名的话，该差额能排在第四位，比全国绝大部分省份的 GDP 都要高。

表 10.4　中国各省、自治区、直辖市 GDP 与全国 GDP 的比较　　单位：亿元

地　区	2002 年	2003 年	2004 年	2005 年	2006 年
北　京	4 330.40	5 023.77	6 060.28	6 886.31	7 870.28
天　津	2 150.76	2 578.03	3 110.97	3 697.62	4 359.15
河　北	6 018.28	6 921.29	8 477.63	10 096.11	11 660.43
山　西	2 324.80	2 855.23	3 571.37	4 179.52	4 752.54
内蒙古	1 940.94	2 388.38	3 041.07	3 895.55	4 791.48
辽　宁	5 458.22	6 002.54	6 672.00	7 860.85	9 251.15
吉　林	2 348.54	2 662.08	3 122.01	3 620.27	4 275.12
黑龙江	3 637.20	4 057.40	4 750.60	5 511.50	6 188.90
上　海	5 741.03	6 694.23	8 072.83	9 164.10	10 366.37
江　苏	10 606.85	12 442.87	15 003.60	18 305.66	21 645.08
浙　江	8 003.67	9 705.02	11 648.70	13 437.85	15 742.51
安　徽	3 519.72	3 923.10	4 759.32	5 375.12	6 148.73
福　建	4 467.55	4 983.67	5 763.35	6 568.93	7 614.55
江　西	2 450.48	2 807.41	3 456.70	4 056.76	4 670.53
山　东	10 275.50	12 078.15	15 021.84	18 516.87	22 077.36
河　南	6 035.48	6 867.70	8 553.79	10 587.42	12 495.97

续　表

地　区	2002 年	2003 年	2004 年	2005 年	2006 年
湖　北	4 212.82	4 757.45	5 633.24	6 520.14	7 581.32
湖　南	4 151.54	4 659.99	5 641.94	6 511.34	7 568.89
广　东	13 502.42	15 844.64	18 864.62	22 366.54	26 204.47
广　西	2 523.73	2 821.11	3 433.50	4 075.75	4 828.51
海　南	621.97	693.20	798.90	894.57	1 052.85
重　庆	1 990.01	2 272.82	2 692.81	3 066.92	3 491.57
四　川	4 725.01	5 333.09	6 379.63	7 385.11	8 637.81
贵　州	1 243.43	1 426.34	1 677.80	1 979.06	2 282.00
云　南	2 312.82	2 556.02	3 081.91	3 472.89	4 006.72
西　藏	166.56	189.09	220.34	250.21	291.01
陕　西	2 253.39	2 587.72	3 175.58	3 772.69	4 523.74
甘　肃	1 232.03	1 399.83	1 688.49	1 933.98	2 276.70
青　海	340.65	390.20	466.10	543.32	641.58
宁　夏	377.16	445.36	537.16	606.26	710.76
新　疆	1 612.65	1 886.35	2 209.09	2 604.19	3 045.26
地区汇总数	120 575.61	139 254.09	167 587.17	197 743.41	231 053.34
全　国	120 332.7	135 822.8	159 878.3	183 867.9	210 871.0
二者差额	242.91	3 431.29	7 708.87	13 875.51	20 182.34

资料来源:《中国统计年鉴——2007》,中国统计出版社 2007 年版。

表 10.5 是各省、自治区、直辖市 GDP 与全国 GDP 增长速度的比较,其中,地区加权平均数是以各地区 GDP 占地区汇总数的百分比为权数计算出来的。从表中可以看出,2002～2006 年地区加权平均 GDP 增长率一直高于全国 GDP 增长率,五年中的差异分别是 1.8、2.4、3.6、2.8 和 2.7 个百分点。2002 年,只有湖南和云南两个省的 GDP 增长率低于全国 GDP 增长率;2003 年,只有安徽、湖北、湖南和云南四个省的 GDP 增长率低于全国 GDP 增长率;2004 年,所有省份的 GDP 增长率都高于全国 GDP 增长率;2005 年,只有海南和云南两个省的 GDP 增长率低于全国 GDP 增长率;2006 年,只有新疆一个自治区的 GDP 增长率略低于全国 GDP 增长率。

表 10.5　中国各省、自治区、直辖市 GDP 与全国 GDP 增长速度的比较　　单位:%

地　区	2002 年	2003 年	2004 年	2005 年	2006 年
北　京	11.5	11.0	14.1	11.8	12.8
天　津	12.7	14.8	15.8	14.7	14.5
河　北	9.6	11.6	12.9	13.4	13.4
山　西	12.9	14.9	15.2	12.6	11.8
内蒙古	13.2	17.6	20.9	23.8	18.7
辽　宁	10.2	11.5	12.8	12.3	13.8

续 表

地　区	2002年	2003年	2004年	2005年	2006年
吉　林	9.5	10.2	12.2	12.1	15.0
黑龙江	10.2	10.2	11.7	11.6	12.1
上　海	11.3	12.3	14.2	11.1	12.0
江　苏	11.7	13.6	14.8	14.5	14.9
浙　江	12.6	14.7	14.5	12.8	13.9
安　徽	9.6	9.4	13.3	11.6	12.8
福　建	10.2	11.5	11.8	11.6	14.8
江　西	10.5	13.0	13.2	12.8	12.3
山　东	11.7	13.4	15.4	15.2	14.8
河　南	9.5	10.7	13.7	14.2	14.4
湖　北	9.2	9.7	11.2	12.1	13.2
湖　南	9.0	9.6	12.1	11.6	12.2
广　东	12.4	14.8	14.8	13.8	14.6
广　西	10.6	10.2	11.8	13.2	13.6
海　南	9.6	10.6	10.7	10.2	12.5
重　庆	10.2	11.5	12.2	11.5	12.2
四　川	10.3	11.3	12.7	12.6	13.3
贵　州	9.1	10.1	11.4	11.6	11.6
云　南	9.0	8.8	11.3	9.0	11.9
西　藏	12.9	12.0	12.1	12.1	13.3
陕　西	11.1	11.8	12.9	12.6	12.8
甘　肃	9.9	10.7	11.5	11.8	11.5
青　海	12.1	11.9	12.3	12.2	12.2
宁　夏	10.2	12.7	11.2	10.9	12.7
新　疆	8.2	11.2	11.4	10.9	11.0
地区加权平均数	10.9	12.4	13.7	13.2	13.8
全　国	9.1	10	10.1	10.4	11.1
二者差额(百分点)	1.8	2.4	3.6	2.8	2.7

资料来源:《中国统计年鉴——2007》,中国统计出版社2007年版。

(二)地区GDP汇总数与国家GDP之间产生差异的原因

1. 制度安排

我国GDP核算实行的是国家和地区分级核算的制度:国家和地区各自核算本辖区范围内的GDP数据。GDP核算制度、核算方法基本上是由国家统计局制定的,省级统计局修订,市、县遵照执行。全国的GDP由国家统计局负责核算,地区GDP则由各省、市统计局负责核算。这种分级核算的制度安排存在很大的缺陷。随着市场经济的发展,跨地区经营的企业越来越多,尽管统计制度规定不允许重复统计,但是由于种种原因,在异地开办的子公司所在地区统计了它的生产经营活动的同时,公司总部所在地区一般并不愿意剔除该子公司的生产经营活动，导致地区 GDP 的重复计算。

2. 资料来源

全国 GDP 不是由地区 GDP 逐级汇总得到的，而是由国家统计局根据国家一级的基础数据测算得出的。同样，各省、自治区、直辖市的 GDP 由各地区按照地区一级的数据来源自己进行核算。地区与国家 GDP 核算在资料来源方面的不一致性主要包括以下两个方面：(1)资料来源的状况不完全相同。在地区和国家 GDP 核算中，有些方面国家资料来源的状况好于地区。例如，海关能提供货物和服务进出口的完整资料，但地区的货物和服务流入流出核算则没有完整的资料。而有些方面，地区资料来源的状况好于国家。例如，某些地方性银行、信托公司、保险公司、证券公司等金融机构，地方统计部门较为容易掌握和获得资料，而在目前国家尚未建立完整的金融保险统计的情况下，国家统计局可能由于信息不完全而忽略了相应资料的收集。(2)资料来源类型不完全一致。在地区与国家 GDP 核算中，并不是每一项构成指标所采用的资料来源类型都完全一致。

3. 估算和调整方法

在国民经济核算实践中，地区和国家 GDP 核算都存在统计资料来源的缺口问题，都需要利用相关资料进行估算。国家统计局只对估算方法进行了一般性的规定，各地区在执行过程中具有一定的灵活性。估算方法上的差异也会导致 GDP 地区汇总数与全国 GDP 之间产生差异。

4. 人为因素

地区 GDP 数据容易受到人为因素的干扰。在目前的分级核算制下，由于地方官员的政绩考评与当地的 GDP 情况挂钩，从而导致对 GDP 数据进行直接或间接干预的现象时有发生。GDP 也会受到年初预期的影响。各级人民代表大会年初通过的经济增长预期目标，往往自上而下层层加码，而预期目标总是要实现的，于是统计数据就相应层层加“水”。

(三) 改进地区 GDP 核算的措施

我国地区 GDP 核算还并不完善，在许多方面存在缺陷和不足，例如，核算基础比较薄弱，尚未建立较完善的统计支撑指标体系，调查方法单一等。如何更准确地核算地区 GDP 数据，已成为中国官方统计中亟待解决的问题之一。

从 2004 年上半年开始，每季季后，国家统计局都组织国家和地区 GDP 核算人员及其他有关专业人员，对地区 GDP 数据进行联审，审查地区 GDP 核算中存在的问题，并对有关数据进行必要的修订，严把数据质量关。2004 年 11 月，国务院办公厅转发了国家统计局《关于改进地区 GDP 核算工作的意见》。2005 年，国家统计局改革了地区 GDP 数据的发布制度。从 2005 年 1 季度开始，各省区市的 GDP 数据不再由各地统计局自行发布，而是经过联审后由国家统计局统一对外发布，年度数据在年后 20 日左右发布，季度数据在季后 20 日左右发布。为解决地区 GDP 核算中存在的问题，2005 年国家统计局国民经济核算司增设了地区 GDP 核算处。

除了组织的保障之外，还应逐步完善地区 GDP 核算制度和方法：建立专业统计数据的定期评估制度；进一步规范地区 GDP 核算的资料来源和估算、调整方法，加强培训；提高国民经济核算人员的业务水平；强化统计法律意识，维护 GDP 数据的严肃性；建立地区 GDP 数据质量的评估和控制制度；在条件成熟时，地区 GDP 核算实行下算一级的制度，即国家统计局直接计算省一级的 GDP，省一级统计局直接计算地市的 GDP，地市一级统计直接计算县区的 GDP。

本章小结

季度国民经济核算能够及时反映国民经济的发展变化情况，可为短期经济分析、制定经济政策（如货币政策、财政政策等）和加强宏观管理提供依据，也能为经济周期分析和经济建模提供基础数据，因此，季度国民经济核算具有重要的理论和现实意义，在政府宏观经济调控和经济分析中的作用受到广泛的关注。

季度国民经济核算有两种基本模式：直接模式和间接模式。直接模式是直接收集季度国民经济核算所需要的基础数据，在此基础上直接计算季度国民经济核算指标和编制国民经济账户的一种核算模式。间接模式是以年度国民经济核算为基础，利用年度国民经济核算数据和收集到的一些关键季度指标来推算季度国民经济核算的有关指标，从而进行季度国民经济核算的一种核算模式。

与年度 GDP 相同，季度 GDP 也可以分别使用生产法、收入法和支出法进行核算。这三种方法属于核算季度 GDP 的直接方法。除此之外，还可以使用间接方法来计算季度 GDP，如相关指标推算法、增加值率法、速度推算法等。

季度数据会受到各种季节因素的影响而具有季节变动特征，掩盖经济循环变动的趋势，为此，需要对季度数据进行季节调整。季节调整就是使用一些特定的方法将季节变动因素及偶然因素从时间序列中剔除，使经过季节调整的时间序列能够准确地反映经济运行的基本态势。

一年四个季度的 GDP 之和通常与年度 GDP 并不相等，需要将季度 GDP 与年度 GDP 进行衔接。改进的 Denton 比例法是比较好的一种衔接方法。

季度 GDP 增长率有几种不同的表述方式，分别是季度同比增长率、季度环比增长率、季度累计增长率和季度环比折年率增长率。四个增长率指标有着不同的特点和用途，可以根据经济分析的需要，正确地加以选择和应用。

我国发布的季度 GDP 数据是按生产法核算出来的，按支出法计算季度 GDP 目前处于研究试算阶段，还没有正式建立起来。我国季度 GDP 核算还存在许多缺陷，需要进一步完善。

地区经济核算是把每一个地区视为一个不同的经济实体，对其经济运行的全过程进行的系统核算。地区经济核算比国家层次的国民经济核算更为复杂。地区经济核算涉及三种类型的单位：地区单位、跨地区单位和全国性单位。地区经济核算有三种基本模式：自下而上法、自上而下法和混合法。

我国 GDP 是分级核算的，国家 GDP 与地区 GDP 汇总数据一直存在着差异，这种差异主要有两个方面的表现：一是总量上的差异，二是增长速度的差异。

思考与练习

1. 季度 GDP 增长率有哪几种计算方法？各有什么优缺点？

2. 我国季度 GDP 核算有何缺陷？你认为我国季度 GDP 核算最迫切需要改进的地方是什么？

3. 第三产业增加值占 GDP 的比重是经济分析中常用的一个指标，人们经常使用国家统计局提供的全国数据来计算这一指标。请查找相关数据，使用各省、自治区、直辖市的 GDP 和第三产业增加值数据来计算该指标，并分析与使用全国数据计算结果的差异。

参考文献

1. Adriaan M. Bloem, Robert J. Dippelsman, Nils Ø. Mæhle. *Quarterly National Accounts Manual: Concepts, Data Sources, and Compilation*. International Monetary Fund, 2001

2. Michael Davies. 季度国民核算的基本思考. 国民经济核算方法问题研究(第一辑). 中国国家统计局国民经济核算司编，1997

3. Eurostat. *The European System of Accounts 1995*(*ESA 95*). Office for Official Publications of the European Communities, 1996

4. Eurostat. *Handbook on Quarterly National Accounts*. Office for Official Publications of the European Communities, 1999

5. Eurostat. *Workshop on Quarterly National Accounts*. Office for Official Publications of the European Communities, 2002

6. Francois Lequiller, Derek Blades. *Understanding National Accounts*. OECD, 2006

7. 陈慧丽，刘灵杰. 解决地区流出流入核算问题初探. 国民经济核算方法问题研究(第七辑). 中国国家统计局国民经济核算司，经济合作与发展组织国民核算司编. 2004

8. 董礼华等. 中国季度支出法国内生产总值试算方法. 国民经济核算方法问题研究(第六辑). 中国国家统计局国民经济核算司，经济合作与发展组织国民核算司编. 2003

9. 董礼华. 中国季度 GDP 核算. 国民经济核算方法问题研究(第九辑)，中国国家统计局国民经济核算司，经济合作与发展组织统计局国民账户与金融统计司编. 2006

10. 高敏雪，李静萍，许健. 国民经济核算原理与中国实践. 中国人民大学出版社，2006

11. 国家统计局国民经济核算司. 中国季度国内生产总值计算方法. 中国统计出版社，1997

12. 国家统计局国民经济核算司. 中国季度国内生产总值核算历史资料：1992～2001. 中国统计出版社，2003

13. 国家统计局国民经济核算司. 中国国民经济核算. 中国统计出版社，2004

14. 金红. 中国季度与年度国内生产总值衔接方法. 国民经济核算方法问题研究(第八辑). 中国国家统计局国民经济核算司，经济合作与发展组织统计局国民账户与金融统计司编. 2005

15. 联合国等编. 国家统计局国民经济核算司译. 国民经济核算体系(SNA 1993). 中国统计出版社，1995

16. 彭志龙. 地区 GDP 流动分析. 统计研究，2005(9)

17. 钱伯海. 新国民经济核算原理. 中国统计出版社，1994

18. 施发启. 季度核算和年度核算衔接方法初探. 统计研究，1999(2)

19. 施发启. 中国季度支出法 GDP 测算方法研究. 国民经济核算方法问题研究(第四辑). 中国国家统计局国民经济核算司，经济合作与发展组织国民核算司编，2001

20. 许宪春. 近几年我国 GDP 核算改革的回顾和进一步改革的若干思考. 统计研究，2006(1)

21. 许宪春. 对我国季度国内生产总值核算的思考. 中国统计，2006(6)

22. 许宪春,田小青.国内生产总值地区汇总数与国家测算数间的差异分析.当代经济科学,1999(4)

23. 余芳东,杨映霜.常用的季度GDP增长率及其实际应用.中国统计,2002(11)

24. 张冬佑.中国季度支出法GDP核算方法.第十届NBS-OECD国民经济核算研讨会会议论文,2006

25. 赵同录,周小梅.分季GDP核算的现状、问题及建议.统计研究,2002(6)

26. 赵彦云.国民经济核算.中国统计出版社,2005

图书在版编目(CIP)数据

国民经济核算分析/邱东主编. —上海:格致出版社:
上海人民出版社,2009
(高等院校统计学精品课教材系列)
ISBN 978-7-5432-1606-8

Ⅰ. 国… Ⅱ. 邱… Ⅲ. 国民经济-经济核算-高等学校-
教材 Ⅳ. F222.33

中国版本图书馆 CIP 数据核字(2009)第 072869 号

丛书策划 谷 雨
责任编辑 谷 雨
装帧设计 钱宇辰

高等院校统计学精品课教材
国民经济核算分析
邱 东 主编

出 版 世纪出版集团 www.ewen.cc
格致出版社 www.hibooks.cn
上海人民出版社
(200001 上海福建中路193号24层)

编辑部热线 021-63914988
市场部热线 021-63914081

发 行 世纪出版集团发行中心
印 刷 苏州望电印刷有限公司
开 本 787×1092 毫米 1/16
印 张 20.25
插 页 1
字 数 409,000
版 次 2009 年 6 月第 1 版
印 次 2012 年 9 月第 2 次印刷
ISBN 978-7-5432-1606-8/F·179
定 价 32.00 元